21世纪高等教育经济管理类规划教材

市场营销学

SHICHANG YINGXIAOXUE

王肖芳　主编

中原出版传媒集团
大地传媒

大象出版社
·郑州·

图书在版编目（CIP）数据

市场营销学 / 王肖芳主编.— 郑州 ：大象出版社，
2017. 8（2018. 1 重印）
ISBN 978-7-5347-9231-1

Ⅰ. ①市… Ⅱ. ①王… Ⅲ. ①市场营销学
Ⅳ. ①F713. 50

中国版本图书馆 CIP 数据核字（2017）第 090164 号

市场营销学

SHICHANG YINGXIAOXUE

王肖芳 主编

出 版 人 王刘纯
责任编辑 杜丹丹 乔 磊
文字编辑 孙志莉
责任校对 裴红燕 李婧慧 张迎娟
装帧设计 张 帆

出版发行 大象出版社（郑州市开元路 16 号 邮政编码 450044）
发行科 0371-63863551 总编室 0371-65597936
网 址 www.daxiang.cn
印 刷 郑州豫兴印刷有限公司
经 销 各地新华书店经销
开 本 787mm×1092mm 1/16
印 张 22.5
字 数 508 千字
版 次 2017 年 8 月第 1 版 2018 年 1 月第 2 次印刷
定 价 39.00 元

印厂地址 郑州市中原区小岗刘村（秦岭路与 028 公路交叉口）
邮政编码 450007 电话 0371-68613303

前言

党的十九大报告提出，中国特色社会主义进入新时代。新时代要有新气象，更要有新作为。作为高校教育工作者，我们必须以习近平新时代中国特色社会主义思想为指引，紧密围绕实现“两个一百年”奋斗目标，坚持立德树人，坚持服务国家战略，坚持改革创新。

为适应新时代发展的需要，不断满足社会各方面人士学习和掌握市场营销相关理论的需求，本书以全新的视角及时反映营销领域最新理论研究成果和实践经验，以期为更多企业深入参与全球价值链，开辟未来增长的崭新航程提供决策依据和实践。

本书以市场营销理论为基础，以实践、实用为目标，在广泛收集国内外真实营销案例，充分吸收国内外营销理论和教学实践等最新成果的前提下，详细阐释了市场营销管理、市场营销机会、市场营销战略、市场营销策略及市场营销的组织、执行与控制等重要内容。

本书内容全面新颖，结构体系安排合理，每章均有要点和导入案例并附有实践与练习，力图在突出特色的同时，能够与实践接轨、与时代同步。本书可作为大中专院校学生的教学用书和成人及企业管理人员自学的参考教材，也可作为市场营销学知识普及学习的参考资料。

参加本书编写的成员有：主编王肖芳（河南财政金融学院），负责全书大纲的编写、文稿的修改和统稿，并负责第四篇和第五篇的编著；副主编何颖（郑州轻工业学院民族职业学院），负责第一篇和第三篇的编著；副主编张学艳（郑州工商学院），负责第二篇的编著。

在本书的编写过程中，编者参阅了国内外同行专家的相关研究成果和文献，在此，谨向营销学界的师友、专家表示感谢。

由于编者水平有限，书中难免有不足和欠缺之处，恳请各位读者批评指正。

编者

2017 年 12 月

目 录

第一篇 认识市场营销

第二篇　分析市场营销机会

第三篇　制定市场营销战略

第四篇　设计市场营销策略

第五篇 市场营销的组织、执行与控制

第一篇

认识市场营销

第一章 市场营销学概述

教学目标

通过本章学习，理解与市场营销有关的概念，了解市场营销理论产生的历史背景与阶段特征及市场营销学在中国的传播、应用等基本知识，了解市场营销学的相关理论及基本内容，掌握研究市场营销学的方法，为学习本课程奠定基础。

导入案例

岛国之行

美国某制鞋公司要寻找国外市场，公司派了一名业务员去非洲的一个岛国，让他了解一下能否将本公司的鞋销售给他们。这个业务员到岛国后待了一天，发回一封电报："这里的人不穿鞋，没有市场，我明天立即返回总部。"公司不甘心就这么无果而终，又派了一名业务员到这个岛国，第二个业务员在岛国待了一个星期后，给公司发了一封电报："这里的人不穿鞋，市场巨大。"公司总裁收到了两份内容截然不同的电报，为了弄清市场的真实情况，于是，公司又派出第三位业务员到这个岛国。第三位业务员在岛国待了三个星期，发回一封电报："这里的人不穿鞋，但有脚疾，需要鞋，不过不需要我们目前生产的鞋，因为我们的鞋太瘦，我们必须生产宽一些的鞋，才能适合他们对鞋的需求。同时，他们的部落首领不允许我们在这里做买卖，除非我们借助政府和公关力量在此地做大规模营销活动。预计我们打开这个市场需要投入 1.5 万美元，这样每年我们大约能卖 2 万双鞋并能赚取较高的利润。经初步测算，投资收益率约为 15%。"后来，公司重用了第三位业务员。

简要评析

> 者名营销大师菲利普·科特勒曾说:“营销就是发现需求,并设法去满足它”。本案例从三个业务员身上表现出不同的职业素养,实质上反映了他们三种不同的营销理念。在当今日益激烈的市场竞争环境中,市场营销人员不仅仅需要发现并满足顾客需求,更需要像第二个业务员那样,运用政治力量或者公共关系,主动地影响市场,改变市场,创造市场。

第一节　市场及市场营销

一、市场

不同的领域,对市场的内涵理解是不尽相同的。在日常生活中,人们一般将市场视为商品及服务买卖的场所(如商场、集市、超市)。

经济学者认为,市场是商品供求关系、交换关系、价值及利益交换关系的总和,是商品所有者之间进行商品交换关系的总和。

政府官员认为,市场是各种资源交换的体系或集合。它由各种资源要素交换关系组成,如商品市场、劳动力市场、资金市场、技术市场、信息市场等。

管理学者认为,市场是供需双方在共同认可的条件下进行商品和劳务的交换活动。

市场营销者认为,市场是商品经济中供给者与需求者之间实现商品及服务价值,满足需求的交换关系、交换条件和交换过程。

将上述市场概念作简单的综合和引申,可以得到对市场较为完整的认识:

一是市场是建立在社会分工和商品生产基础上的交换关系。

二是现实市场的形成要有若干基本条件,包括:消费者(用户)一方需要或欲望的存在,并拥有其可支配的交换资源;存在由另一方提供的能够满足消费者(用户)需求的产品或服务;要有促成交换双方达成交易的各种条件。

三是市场的发展是一个由消费者(买方)决定,而由生产者(卖方)推动的动态过程。

因此,用公式表示市场:市场=人口+购买欲望+购买力。

在市场营销者看来,所有的买主构成市场,所有的卖主构成行业,我们可以用一个简单的模型图将行业与市场的关系反映出来。(如图 1.1)

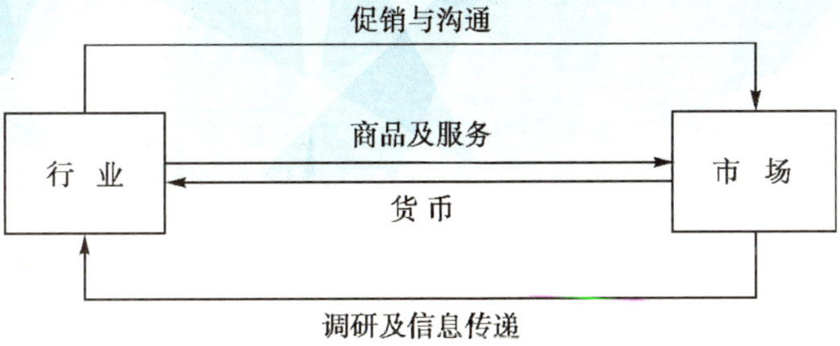

图 1.1　简单的市场系统

二、市场营销及其相关概念

（一）市场营销的含义

国内外学者对市场营销已下过上百种定义，企业界的理解更是各有千秋。

美国学者基恩·凯洛斯曾将市场营销定义分为三类：一是将市场营销视为一种消费者服务的理论；二是强调市场营销是对社会现象的一种认识；三是突出市场营销是通过销售活动及渠道把企业与市场联系起来的过程。

1985 年美国市场营销协会将市场营销定义为："市场营销是个人和组织对思想（主意、计策）、货物和劳务的构想、定价、促销和分销的计划和执行过程，以创造达到个人和组织目标的交换。"

1990 年日本营销协会对市场营销的定义是："市场营销包括教育机构、医疗机构、行政管理机构在内的各种组织，基于与顾客、委托人、业务伙伴、个人、当地居民、雇员及有关各方达成的相互理解，经过对社会、文化、自然环境等领域的细致观察，而对组织内外部调研、产品价格、促销、分销、顾客关系、环境适应等进行整合、集成和协调的各种活动。"

美国学者黑斯将市场营销定义为：市场营销就是确定市场需求，并使企业提供的产品和服务能满足这种需求。

著名营销学家菲利普·科特勒教授将市场营销定义为：市场营销是个人和群体通过创造并同他人交换产品和价值以满足需求和欲望的一种社会过程和管理过程。

据此，可以将市场营销具体归纳为下列三个要点：

一是市场营销的最终目标是"满足需求和欲望"。

二是"交换"是市场营销的核心，交换过程是一个主动、积极寻找机会，满足双方需求和欲望的社会过程和管理过程。

三是交换过程能否顺利进行，取决于营销者创造的产品和价值满足顾客需求的程度和交换过程管理的水平。

案例衔接 1-1

中国企业界人士对营销的独到理解

海尔集团公司总裁张瑞敏指出："促销只是一种手段，但营销是一种真正的战略。"营销意味着企业应该"先开市场，再开工厂"。

北京赞伯营销管理咨询有限公司董事长路长全认为："营销就是把同样的产品卖出不同来。"他在一次讲演中做过如下论述："世界上绝大多数同类产品的功能和核心价值都是相同的，没有什么本质不同。那些成功的品牌之所以成功，就在于他们能够把相同的产品卖出不同来！大量企业的营销陷入价格旋涡不能自拔，利润越来越低甚至没有利润，没能将企业做大或做长久，根本原因也是没能把同样的产品卖出不同来！他们就成本拼成本、就价格拼价格、希望用单纯的广告投入规模去制约对手等做法，都没有真正引导企业永续成长，结果是没有利润！"水在本质上都是 H_2O，但通过营销却出现了娃哈哈、康师傅、乐百氏、农夫山泉等不同的品牌，其最重要的原因在于带给消费者的不同感觉。

（二）市场营销的相关核心概念

1.需要、欲望和需求

需要是指人们没有得到某些满足的感受状态，人们在生活中需要空气、食品、衣服、住所、安全、感情以及其他一些东西，这些需要都不是社会和企业所能创造的，而是人类自身本能的基本组成部分。欲望是指人们想得到这些基本需要的具体满足物或方式的愿望，例如一个人需要食品，就想要得到一块面包。需求是指人们有能力购买并且愿意购买某种商品或服务的欲望。人们的欲望几乎没有止境，但资源是有限的，因此，人们想用有限的金钱选择那些价值和满意程度最大的商品或服务，当有购买力做后盾时，欲望就变成了需求。

企业并不创造需要，需要早就存在于营销活动出现之前，企业以及社会上的其他因素只是影响了人们的欲望，他们向消费者建议一个什么样的商品可以满足消费者哪些方面的要求，如一套豪华住宅可以满足消费者对居住与生活品质的需要。优秀的企业总是力图通过使商品富有吸引力、适应消费者的支付能力和容易得到来影响需求。

根据需求水平和时间的不同，需求可分为 8 种形态，在不同的需求状况下，营销管理的任务有所不同。

（1）负需求

负需求是指市场上众多顾客厌恶某种产品和服务，甚至愿意出钱躲避它。如近年来许多老年人为预防各种老年疾病不敢吃甜点心和肥肉。

（2）无需求

无需求是指目标市场顾客对某种产品从来就不感兴趣或漠不关心,如许多非洲国家的居民从不穿鞋子,对鞋子无需求。市场营销者的任务是创造需求,通过有效的促销手段,把产品利益同人们的自然需求及兴趣结合起来。

(3)潜在需求

潜在需求是指现有的产品或服务不能满足许多消费者的强烈需求。例如老年人对高植物蛋白、低胆固醇保健食品的需求。

(4)下降需求

下降需求是指目标市场顾客对某些产品和服务的需求出现了下降趋势,如近年来城市居民对电风扇的需求开始减少。

(5)不规则需求

许多企业常常面临由于季节、时段的不同,其产品或服务的需求也不同,而造成生产能力或商品的闲置或过度使用问题。如在公共交通工具方面,客流高峰时不够用,非高峰时则浪费运力。

(6)充分需求

充分需求是指某种产品或服务目前的需求水平等于期望,令组织满意。

(7)过度需求

过度需求是指市场上顾客对某些产品的需求超过了组织的供应能力,产品供不应求。比如人口增加和经济发展会引发交通工具、能源及住房等产品的供不应求。

(8)有害需求

有害需求是指市场对有害身心健康的产品或服务的需求。如烟、毒品、黄色书刊等。

2.产品

产品是满足顾客需求和欲望的任何东西,除了货物和服务外,产品还包括人员、地点、组织、活动和构思。人们购买小汽车不是为了观赏,而是为了得到它所提供的交通服务。产品实际上只是获得服务的载体。这种载体可以是物,也可以是"服务",如人员、地点、活动、组织和观念。当我们心情烦闷时,为满足轻松解脱的需要,可以去听音乐会、演唱会(人员);可以到风景区旅游(地点);可以参加马拉松长跑(活动);可以参加消费者假日俱乐部(组织);可以参加研讨会,接受不同的观点、理念(观念)。市场营销者必须清醒地认识到,其创造的产品不管形态如何,如果不能满足人们的需要和欲望,就必然会失败。

3.效用、费用和满足

效用是消费者对产品满足其需要的整体能力的评价。这种整体能力既包括满足消费者购买该产品对其属性的需要,还包括消费者心理上的一种满足感,也就是满足消费者某种心理需求的能力。例如消费者购买奔驰和夏利,其效用就有很大的区别。

费用是消费者用于购买产品及使用该产品所支出的花费,既包括购买产品实体所支付的成本,还包括使用成本,例如购买家庭用车的费用。

满足是可感知的效果与期望的统一。

案例衔接 1-2

请不要只是给我产品

密封胶的销售商可能误以为顾客需要的是密封胶，但事实上顾客真正需要的是固定某种物品。许多销售商过多地强调产品本身，而忽视了产品所提供的效用——为某种需求提供的解决方案。

不要给我化妆品，我要的是自信、美丽。

不要给我衣服，我要的是迷人的外表。

不要给我鞋子，我要的是两脚舒服、走路轻松。

不要给我房子，我要的是温暖、干净和安逸。

不要给我书籍，我要的是阅读的愉悦和知识的益处。

不要给我 CD，我要的是美妙动听的乐曲。

不要给我工具，我要的是用处和创造美好物品的快乐。

不要给我电脑，我要的是快捷、海量的多媒体信息。

不要给我东西，我要的是想法、情绪、气氛、感觉和收益。

4.交换与交易

交换是从他人处取得所需之物，而以其他某种东西作为回报的行为。交换能否真正产生，取决于买卖双方能否找到交换条件。人们对满足需求或欲望之物的取得，可以有自产自用、交换等多种方式。其中，只有交换这种方式才存在市场营销。交换需要满足以下五个条件：

第一，至少要有两方；

第二，每一方都要有对方所需要的有价值的东西；

第三，每一方都要有沟通信息和传递信息的能力；

第四，每一方都可以自由地接受或拒绝对方的交换条件；

第五，每一方都认为同对方的交换是称心如意的。

如果存在上述条件，交换就有可能，市场营销的中心任务就是促成交换。交换的最后一个条件是非常重要的，它是现代市场营销的一种境界，即通过创造性的市场营销，交换双方达到双赢。

交易是交换活动的基本单位，是交换双方的价值交换。它有两种表现形式：货币交易和非货币交易。交换是一个过程而不是一个事件，如果交换双方正在进行谈判，并趋于达成协议，就意味着其正在交换，一旦达成协议，则发生了交易。

5.交易营销与关系营销

交易营销是建立在交易基础上的营销。关系营销是营销者与顾客、分销商、经销商和供应商等建立、保持并加强合作关系，通过互利交换及共同履行诺言，使各方实现各自目的的营销方式。与顾客建立长期合作关系是关系营销的核心。关系营销可以节约交易时间和成本，使营销从追求每一笔交易利润最大化转向追求各方利益关系最大化。（如表 1.1）

表 1.1　交易营销与关系营销的区别

交易营销	关系营销
赢得顾客	留住顾客
短期效果	长期关系
适应消费者	消费者参与
承诺较少	高度承诺

第二节　市场营销观念的演变

市场营销观念（营销哲学或理念）是指企业从事营销活动的基本指导思想、行为准则和伦理道德标准的总称。它是一种信念、一种态度、一种思维方式，任何一个企业都是在特定的思想或观念指导下进行工作的，不同观念必然产生不同的行为，不同的行为必然产生不同的结果。确立正确的营销观念，对企业生死存亡、成败荣辱具有决定性作用。

市场营销观念的核心是如何正确处理企业、顾客和社会三者之间的利益关系。它们既相互矛盾，也相辅相成，其基本轨迹是由企业利益导向转变为顾客利益导向，再发展到社会利益导向。（如图 1.2）

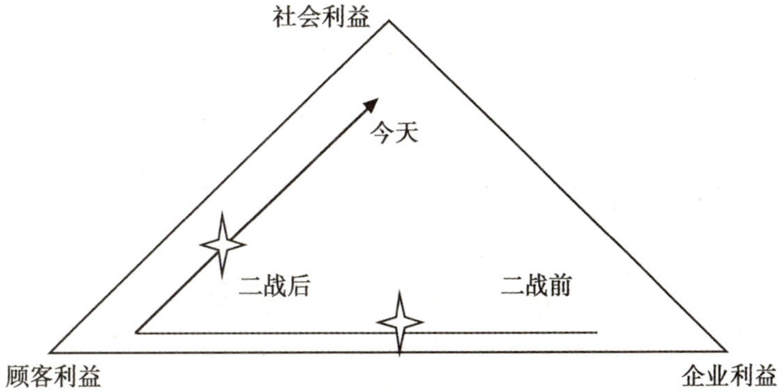

图 1.2　企业营销观念变化趋势

一、传统经营观念

传统经营观念是以生产者或产品为核心的经营观念，它是在供不应求的卖方市场态势下产生的，主要有生产观念、产品观念和推销观念三种观念。

(一)生产观念

生产观念是指导企业市场经营行为最古老的观念之一。这种营销观念产生于20世纪20年代以前,其考虑问题的出发点是企业的生产能力与技术优势,其前提是"物因稀而贵,只要能生产出来,就不愁卖不出去";其指导思想是"我能生产什么,就销售什么,我销售什么,顾客就购买什么"。遵循这种营销观念,企业的主要任务就是"提高生产效率,降低产品成本,以量取胜"。

案例衔接 1-3

20世纪初,亨利·福特在开发汽车市场时所创立的"扩大生产,降低价格"的经营思想,就是一种生产观念。福特汽车公司从1914年开始生产T型汽车,福特将其全部精力与才华都用于改进大规模汽车生产线,使T型汽车的产量达到非常理想的规模,大幅度地降低了成本,使更多的美国人买得起T型汽车。他不注重汽车的外观,曾开玩笑说:"不管消费者需要什么颜色的汽车,我只提供黑色的。"这种只求产品价廉而不讲究花色式样的经营方式无疑是生产观念的典型表现。

中国改革开放以前,由于产品供不应求,生产观念在企业中盛行,主要表现是生产部门埋头生产,不问市场,商业企业将主要力量集中在抓货源上,工业部门生产什么,商品部门就收购什么。

生产观念是一种"以产定销"的经营指导思想,它在以下两种情况下有效:

第一,市场商品需求超过供给,卖方竞争较弱,买方争购,选择余地不大。

第二,产品成本和售价太高,只要提高效率,降低成本,从而降低售价,就能扩大销路。

但是,在这种经营思想指导下运作的企业也面临一大风险,即过分狭隘地注重自己的生产经营,忽视顾客真正需要的东西,会使公司面临困境。

(二)产品观念

产品观念是一种较古老的企业市场经营哲学。这种营销观念的出发点仍然是企业的生产能力与技术优势;其前提是"物因优而贵,只要产品质量好,就不愁卖不出去";其指导思想仍然是"我能生产什么,就销售什么,我销售什么,顾客就购买什么"。遵循这种营销观念,企业的主要任务是"提高产品质量,以质取胜"。

产品观念认为,消费者最喜欢高质量、多功能和具有某种特色的产品,企业应致力于生产高质量产品,并不断加以改进。产品观念产生于市场产品供不应求的"卖方市场"形势下。当企业发明一项新产品时,企业最容易滋生产品观念。此时,企业最容易患上"营销近视症",即不适当地把注意力放在产品上，而不是放在市场需要上，在市场营销管理中缺乏远见，只看到自己的产品质量好，看不到市场需求在变化，致使企业经营陷入困境。

案例衔接 1-4

北有王麻子，南有张小泉，在中国剪刀行业中，王麻子剪刀厂名声远扬。早在清朝顺治年间，“王麻子”就在京城菜市口成立著名的中华老字号，产品以刃口锋利、经久耐用而享誉民间，生意最好的 20 世纪 80 年代末，曾创下一个月卖 7 万把菜刀、40 万把剪刀的业绩。但 1995 年后连年亏损，至 2002 年申请破产，究其根本原因，其一直延续传统的铁夹钢工艺，尽管生产出的剪刀比不锈钢剪刀要耐用，但因工艺复杂、容易生锈、外观档次低，产品因此渐渐失去了竞争优势，而其仍未及时引进新设备、新工艺改进生产，故步自封安于现状。

这种观念还会引起美国营销学专家西奥多·李维特教授所讲的“营销近视症”的现象，即不适当地把注意力放在产品上，而不放在需要上。铁路管理部门认为用户需要的是火车本身，而不是为了解决交通问题，于是忽略了飞机、公共汽车和小汽车日益增强的竞争；计算尺制造商认为工程师需要的是计算尺本身而不是计算能力，以致忽略了袖珍计算器的挑战。

（三）推销观念

推销观念，产生于 20 世纪 20 年代末至 50 年代，是被许多企业所遵循的另一种营销观念。这种营销观念的出发点仍然是企业的生产能力与技术优势；其前提是“只要有足够的销售（推销或促销）力度，就没有卖不出去的东西”；其指导思想是“我能生产什么，就销售什么，我销售什么，顾客就购买什么，货物出门概不负责”。遵循这种营销观念，企业的主要任务是“加大销售力度，想方设法（不择手段）将产品销售出去”。

这种营销观念认为，消费者通常表现出一种购买惰性或抗衡心理，如果顺其自然的话，消费者一般不会足量购买某一企业的产品。因此，企业必须积极推销和大力促销，以刺激消费者大量购买本企业产品。推销观念在现代市场经济条件下被大量用于销售那些非渴求物品，即购买者一般不会想到要去购买的产品或服务。许多企业在产品过剩时，也常常奉行推销观念。

推销观念是在资本主义国家由“卖方市场”向“买方市场”过渡的阶段产生的，特别适用于供求平衡的“均衡市场”条件。从 1920 年到 1945 年，西方国家从生产不足开始进入了生产过剩，企业之间的竞争日益激烈。特别是 1929 年所爆发的严重经济危机，大量商品卖不出去，许多工商企业和银行倒闭，大量工人失业，市场萧条。残酷的事实使许多企业家认识到即使物美价廉的产品，也未必能卖出去，必须重视和加强商品销售工作。自从产品供过于求、卖方市场转变为买方市场以后,推销观念就被企业普遍采用,尤其是生产力过剩和产品大量积压时期,企业常常本能地采纳这种理念。前些年,在我国几乎被奉为成功之路的"全员推销"典型地代表了这种理念。

二、现代经营观念

现代经营观念是在供过于求的买方市场态势下产生的,它是以消费者或用户为核心的经营观念。

(一)市场营销观念

市场营销观念的出发点是顾客的需求,其观念前提是"产品只要能满足顾客的需求,就能销售出去";其指导思想是"顾客需要什么,企业就销售什么,市场能销售什么,企业就生产什么"。遵循这种营销观念,企业的主要任务是需求管理,即"发现顾客需求,设法满足顾客需求,通过满足顾客需求,实现企业赢利的目的"。

这种观念是应对上述诸观念的挑战而出现的一种新型的企业经营哲学。20 世纪 50 年代以后,发达资本主义国家的市场供过于求,卖方间竞争激烈,而买方在市场中处于主导地位。同时,随着科学技术的发展,社会生产力得到了迅速的提高,人们的收入水平和物质文化生活水平也在不断提高,消费者的需求向多样化发展并且变化频繁。在这种背景下,"顾客至上""顾客是上帝""顾客永远是正确的""爱你的顾客而非产品""顾客才是企业的真正主人"等成为企业家的口号和座右铭。营销观念的形成,不仅从形式上,更从本质上改变了企业营销活动的指导原则,使企业经营指导思想从以产定销转变为以销定产,第一次摆正了企业与顾客的位置,所以是市场观念的一次重大革命,其意义可与工业革命相提并论。

案例衔接 1-5

每年 6 月至 8 月是洗衣机的淡季,海尔集团总裁张瑞敏纳闷:"难道天气越热,出汗越多,老百姓越不洗衣服?"调查发现,不是不洗衣服,而是夏天洗衣量 5 公斤的洗衣机不实用,既浪费水又浪费电。于是,海尔的科研人员设计出了只有 1.5 公斤的洗衣机——小小神童。该产品在上海试销一个月就卖了 100 多万台。张瑞敏受此启发,告诫员工:"只有淡季的思想,没有淡季的市场。"

(二)社会营销观念

社会营销观念是对市场营销观念的修正和补充。20 世纪 70 年代,西方资本主义国家出现能源短缺、通货膨胀、失业增加、环境污染严重、消费者保护运动盛行等问题。由于市场营销观念回避了消费者需要、消费者利益和长期社会福利之间隐含着冲突的现实,因此,社会市场营销观念应运而生。如：洗衣粉满足了人们对洗衣服的需要，却污染了河流，不利于鱼类生长；汽油作为主要能源，使人们可以驱车驰骋，但汽油的大量使用污染了空气，有害人们的健康。

社会营销观念要求企业在确定营销决策时要权衡三方面的利益，即企业利润、消费者需要的满足和社会利益。具体来说，社会营销观念希望摆正企业、顾客和社会三者之间的利益关系，使企业既发挥特长，在满足消费者需求的基础上获取经济效益，又能符合社会利益，从而使企业具有强大的生命力。

许多企业主动采纳它，主要原因是把它看作改善企业名声、提升品牌知名度、增加顾客忠诚度、提高企业产品销售额以及增加新闻报道的一个机会。他们认为，随着环境与资源保护、健康意识的深入人心，顾客将逐渐开始寻找能够在兼顾理性和情感利益的同时还具有良好形象的企业。

（三）大市场营销观念

在国际市场日趋一体化的形势下，各国反而打起了贸易保护主义大旗，通过关税或非关税壁垒限制外国产品进入。针对如何打入被保护市场，1984 年菲利普・科特勒提出了大市场营销观念。

大市场营销观念是指在营销活动中，一个企业不应该消极地顺从、适应外部环境与顾客，而应变被动为主动，积极地依靠政治力量、公共关系等，改变市场、影响市场、引导市场。

大市场营销观念的运用是在原来营销“4P”[①]组合的基础上，增加两个“P”，即“政治力量”（Political Power）、“公共关系”（Public Relation）。大市场营销策略就是“6P”组合策略。这里，政治力量主要是指企业通过营销对政府及立法部门施加影响，使政府政策与立法变得对企业发展有利，而不是限制。公共关系则是通过营销活动先改变消费者对企业的态度，营造对企业有利的发展氛围，再向市场推出产品和服务。比如，玩具制造商如果是先生产出玩具，再通过广告促销，这就是营销观念。如果玩具制造商先制作动画片吸引儿童，再推出动画片中的玩具造型，并展示在零售商店进行销售，这就是大市场营销观念。大市场营销观念与市场营销观念的不同见表 1.2。

表 1.2　大市场营销观念与市场营销观念的不同

	市场营销	大市场营销
涉及范围	企业与消费者	企业、消费者、立法部门
投入时间与投资成本	时间短、成本低	时间长、成本高
参加人员	销售人员	销售人员、公关人员、高管
环境因素	不可控	可控
满足程度	低	高
企业地位	被动	主动

① “4P”指产品（Product）、价格（Price）、渠道（Place）、促销（Promotion）。

案例衔接 1-6

百事可乐印度公关

20 世纪 70 年代，可口可乐公司因抗议印度政府的政策撤出印度市场后不久，这个世界第二人口大国的巨大市场再一次引起了国际大饮料公司的注意。可口可乐和七喜公司都试图重新进入印度市场，但都未成功。惟有百事可乐公司成功地打入了印度市场，因为它运用了公共关系手段。百事可乐公司与一个印度集团组成了一个合营企业。为了获得批准，百事可乐公司四处活动，它提出将帮助印度出口农产品，并使其出口额大于进口软饮料浓缩液的成本。另外提出把食品加工、包装和掺水处理等新技术提供给印度，并且大肆宣传保证要使它的饮料不仅受到城市欢迎，而且将不惜工本把它销往农村，从而改变印度农村的生活质量。一系列的活动使百事可乐公司顶住了印度国内软饮料公司的极力反对，并巧妙地说服了跨国公司立法机关的成员，百事可乐终于跨越重重障碍出现在印度的大街小巷。

三、现代营销理论新发展

经过不断地实践探索，市场营销领域涌现出众多行之有效的新营销观念和模式，这些思想和方式、方法或以服务为主线，或以消费者绿色需求、情感需求为动力，或以品牌为依托，各有侧重、各有特色，它们既是现代营销观念的具体体现，又是营销理论的有效应用和实践总结。

（一）服务营销理论

服务营销于 20 世纪 60 年代兴起于西方。1966 年，美国拉斯摩教授首次对无形服务同有形实体产品进行区分，提出要以非传统的方法研究服务的市场营销问题。1974 年由拉斯摩所著的第一本论述服务市场营销的专著面世，标志着服务市场营销理论的产生。在该著作中，作者明确指出仅把市场营销学的概念、模型、技巧应用于服务领域是行不通的，而必须建立服务导向的理论架构。所以，服务营销学主要从两个角度切入：一是研究服务业的整体市场营销活动；二是研究实物产品市场营销活动中的服务策略。

1.服务产品具有的特征（与实物产品比较）

（1）无形性。这是指营销活动中，企业向潜在顾客提供的服务是无形的、不可捉摸的；顾客对企业提供的服务也很难做出量化评价等。因此，广告宣传中不宜过多介绍服务的本体，而应集中介绍服务所能提供的利益，让无形的服务在消费者心中具体可感。

（2）生产与消费的同步性。这是指服务的提供与消费基本上是不可分离的，是同步进行的。因此，直接销售往往是服务企业唯一的分销途径。

(3)服务产品的非贮存性。服务的无形性、生产与消费的同步性决定了服务不能在生产后贮存备用,消费者也无法在购买后贮存。服务也不能像实物产品那样在供过于求时贮存起来,而在供不应求时动用库存。很多服务的使用价值,如果不及时加以利用,就会“过期作废”。如客运部门的空铺位、空座位,宾馆中的住宿服务的空房间,酒店中闲置的服务设施与人员等都会造成服务业不可补偿的损失。

(4)服务质量的差异性。这是指服务的构成成分及其质量水平经常发生变化,很难统一界定。在实行机械化和自动化作业的第一产业和第二产业,流水线上生产出来的产品几乎没有差异。但是,服务行业提供的服务,会因为各种因素的影响造成服务水平与服务质量的不统一。即使是服务员提供的同一服务,也会因服务员自身因素(如心理状态)、顾客配合程度、顾客的需求差异等造成服务质量的较大差异。因此,服务产品设计必须注意保持应有的品质,力求始终如一,维持高水准,建立顾客信心,树立优质服务形象。

2.服务营销策略

有学者将服务业市场营销组合修改和扩充为七个基本的要素,即在传统的产品、价格、渠道和促销组合策略基础上,增加“人(People)”“有形展示(Physical Evidence)”“服务过程(Process)”三个变量,从而形成“7P”组合策略。

(1)人。服务产品的生产与消费过程,是服务提供者与顾客广泛接触的过程,服务产品的优劣、服务效果的好坏不仅取决于服务提供者的素质,也与顾客行为密切相关,因而服务提供者素质的提高,服务业内部管理的加强,对顾客服务消费行为的研究就显得十分重要。而服务业企业重视员工的甄选、训练、激励和控制则是重中之重。

(2)有形展示。有形产品可以进行自我展示,服务则不能,顾客看不到服务。但是,顾客可以看到服务的工具、设备、员工、信息资料、其他顾客、价目表等,一切可以用来展示或传递服务特色与优点的有形因素,均可以称作服务的有形展示。服务产品的不可感知性,要求服务营销学应研究服务的有形展示问题。服务产品有形展示的方式、方法、途径、技巧成为服务营销学研究的系列问题,这是服务营销学的突出特色之一。

(3)服务过程。服务过程是服务生产与服务消费的统一过程,服务生产过程也是消费者参与的过程。因而,服务营销学必须把对顾客的管理纳入有效地推广服务以及进行服务营销管理的轨道上来。如在市场营销过程中,顾客接受服务的途径、市场营销系统运作政策和程序的采用、顾客参与服务提供过程的程度等都是市场营销需要考虑的问题。

案例衔接 1-7

海底捞服务营销理念

郑州各种档次的餐馆林立,很多餐馆都为客源发愁。可在海底捞,很多客人宁愿在外排队等候很长时间,也要在这里就餐。海底捞在人们心中之所以有这么高的知名度，主要取决于它的服务。下面就让我来给大家详细地介绍一下海底捞的服务。

基本服务：

1.提供舒适的用餐环境和专业的服务人员。

2.每家餐厅的交通都很便利。

3.提供半份食品服务。

4.每家餐厅的菜品质量、数量很统一。

5.每家餐厅的服务员都能热情地、及时地、高效地满足顾客的各种需求。

6.每家餐厅都设有等候的专区，并提供多种服务。

扩展服务：

1.咨询服务：根据每桌用餐的人数及男女老幼比例以及饮食习惯，提供合理的用餐建议。

2.订单处理服务：在海底捞的官网上，顾客可以根据自身的情况选择便利的用餐地点，进行网上预约（提前一天），包括餐桌和菜品的预约，还提供网上点餐、送火锅上门的服务。

3.招待服务：热情的招待，像火一样；舒适的环境，像家一样；在等候区提供免费的瓜子、水果、茶水、点心、杂志、网络、棋牌、美甲、擦鞋、儿童专区等一系列的温馨服务；在用餐过程中，服务员会为每位顾客提供围裙，并将顾客放在椅子上的衣服用衣套套好，餐桌上的手机用透明塑料带封装好，以防在用餐过程中弄脏，给长头发的女士提供橡皮筋，给戴眼镜的顾客送来眼镜布，还会提醒顾客看管好自身的财务等。

4.保管服务：提供代客泊车服务（每周一至周五还提供免费擦车）；提供酒水保存服务（顾客自带的白酒在用餐结束后如果没有喝完，可以保存在这家餐厅，以方便下次继续饮用）。

5.例外服务：提供儿童座椅；蘸料自选服务；解决用餐过程中顾客提出的一切问题，对用餐不满意的顾客进行补偿（打折或免单）。

海底捞的成功有秘密可言吗？好像没有。海底捞也仅仅是遵循了商业的一些基本道理，比如尊重行业的特点，真心关爱员工，用心服务好客户等。海底捞将那些基本的工作做细，持之以恒，并兑现对员工和客户的承诺，最终做出了自己的水平、特色和高度，赢得了员工和客户的信赖。

（二）整合营销理论

整合营销理论的提出主要是由于在企业内部，对顾客地位、营销地位及企业其他部门地位的不同认识而产生的。在企业内部，由于部门利益不同，各部门都强调自己的重要性，不但部门之间缺乏协调，而且对顾客地位的认识也意见不一。

人们最早认为营销同生产、财务、人力等同等重要，后来认为营销是企业的核心，最后才认识到顾客是企业的核心。企业各部门必须以营销部门调查了解到的顾客需要为核心开展工作。因此,企业要让顾客满意必须整合企业所有资源,共同为满足顾客需要做好自己的本职工作。

著名营销学家菲利普·科特勒认为企业所有部门为服务于顾客利益而共同工作时,其结果就是整合营销,即整合企业所有资源,共同为满足顾客需要服务。

整合营销包括两个层次:一是不同营销功能的部门如销售、广告、调研等部门要共同围绕消费者开展工作。二是营销部门与企业其他部门相协调,共同围绕营销部门提出的消费者的需要或欲望开展工作。

如何整合企业所有资源,舒尔茨提出了"4C"营销策略,即整合营销策略。

一是顾客(Consumer),即顾客第一观念。整合营销认为,顾客开发比产品开发重要,满足顾客需要比产品功能重要。

二是成本(Cost)。营销活动不仅要考虑生产成本,更要考虑顾客的购买成本,考虑顾客接受产品价格的可能性。因此,成本上限=顾客可支持的价格-适当利润(或顾客可支持的价格=成本上限+适当利润)。

三是便利性(Convenience)。企业不能仅把商品展示在零售终端,而是要为顾客购买带来更大的便利性。企业要重视服务环节,为顾客购买提供时间、地点便利,并运用便利于顾客的销售方式,如网络销售、电话销售等。

四是沟通(Communication)。企业要加强与顾客沟通,但要在传统的单向沟通基础上,加强与顾客的双向沟通。

整合营销与市场营销的区别主要体现在以下四个方面:

一是忘掉产品,先考虑顾客的需求与愿望。首先了解、研究、分析消费者的需要与欲望,而不是考虑企业能生产什么产品。

二是忘掉价格,先考虑顾客可以接受的价格。首先了解消费者为满足需要与欲望愿意付出多少钱(成本),而不是先给产品定价,即向消费者要多少钱。

三是忘掉地点,先考虑顾客购买的便利性。首先考虑在顾客购物的交易过程中如何给顾客提供方便,而不是先考虑销售渠道的选择和策略。

四是忘掉促销,先考虑与顾客沟通。以消费者为中心实施营销沟通是十分重要的,通过互动、沟通等方式将企业内外营销不断整合,把顾客与企业双方的利益无形地整合在一起。

总之,"4P"营销是请消费者注意,"4C"营销是请注意消费者。

(三)体验式营销理论

"体验式营销"这个词起源于20世纪70年代。在《未来的冲击》一书中,美国未来学家阿尔文·托夫勒提出了"服务业最终会超过制造业,体验生产又会超过服务业"的观点。他同时预言农业经济、工业经济、服务经济的下一步是走向体验经济。

体验式营销是指在销售当中,让客户参与其中,亲身体验产品的功能性,在不同产品的对比下,体现销售产品的优点,从而进行一系列产品的销售的行为。体验式营销,在全面客户体验时代,不仅需要对用户有深入和全方位的了解,而且还应把使用者的全方位体验和对其的尊重凝结在产品层面,让用户感受到尊重、理解和体贴。

著名学者伯德·施密特博士在他所写的《体验式营销》一书中指出,体验式营销是站在消费者的感官(Sense)、情感(Feel)、思考(Think)、行动(Act)、关联(Relate)等五个方面重新定义和设计营销的思考方式。这种思考方式突破了传统上"理性消费者"的假设,认为消费者消费时是理性和感性兼具的,消费者在消费前、消费时、消费后的体验,才是研究消费者行为与企业品牌经营的关键。

五种体验模块在使用上有其自然的顺序:感官→情感→思考→行动→关联。"感官"引起人们的注意;"情感"使得体验变得个性化;"思考"加强对体验的认知;"行动"唤起对体验的投入;"关联"使得体验在更广泛的背景下产生意义。

感官(Sense)。感官营销的目标诉求是创造知觉体验的感觉,它包括视觉、听觉、触觉、味觉与嗅觉。感官营销可区分为公司与产品(识别)、引发顾客购买动机与增加产品的附加值等。

情感(Feel)。情感营销的诉求是顾客内在的感情与情绪,目标是创造情感体验,其范围可以是从温和、柔情的正面心情到欢乐、自豪甚至是激情的强烈的激动情绪。情感营销的运作需要真正了解什么刺激可以引起某种情绪,以及能使消费者自然地受到感染,并融入这种情境。

案例衔接 1-8

新加坡航空以带给乘客快乐为主题,营造了一个全新的飞行体验。该公司制定严格的标准,要求空姐如何微笑,制作快乐手册,要求以什么样的音乐、什么样的情境来"创造"快乐。通过提供出色的顾客服务,使得该公司成为世界上前十大航空公司和获利最多的航空公司之一。

思考(Think)。思考营销的诉求是智力,以创意的方式引起顾客的兴趣,对问题集中或分散思考,为顾客创造认知和解决问题的体验。对于高科技产品而言,思考活动的方案是被普遍使用的。在许多其他产业中,思考营销也已经应用于产品的设计、促销和与顾客的沟通中。

行动(Act)。行动营销的目标是影响顾客的有形体验、生活形态与互动。行动营销通过增加他们的身体体验,指出做事的替代方法、替代的生活形态与互动,丰富顾客的生活。而顾客生活形态的改变是激发或自发的,且也有可能是由偶像角色引起的(例如影、视、歌星或著名的运动员等)。

关联(Relate)。关联营销包含感官、情感、思考与行动营销等层面。关联营销超越私人感情、人格、个性，加上“个人体验”，而且与个人对理想自我、他人或文化产生关联。关联活动方案的诉求是对实现理想自我的渴望和别人对自己产生好感的希望。让人和一个较广泛的社会系统产生关联，从而建立个人对某种品牌的偏好，同时让使用该品牌的人形成一个群体。关联营销已经在许多不同的产业中使用，如化妆品、日用品、私人交通工具等。

体验式营销已经不再局限于以前的大超市里试吃、化妆品柜台试妆，更延伸到家电、家居、汽车、IT 等大宗消费品领域。在传统的营销理念中，企业强调“产品”，但是合乎品质要求的产品，消费者不一定满意。现代的营销理念强调客户“服务”，然而即使有了满意的服务，顾客也不一定忠诚。未来的营销趋势将崇尚“体验”，企业只有为客户造就“难忘体验”，才会赢得用户的忠诚，保证企业长远发展。

案例衔接 1-9

著名咖啡连锁“星巴克”的营销，是全球体验式营销的经典成功案例之一。这家被美国《财富》杂志评为全美十家最受尊敬企业之一的公司，很少做广告，却靠体验式营销的奥妙在全球数不清的咖啡连锁店里胜出。在星巴克，消费者消费的不仅是浓香的咖啡，更重要的是一片安静、惬意的休闲空间，包括艺术化的室内设计以及音乐、服务生、桌椅的摆放、墙上的画、随手可拿的搅拌棒和咖啡文化介绍单等一系列细节。

（四）绿色营销理论

绿色营销理论认为企业以可持续发展为目标，综合考虑企业的经济利益、消费者满意和环境利益，对产品和服务进行构思、设计、制作和销售。

绿色营销的主要内容包括：

1.开发绿色产品

绿色产品开发必须遵循以下原则：节省原料和能源；减少非再生资源的消耗；容易回收、分解；低污染或者没有污染；不对使用者身心健康造成损害；产品包装符合国家有关规定。

2.绿色促销策略

“绿色”已成为企业促销热门主题之一，绿色形象构成了企业形象和产品形象的不可缺少的内容。为此，一些企业积极参与环保事业，采取绿色策略，大打“绿色营销牌”。

3.绿色分销策略

减少运输过程中包装物的使用，更换运输中易对环境造成污染的包装物；优化分销渠道，降低分销中运输、存储等的能源消耗；做好废旧部件和包装物的回收和循环使用。

案例衔接 1-10

本田妙案

日本本田汽车公司汽车大王——青木勤社长，别出心裁地提出了一个在销售小汽车的同时绿化街道的“本田妙案”。此方案一经推出，即收到意想不到的效果。“本田妙案”是怎样产生的呢？

青木勤社长发现，汽车在奔驰过程中排出的大量废气直接污染了城市的环境，不但乌烟瘴气，而且还造成街道旁绿树的枯萎。青木勤社长看到自己的产品给环境带来的不利影响，心情非常沉重。他决心解决这个问题，恢复大自然的本来面目。于是乎，青木勤社长制定了“今后每卖一辆车，就要在街道两侧种一棵纪念树”的经营方针；随后本田公司又将卖车所得利润的一部分转为植树的费用，以减轻越来越多的汽车尾气对城市环境的污染。“本田妙案”实施后，汽车一辆辆地开出厂门，街上的树木也一棵棵栽上，绿化地带也一块块铺开，消费者心中自然产生了一种强烈的需求愿望：同样是买汽车，为什么不买绿化街道的本田汽车呢？既可买到需要的产品，还可以美化生活环境，这可真是有心栽花花不开，无心插柳柳成荫。

这种别出心裁的“我为你植树”的营销策略，使本田汽车的营销量与“绿”俱增，在汽车行业激烈的市场竞争中，一直立于不败之地。

值得指出的是，人们往往以为实行绿色营销会加大企业成本，如对环境进行检测、治理、保护等均需要大投入，因而对绿色营销抱消极的态度。其实，由于消费者愿意使用绿色产品，“绿色企业”往往能树立形象，扩大销售领域，增加销售量，形成一定的经济规模，获得更多的利润。

第三节　市场营销学的概述

一、市场营销学的产生与发展

（一）市场营销学的产生

市场营销学于 20 世纪初创建于美国，后来流传到欧洲、日本和其他国家，在实践中不断完善和发展。它的形成阶段大约在 1900 年到 1930 年。

人类的市场经营活动，从市场出现就开始了。但在 20 世纪之前，市场营销还没有成为一门独立学科。进入 19 世纪，伴随世界经济的发展，资本主义的固有矛盾日趋尖锐。频频爆发的经济危机，迫使企业日益关心产品销售，研究如何更有效地应对竞争，在实践中不断探索市场营销的规律。到19世纪末20世纪初，世界主要资本主义国家先后完成了工业革命，垄断组织加快了资本的积累和集中，使生产规模迅速扩大。在这一时期，以泰罗为代表的以提高劳动生产率为主要目标的“科学管理”理论、方法应运而生，受到普遍重视。一些大型企业实施科学管理，使得产品迅速增加，要求对流通领域有更大影响，对相对狭小的市场有更精细的经营。同时，科学技术的发展，也使企业内部计划与组织变得更为严整，从而有可能运用科学的调查研究方法，预测市场变化趋势，制订有效的生产计划和销售计划，控制和调节市场销售量。在这种客观需要与可能的条件下，市场营销学作为一门独立的经营管理学科诞生了。

在此之前，美国学者已经发表和出版了一些论著，分别论述产品分销、推销、广告、定价、产品设计和实体分配等专题。到20世纪初，一些学者如阿克・肖、爱德华・琼斯、拉尔夫・斯达・巴特勒、詹姆斯・海杰蒂等，将上述专题综合起来，形成市场营销学科。1902—1905年，密歇根州、加利福尼亚州、伊利诺伊州和俄亥俄州等州的大学相继开设了市场营销课程。1910年，执教于威斯康星大学的巴特勒教授正式出版《市场营销方法》一书，首先使用市场营销(Marketing)作为学科名称。而后，弗莱德・克拉克于1918年编写了《市场营销原理》讲义，被多所大学用作教材，并于1922年出版；L.S.邓肯也于1920年出版了《市场营销问题与方法》。

这一时期的市场营销学，其内容局限于流通领域，真正的市场营销观念尚未形成。然而，将市场营销从企业生产活动中分离出来做专门研究，无疑是一个创举。

(二)市场营销学的发展

1929—1933年资本主义大危机，震撼了整个资本主义世界。生产严重过剩，产品销售困难，已直接威胁企业生存。从20世纪30年代开始，主要资本主义国家市场明显进入供过于求的买方市场。这时，企业界广泛关心的首要问题已经不是扩大生产和降低成本，而是如何把产品销售出去。为了争夺市场，企业家开始重视市场调查，提出了“创造需求”的口号，致力于扩大销路并在实践中积累了丰富的资料和经验。与此同时，市场营销学科研究大规模展开。一些著名大学的教授将市场营销研究深入到各个问题，调查和运用大量实际资料，形成了许多新的理论。如弗莱德・克拉克和韦尔法在其《农产品市场营销》(1932年)中将农产品市场营销系统划分为集中(农产品收购)、平衡(调节供求)和分散(化整为零销售)三个相互关联的过程，详细研究了营销者在其中执行的7种市场营销职能：集中、储存、融资、承担风险、标准化、销售和运输。拉尔夫・亚历山大等学者在1940年出版的《市场营销》一书中，强调市场营销的商品化职能包含适应顾客需要的过程，销售是“帮助或说服潜在顾客购买商品或服务的过程”。1937年，美国全国市场营销学和广告学教师协会及美国市场营销学会合并组成美国市场营销学会(AMA)。该学会在美国设立了几十个分会，从事市场营销研究和营销人才的培训工作，出版市场营销专刊和市场营销调研专刊，对市场营销学的发展起了重要作用。到第二次世界大战结束，市场营销学得到长足发展，并在企业经营实践中广泛应用。但在这一阶段，它的研究主要集中在销售推广方面，应用范围基本上仍局限于商品流通领域。

（三）市场营销学的“革命”

20 世纪 50 年代以来，市场营销学从概念到内容都发生了深刻的变化。二战后的和平条件和现代科技进步，促进了生产力的高度发展。社会产品数量剧增，品种日新月异。垄断资本的竞争加剧，销售矛盾更为尖锐。西方国家政府先后推行所谓高工资、高福利、高消费以及缩短工作时间的政策，在一定程度上刺激了需求，但并未引起实际购买的直线上升。消费者的需求和欲望在更高层次上发生变化，对社会供给提出了更高的要求。这时，传统的市场营销学已经不能适应形势要求，需要进行重大变革。

许多市场营销学者经过潜心研究，提出了一系列新的观念。其中之一就是将“潜在需求”纳入市场概念，即把过去对市场“是卖方与买方之间的产品或劳务的交换”的旧观念，发展成为“市场是卖方促使买方实现其现实的和潜在的需求的任何活动”。这样，凡是为了保证通过交换实现消费者需求（包括现实需求与潜在需求）而进行的一切活动，都纳入了市场营销学的研究范围。这也就要求企业将传统的“生产—市场”关系颠倒过来，即将市场由生产过程的终点，置于生产过程的起点。这样，也就从根本上解决了企业必须根据市场需求来组织生产及其他企业活动，确立以消费者为中心而不是以生产者为中心的观念问题。这一新概念导致市场营销学基本指导思想的变化，在西方称之为市场营销学的一次“革命”。

20 世纪 50 年代以来，市场营销论著不断涌现，理论不断创新。营销学逐步建立起以“满足需求”“顾客满意”为核心内容的框架和体系，不仅在工商企业，而且在事业单位和行政机构得到广泛运用。市场营销学术界每隔几年就有一批有创见的新概念出现。这些概念推动了市场营销学从策略到战略、从顾客到社会、从外部到内部、从一国到全球的全面系统的发展和深化。（见表 1.3）

表 1.3　市场营销学新概念举例

年代(20 世纪)	新概念	提出者
50 年代	市场营销组合	尼尔·鲍顿
	产品生命周期	齐尔·迪安
	品牌形象	西德尼·莱维
	市场细分	温德尔·史密斯
	市场营销观念	约翰·麦克金特立克
	营销审计	艾贝·肖克曼

续表

年代(20世纪)	新概念	提出者
60年代	“4P”组合	杰罗姆·麦克锡
	营销近视症	西奥多·莱维特
	生活方式	威廉·莱泽
	买方行为理论	约翰·霍华德 杰克逊·西斯
	扩大营销概念	西德尼·莱维 菲利普·科特勒
70年代	社会营销	杰拉尔德·泽尔曼 菲利普·科特勒
	低营销	西德尼·莱维 菲利普·科特勒
	定位	阿尔·赖斯
	战略营销	波士顿咨询公司
	服务营销	林恩·休斯塔克
80年代	营销战	雷维·辛格
	大市场营销	菲利普·科特勒
	内部营销	克里斯琴·格罗路斯
	全球营销	西德尼·莱维
	关系营销	巴巴拉·本德·杰克
90年代	网络营销 差异化营销	葛斯·哈泊
	绿色营销 “3R”[①]营销	赫海凯特

二、市场营销学在中国

20世纪三四十年代，市场营销学在中国曾有一轮传播。现存最早的教材，是丁馨伯编译的《市场学》，由复旦大学于1933年出版。当时一些大学的商学院开设了市场学课程，教师主要是欧美留学归来的学者。但由于长期战乱及社会经济条件的限制，其研究和应用没有很好地展开。中华人民共和国成立后，从20世纪50年代到70年代末，由于西方的外部封锁和国内实行高度集中的计划经济体制，市场和商品经济在实践中没有基础，缺乏需要，市场营销学的研究基本中断。在这段时间里，国内学术界对国外迅速发展的市场营销学知之甚少。

党的十一届三中全会后，中国确定实施以经济建设为中心，对外开放，对内搞活的方针。

① “3R”指客户维持(Retention)、多重销售(Relation Sales)、客户介绍(Referrals)。

社会经济学界努力为商品生产恢复名誉，改革开放的实践则不断冲击着旧机制，逐步明晰了以市场为导向，建立社会主义市场经济体制的改革目标，为我国重新引进和研究市场营销学创造了良好条件。

1978 年至 1985 年，是市场营销学再次引入中国并初步传播的时期。其间，北京、上海和广州等地的学者率先从国外引进市场营销学，为这一学科的宣传、研究、应用和人才培养做了大量工作，通过论著、教材翻译评介，到国外访问、考察和学习，邀请境外专家、学者来华讲学等方式，系统引进了当代市场营销理论和方法。高等院校相继开设了市场营销课程，组织编写了第一批市场营销学教材。1980 年，国家经济委员会与美国政府合作举办了以国有企业厂长、经理为培训对象的大连培训，此次培训聘请美国著名的营销专家讲课，对营销理论方法的实际运用起了推动作用。1984 年 1 月，为加强学术交流和教学研究，推进市场营销学的普及与发展，全国高等财经院校、综合性大学市场学教学研究会在湖南长沙成立（1987 年改名为中国高等院校市场学研究会）。该研究会汇集了全国 100 多所高等学校的市场营销学者，每年定期交流研讨，公开出版论文集，对市场营销学的传播、深化和创新运用做出了积极贡献。几年后，许多省、直辖市、自治区也逐步成立了市场营销学会，广泛吸纳学者和有影响的企业家参加研讨活动。各类学会举办多种形式的培训班，通过电视讲座和广播讲座，推广传播营销知识。广东营销学会还定期出版《营销管理》会刊。

1985 年至 1992 年，是市场营销在中国进一步传播与应用的时期。为适应国内深化改革、经济快速增长和市场竞争加剧的环境，企业界营销管理意识开始形成。市场营销的运用热潮从外贸企业、商业企业、乡镇企业逐步扩展到国有工业企业；从消费品市场扩展到工业品市场。能源、材料、交通、通信企业也开始接受市场营销概念。市场营销热点也开始从沿海向内地推进。全社会对市场营销管理人才表现出旺盛的需求。到 1988 年，国内各大学已普遍开设了市场营销课程，专业教师超过 4000 人。不少学校增设了市场营销专业，有 50 多所大学招收了市场营销方向的研究生。1992 年前后，部分高校开始培养市场营销方向博士生。与此同时，国内学者编著出版市场营销教材、专著 300 多种，发行销售超过 1000 万册。国内最早编写的几个版本的《市场学辞典》和篇幅达 210 万字的《现代市场营销大全》，也在 1987—1990 年间出版。

1991 年 3 月，中国市场学会在北京成立。该学会成员包括高等院校、科研机构的学者，国家经济管理部门官员和企业经理人员。此后，中国高等院校市场学研究会、中国市场学会作为中国营销界的主要学术团体，开展了一系列活动，促进了学术界和企业界、理论与实践的结合，为企业提供营销管理咨询服务和培训服务，建立对外交流渠道，做了大量卓有成效的工作。

1992 年以后，是市场营销研究结合中国实际提高、创新的时期。邓小平南方谈话，奠定了建立社会主义市场经济体制的改革基调。几年时间，改革全方位展开，经济结构迅速变化，外资企业大量进入，买方市场特征逐步明显，中国市场竞争进一步加剧。在这种形势下，强化营销和营销创新成为企业的重要课题。为此，中国营销学术界一方面加强了国际沟通，举办了一系列市场营销国际学术会议；另一方面，展开了以中国企业实现“两个转变”（从计划经济向市场经济转变，从粗放经营向集约化经营转变）为主题的营销创新研究，以及以“跨世纪的中国市场营销”“新世纪中国营销创新”等为主题的营销学术研究。在这一阶段，出现了一批颇有价值的研究成果。

三、学习市场营销学的意义

我们正面临知识经济时代到来所带来的严峻挑战，学习、研究市场营销学，是知识经济时代的要求，是迎接新世纪挑战、适应环境变化的必然要求。随着我国社会主义市场经济体制的构建和完善，这种作用还将进一步加强。企业的效益和成长，是国民经济发展的基础。市场营销学对经济成长的贡献，主要表现在其解决企业成长与发展中的基本问题方面。

（一）帮助人们更好地面对未来环境的挑战

我们正面临知识经济时代的严峻挑战，学习、研究市场营销学是时代的要求，是迎接挑战、适应环境变化的必然要求。这些理论是前人对无数成功经验和失败教训的总结。市场营销学是从事商业行为的一块基石。

（二）提高人们的营销意识

没有营销意识，企业的一切看似先进合理的营销理念、营销技术、营销行为都只能停留在机械实施阶段。营销意识是什么？索尼的总裁能够从职员手中的录音机想到便携式播放器，从而开创 MP3 时代，这是一种创新意识。王老吉公司通过拍摄与凉茶历史有关的《岭南药侠》电视剧并在中央电视台播出，从而一举走向全国，这是一种宣传意识。当然，不同的人营销意识有所不同。如：某服务员面对顾客吃鸡蛋，用选择式问法——吃一个还是两个，这是沟通意识；沃尔玛要求员工在顾客询问与本柜台经营无关的商品时，要把顾客带到出售商品的柜台，这是服务意识。而这些意识的形成，离不开对营销理论的系统学习和理解。

（三）促进企业成长

企业用市场营销理论做指导，可以密切注意和了解市场需要的现状与变化，发现一些未满足的需要和市场机会；然后，根据企业的任务、目标和资源条件等，选择本企业能够更好地为之服务的目标市场，并根据目标市场的需要，开发适销对路的产品，制订适当的价格，选择适当的分销渠道，制订适当的促销方案，千方百计地满足目标市场的需要。这样就可以扩大销售，提高市场占有率，增加盈利，实现企业的任务与目标。

（四）人人学会营销自己

现在，营销学的发展已经远远超过了经济范畴。经济活动离不开营销是毋庸置疑的，但凡人类活动与营销总是密切相关的。现代营销之父菲利普·科特勒认为，盈利部门需要营销，非盈利部门也需要营销。经营之神松下幸之助认为，国家需要营销，企业需要营销，个人也需要营销。“要学会营销商品首先要学会营销自己。”人生的实质就是营销自己的过程。人要有正确的价值观，要学会适应环境，要正确定位自己，要提高自身素质，要通过合适的渠道找工作，要宣传和推销自己等，这都是营销。会营销自己就可能早日到达成功的彼岸，不会营销自己恐怕就要在人生的旅途中走不少弯路。所以，学习的目的就是要使每一个人学会营销自己。

››› 本章小结 ‹‹‹

市场是由那些具有特定的需要和欲望，愿意并且能够通过交换来满足这种需要或欲望的全部现实和潜在顾客所构成。

企业的产品通过市场来实现销售并获得利润，市场就必须具备人口（顾客）、购买力（支付能力）和购买欲望三个要素。

市场营销是指以满足顾客需要为中心，并为获得利润而从事的与市场有关的一系列营销活动。

需要是指没有得到某些基本满足的感受状态。

欲望是对具体产品有需要的愿望。

需求指人们有能力购买并且愿意购买某个具体产品的欲望。

产品是指能够满足人们需要和欲望的任何东西，包括有形商品、服务、体验、财产权和信息等。

价值是顾客所得到的利益与其所付出的成本的比值。顾客所得到的价值为功能利益和情感利益。顾客所付出的成本是货币成本、时间成本、精力成本。

交换是指以某种东西作为回报，从他人那里取得所需要东西的行为。

交易是交换双方的价值交换，是交换活动的基本组成单位。

市场营销观念包括产品观念、生产观念、推销观念、市场营销观念、社会营销观念、大市场营销观念等。

实践与练习

一、单项选择题

1.市场营销的核心是（　　）。

A.生产　　B.分配　　C.交换　　D.促销

2.从市场营销的角度看，市场就是（　　）。

A.买卖的场所　　B.商品交换关系的总和

C.交换过程本身　　D.具有购买欲望和支付能力的消费者

3.市场营销学作为一门独立的经营管理学科诞生于20世纪初的（　　）。

A.欧洲　　B.日本　　C.美国　　D.中国

4.在交换双方中，如果一方比另一方更主动、更积极地寻求交换，我们就将前者称为(　　)，后者称为潜在顾客。

A.厂商　　B.市场营销者　　C.推销者　　D.顾客

5.从营销理论的角度而言，企业市场营销的最终目标是(　　)。

A.满足消费者的需求和欲望　　B.获取利润

C.求得生存和发展　　D.把商品推销给消费者

6.消费者未能得到满足的感受状态称为(　　)。

A.欲望　　B.需要　　C.需求　　D.愿望

7.在现有市场上，改进产品包装，以满足市场需要，扩大销售，这是(　　)。

A.产品观念　　B.推销观念　　C.市场营销观念　　D.社会营销观念

8.(　　)是指导企业经营活动的最古老的观念之一。

A.产品观念　　B.生产观念　　C.市场营销观念　　D.推销观念

9.在推销观念的指导下，企业的经营重点是(　　)。

A.产品　　B.生产　　C.顾客需要　　D.社会利益

10.下列最容易产生营销近视症的观念是(　　)。

A.产品观念　　B.推销观念　　C.市场营销观念　　D.社会营销观念

11.主要以促销为手段的企业采取的是(　　)。

A.生产观念　　B.推销观念　　C.市场营销观念　　D.社会营销观念

12.企业经营者在制定营销政策时，应统筹兼顾企业利润、顾客需要和社会可持续发展等三个方面的利益。这种市场营销管理哲学属于(　　)。

A.产品观念　　B.推销观念　　C.市场营销观念　　D.社会营销观念

二、判断题

1.在组成市场的双方中，买方的需求是决定性的。(　　)

2.市场营销就是推销和广告。(　　)

3.消费者尚未得到满足的感受状态，我们称为消费欲望。(　　)

4.消费者之所以购买商品，根本目的在于获得并拥有产品本身。(　　)

5.交换是一个过程。在这个过程中，如果双方达成了一项协议，我们就称之为发生了交易。(　　)

6.市场营销的最终目标是企业获取利润。(　　)

7.在通常情况下，消费者往往根据其对产品效用的主观评价来决定是否购买该产品。(　　)

8.市场营销可以创造需求。(　　)

9.市场营销的目的是使推销成为不必要。(　　)

三、案例分析题

麦当劳的成功

1955 年,雷·克洛克凭借敏锐的市场触觉,在美国伊利诺伊州创立了第一家麦当劳餐厅。现在,麦当劳开设了 25000 多家餐厅,覆盖 115 个国家和地区,平均每 5 小时便有一家新店投入服务,每天为 4000 多万顾客提供新鲜的美食和优质的服务,成为规模庞大的快食集团。

麦当劳正是深谙顾客让渡价值理论的艺术,以适宜的顾客让渡价值而达到顾客满意的。

一、麦当劳的整体顾客价值

麦当劳的产品价值、服务价值、人员价值和形象价值共同构成了麦当劳的整体顾客价值。

(一)麦当劳的产品价值

麦当劳产品的原料、用量、过程都有严格的标准。麦当劳在《操作规程》中对速食品和提供的服务的标准都有具体的规定。

食品有严格的时间限制。超过 10 分钟的汉堡、7 分钟的法式炸薯条,都不再出售。

麦当劳根据各地顾客需求的不同,提供具有不同特色的产品。

(二)不落俗套的麦当劳服务价值

麦当劳的服务价值是:服务中抓住儿童的心,迎合儿童心理的服务才是小顾客们真正需要的;高标准的"微笑服务";名副其实的"快"餐店;针对特殊的市场,麦当劳给予特殊的服务。

(三)麦当劳的人员价值

麦当劳的员工分为两类:经理和员工。经理分为餐厅经理、第一副经理、第二副经理和见习经理,员工分为员工组长、训练员、员工和见习生。麦当劳员工流动性极大,经理拿月薪,员工则是按小时计酬。麦当劳的人员价值在外,功夫在内。

(四)麦当劳的形象价值

企业的形象价值其实是在产品价值、人员价值、服务价值基础上的一种综合价值。一般而言,形象价值来源于四个方面:MI(理念识别)、BI(行为识别)、VI(视觉识别)、OI(企业讯息传达系统识别)。其中,MI 是指企业的经营理念和价值观,这是企业的灵魂,也是企业形象的基础,BI 是指企业运行的全部规程策略;VI 是企业在 MI、BI 的基础上,所设计的向外界传达的全部视觉形象的总和;OI 是指如何利用各种讯息传达系统来向公众传递企业的形象价值。麦当劳的企业形象价值来自四个部分:QSCV,即质量(Q)、服务(S)、清洁(C)、价值(V)。这简明扼要的四个词贯穿于麦当劳的整个生产、服务过程当中,传递着麦当劳的经营理念。

麦当劳有一套准则来保证员工行为规范：OTM（营业训练手册），SOC（岗位检查表），QG（品质导正手册），MDT（管理人员训练）。总之，小到洗手消毒有程序，大到管理有手册，以保证QSCV的贯彻。

麦当劳的视觉形象识别是有口皆碑的。

麦当劳在各个报纸、杂志上频频亮相，并多次受奖，名声大震。

麦当劳的整体顾客价值相对提高，也就是整体顾客成本相对降低。

二、麦当劳的整体顾客成本

一是货币价格。尽管在各国以各国货币来计价，但总体而言，麦当劳一份快餐的货币价格相对较低，美国的家庭主妇们认为其比她们自己做的还省钱。

二是时间成本。麦当劳接待一名顾客的时间不超过1分钟，顾客的时间成本相当小。

三是体力成本和精神成本。对于一些人，尤其是儿童来说，进入麦当劳店是一种娱乐，体力和精力成本几乎为零。

因此可以概括为这样一个公式：麦当劳的顾客让渡价值=麦当劳的整体顾客价值-麦当劳的整体顾客成本=顾客满意=麦当劳的成功。

思考：

分析麦当劳成功的原因。

四、思考题

1.什么是市场？什么是市场营销？

2.企业营销观念的演变经历了哪几个阶段？为什么说推销观念不是现代营销观念？

3.试述企业营销观念演变的原因。当前我国企业特别需要树立哪些观念？

4.什么是大市场营销？它有何特点？

5.请谈谈你对学习市场营销学的目的和意义的认识及学好市场营销学的打算。

第二章 营销管理

教学目标

一个为求得持续发展的企业必须有自己的长期发展战略规划。企业营销战略规划是企业在复杂多变的环境中,力求为企业的生存和发展进行的总体的谋划和思考。企业营销战略规划内容包括企业市场营销战略规划管理过程和市场营销管理过程。通过本章学习,了解企业市场营销战略规划过程的内容,并能够结合企业实际情况编制营销计划书。同时,熟悉企业营销管理的过程,并能够根据市场机会选择企业发展战略。

导入案例

海尔的发展战略

名牌战略阶段(1984—1991 年)

特征:只生产冰箱一种产品,探索并积累了企业管理的经验,为企业今后的发展奠定了坚实的基础,总结了一套可移植的管理模式。

多元化战略阶段(1992—1998 年)

特征:从一种产品向多种产品发展(1984 年只生产冰箱,1998 年已生产几十种产品),从白色家电进入了黑色家电领域,以无形资产盘活有形资产,在最短时间里以最低的成本把规模做大,把企业做强。

国际化战略阶段(1998—2005 年,是以中国为基地,向全世界辐射)

特征:产品批量销往全球主要经济区域市场,有自己的海外经销商网络与售后服务网络,海尔品牌已经有了一定的知名度、信誉度与美誉度。

全球化品牌战略阶段(2006 年至今,在每一个国家的市场创造本土化的海尔品牌)

特征:为了适应全球经济一体化的形势,运作全球范围的品牌。从 2006 年开始,海尔集团继名牌战略、多元化战略、国际化战略阶段之后,进入第四个发展战略创新阶段,即全球化品牌战略阶段。

全球化品牌战略和国际化战略的区别是,国际化战略阶段是以中国为基地向全世界辐射,全球化品牌战略是在每一个国家的市场创造本土化的海尔品牌。海尔实施全球化品牌战略要解决的问题是提升产品的竞争力和企业运营的竞争力,从单一文化转变到多元文化,实现持续发展。

简要评析

营销战略规划是为实现一个较长期、全局性的发展目标,有效利用各种资源,在对企业内外部环境进行分析的基础上而设计的一个全局性的行动纲领。只有在 SWOT(优势、劣势、机会、威胁)分析的基础上,建立正确的营销战略规划,为企业指明方向,把企业有限的资源投入到能给企业带来最大经济效益的产品和市场中去,使企业以最小的投入获得最大的产出。

第一节　市场营销战略

一、市场营销战略的含义

商场如战场,战场有谋略,商场同样也需要谋略,战场上的谋略分战略和战术,商场的谋略分战略和策略。

市场营销战略是指企业为适应环境和市场的变化而站在战略的高度,在分析企业外部环境和内部条件的基础上,确定企业营销发展的目标,对营销活动进行总体的、长远的谋划,并确定实现这样的谋划所应采取的重大行动措施。企业营销战略既包括目标,又包括实现各种目标的手段,是两者的统一体。

就一个企业的市场营销战略而言,一般包括四个重要部分:

第一,环境分析——企业可能做些什么(有哪些市场机会);

第二,能力与资源——企业实际能做什么(对于这些市场机会,根据企业的能力和资源,企业实际能做什么);

第三,管理者的利益和愿望——企业想要做些什么;

第四,对社会的责任——企业应该做些什么(考虑一下社会利益,这件事能不能做,违法的事情一定不能做)。

对所有这些部分进行谋划，就形成了一项行之有效、系统完整的市场营销战略规划。

二、市场营销战略的特点

1.全局性

企业营销战略是对营销活动本身及影响营销活动的全部因素进行的谋划，它要求局部利益服从整体利益。但战略的全局性特征并不是均衡使用力量，而是抓住关键因素、重点解决，同时照顾到影响目标实现的一般因素。

2.长期性

对企业营销活动进行更长期的设计，它着眼于未来，要指导和影响未来一个相当长的时期，通常为五年或更长期的规划。

3.阶段性

企业战略都是分阶段的，即在战略规划实施过程中把战略目标按时间先后进行分解，划分为几个阶梯性的由低到高的目标或战略步骤，以确保战略目标一步步实现。

4.稳定性

企业营销战略不能朝令夕改，要保持相对稳定性。为此，企业在制定营销战略时，一定要调查研究，估计可能发生的利弊条件，做出科学预测，使企业营销战略保持先进合理的水平。稳定性并不排除应变性，企业的外部环境尤其是国际市场是千变万化的，要求企业能够适应环境的变化，因此，营销战略既要保持稳定性，又要留有充分可调节的余地。

5.抗争性

当今的市场竞争越来越激烈，企业为了生存和发展，在竞争中取胜，其营销战略就必须有抗争性。为此，营销战略的制定就必须建立在知己知彼、发挥自身优势、避实击虚的基础上，这样方能使企业捷足先登，领先一步，稳操胜券。

三、市场营销战略的构成要素

1.战略思想

战略思想是指导市场营销战略制定与实施的基本思想和观念，是企业整个市场营销战略的灵魂，对营销战略起统帅作用。

2.战略目标

战略目标是指在市场营销战略思想指导下，根据企业营销的战略分析，确定企业营销战略期内所要达到的水平。它是一定战略期内企业完成任务的预期成果，决定着企业的战略方向、战略重点、战略对策和战略阶段。

市场营销战略目标的具体表现主要包括以下几种形式：一是市场占有率目标。市场占有率是指企业某一产品的销售量占整个市场产品销售总量的百分比。二是贡献目标。贡献目标既表现为企业向社会提供的产品品种、质量、税金等，也表现为企业对自然资源的合理利用，降低能源消耗以及环境保护等目标。三是发展目标。发展目标主要表现为企业实力的增强，包括人力、物力、财力的数量增加，人员素质的提高，生产能力的扩大，技术与管理水平的提高，专业化协作、经济联合的发展等。

3.战略方向

战略方向是指企业制订营销战略方案和战略决策的指导方向，包括企业营销发展方向、经营结构的调整，其中企业营销发展方向是营销战略方向的核心。

4.战略重点

战略重点是指对实现企业市场营销战略目标具有关键作用而又有发展优势或自身发展相对薄弱需要着重加强的环节。

5.战略对策

战略对策是指为实现营销战略指导思想和战略目标而采取的重要方法、措施和策略。

6.战略阶段

战略阶段是指实施营销战略或实现市场营销战略目标所必须经历的步骤。一般来说，一个大的战略，可划分为准备阶段、发展阶段和完善阶段。

第二节　市场营销战略规划

市场营销战略规划是企业的最高管理层通过制定企业的基本任务、目标以及业务组合，使企业的资源和能力同不断变化着的营销环境之间保持着与战略适应的关系。市场营销战略规划的主要过程包括规定企业任务、确定企业目标、制订企业业务组合计划、制订新增业务的发展计划、形成新增业务计划五个方面。

一、规定企业的任务

规定企业的任务是规定企业在中长期内将要做什么。具体说就是要明确企业是干什么的、顾客是谁、企业的业务将是什么、企业的业务应该是什么。

企业任务的形成必须注意五个关键要素：

1.企业过去的突出特征

任何企业在规定任务时必须尊重企业自身历史上卓越的特征。

2.企业所有者和管理者的价值取向或偏好

任何一个企业的主管人员都有他自己的目的和观念，这些目的和观念影响着企业任务的制定。例如，弗雷德·史密斯希望“无论在美国的哪一个地方，邮件的到达时间都不迟于第二天早上”，结果他创建了联邦快递公司。

3.环境因素

环境的机会与威胁影响企业任务，因为环境的变化有时会给企业带来威胁，有时会带来机会。例如,2008 年,美国的次贷危机造成全球经济危机,各国减少进口,给我国出口型企业造成了很大的影响。

4.企业资源情况

企业资源是实现目标的物质基础,因此,它限制着企业任务的制定。例如,中国的巨人集团忽略自身的资源状况,过早进入大规模企业经营行列,想在一夜之间成为中国的“巨人”,结果失败了。

5.企业特有能力

企业任务的确立应建立在其独有的能力之上,扬长避短,发挥自身的优势。

二、确定企业的目标

企业的最高管理层规定了企业的任务之后,还要把企业的任务具体化为一系列各级组织层次的目标。各级经理应当对其目标胸中有数,并对其目标的实现完全负责,这种制度叫作目标管理。企业的常用目标有投资效益率、销售增长率、市场占有率提高、产品创新等。目标必须符合以下要求:一是层次化,显示出哪些是主要的,哪些是派生的;二是数量化;三是现实性,应当根据对市场机会和资源条件的调查研究和分析来规定适当的目标水平;四是协调一致性。

三、制订企业业务组合计划

首先要把企业所有的产品和业务分成若干战略业务单位,对每个单位的经营效益和增长机会进行分析、评价,以便决定哪些单位应当发展、维持,哪些单位应当缩减甚至淘汰。许多专家提出了一些对企业的战略业务单位加以分类和评价的方法,其中最著名的是美国波士顿咨询集团和通用电气公司的方法。

(一)波士顿咨询集团矩阵法(BCG 法)

BCG 法又称四象限法,产生于 20 世纪 70 年代,由美国波士顿咨询集团首先创立。该法是从产品的销售增长率和企业的相对市场占有率两个方面对企业经营的所有战略业务单位逐一进行分析,并划分为四个不同战略业务类型(如图 2.1 所示),从而为企业的投资决策提供依据。其分析方法如下:

第一,分析计算各业务单位的销售增长率和相对市场占有率。相对市场占有率表示此战略业务单位的市场份额与该市场最大竞争者的市场份额比。

第二,划分战略区域。以相对市场占有率作为横坐标,销售增长率作为纵坐标,分别确定临界值,将横、纵坐标分别分成高、低两部分,形成四个战略区域。临界值可因企业和产品的特点不同而不同。取 1 为相对市场占有率的临界值,取 10%作为销售增长率的临界值。

第三,根据计算的各业务单位横、纵坐标值确定其坐标位置,并用大小不同的圆圈标明,圆圈面积大小表示产品销售额在企业总销售额中的比重。

第四,根据业务单位所处战略区域,将它们分成四类,即明星类、金牛类、问题类、瘦狗类。

第五,分析以上步骤形成的四象限图,确定各战略业务单位的投资决策。

销售增长率 \ 相对市场占有率	高	低
高	明星业务	问题业务
低	金牛业务	瘦狗业务

图 2.1 波士顿咨询集团成长—份额矩阵图

1.明星业务

这类产品的特点是市场占有率和销售增长率都很高。问题类产品如经营成功,就会转入明星类。该类产品由于市场增长迅速,也需要投入大量资金,伴随产品生命周期的进程,这类产品的增长速度逐渐降低,从而转入金牛类。

2.金牛业务

这类产品的特点是市场占有率高、销售增长率低。由于市场占有率高,盈利多,现金收入多,可以提供大量现金,企业可用这些现金支持其他需要现金的产品。因此,每个企业都十分重视这类"当家产品",每个大中型企业应当有几头强壮的"金牛"。

3.问题业务

这类产品的特点是高销售增长率、低相对市场占有率。它将如何发展,是向前发展成为"双高"的明星类,还是中途夭折被迫退出市场?由于存在着风险和问题,所以称为问题类产品。为了提高这类产品的相对市场占有率,使之进入明星类,需要对它们大量投资。但对这类产品的投资要慎重,要分清情况,区别对待,对那些确有发展前途的产品应增加投资予以扶植;相反,对那些没有什么发展前途,市场占有率迟迟上不去甚至萎缩下降的产品,则应减少投资甚至终止投资。

4.瘦狗业务

这类产品的特点是市场占有率低,销售增长率也低。这类产品盈利少或仅能保本甚至有亏损,因而是消耗现金类产品。

因此,我们要预测未来的市场变化,正确规划未来的矩阵,拟订好投资组合计划。有以下四种策略供选择:

1.发展策略

目标是提高战略业务单位的相对市场占有率。为此,有时甚至不惜放弃短期利益。这一战略尤其适用于有发展前途的问题类业务单位,因为这类产品要转入明星类产品必须增加投资,并配合有效的促销组合,提高其相对市场占有率。

2.维持策略

目的在于保持产品的地位,维持现有的市场占有率。在产品生命周期中处于成熟期的产品,大多数采用这一战略。维持战略特别适用于大量资金支持的金牛类产品。

3.收获策略

这一策略的目标在于从某些产品中尽量获取更多的现金收入,而不考虑由此带来的后果,所以它追求的是短期利益。这一策略适用于弱小的金牛类。小金牛类发展前景不佳,可乘其目前在市场上尚有一定的地位时,从其身上尽量多地获取现金。这一策略也可用于那些无发展前途的问题类或瘦狗类产品。

4.放弃策略

放弃的目的是清理、变卖现存产品,不再生产,并把各种资源用于生产经营其他效益好的产品。显然,这种策略适用于没有发展前途的,或者妨碍企业增加盈利的某些“问题”类或“消耗现金”类产品。

(二)通用电气公司法(GE 法)

GE 法又称战略业务规划网络,是由美国通用电气公司创设的。该公司提供了一个更为复杂的投资业务组合分析模型,认为在评估战略业务单位时,除了应该考虑 BCG 法中的销售增长率和相对市场占有率两个因素,还应考虑更多的因素。通用电气公司将这些因素分为两类:一类是行业吸引力,另一类是战略业务单元的竞争能力。这两个变量对评定业务具有重要意义。纵坐标代表行业吸引力,它的大小取决于总体市场大小、年市场增长率、历史的利润率、竞争激烈程度等一系列因素;横坐标代表竞争能力,它的大小取决于该单位的市场占有率、产品质量、份额增长、品牌知名度、分销网络、促销效率、生产效率、单位成本、研发绩效等一系列因素。企业将上述两类因素进行评估,评估各个因素的分数,再按各个因素的重要性确定权数,根据各因素的分数和权数就可计算出行业吸引力和企业战略业务单元的数据。

根据行业吸引力的大中小和企业战略业务单位竞争能力的强中弱,我们将矩阵分为九个方格,将业务分为三个区域(如图 2.2 所示):左上角三个深灰色的方格为绿色地带,是企业较强的战略业务单位,应该大量投入促进其发展;对角线上的三个白色方格为黄色地带,是企业中等水平的战略业务单位,公司应保持对这些业务单位的投资水平;右下角三个浅灰色方格为红色地带,是低水平的战略业务单位,对该区域的业务单位应采取“缩减”或“放弃”战略。

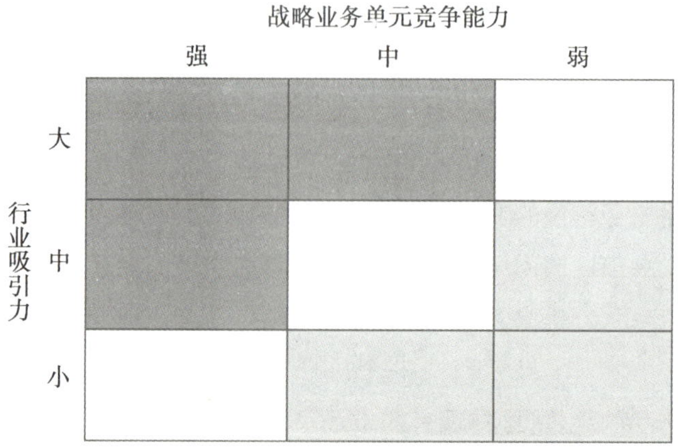

图 2.2　通用电气公司战略业务规划方格图

以上是西方企业常用的评估和分析业务组合状况的两种方法。企业通过对业务的分析和评估,为各个业务单位确定经营目标和投资战略,合理分配企业的资源。

四、制订新增业务的发展计划

新增业务的发展计划制订由以下几个步骤组成。首先,战略业务单位要明确业务在企业中的地位(分析企业任务);接着对企业的外部环境和企业内部资源和能力进行分析(SWOT分析);再次,在前两个步骤的基础上,确定新增战略目标(目标制定);然后选择竞争战略;最后形成新增业务的发展计划。

(一)分析业务任务

明确业务在公司战略中的地位是每个战略业务单位制定战略规划的起点,管理者应该明确战略业务单位在公司中的地位,根据公司的总体任务确定自己的任务。

(二)SWOT 分析

SWOT 分析是一种用来确定企业本身优势(Strength)、劣势(Weakness)、环境中的机会(Opportunity)和威胁(Threat),从而将公司的战略与公司内部资源、外部环境有机结合的分析方法。

公司优势是指在执行策略、完成计划以及达到要确立的目标时可以利用的能力、资源以及技能。如技术技能优势、无形资产优势、人力资源优势等。

公司劣势是指能力和资源方面的缺乏或缺陷。如缺乏有竞争力的技术、有形资产、无形资产、人力资源、组织资源等。将资源和能力与行业中重要的资源和能力进行比较,有助于识别出公司目前的优势与劣势。

市场机会是指市场上所存在的尚未满足的需求,它是影响公司战略的重大因素。如市场需求增加、市场进入壁垒降低、有进入其他地理区域的机会等。

市场威胁是指在环境变化的趋势中对企业生存与发展不利的、消极的因素。如市场需求减少、替代品抢占公司销售额、经济萧条等。

(三)目标制定

进行 SWOT 分析后,企业应该把任务具体化为企业各管理层的目标,形成一套完整的目标体系。大多数战略业务都同时追求几个目标,这些目标包括产品销售额、销售增加率、市场份额、利润等。确定战略目标要注意的问题如下:

一是目标必须按照轻重缓急进行排序;

二是目标体系具有层次化,较低层次的目标应该服从较高层次的目标,为最终目标做出贡献。

三是目标之间应该协调一致。如最低的成本与最高的质量、最低的营销费用与最大的销量、最大的销量与最大的利润之间都是矛盾的。

四是目标应该高低适中,太高的目标会挫伤员工的积极性,太低的目标则缺乏激励员工的作用。

五是目标应该量化，便于考核。

（四）选择竞争战略

美国学者波特认为，有三种一般性竞争战略可供选择，这三种战略是总成本领先战略、差异化战略和集中化战略。

1.总成本领先战略

这种战略是指一个企业通过一系列措施，使总成本达到行业最低。可以使企业总成本降低的措施包括：获取较高的市场份额；寻找良好的原材料；设计便于制造的产品；保持一个较宽的相关产品系列；尽可能利用企业资源；购买可以降低成本的先进设备；有效地利用企业生产经验；严格控制成本和管理费用；最大限度地减少研发、服务、推销、广告等方面的成本；为所有主要顾客群进行服务以扩大产量和销量。尽管质量、服务以及其他方面也不容忽视，但贯穿于整个战略之中的是使成本低于竞争对手。一旦赢得了总成本领先的地位，企业可以使用所获得的利润购买能进一步降低成本的先进生产设备。

案例衔接 2-1

美国西南航空公司的成功之道

美国西南航空公司（简称“西南航”）是一家在固定成本极高的行业中成功实施低成本竞争策略的优秀公司。它从 20 世纪 70 年代在大航空公司夹缝中谋求生机的小航空公司一跃发展成为美国的第四大航空公司，持续 30 余年保持远高于行业平均水平的高利润和远低于行业平均值的低成本。其成功之道，主要体现在运营的各个细节之中。

细节之一，关于飞机。西南航只拥有波音 737 一种机型，公司的客机一律不搞豪华铺张的内装修，机舱内既没有电视也没有耳机。单一机型的做法能最大限度地提高飞机的利用率，因为每个飞行员都可以机动地驾驶所有飞机。此外，这样做简化了管理程序，降低了培训、维修、保养的成本。同时，西南航将飞机大修、保养等非主业业务外包，保持地勤人员少而精。比如，西南航的飞机降落以后，一般只有 4 个地勤人员提供飞机检修、加油、物资补给和清洁等工作，人手不够时驾驶员也会帮助地勤工作。

细节之二，关于转场。在坚持只提供中等城市间的点对点航线的同时，西南航尽可能选用起降费、停机费较低廉的非枢纽机场。这样做不仅直接降低某些费用，而且也保证了飞机快速离港和飞机上限量供应等低成本措施的可行性。为了减少飞机在机场的停留时间，增加在空中飞行的时间也就是挣钱的时间，西南航采用了一系列规定以保证飞机的高离港率。如：没有托运行李的服务；机舱内没有指定的座位，先到先坐，促使旅客尽快登机；建立自动验票系统，加快验票速度；时间紧张时，驾驶员帮助地勤，乘务员帮助检票；不提供集中的订票服务；等等。这些特色使得西南航70%的飞机滞留机场的时间只有15分钟，而其他航空公司的客机需要一两个小时。对于短途航运而言，这节约下的一两个小时就意味着多飞了一个来回。

细节之三，关于客户服务。选择低价格服务的顾客一般比较节俭，所以西南航意识到，自己的客户乘坐飞机最重要的需求就是能实惠地从某地快速抵达另一地。于是，公司在保证旅客满意度基础上，尽一切可能地将服务项目化繁为简，降低服务成本。比如，飞机上不提供正餐服务，只提供花生与饮料。一般航空公司的空姐都是询问："您需要来点儿什么，果汁、茶、咖啡还是矿泉水？"而西南航的空姐则是问："您渴吗？"只有当乘客回答"渴"时才会提供普通的水。

2.差异化战略

差异化战略是指将公司提供的产品或服务与竞争对手区别开来，树立起一些全产业范围中具有独特性的东西。例如，苹果电脑的商务高端，大众甲壳虫汽车的娇小可爱。企业可以在名牌形象（奔驰轿车）、设计（三星手机）、技术上的独特性（Intel 处理器）、顾客服务（联想电脑）、商业网络（京东商城）等一个或几个方面，与竞争者相比有显著的独到之处。当顾客认为企业所提供的产品或服务与竞争对手的产品或服务不同时，他们对价格的敏感性就会降低，企业同样有可能获得较高的利润。

营销专家路长全在《营销纲领》一书中提出，与强者差异才能与强者并行。百事可乐用"新一代的选择"实现了与可口可乐的差异，而与之并行；七喜在两大可乐的重压下，通过"七喜——非可乐"的差异，实现了与两大可乐共存；宝马以"最棒的驾驶工具"而与"最舒适的乘坐工具"奔驰齐名。

案例衔接 2-2

苹果公司的差异化战略

苹果公司于1976年4月1日创立，在高科技企业中以创新而闻名，知名的产品有 Apple Ⅱ、Macintosh 电脑、Macbook 笔记本电脑、iPod 音乐播放器、iTunes 商店、iMac 一体机、iPhone 手机和 iPad 平板电脑等。2012年8月21日，苹果成为世界市值第一的上市公司。苹果公司的成功很大程度上得益于它所一直奉行的差异化战略。

一、差异化战略的核心就是创新

差异化战略的核心就是创新，苹果公司不仅掌握了差异化战略的核心，其创新还颇具独特性。

1.创新的标准

苹果公司的创新标准不再仅仅是跟随市场并满足客户的需求,而是从否定自我出发,不是比别人更好,而是比自己更好,在高水平上达到更高水平,引领市场和创造需求。

2.创新的周期

从自身的战略出发,加快研发速度,还在 iPod 热卖的时候,苹果公司已经在 2006 年开始研发 iPhone 产品。其推出的平板电脑,则是在 2003 年即开始了研发,更在 iPad1 风靡全球的时候,以迅雷不及掩耳之势发布了 iPad2,一年后又推出了 iPad3。

3.创新的团队

制造问题、异想天开、不安分守己的人,形成顶级创新团队。

4.创新的文化

乔布斯渴求完美,使创新在苹果公司从一个概念变成行动,从文化变成性格。

二、产品差异化

苹果强大的创新能力使得苹果产品的外观和功能区别于其他同类电子产品。苹果的电子产品善于把握时尚、引领时尚。除了外观,苹果产品的功能也独具特色。苹果产品采用全新的足以与微软抗衡的系统。无论是电脑的 Mac OSX 系统,还是手机等产品的 iOS 系统,都使得其产品的稳定性及响应能力得到提升。

三、营销差异化

苹果公司差异化的营销策略令人惊叹,它不同于其他任何产品的营销手段,使它的产品充满神秘感,令人期待。苹果公司从产品设计环节到生产环节,直到官方正式发布前的最后一分钟,都力求不泄露任何产品细节。

四、服务差异化

苹果公司不仅仅是为顾客提供产品那么简单,在消费者购买产品以后,顾客就同时享受到了个人的在线专属服务——iTunes 为其提供的服务。iTunes 不仅是网上音乐、影视、游戏、应用软件商店,更是一款功能强大的管理软件,这一关键附加特性增加了消费者价值。

3.集中化战略

成本领先和差异化战略都要求企业在整个市场、整个行业内实现其目标。集中化战略是企业市场定位主攻某个特定的顾客群、某产品系列的一个细分区段或一个地区市场。其战略思想是为某一狭窄的战略对象服务,从而超越在更广阔范围内的竞争对手。集中化战略可以通过较好地满足特定对象的需求实现标新立异,同时在为这一对象服务时可以降低成本,并在狭窄的目标市场中获得某种优势。

一般来讲,企业要获得竞争优势就必须在三种战略中做出选择,必须决定希望在哪个方面取得优势。那些采用模糊战略的企业往往绩效最差,它们想获得所有战略的优势,结果在哪一方面都没有做好。

五、形成新增业务计划

选择适宜的市场机会是企业正确制订业务计划的前提。这种客观存在的市场机会成为适宜的市场机会,必须具备一定的前提条件:一是市场机会和企业任务相一致;二是企业具有利用市场机会的资源能力;三是利用市场机会足以实现企业的目标要求。

在市场上,企业面对的市场机会可能多种多样,但是归纳起来,可划分为三种类型:密集性成长的市场机会、一体化成长的市场机会和多样化成长的市场机会。企业利用市场机会旨在增进企业发展。利用不同的市场机会,就需采取与之相对应的成长战略。

(一)密集性成长市场机会

密集性成长市场机会是指尚未被完全开发的潜伏在企业现有产品和现有市场的营销机会。也就是说,企业仍可在现有的生产经营范围内寻求深度的发展。企业一旦选择和利用这种市场机会,可采用三种成长战略。

1.市场渗透战略

企业在原有市场中争夺更多的顾客和更大的销售额,提高市场占有率,从而实现企业业务增长。具体措施包括:一是鼓励原有顾客增加购买数量,如通过买一送一,更新色彩、式样、包装,实施价格折扣和季节差价等营销措施扩大销路。二是挤掉竞争对手,提高本企业现有产品的市场占有率。三是发掘潜在买主,激发其购买动机,吸引他们转而购买本企业产品。

2.市场开发战略

通过有效措施,开拓新的国际市场来扩大现有产品的销售,从而实现企业业务的增长。这可能基于两种原因:一种是当营销环境发生变化,出现了有利于新市场建立的时机;一种是由于企业生产过剩或原有市场需求饱和,迫使企业将现有产品向新市场扩张。企业实施这种战略的核心是开辟新的销售渠道,大力开展广告宣传。

3.产品开发战略

企业向现有市场提供新产品或改进产品(如增加花色、品种、规格、型号等),以满足不同顾客的需求,从而扩大销售,实现企业业务的增长。实施这种战略的重点是在市场细分的基础上改进产品设计,大力开展以产品特色为主的宣传等促销手段。

(二)一体化成长的市场机会

一体化成长的市场机会是指客观存在的将企业业务纵向伸展到供、产、销不同环节而求得发展的市场机会,即在现有业务基础上,通过收购、兼并、联合、参股等形式向现有企业的上下游方向发展。一体化成长的市场机会的选择和利用,往往导致企业不同程度的多种经营,增强自身供、产、销的整体能力,从而提高效率,扩大规模,增加利润。企业利用一体化成长的市场机会可采取的战略有:

1.后向一体化成长战略

企业对其供给来源取得控制权或所有权，实行一体化经营而获得成长的战略就是后向一体化成长战略。如：冶炼或加工企业向原材料生产方向发展，实行产供一体化，商业企业向生产产品的方向发展，实行产销一体化；零售商向批发商方向发展，实行零批（销供）兼营。这都是利用了后向一体化成长战略。

2.前向一体化成长战略

前向一体化成长战略指企业对其产品的加工和销售取得控制权或所有权，实行一体化经营，求得企业发展的战略。如生产原油企业开办炼油厂，知名服装企业开设专卖店，批发企业增设或接办零售商店等，采用的都是前向一体化成长战略。

3.水平一体化成长战略

水平一体化成长战略指企业通过兼并、联合竞争对手或与同行企业合资经营等形式，扩大生产规模，减少竞争性、增强垄断性，以寻求企业发展的战略。如麦道公司与波音公司的联合、联通与网通的联合便是水平一体化成长战略的应用。

（三）多样化成长的市场机会

多样化成长的市场机会是指存在于企业现有经营业务范围之外领域的市场机会。一般来说，当企业在利用密集性和一体化成长的市场机会受到限制或遇到营销障碍时，企业会突破行业界限，在更为广泛的领域寻求利用新的机会，新增与现有业务有一定联系甚至毫无联系的其他业务，实行跨行业的多样化经营，以实现企业业务的增长。企业要运用多样化成长的市场机会，一般可采用三种成长战略：

1.同心多样化成长战略

企业以现有的物质技术力量为核心，开发与现有的物质技术力量密切相关的新产品，增加产品的门类和品种，犹如同一圆心向外扩展业务范围，以寻求新的发展。如具有光学镜片成像技术和微处理技术的佳能，不但生产照相机，还开发生产复印机、打字机、扫描仪等产品。实行多样化经营有利于发挥企业原有设备技术优势，充分利用企业资源，减少或分散经营风险。

2.水平多样化成长战略

企业以现有顾客需求为中心，不断增添新的物质技术力量，开发生产满足顾客某一方面需求的系列产品，以扩大业务经营范围，寻求新的发展。如美国农机公司为满足农民种田的需要，增设化肥厂、农药厂等，生产农机具、化肥、农药，为农民的农业生产服务。水平一体化发展战略需进行跨行业投资，风险较大，只有实力强大的企业方能采用。

3.集团式多样化发展战略

企业通过投资或兼并等形式，把经营范围扩展到多个新兴产业或其他行业，组成混合型企业集团，开展与现有技术、市场、产品毫无联系的多样化经营活动，以寻求新的发展机会。在当今世界，集团式多样化是全球经济的一大特点，可以使企业合理调配资金，对付竞争，避免能源危机、行业退化、政局变动给企业造成威胁。

利用这种多样化的市场机会求得企业新增业务的成长，是一种有巨大潜力但又是冒险的事业，适合财力雄厚、技术力量强、有很高声望的大公司采用。对于大多数企业，尤其是中小型企业来说，一般不宜采用，或只能在低层次、小范围内采用。

第三节　市场营销管理

市场营销管理是企业为实现其目标，创造、建立并保持与目标市场之间的互利关系而进行的分析、计划、执行与控制的过程。其基本任务是通过营销调研、计划、执行与控制，管理目标市场的需求水平、时机、构成，对目标市场定位、产品、定价、促销、分销、信息沟通做出系统、可行及创新性的决策。

各营销部门与战略部门的关系既相对独立又互为前提。首先，每个营销部门都为战略规划部门提供信息和意见，供其分析和评价；然后，战略规划部门为营销部门制定任务；营销部门在这些任务的基础上制订自己的营销计划并贯彻执行，而后战略规划部门评审结果。这样就形成了市场营销管理过程，即分析市场机会、制定营销战略、制定营销策略、市场营销计划的执行与控制，如图 2.3 所示。

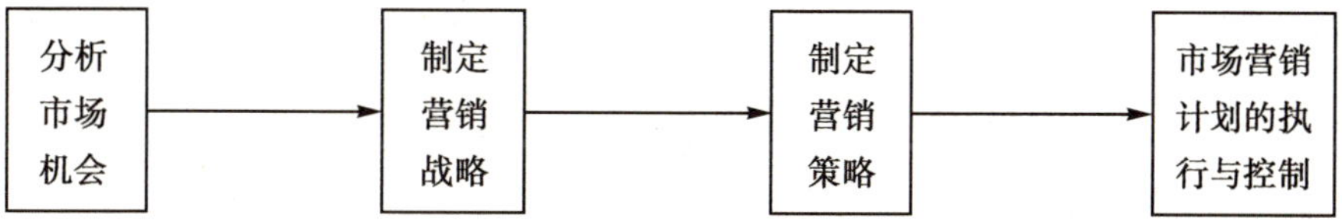

图 2.3　市场营销管理过程

一、分析市场机会

分析、评价和掌握市场机会是营销管理的首要任务，因为企业只有捕捉到适当的市场机会才能使其业务有新的发展，只有在收益较大的市场机会上进行投入，才能获取较高的经济效益。成功的企业往往是由于其善于发现和捕捉各种市场机会，从而才能不断地创造新的产品，开辟新的市场。

要很好地掌握市场机会，关键是对市场机会要有正确的认识。市场机会应当是一种消费者尚未得到满足的潜在需要。有些企业总是把暂时供不应求的产品作为一种市场机会，而等到它把产品生产出来以后，该产品却已经从供不应求转为供大于求。所以企业更应当关注的是市场中尚未有适当产品予以满足的那些需要，这样才能使企业在市场上居于领先地位并获得较大的收益。

任何一个企业都处于复杂多变的外部环境中。为了寻找、识别企业能够利用的新的市场机会，企业需要分析微观营销环境和宏观营销环境，以动态地适应外部环境的发展变化，求得企业的稳步发展。微观营销环境包括顾客、竞争者、供应商、中间商、公众等。宏观营销环境包括影响企业营销活动的人文环境、经济环境、自然环境、技术环境、政治法律环境和社会文化环境。成功的企业能够及时、准确地认识到环境中尚未被满足的需要,并且通过提供适当的产品或服务获取利润。如果企业的产品销售给消费者,它需要了解消费者市场的特点、影响消费者购买的因素以及消费者购买决策的过程。如果企业的产品销售给生产性组织、批发商、零售商、非营利组织、政府等,它需要了解组织市场的特点、影响组织市场购买的因素以及组织采购者购买决策的过程。

二、制定营销战略

制定营销战略包括市场细化、选择目标市场和市场定位三个相互关联的步骤。在企业分析了市场机会后,由于大多数市场都包含生活方式、背景和收入水平各不相同的消费者,为了更好地满足顾客的需求,企业需要对市场进行细分,并且对这些细分市场进行评价。然后,选择一个或几个该企业能够比竞争对手更好地为顾客服务的细分市场作为目标市场。企业选择了目标市场之后,必须制定定位战略。定位是指企业根据竞争者的产品在细分市场所处的地位和顾客对产品某些属性的重视程度,塑造出本企业产品与众不同的鲜明特色或个性,并传递给目标顾客,使该产品在目标顾客心中占有一个独特的位置。企业所确定的市场地位要能够发挥本企业的核心能力,为目标消费者提供比竞争者更大的价值。我们将在第六章中详细讨论这个问题。

三、制定营销策略

各个战略业务单位及其营销部门需要根据目标市场的特点和市场定位战略的要求,制定合适的营销策略。在这一阶段,管理者需要做出营销预算,确定营销组合,合理分配营销资源。市场营销组合是指企业可控制的一组营销手段,企业可以组合运用这些手段以实现其营销目标。这些手段包括产品、定价、渠道、促销。我们将分别在第九、十、十一、十二章详细讨论这个问题。

四、市场营销计划的执行与控制

企业根据上述的分析市场机会、制定营销战略、制定营销策略等步骤来制订市场营销计划,并将营销计划贯彻落实,以实现企业的营销目标。市场营销管理过程的最后一个关键步骤就是市场营销计划的实施和控制。(见表 2.1)

表 2.1　市场营销计划的内容

纲领	对主要营销目标和措施的简明概括说明
目前营销状况	1.市场情况:市场的范围有多大,包括哪些细分市场,市场及细分市场近几年营业额有多少,顾客需求状况及影响顾客行为的各种环境因素等;2.产品情况:产品组合中每个品种的价格、销售额、利润率等;3.竞争情况:主要竞争者有哪些,各个竞争者在产品质量、定价、分销等方面都采取了哪些策略,竞争者的市场份额有多少以及变化趋势等;4.分销渠道情况:各主要分销渠道的近期销售额及发展趋势
威胁与机会	威胁是指营销环境中存在的对企业营销的不利因素,机会是指营销环境中对企业营销有利的因素,即企业可以取得竞争优势和差别利益的市场机会 环境威胁可从两个方面进行评估:1.潜在重要性,重要性的大小依威胁成为事实时公司的损失多少而定;2.发生的可能性,即威胁成为事实的可能性 营销机会也可从两方面进行评估:1.潜在吸引力,即获利的能力;2.成功的可能性,市场机会能否成为企业的营销机会,还要看它是否符合企业的目标和资源
营销目标	营销目标是营销计划的核心部分,是在分析营销现状并预测未来威胁和机会的基础上制定的。营销目标也就是在本计划期内要达到的目标,主要包括市场占有率、销售额、利润率、投资收益率等指标
营销策略	营销策略是指达到营销目标的途径或手段,包括目标市场的选择和市场定位战略、营销组合策略、营销费用策略等
行动方案	行动方案具体包括:1.要做什么;2.何时开始,何时完成;3.由谁负责;4.成本预算
预算	典型情况是将计划规定的目标和预算按月份或按季度分解,以便于企业的上层管理部门进行有效的监督检查,督促未完成任务的部门改进工作
控制	收入方面要说明预计销售量及平均单价,支出方面要包括生产成本、实体分配成本及营销费用的说明,收支的差额为预计的利润

››› 本章小结 ‹‹‹

市场营销战略是指企业为适应环境、市场的变化而站在战略的高度,在分析企业外部环境和内部条件的基础上,确定企业营销发展的目标,对营销活动进行总体的、长远的谋划,并确定实现这样的谋划所应采取的重大行动措施。市场营销战略规划过程主要由以下步骤构成:规定企业任务,确定企业目标,制订企业业务组合计划,制订新增业务的发展计划,形成新增业务计划。

企业市场营销管理过程由分析市场机会,制定营销战略,制定营销策略,营销计划的执行与控制四个基本步骤组成。

实践与练习

一、单项选择题

1.具有较高增长率和较低相对市场占有率的经营单位是(　　)。

A.明星类　B.问题类　C.金牛类　D.瘦狗类

2.具有较低增长率和较高相对市场占有率的经营单位是(　　)。

A.明星类　B.问题类　C.金牛类　D.瘦狗类

3.战略规划的制定和实施,要以特定的(　　)为依据。

A.目标　B.计划　C.成本　D.利润

4.多因素投资组合矩阵依据市场吸引力的大小和竞争能力的强弱分为九个区域,由它们组成三种战略地带,不包括(　　)。

A.红色地带　B.绿色地带　C.黄色地带　D.黑色地带

5.销售增长率-相对市场占有率矩阵将经营单位划分为四种类型,不包括(　　)。

A.明星类　B.问题类　C.金牛类　D.金马类

6.企业一体化成长战略不包括(　　)。

A.前向一体化　B.后向一体化

C.向上一体化　D.水平一体化

7.企业密集性战略不包括(　　)。

A.市场渗透　B.市场开发

C.产品开发　D.水平多元化

8.企业多样化成长战略不包括(　　)。

A.水平多样化　B.同心多样化

C.垂直多元化　D.集团式多样化

9.集中性市场战略尤其适合于(　　)。

A.跨国公司　B.大型企业　C.中型企业　D.小型企业

10.在调整业务投资组合时,对某些问题类业务单位,欲使其转入明星类单位,宜采取的战略为(　　)。

A.保持　B.收割　C.发展增大　D.放弃

11.某企业生产的29英寸彩电原来只在城市市场销售,现在决定投入到农村市场以进一步提高市场占有率,则其采用的营销发展战略属于(　　)。

A.市场渗透战略　B.市场开发战略

C.产品开发战略　D.产品多元化战略

二、判断题

1.某些基本的市场竞争战略是不会随时间、地点和竞争者改变的。(　　)

2.在正常情况下，市场占有率上升表示市场营销绩效提高，在市场竞争中处于优势。(　　)

3.在市场营销计划的实施过程中，组织结构起着决定性的作用。(　　)

4.市场营销审计是进行市场营销控制的有效工具，其任务是对企业或经营单位的财务状况进行审查。(　　)

5.确定企业使命时，只需要公司管理部门的认可通过即可。(　　)

6.规划投资组合实质上是企业高层对各个经营单位及其业务进行评估和分类，确认它们的发展潜力，决定投资结构。(　　)

7.根据 BCG 分析法，对于现金牛类的经营单位或业务应采用发展策略。(　　)

8.一般来说，企业利润水平与市场占有率同向增长。(　　)

9.处于红色地带的企业一般采用收割或放弃战略。(　　)

10.在正常情况下，市场占有率上升表示市场营销绩效提高，在市场竞争中处于优势。(　　)

三、案例分析题

1996 年 12 月 15 日，美国波音飞机公司宣布兼并英国麦道飞机公司，从而使新波音有望在 1997 年成为世界上最大的民用和军用飞机制造企业。消息传来，业内甚为震惊。

论实力，麦道公司是世界上第三大航空器制造公司，1993 年企业排名全球第 83 位。然而近些年来，在与波音公司和空中客车公司的竞争中，麦道公司一路败北，占世界市场的份额从 22%下降到 15%，继而又下降到不到 10%。麦道公司曾是世界上最大的军用飞机商，但现在其军用机的技术能力也跟不上其他的主要竞争对手，要想继续独立生存，就十分困难了。

早在 1970 年，英、法、德、西班牙四国政府用各自的航空器制造企业组成空中客车公司。到 1995 年，其市场份额从零增长到 30%。1994 年，空中客车公司的订货首次超过波音，占市场份额的 48%，俨然成为与波音旗鼓相当的对手。由于欧洲各国政府对空中客车公司的不断补贴，波音公司的优势已经越来越受到威胁。

思考：

1.波音公司与麦道公司联姻的背景是什么？

2.波音公司和麦道公司二者联姻导致的结果是什么？

3.波音公司与麦道公司联姻采取了什么策略？

四、思考题

1.企业战略规划的基本内容和步骤是什么?

2.营销计划一般包括哪些内容?

3.针对不同需求的市场营销管理任务是什么?

4.市场营销管理过程是怎样的?掌握它有何意义?

5.企业实现密集增长的方式有哪些?

第二篇

分析市场营销机会

第三章 市场营销环境分析

教学目标

本章在对市场营销环境分析的基础上,从微观市场营销环境和宏观市场营销环境两方面,分析了其对企业营销活动产生的机会和威胁。通过本章学习,要学会进行市场营销环境分析和研究。一方面,通过对市场营销环境分析,抓住市场营销环境为企业带来的转瞬即逝的市场机会,同时避开其威胁;另一方面,也要学会通过对市场营销环境施加影响,影响市场营销环境甚至改变市场营销环境,变被动为主动,创造对企业有利的发展环境。

导入案例

家乐福败走香港

继八佰伴及大丸百货公司在香港相继停业后,2000 年 9 月 18 日,家乐福集团位于香港杏花村、荃湾、屯门及元朗的 4 家大型超市全部停业,撤离香港。

法资家乐福集团,在全球有 5200 多家分店,遍布 26 个国家及地区,全球的年销售额达 363 亿美元,盈利达 7.6 亿美元,员工逾 24 万人。家乐福在我国台湾地区及深圳、北京、上海等城市的大型连锁超市,生意均蒸蒸日上,为何独独兵败香港?

家乐福声明其停业是因为香港市场竞争激烈,又难以觅得合适的地方开办大型超级市场,短期内难以在市场中争取到足够的占有率。

家乐福倒闭的原因可从两方面来分析:

1.从其自身看

第一,家乐福的"一站式购物"(让顾客一次购足所需物品)不适合香港地少人稠的购物环境。家乐福的购物理念适合于宽敞的地方,与香港寸土寸金的社会环境背道而驰,显然资源运用不当。这一点反映了家乐福在适应香港社会环境方面的不足和欠缺。

第二,家乐福需要上万至数万平方米的面积经营,背负庞大的租金包袱,同时竞争对手觊觎它的铺位,会以更高租金夺取。除了已开的4家分店外,家乐福还在将军澳新都城和马鞍山新港城中心租用了近3万平方米的楼面,却一直未能开业,这也给它带来沉重的经济负担。

第三,家乐福在台湾地区有20多家分店,能够形成配送规模,但在香港只有4家分店,直接导致配送成本相对高昂。在进军香港期间,它还与供货商发生了一些争执,几乎诉诸法律。

2.从外部看

第一,家乐福在1996年进军香港的时候,正好遇上香港历史上租金最贵时期,经营成本高昂,这对于以低价取胜的家乐福来说,是一个沉重的压力,并且在这期间又不幸遭遇亚洲金融风暴,香港经济也大受打击,家乐福受此影响,一直无盈利。

第二,由于香港本地超市集团百佳、惠康、华润、苹果速销等掀起的减价战,给家乐福经营以重创。作为国际知名的超市集团,家乐福没有主动参与这场长达两年的减价大战,但几家本地超市集团的竞相削价,终于使家乐福难以承受,在进军香港的中途铩羽而归。

简要评析

企业的经营管理活动并非企业自身独立的活动,必然与周围环境发生各种各样的联系,各种环境的变化决定或影响着企业的经营管理。企业必须关注、监测和预测其周围市场营销环境的发展变化,并善于分析和识别由于环境变化而造成的主要市场机会和威胁,及时采取适当的措施和对策,使其经营管理与市场营销环境的发展变化相适应。

家乐福在香港市场上的沉浮深刻地说明了:市场犹如一匹烈马,只有了解它才能更好地驾驭它。

第一节　市场营销环境的概述

一、市场营销环境的含义

市场营销环境是企业营销职能外部的不可控制的因素和力量,这些因素和力量是影响企业营销活动及其目标实现的外部条件。

市场营销环境包括微观市场营销环境和宏观市场营销环境。微观市场营销环境直接影响与制约企业的营销活动,多半与企业具有或多或少的经济联系,也称直接营销环境。微观市场营销环境主要包括企业、供应商、营销中间商、顾客、竞争者以及公众。宏观市场营销环境一般以微观市场营销环境为媒介去影响和制约企业的营销活动，在特定场合也可直接影响企业的营销活动。宏观市场营销环境被称作间接营销环境，主要包括人口、经济、政治、科技、文化及自然等因素（如图 3.1 所示）。宏观市场营销环境因素与微观市场营销环境因素共同构成多因素、多层次、多变化的企业市场营销环境的综合体。

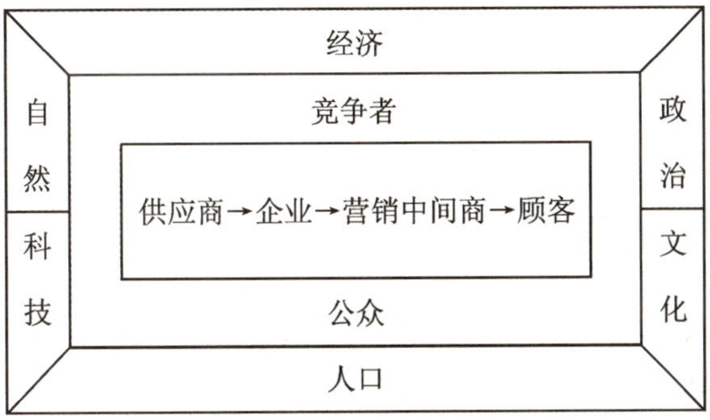

图 3.1　市场营销环境

营销环境按其对企业营销活动的影响，也可分为威胁环境与机会环境，前者指对企业市场营销不利的各项因素的总和，后者指对企业市场营销有利的各项因素的总和。营销环境按其对企业营销活动影响时间的长短，还可分为企业的长期环境与短期环境，前者持续时间较长或相当长，后者对企业市场营销的影响则比较短暂。

二、市场营销环境的特征

1.客观性

环境作为营销部门外在的不以营销者意志为转移的因素，对企业营销活动的影响具有强制性和不可控性的特点。一般说来，营销部门无法摆脱和控制营销环境，特别是宏观环境，企业难以按自身的要求和意愿随意改变它。

2.差异性

不同的国家或地区之间，宏观环境存在着广泛的差异，不同的企业，微观环境也千差万别。正因营销环境的差异，企业为适应不同的环境及其变化，必须采用各有特点和针对性的营销策略。

3.多变性

市场营销环境是一个动态系统。构成市场营销环境的诸因素都受众多因素的影响，每一个环境因素都随着社会经济的发展而不断变化。20 世纪 60 年代，中国处于短缺经济状态，短缺几乎成为社会经济的常态。改革开放 20 年后，中国已遭遇“过剩”经济，不论这种“过剩”的性质如何，仅就卖方市场向买方市场转变而言，市场营销环境已产生了重大变化。市场营销环境的变化，既会给企业提供机会，也会给企业带来威胁。

4.相关性

市场营销环境诸因素间相互影响,相互制约,某一因素的变化,会带动其他因素的变化,形成新的市场营销环境。如市场需求不仅受消费者收入水平、爱好以及社会文化等方面因素的影响,政治法律因素的变化往往也会产生决定性的影响。

5.不可控性

相对于企业内部管理机能,如企业对自身的人、财、物等资源的分配使用来说,营销环境是企业无法控制的外部影响力量。例如,无论是直接营销环境中的消费者需求特点,还是间接环境中的人口数量,都不可能由企业来决定。

三、企业与市场营销环境的关系

营销环境是企业营销活动的制约因素,营销活动依赖于这些环境才得以正常进行。这表现在:营销管理者虽可控制企业的大部分营销活动,但必须注意环境对营销决策的影响,不得超越环境的限制;营销管理者虽能分析、认识营销环境提供的机会,但无法控制所有有利因素的变化,更无法有效地控制竞争对手;由于营销决策与环境之间的关系复杂多变,营销管理者无法直接把握企业营销决策实施的最终结果。此外,企业营销活动所需的各种资源,需要从环境许可的条件下取得,企业生产与经营的各种产品,也需要获得消费者或用户的认可与接纳。

案例衔接 3-1

几十年前,美日企业对石油危机的不同反应造成它们的市场地位发生戏剧性变化是一个典型的例子。美国被称为“车轮上的国家”,其发达的汽车工业是美国人引以为傲的资本。但因为美国几大汽车巨头们对能源危机反应迟钝,在能源趋紧的环境条件下,依然生产着大型、耗能高的传统汽车,而日本企业却适时地研制出小型节能汽车,成功地占领了大片美国市场。美国人曾以为高枕无忧的国内市场,在日本企业的进攻下痛失“半壁江山”。这个例子说明了,在客观环境面前,强与弱的划分标准是企业对环境的适应能力的大小,善于适应环境就能创造竞争优势。

企业对营销环境的影响主要表现在两个方面:

首先,营销环境虽然有不可控性,企业仍可借助科学的营销研究手段认识并预测环境的变化趋势,及时地调整营销计划。例如,目前许多企业意识到消费者对自身健康和社会环境的关注将对市场需求产生深远影响,纷纷开发绿色产品,力争在市场竞争中获得先机。据预测,环保、休闲、健康是21世纪最时尚、最持久的时装主题,消费者偏好天然纤维的棉、麻、丝或高新技术合成的特殊保健纤维面料。美国、日本、韩国的企业都已制造了有利于健康和环保的各种成衣，并进入我国市场。

其次，企业可以通过各种宣传手段，如广告、公共关系等，来创造需求、引导需求，促使某些环境因素向有利的方向发展变化。在现实生活中，绝大多数的消费流行或时尚潮流都是由企业创造出来的。牛仔服刚进入我国市场时，被人们视为“异物”，与游手好闲、不三不四的形象联系在一起。服装企业通过一系列的营销努力，使牛仔服成为广大消费者喜爱的一大服饰种类。一句“温饱以后要健身”的广告揭开了健身器材热销的序幕，企业正是通过引导生活水平有了提高的人们追求健康美丽，来创造对自己产品的需求。

第二节 宏观市场营销环境

宏观市场营销环境是指对企业营销活动造成市场机会和环境威胁的主要社会力量，包括人口、经济、自然、科技、文化等因素。企业及其微观环境的参与者，无不处于宏观环境之中。

一、人口环境

市场是由有购买愿望并且具备购买能力的人构成的，人的需求正是企业营销活动的基础。所以，对人口环境的考察是企业把握需求动态的关键。从量的角度看，人口的数量是市场规模的重要标志，在人均消费水平一定的情况下，人口数量越多，市场需求规模就越大。而从人口的分布、结构及变动趋势等方面进行质的分析，则能够刻画出市场需求的特点和发展趋势。我们可以从以下方面讨论人口环境及其变化对企业营销活动的影响。

从我国人口环境方面看，主要应考虑以下几方面的因素：

一是人口的数量与增长速度。我国现有人口数量已经超过 13 亿，增长速度较快。目前，尽管我国资源的绝对数在世界上位于前列，人均占有量却低于世界平均水平，人均资源消费水平偏低，给企业的生产经营带来了一定的困难。同时，众多的人口使我国成为世界上最大的潜在市场。随着人们收入水平的不断提高，消费需求的增长，市场潜力巨大。

二是人口的地理分布特点及地区间的流动性。我国人口的地区间分布极不平衡，东南部的人口密度极大，而西北部的人口较稀少。随着对外开放和经济改革的深入，人口在地区间的流动也在逐步增加。我国人口流动的特点是：农村人口大量流入城市或工矿地区；欠发达地区人口流入发达地区；经商、学习、观光、旅游等使人口流动加速。人口的地理分布特点及地区间的流动性趋向，对改善企业的市场营销活动有着重要的意义。

三是人口结构。人口结构主要包括人口的年龄结构、家庭结构、社会结构和性别结构等。我国人口年龄结构的显著特点是：现阶段，我国青少年人口约占人口总数的一半，也就是说，在未来的10~20 年内，婴幼儿和少年儿童用品及结婚用品的需求将明显地增长；另外，将出现人口老龄化现象，届时有关保健用品、营养食品以及老年人的生活、休闲娱乐等用品的生产企业将有机会得到充分发展。从家庭结构来看，“三口之家”的家庭模式已经很普遍，并逐渐由城市向乡镇发展,“四世同堂”的现象已经很少。家庭的小型化使得家庭的数量激增,这必然刺激住房、家具、家用电器、炊具等需求的快速增长,为这些行业提供了巨大的市场机会。从我国人口的社会结构来看,农村人口仍占绝大多数,农村市场是一个广阔的市场,必须十分重视开拓农村市场。从性别结构讲,性别差异给消费需求带来差异,购买习惯与购买行为也有差别。一般说来,在一个国家或地区,男、女人口总数相差并不大。但在一个较小的地区,如矿区、林区、较大的工地,往往是男性占较大比重,而在某些行业集中区,女性人口又可能较多。

案例衔接 3-2

“尿布大王”的崛起

第二次世界大战后,日本经济十分艰难。一个只有30多人的小公司,叫西治会社,其主要产品是雨衣、游泳衣、卫生带等橡胶制品,由于受外国货的冲击,这家公司的产品销路不畅,订货很少,路越走越窄。不甘失败的董事长多川博,苦思冥想,多方找活路。一天,他在翻阅报纸,一篇关于日本每年有250万个婴儿出生的消息使他灵机一动:如果每个婴儿每年用两块尿布,全国每年就要消耗500万块,每个婴儿4块,就是1000万块。这将是一个规模广阔的尿布市场。尿布虽小,但关系到千家万户,是婴儿不可缺少的商品,只要下决心把它经营好,就有出路。

在经过一番仔细的调查分析后,多川博果断放弃了其他产品的生产,使西治会社转变成为一个专门从事尿布生产的专业化公司。几十年过去了,西治会社大展宏图,已经发展成为一家拥有700多名职工的中型公司,它生产的尿布数量占日本尿布总产量的70%,并销往70多个国家和地区,成为名副其实的世界“尿布大王”。

二、经济环境

经济环境是指企业进行市场营销时所面临的外部社会经济条件。经济环境的因素主要包括经济发展阶段、地区与行业的经济发展状况、消费者收入水平、消费者支出模式与消费结构、消费者储蓄和投资机会与信贷水平等。人的需求只有在具备经济能力时才是现实的市场需求。在人口因素既定的情况下,市场需求规模与社会购买力水平成正比关系。经济环境包括许多因素,如产业结构、经济增长率、货币供应量、利率等。而社会购买力正是由以上经济因素所组成的函数。所以,企业必须密切注意其经济环境的动向,尤其要着重分析社会购买力及其支出结构的变化。

(一)经济发展阶段

关于经济发展阶段的划分,较为流行的是由美国学者罗斯托提出的“经济成长阶段理论”。他对世界各国的经济发展过程进行认真分析研究后,总结归纳为五种阶段类型:

1.传统经济社会

2.经济起飞前的准备阶段

3.经济起飞阶段

4.迈向经济成熟阶段

5.大量消费阶段

通常认为,人均国民生产总值从300美元上升到1000美元是处于经济起飞的准备阶段;超过1000美元则进入经济高速发展的起飞阶段。在起飞阶段,市场交换成为企业的根本性活动,市场规模迅速扩大,企业投资机会大增,信息竞争成为市场竞争的焦点,所有这些都将极大地影响企业的市场营销活动。因而,一个国家所在的经济发展阶段不同,它对企业市场营销活动的影响也会不同,企业因而采取的策略也会不同。

(二)收入与支出状况

1.消费者收入水平

消费者的收入是消费者购买能力的源泉,包括消费者个人工资、奖金、津贴、股息、租金和红利等一切货币收入。消费者收入水平的高低制约了消费者支出的多少和支出模式的不同,从而影响了市场规模的大小和不同产品或服务市场的需求状况。

在研究收入对消费需求的影响时,常应用以下概念:

(1)人均国内生产总值。其一般指价值形态的人均GDP。它是一个国家或地区所有常住人口在一定时期内(通常是一年),平均所生产的全部货物和服务的价值,超过同期投入的全部非固定资产货物和服务价值的差额。

(2)个人收入。个人收入指城乡居民从各种来源所得到的收入。各地区居民收入总额,可用以衡量当地消费市场的容量,人均收入多少,反映了购买力水平的高低。

(3)个人可支配收入。从个人收入中,减除缴纳税收和其他经常性转移支出后所余下的实际收入,即能够用以作为个人消费或储蓄的数额就是个人可支配收入。

(4)可任意支配收入。只有在可支配收入中减去维持生活的必需支出,才是个人可任意支配收入,这是影响消费需求变化的最活跃的因素。

2.消费者支出模式与消费结构

随着消费者的收入的变化,消费者支出模式会发生相应的变化,继而使一个国家或地区的消费结构也发生变化。德国统计学家恩斯特·恩格尔于1857年发现了家庭收入变化与各方面支出变化之间的规律性。这种规律性通常用恩格尔系数来表示,即恩格尔系数=食物支出金额÷家庭消费支出总金额×100%。

食物支出对收入的比率通常又称为食物支出的收入弹性。它反映了人们收入增加时支出变化趋势的一般规律,即在一定的条件下,当家庭个人收入增加时,收入中用于食物开支部分的增长速度要小于用于教育、医疗、休闲娱乐等方面的开支增长速度。食物开支占总消费数量的比重越大,则恩格尔系数越高,生活水平越低;反之亦然。所以,它通常被用作衡量家庭、阶层乃至整个国家富裕程度的重要参数。但仅以恩格尔系数来作为判断家庭富裕程度的标准是不够的,因为它并不能完全反映任何一个国家居民的消费结构。我国城镇居民长期以来在住房、医疗、交通等方面享受着国家福利补贴,对农副产品实行低价销售政策,从而导致了消费结构的畸形发展。随着工资、住房、医疗、保险等方面改革的深入,人们的收入和消费水平均有较大提高,住房和劳务消费支出上升幅度较大,同时其他高档享受性商品也占有一定份额,企业在市场营销调查分析中应注意消费支出模式和消费结构的变化,以便生产和输送适销对路的产品和劳务。

研究表明,消费者支出模式与消费结构,不仅与消费者收入有关,而且受以下因素影响:家庭生命周期所处的阶段;家庭所在地址与消费品生产、供应状况;城市化水平;商品化水平;劳务社会化水平;食物价格指数与消费品价格指数变动是否一致;等等。

3.消费者的储蓄与信贷

人们的收入一般用于现实消费、储蓄和投资等方面。当收入一定时,储蓄越多,投资机会越多,现实消费量就越小,但潜在的消费量却越大。反之亦然。一般来说,收入水平、通货膨胀率、利率、商品供应状况以及消费者对未来和当前消费的偏好程度等都影响着消费者的储蓄。

(1)储蓄。储蓄指城乡居民将可任意支配收入的一部分储存待用。储蓄的形式,可以是银行存款,可以是购买债券,也可以是手持现金。较高储蓄率会推迟现实的消费支出,加大潜在的购买力。

(2)信贷。信贷指金融或商业机构向有一定支付能力的消费者融通资金的行为。主要形式有短期赊销、分期付款、消费贷款等。消费信贷的规模与期限在一定程度上影响着某一时限内现实购买力的大小,也影响着提供信贷的商品的销售量。如购买住宅、汽车及其他昂贵消费品,消费信贷可提前实现这些商品的销售。

随着商品经济的日益发达,消费者不仅可以用货币收入来购买商品,而且还可通过借款的方式达到消费目的,这就是消费者信贷。消费者信贷是指消费者凭信用先取得商品使用权,然后通过按期归还贷款的方式完成商品购买的一种方式。目前,西方国家盛行的短期赊销、分期付款以及信用卡信贷等消费者信贷方式在我国已普遍出现,消费者信贷水平逐步提高,这对企业的营销活动将产生重大影响。

三、自然环境

在生态环境不断遭到破坏,自然资源日益枯竭,环境污染问题日趋严重的今天,自然环境已成为涉及各个国家、各个领域的重大问题,环保呼声越来越高。从营销学的角度看,自然环境的发展变化,给企业带来了一定的威胁,同时也给企业创造了机会。目前看,自然环境有以下四个方面的发展趋势。

一是原料的短缺或即将短缺。各种资源,特别是不可再生类资源已经出现供不应求的状况(如石油、矿藏等),对许多企业形成了较大威胁,但对致力于开发和勘探新资源、研究新材料及如何节约资源的企业又带来了巨大的市场机会。

二是能源短缺导致的成本增加。能源的短缺给汽车及其他许多行业的发展造成了巨大困难,但无疑为开发研究如何利用风能、太阳能、原子能等新能源及研究如何节能的企业提供了有利的营销机会。

三是污染日益严重。空气污染、水污染,土壤及植物中有害物质的增加,随处可见的塑料等包装废物,以及污染层面日益升级的趋势,使那些制造污染的企业成为众矢之的。而那些致力于控制污染、研究开发不会造成污染的产品及其包装物的企业,能够最大限度地降低环境污染程度的行业及企业,则拥有大好的市场机会。

四是政府对自然资源加大管理及干预力度。各国政府从长远利益及整体利益出发,对自然资源的管理逐步加强。许多限制性的法律法规的出台,对企业造成了巨大的威胁及压力,同时也给许多企业创造了发展良机。

作为营销者的营销活动,既受自然环境的制约与影响,也要对自然环境的变化担起责任。既要保证企业可获利发展,又要保护环境与资源,企业只有实施可持续发展战略,达成与社会、自然的协调才能做到。当前绿色产业、绿色消费乃至绿色营销及生态营销的蓬勃发展,正是顺应了时代要求而产生的。

案例衔接 3-3

气候与成功

一家美国大型食品加工公司在墨西哥某河流的三角洲地区建立了一家菠萝罐头厂,但在生产中遇到了麻烦。该公司在河流的上游地区建立了菠萝种植园,计划使用驳船将成熟的菠萝顺流运到罐头厂,然后,将菠萝罐头直接装上货运海轮,运到世界各地市场。然而,在菠萝成熟时却遇到了麻烦:菠萝成熟季节恰逢汛期,水流过急,无法将驳船逆流而上拖往种植园,使得用驳船运菠萝的计划随之搁浅。由于没有其他可供选择的运输办法,公司无奈只好关闭了工厂。那些新设备只能以原价 50%的价格出售给墨西哥的一家企业,而这家墨西哥企业则立刻将工厂迁走。对气候和航运条件的疏忽是导致公司倒闭的直接原因。

西门子公司的做法则是另一方面的典型。针对欧洲大陆气候差异,西门子对出口到不同地区的洗衣机的转速做了调整。由于斯堪的纳维亚半岛天气阴晴不定,该地区用户无法在室外晾晒衣物,所以得保证从洗衣机里拿出的衣物必须比别处干。因此,在该地区销售的洗衣机的转速最低不低于每分钟 1000 转,最高不超过 1600 转。相反,在意大利和西班牙,由于阳光充足,洗衣机转速达到每分钟 500 转就足够了。

四、政治法律环境

企业的市场营销决策在很大程度上受政治法律环境的影响。法律是充分体现政治统治的强有力形式,政府部门利用立法及各种法规表现自己的意志,对企业的行为予以约束。政治法律环境由法律、政府机构和在社会上对各种组织及个人有影响和制约作用的压力集团构成。我国政治法律环境自改革开放以来有明显改善。

(一)政治环境

政治环境是指企业市场营销活动的外部政治形势。一个国家的政局稳定与否,会给企业营销活动带来重大的影响。如果政局稳定,人民安居乐业,就会给企业营销创造良好的环境。相反,政局不稳定,社会矛盾尖锐,社会秩序混乱,就会影响社会经济的发展和市场的稳定。企业在市场营销中,特别是在对外贸易活动中,一定要考虑东道国政局变动和社会稳定情况可能造成的影响。

1.国内政治环境

国内政治环境包括党和政府的各项方针、路线、政策的制定和调整对企业市场营销的影响。企业要认真进行研究,领会其实质,了解和接受国家的宏观管理,而且还要随时了解和研究不同阶段的各项具体的方针和政策及其变化的趋势。

2.国际政治环境

国际市场营销政治环境的研究,一般分为"政治权力"和"政治冲突"两部分。随着经济的全球化发展,我国企业对国际营销环境的研究将越来越重要。政治权力指一国政府对外来企业的约束,包括进口限制、外汇控制、劳工限制、国有化等方面。政治冲突主要指国际上重大事件和突发性事件对企业营销活动的影响,包括直接冲突与间接冲突两类。

(二)法律环境

法律环境是指国家或地方政府所颁布的各项法规、法令和条例等,它是企业营销活动的准则,企业只有依法进行各种营销活动,才能受到国家法律的有效保护。近年来,为适应经济体制改革和对外开放的需要,我国陆续制定和颁布了一系列法律法规,例如《中华人民共和国产品质量法》《中华人民共和国公司法》《中华人民共和国经济合同法》《中华人民共和国涉外经济合同法》《中华人民共和国商标法》《中华人民共和国专利法》《中华人民共和国广告法》《中华人民共和国食品卫生法》《中华人民共和国环境保护法》《中华人民共和国反不正当竞争法》《中华人民共和国消费者权益保护法》《中华人民共和国进出口商品检验条例》等。

企业的营销管理者必须熟知相关法律条文,才能保证企业经营的合法性,才能运用法律武器来保护企业与消费者的合法权益。对从事国际营销活动的企业来说,不仅要遵守本国的法律制度,还要了解和遵守国外的法律制度和有关的国际法规、惯例和准则。只有了解掌握了这些国家的有关贸易政策,才能制定有效的营销对策,在国际营销中争取主动。

案例衔接 3-4

钻缝经营

在国际贸易中，商业竞争更是你死我活，手段无所不用其极。许多国家用法律的手段保护本国企业，使其在本国具有较强的竞争优势。然而，有的企业临危不乱，借用外国法律，使自己的产品仍然能够打入外国市场。

美国为了限制进口、保护本国工业，曾颁布了《购买国货法》，其中规定：美国政府采购，必须购买国货，以此保护民族工业的发展。

然而，在《购买国货法》中，关于国货的定义是："一件商品，美国制造的零件所含的价值必须占这一商品的50%以上。"日本机械制造企业根据这条规定，想出了一个妙招。其生产一种有20种零件的产品，在本国生产19种零件，缺少的那一件在美国市场上买最贵的运回日本组装后再送往美国销售。这样一方面最大限度地利用了本国的零件和劳动力；另一方面，因为那个零件贵，占整个商品价值的50%以上，依据美国法律，该产品就是美国货，可以成为政府采购的对象。日本公司借美国法律这把"刀"，巧钻空当，杀进了美国市场。

五、科学技术环境

有人称科学技术是"历史发展总过程的精华"，是"最高意义的革命力量"。每一种科学技术的新成果都会给社会生产和社会生活带来影响甚至是深刻的变化。营销者应准确地把握科技革命的发展趋势，密切注意技术环境的变化对市场营销活动的影响，并及时地采取适当的对策。

（一）新技术的发展和运用促成新的市场机会，产生新的行业

据美国《设计新闻》报道，由于大量启用自动化设备和采用新技术，将出现许多新行业，包括新技术培训、新工具维修、电脑教育、信息处理、光导通信、遗传工程、海洋技术和空间技术等。新技术革命的蓬勃发展促进了产业革命，而产业革命所包含的主导技术群和技术体系则催化了社会经济的变革，甚至整个社会结构、时代文化和价值观的更新。与此同时，新技术也使某些行业遭到环境威胁或毁灭性打击，一些旧行业受到冲击甚至被无情地淘汰。新的消费市场不断替代旧的需求，例如激光唱盘技术夺走了磁带市场，复印机伤害了复写纸行业。

（二）新技术的发展和运用赋予了企业改善经营管理的能力

竞争战略学家迈克波特指出，技术概念除了可狭义地定义为一种科技类的东西，还可定义为极为广泛的含义，包括管理、组织创新或其他，而运用技术的能力是企业获得竞争优势的源泉。

（三）新技术的发展和运用改变零售业的结构和消费者的购物习惯

随着网络技术的发展，消费者轻轻松松在家购物已经不是梦想。“网络营销”是现代电子技术高度发展带来的营销方式的重大变革，即借助网络、电脑通信和数字交互式媒体的共同作用来实现营销目标，现代电子技术为营销活动创造了一个由电脑和通信交汇的无形空间，消费者可以在这个空间获取信息、自由购物；企业可以在这个空间进行广告宣传、市场营销研究和推销商品等。所以，看似虚拟的空间，却是开辟了实实在在的竞争新领域。

（四）新技术引起企业市场营销策略的变化

1.产品策略

新技术应用于新产品开发使周期大大缩短，产品更新加快。开发新产品成了企业开拓新市场和赖以生存与发展的根本条件。

2.分销策略

超级市场、自动售货、网上商店等都是建立在科技发展基础之上的。

3.价格策略

科技进步，一方面降低了产品成本，使价格下降；另一方面使企业能够通过信息技术，加强信息反馈，正确应用价值规律、供求规律、竞争规律来制定和修改价格策略。

4.促销策略

信息沟通的效率不断提高，促销成本的降低、促销手段及方式的现代化为营销带来全新的变化。

六、社会文化环境

社会文化主要指一个国家、地区的民族特征、价值观念、生活方式、风俗习惯、宗教信仰、伦理道德、教育水平、语言文字等的总和。社会文化深远地影响着人们的生活方式和行为模式。消费者的任何欲望和购买行为都深深地印有文化的烙印，例如华人的春节和西方人的圣诞节是有着两种不同文化背景的消费高峰期，不同的节日风俗使他们的节日消费各具特色。另外，营销者本身也深受文化的影响，表现出不同的经商习惯和风格。这里择要分析以下几方面：

1.教育水平

教育程度不仅影响着劳动者收入水平，而且还影响着消费者对商品的鉴别力，影响着消费者心理、购买的理性程度和消费结构，从而影响着企业营销策略的制定和实施。

2.宗教信仰

宗教对营销活动的影响可以从以下几方面分析：(1)宗教分布状况；(2)宗教要求与禁忌；(3)宗教组织与宗教派别。

3.价值观念

价值观念指人们对社会生活中各种事物的态度和看法。不同的文化背景下，价值观念差异很大，影响着消费需求和购买行为。对于不同的价值观念，营销管理者应研究并采取不同的营销策略。

4.消费习俗

消费习俗指历代传递下来的一种消费方式，是风俗习惯的一项重要内容。消费习俗在饮食、服饰、居住、婚丧、节日、人情往来等方面都表现出独特的心理特征和行为方式。

5.审美观点

人们在市场上挑选、购买商品的过程，实际上也就是一次审美活动。审美观念指在审美活动中，审美主体所持有的态度和看法的总称。处于不同时代、不同地域的人们，拥有不同的审美观念，这将影响到消费者对产品或服务、促销的看法，比如人们越来越注重产品的外形、式样、包装、色彩、品牌等，这一点须引起营销人员的重视。

案例衔接 3-5

过去，我国出口的黄杨木刻一向用料考究，精雕细刻，以传统的“福”“禄”字、寿星或古装仕女图案行销亚洲的一些国家和地区。后来出口到欧洲、美洲的一些国家，发现这些国家的人对中国传统的制作原料、制作方法和图案不感兴趣，因为与亚洲人相比，欧美人的审美观大不一样。因此，我国工艺品进出口公司一改传统做法，用一般杂木进行简单的艺术雕刻，涂上欧美人喜爱的色彩，并加上适用于复活节、圣诞节、狂欢节的装饰品，很快在西方市场打开销路。

6.语言

语言是文化的重要内容，是人类表达思想和相互交流的工具。语言差异代表文化差异。企业开展营销活动，要注意到这种差异对消费者购买行为产生的影响，从而针对不同的语言群体制定相对应的营销策略。品牌命名、品牌翻译、广告语言等都要与目标市场群体的文化相适应，否则就没有市场。

案例衔接 3-6

品牌翻译中的问题

美国通用汽车公司生产的“Nova”（达契亚）牌汽车，在美国非常畅销，但在一些拉美国家曾一度无人问津，因为在西班牙语中，“Nova”是“不走”的意思。美国另一家汽车公司生产了一种牌子叫“Cricket”（奎克脱）的小型汽车，这种汽车在美国很畅销，在英国却不受欢迎。其原因就在于“Cricket”一词有蟋蟀、板球的意思，美国人喜欢打板球，所以一提到“Cricket”就想起蟋蟀，汽车牌子叫“Cricket”，意思是个头小，跑得快，所以很受欢迎。但在英国，人们不喜欢玩板球，所以一说“Cricket”就认为是板球，人们不喜欢牌子叫板球的汽车。后来，美国公司把其在英国的产品改为“A-venger”，意思是复仇者。因为这个名称不是说明它小，而是说明它很有力量，结果很受欢迎，销量大增。

同样，美国汽车公司的“Matador”(玛塔多)牌汽车，通常是刚强、有力的象征，但在波多黎各，这个名称意为“杀手”，在交通事故死亡率较高的地区，这种含义的汽车肯定不受欢迎。我国以“白象”为品牌的产品很多，出口到西方国家却无人问津，因为“白象”一词在英语中有“废物”的含义。美国一家销售“PetMilk”(皮特牛奶)的公司，在说法语的地区推销就遇到了麻烦，因为“Pet”在法语里有“放屁”的意思，那么“PetMilk”当然也就难以有好的销路。新西兰的“Stinger”风味酒在中国市场上开始翻译为“时定”，结果因和我国南方读音“死定”谐音而影响销路，后来改为“星格”，情况才好转。

可见，语言文字的差异对企业的营销活动是有重大影响的。企业在开展营销尤其是国际市场营销时，应尽量了解市场国的文化背景，掌握语言文字的差异，这样才能使营销活动顺利进行。

第三节　微观市场营销环境

微观市场营销环境是直接影响和制约企业营销活动的力量和因素。企业必须对供应商、营销中介、顾客、竞争者、公众及企业内部其他部门等组织和行为者进行分析，如图 3.2 所示。分析微观市场营销环境的目的在于更好地协调企业与这些相关群体的关系，促进企业营销目标的实现。

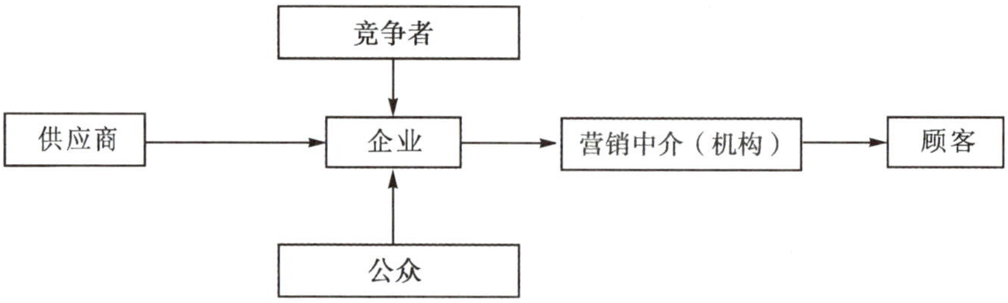

图 3.2　微观营销环境因素

一、企业

除市场营销管理部门外，企业还包括最高管理层和其他职能部门，如制造部门、采购部门、研究开发部门及财务部门等，这些部门与市场营销管理部门一道在最高管理层的领导下，为实现企业目标共同努力着。正是企业内部的这些力量构成了企业内部营销环境。而市场营销部门在制订营销计划和决策时,不仅要考虑到企业外部的环境力量,而且还要考虑到与企业内部其他力量的协调。

首先,企业的营销经理只能在最高管理层所规定的范围内进行决策,以最高管理层制定的企业任务、目标、战略和相关政策为依据,制订市场营销计划,并得到最高管理层批准后方可执行。

其次,营销部门要成功地制订和实施营销计划,还必须与其他职能部门密切配合和协作。例如,财务部门负责解决实施营销计划所需的资金来源,并将资金在各产品、各品牌或各种营销活动中进行分配;会计部门则负责成本与收益的核算,帮助营销部门了解企业利润目标实现的状况;研究开发部门在研究和开发新产品方面给营销部门以有力支持;采购部门则在获得足够的和合适的原料或其他生产性投入方面担当重要责任;制造部门的批量生产保证了适时地向市场提供产品。

二、供应商

供应商是向企业及其竞争者提供生产经营所需资源的企业或个人,包括提供原材料、零配件、设备、能源、劳务及其他用品等。这些资源的变化直接影响到企业产品的产量、质量及利润,从而影响企业营销计划和营销目标的完成。供应商对企业营销活动的影响主要表现在:

1.供应的及时性和稳定性

原材料、零部件、能源及机器设备等货源的保证供应,是企业营销活动顺利进行的前提。如棉纺厂不仅需要棉花等原料来进行加工,还需要设备、能源作为生产手段与要素,任何一个环节在供应上出现了问题,都会导致企业的生产活动无法正常开展。为此,企业为了在时间上和连续性上保证得到货源的供应,就必须和供应商保持良好的关系,必须及时了解和掌握供应商的情况,分析其状况和变化。

2.供应的货物价格变化

供应的货物价格变化会直接影响企业产品的成本。如果供应商提高原材料价格,必然会带来企业的产品成本上升,生产企业如提高产品价格,会影响市场销路;若使价格不变,则会减少企业的利润。为此,企业必须密切关注和分析供应商的货物价格变动趋势,使企业应变自如,早做准备,积极应对。

3.供货的质量保证

供应商能否供应质量有保证的生产资料直接影响到企业产品的质量,并会进一步影响到销售量、利润及企业信誉。例如劣质葡萄难以生产优质葡萄酒,劣质建筑材料难以保证建筑物的百年大计。为此,企业必须了解供应商的产品,分析其产品的质量标准,从而来保证自己产品的质量,赢得消费者,赢得市场。

因此,企业一方面应与主要供应商保持长期稳定的关系;另一方面,应建立广泛的购货渠道，以免因过分依赖某些供应商造成被动局面。

三、营销中介机构

营销中介机构是指为企业营销活动提供各种服务的企业或部门的总称。营销中介机构对企业营销产生直接的影响，只有通过有关营销中介机构所提供的服务，企业才能把产品顺利地送到目标消费者手中。营销中介机构的主要功能是帮助企业推广和分销产品，其主体有：

1.中间商

中间商是指把产品从生产商流向消费者的中间环节或渠道，它能帮助企业寻找目标顾客，为产品打开销路，为顾客创造地点效用、时间效用和持有效用，包括商人中间商和代理中间商。商人中间商拥有商品的所有权，其又分为批发商和零售商。代理中间商是不拥有商品所有权的中间商，包括代理商、经纪人和生产商代表等。

2.营销服务机构

营销服务机构包括广告公司、广告媒介经营公司、市场调研公司、营销咨询公司、财务公司等。这些机构提供的专业服务对企业的营销活动会产生直接的影响，它们的主要任务是协助企业确立市场定位，进行市场推广，提供活动方便。一些大企业或公司往往有自己的广告和市场调研部门，但大多数企业则以合同方式委托这些专业公司来办理有关事务。为此，企业需要关注、分析这些服务机构，选择最能为本企业提供有效服务的机构。

3.物流公司

物流公司的主要职能是协助厂商储存并把货物运送至目的地的仓储公司。其要素包括包装、运输、仓储、装卸、搬运、库存控制和订单处理七个方面，其基本功能是调节生产与消费之间的矛盾，弥合产销时空上的背离，提供商品的时间效用和空间效用，以利于适时、适地和适量地把商品提供给消费者。

4.财务中介机构

财务中介机构是协助厂商融资或分担货物购销储运风险的机构，包括银行、保险公司、信托公司等。财务中介机构的主要功能是为企业营销活动提供融资及保险服务。不直接从事商业活动，但对工商企业的经营发展至关重要。比如银行贷款利率上升，会使企业成本增加；信贷资金来源受到限制，会使企业经营陷入困境。为此，企业应与这些公司保持良好的关系，以保证融资及信贷业务的稳定和渠道的畅通。

四、顾客

顾客是指使用进入消费领域的最终产品或劳务的消费者和生产者，也是企业营销活动的最终目标市场。顾客对企业营销的影响程度远远超过前述的环境因素。顾客是市场的主体，任何企业的产品和服务，只有得到了顾客的认可，才能赢得这个市场，现代营销强调把满足顾客需要作为企业营销管理的核心。一般说来，顾客来自五种不同的市场：

一是消费者市场，指为满足个人或家庭消费需求而购买产品或服务的个人和家庭。这是生产者、批发商和零售商的市场。

二是生产者市场，指为生产其他产品或服务，以赚取利润而购买产品或服务的组织。这是供应商的市场。

三是中间商市场，指为了通过转售获取利润而发生购买行为的个人和企业。这是生产者的市场。

四是政府市场，指为了履行政府职责而发生购买行为的各级政府机构。这是供应商、生产者、批发商和零售商的市场。

五是国际市场，指国外购买者，包括国外消费者、生产商、中间商及政府。这是供应商、生产者、批发商和零售商的市场。

上述五类市场的顾客需求各不相同，要求企业以不同的方式提供产品或服务，它们的需求、欲望和偏好直接影响企业营销目标的实现。为此，企业要注重对顾客进行研究，分析顾客的需求规模、需求结构、需求心理以及购买特点，这是企业营销活动的起点和前提。

五、竞争者

企业在某一顾客市场上的营销努力总会遇到其他企业类似努力的包围或影响，这些和企业争夺同一目标顾客的力量就是企业的竞争者。企业要在激烈的市场竞争中获得营销的成功，就必须比其竞争对手更有效地满足目标顾客的需求。因此，除发现并满足消费者的需求外，识别自己的竞争对手、时刻关注他们，并随时对其行为做出及时的反应亦是成败的关键。从对企业营销的影响力来看，企业一般面临来自不同层次的四类竞争者：

一是愿望竞争者，指提供不同产品以满足不同需求的竞争者，这是争夺顾客“钱袋子”的竞争。不同的竞争者分属不同的产业，相互之间为争夺潜在需求而展开竞争。如食品生产者与汽车制造商、服装生产者、家电生产者之间的竞争。

二是平行竞争者，指提供不同产品以满足同一需求的竞争者，通常取决于顾客的购买力或个人兴趣偏好。如轿车、自行车是代步工具之间的竞争，看电影、看电视是休闲形式之间的竞争。

三是产品形式竞争者，指提供同一产品不同形式、规格的竞争者，通常取决于消费者的喜好、购买能力和购买环境等因素。如消费者选中了糖果，则有巧克力糖、奶糖、水果糖等多种产品形式可满足他吃糖的欲望。

四是品牌竞争者，指提供同一产品同一规格的不同品牌的竞争者。这是产品在走向成熟后，品牌间的全面对抗，赢家是质量上乘、价格合理、服务优良者。通常，大多数同行竞争最后都会走到这一步。

品牌竞争在这四个层次竞争中最常见，其他层次的竞争相对比较隐蔽。有远见的企业并不仅仅满足于品牌层次的竞争，而会关注市场发展趋势，在恰当的时候积极维护和扩大基本需求。

六、公众

公众是企业在营销活动中与企业营销活动发生关系的各种群体的总称。公众对企业的态度,会对其营销活动产生巨大的影响。公众既可以有助于企业树立良好的形象,也可能妨碍企业的形象。所以企业必须处理好与主要公众的关系,争取公众的支持和偏爱,为自己营造和谐、宽松的社会环境。企业所面临的公众主要有以下六类:

一是金融公众。其主要包括银行、投资公司、证券公司、股东等,这些机构或个人对企业的融资能力有重要的影响。

二是媒介公众。其主要包括报纸、杂志、电台、电视台等传播媒介,它们掌握传媒工具,有着广泛的社会联系,能直接影响社会舆论对企业的认识和评价。

三是政府公众。其主要指与企业营销活动有关的各级政府机构,它们所制定的方针、政策、对企业营销活动或是限制,或是机遇。

四是社团公众。其主要指与企业营销活动有关的非政府机构,如消费者组织、环境保护组织以及其他群众团体。企业营销活动涉及社会各方面的利益,来自这些社团公众的意见、建议,往往对企业营销决策有着十分重要的影响作用。

五是社区公众。其主要指企业所在地附近的居民和社区团体。社区是企业的邻里,企业保持与社区的良好关系,为社区的发展做出贡献,会受到社区居民的好评,他们的口碑能帮助企业在社会上树立形象。

六是内部公众。其主要指企业内部的管理人员及一般员工,企业的营销活动离不开内部公众的支持。应该处理好与广大员工的关系,调动他们开展市场营销活动的积极性和创造性。

第四节　市场营销环境分析与企业对策

企业的生存与发展既与其生存的市场营销环境密切相关,又取决于企业对环境因素及其影响所采取的对策。市场营销环境的客观性、多变性、复杂性,决定了企业不可能去创造、改变市场营销环境,而只能主动地适应环境、利用环境。为此企业应该运用科学的分析方法,加强对市场营销环境的监测与分析,随时掌握其发展趋势,从中发现市场机会和环境威胁,有针对性地制定和调整自己的战略与策略,不失时机地利用营销机会,尽可能减少环境威胁带来的损失。

一、市场机会与环境威胁

市场营销环境通过对企业构成威胁或提供机会而影响营销活动。

市场机会指对企业营销活动富有吸引力的领域,在这些领域,企业拥有竞争优势。市场机会对不同企业有不同的影响力，企业在每一特定的市场机会中成功的概率，取决于其业务实力是否与该行业所需要的成功条件相符合。

市场机会主要有以下几种类型：

1.环境市场机会与企业市场机会

市场机会实质上是“未满足的需求”。伴随着需求的变化和产品生命周期的演变，会不断出现新的市场机会。

2.行业市场机会与边缘市场机会

企业通常都有其特定的经营领域，出现在本企业经营领域内的市场机会，即行业市场机会；出现于不同行业之间的交叉与结合部分的市场机会，则称为边缘市场机会。一般说来，边缘市场机会的业务进入难度要大于行业市场机会的业务，但行业与行业之间的边缘地带，有时会存在市场空隙，企业在发展中也可用以发挥自身的优势。

3.目前市场机会与未来市场机会

从环境变化的动态性来分析，企业既要注意发现目前环境变化中的市场机会，也要面对未来，预测未来可能出现的大量需求或大多数人的消费倾向，发现和把握未来的市场机会。

环境威胁是指环境中不利于企业营销的因素的发展趋势，对企业形成挑战，对企业的市场地位构成威胁。这种挑战可能来自国际经济形势的变化，也可能来自社会文化环境的变化。

二、机会与威胁的分析、评价

在分析市场机会与环境威胁时，通常运用“市场机会分析矩阵图”和“环境威胁分析矩阵图”。

(一)市场机会分析

有效地捕捉和利用市场机会，是企业营销成功和发展的前提。只要企业能够密切关注营销环境变化带来的市场机会，适时地做出恰当的评价，并结合企业自身的资源和能力，及时将市场机会转化为企业机会，就能够开拓市场、扩大销售，提高企业的市场占有率。

分析评价市场机会主要考虑两个方面：一是市场机会的潜在吸引力大小；二是市场机会带来的成功可能性大小，如图 3.3 所示。

潜在的吸引力 \ 成功的可能性	大	小
大	1	2
小	3	4

图 3.3　市场机会分析矩阵图

图 3.3 的 4 个象限中，第 1 象限是企业应当特别重视的市场条件，因为其潜在吸引力与成

功可能性都较大，是企业应当把握并全力发展的机会；第 2 象限和第 3 象限同样也是企业不可忽视的市场条件，第 2 象限上的机会虽然成功可能性较低，一旦把握住却可以为企业带来巨大的潜在利益，第 3 象限上的机会虽然潜在利益不大，但出现的概率很大，因此需要企业的充分关注，并制定相应的营销措施与对策；第 4 象限上的市场条件，潜在吸引力与成功可能性都较低，对企业来说，主要是密切观察其发展变化，积极改善自身条件，审慎地开展营销活动。

（二）环境威胁分析

营销者对环境威胁的分析主要结合两方面来考虑：一是环境威胁对企业的影响程度；二是环境威胁出现的概率大小，如图 3.4 所示。

影响程度 \ 出现概率	高	低
大	1	2
小	3	4

图 3.4　环境威胁分析矩阵图

图 3.4 的 4 个象限中，第 1 象限是企业必须高度重视的，因为其危害程度高，出现的概率大，是企业必须严密监视和预测其变化发展趋势，并及时制定措施应对的环境因素；第 2 象限和第 3 象限也是企业应当密切关注其发展趋势的环境因素。第 2 象限上的因素虽然出现概率低，一旦出现却会给企业营销带来极大的危害，第 3 象限上的因素虽然对企业影响不大，但出现的概率很大，因此也应当给予关注，随时准备应有的应对措施；第 4 象限上的因素影响程度及出现概率均低，对其只需进行必要的追踪观察以监测其是否有向其他象限因素变化发展的可能。

三、企业对策

综合上述分析，不同水平的市场机会、环境威胁与企业共同作用，又可产生四种情况，形成图 3.5 所示的环境分析综合评价图。

机会水平 \ 威胁水平	低	高
高	1.理想业务	2.冒险业务
低	3.成熟业务	4.困难业务

图 3.5　环境分析综合评价图

对理想业务，应看到机会难得，甚至转瞬即逝，必须抓住机遇，迅速行动；否则，丧失战机，将后悔莫及。

对冒险业务，面对高利润与高风险，既不宜盲目冒进，也不应迟疑不决，坐失良机，应全面分析自身的优势与劣势，扬长避短，创造条件，争取突破性的发展。

对成熟业务，机会与威胁处于较低水平，可作为企业的常规业务，用以维持企业的正常运转，并为开展理想业务和冒险业务准备必要的条件。

对困难业务，要么是努力改变环境，走出困境或减轻威胁，要么是立即转移，摆脱无法扭转的困境。

››› 本章小结 ‹‹‹

市场营销环境是企业营销职能外部的不可控制的因素和力量，这些因素和力量是影响企业营销活动及其目标实现的外部条件。市场营销环境包括微观市场营销环境和宏观市场营销环境。企业与环境是对立统一的关系，能动地适应环境是企业市场营销成功的关键。

宏观市场营销环境包括与企业营销活动密切相关的人口、经济、自然、科技、政治和文化等因素。

微观市场营销环境包括企业、供应商、营销中介机构、顾客、竞争者和公众。

市场机会指由于环境变化形成的对企业营销活动富有吸引力的领域。环境威胁指由于环境的变化形成或可能形成的对企业现有经营的冲击和挑战。

实践与练习

一、单项选择题

1.恩格尔定律表明，随着消费者收入的提高，恩格尔系数将(　　)。

A.越来越小　　B.保持不变　　C.越来越大　　D.趋近于零

2.(　　)是向企业及其竞争者提供生产经营所需资源的企业或个人。

A.供应商　　B.中间商　　C.广告商　　D.经销商

3.(　　)主要指协助企业促销、销售和经销其产品给最终购买者的机构。

A.供应商　　B.制造商　　C.营销中间商　　D.广告商

4.(　　)就是企业的目标市场，是企业服务的对象，也是营销活动的出发点和归宿。

A.产品　　B.顾客　　C.利润　　D.市场细分

5.影响汽车、旅游等奢侈品销售的主要因素是(　　)。

A.可支配个人收入　　B.可随意支配的个人收入

C.消费者储蓄和信贷　　D.消费者支出模式

6.影响消费需求变化的最活跃的因素是(　　)。

A.个人可支配收入　　B.可任意支配收入

C.个人收入　　D.人均国内生产总值

7.(　　)主要指一个国家或地区的民族特征、价值观念、生活方式、风俗习惯、宗教信仰、伦理道德、教育水平、语言文字等的总和。

A.社会文化　　B.政治法律　　C.科学技术　　D.自然资源

8."在家购物"的不断发展,主要是由于(　　)。

A.新技术革命的发展　　B.政治和法律环境的改善

C.经济发展水平的提高　　D.人口环境的变化

9.广告公司属于市场营销渠道企业中的(　　)。

A.供应商　　B.商人中间商　　C.代理中间商　　D.辅助商

10.(　　)指人们对社会生活中各种事物的态度和看法。

A.社会习俗　　B.消费心理　　C.价值观念　　D.营销道德

11.威胁水平和机会水平都高的业务,被叫作(　　)。

A.理想型业务　　B.风险型业务　　C.成熟型业务　　D.困难型业务

12.威胁水平高而机会水平低的业务是(　　)。

A.理想型业务　　B.风险型业务　　C.成熟型业务　　D.困难型业务

13.低机会和低风险的业务属于(　　)。

A.理想型业务　　B.风险型业务　　C.成熟型业务　　D.困难型业务

14.旅游业、体育运动休闲业、图书出版业、文化娱乐业为争夺消费者而相互竞争,它们彼此之间是(　　)。

A.愿望竞争者　　B.一般竞争者　　C.产品形式竞争者　　D.品牌竞争者

二、判断题

1.恩格尔系数越大,生活水平越低;反之,恩格尔系数越小,生活水平越高。(　　)

2.宏观环境一般以微观环境为媒介去影响和制约企业的营销活动,因而宏观环境也称为间接营销环境。(　　)

3.微观环境与宏观环境之间是一种并列关系,微观营销环境并不受制于宏观营销环境,它们各自独立地影响企业的营销活动。(　　)

4.同一个国家不同地区的企业之间营销环境基本上是一样的。(　　)

5.市场营销环境是一个动态系统,每一环境因素都随着社会经济的发展而不断变化。(　　)

6.营销活动只能被动地受制于环境的影响,因而营销管理者在不利的营销环境面前可以说是无能为力。(　　)

7.面对目前市场疲软,经济不景气的环境威胁,企业只能等待国家政策的支持和经济形势的好转。( )

8.微观环境直接影响与制约企业的营销活动,多半与企业具有或多或少的经济联系,也称直接营销环境。( )

三、案例分析题

案例 1

我国拖拉机为什么能打进斯里兰卡市场?

1983 年 7 月,中国农机进口公司贸易小组在斯里兰卡推销农机产品,经与当地 15 家公司洽谈,很快就签订了 10 个合同,成交各种型号的拖拉机 325 台,总价值 45 万美元。

在国际市场上,我国拖拉机技术水平不算很先进,品种、规格也不是很齐全,但在斯里兰卡颇受欢迎。这不仅是因为斯里兰卡政府把发展农业、争取实现粮食自给放在首要地位,对农机需要逐年增长,更为重要的是,斯里兰卡农业还很落后,发达国家的先进农机在这里并不适用,中国的手扶拖拉机、小型柴油机、喷雾器等最受欢迎。

由于各国经济发展状况不同,对产品的要求也不同。这正是我国农机能打进斯里兰卡市场的主要原因。同样,我国暖水瓶在蒙古等国畅销,我们的塑料拖鞋在古巴顾客排队抢购,也是因为这些国家日用工业品供应比较紧张。

案例 2

瓷器出口难

瓷器是我国传统的出口商品,尤其是江西景德镇瓷器,多年来是国际上公认的上乘佳品,但近年来对日本出口越来越困难。景德镇瓷器经日本一家机构检验,产品含铅量高达 30%,不符合日本食品卫生法安全标准。由于我们的产品质量不稳定,含铅量高低不一,日本一家经营景德镇瓷器的商店已将销售品收回,连同库存货物一并退回给香港出口商。

案例 3

龙形图案有学问

在我国的出口商品当中,龙形图案由于显示民族特点,具有东方特色,很受外商的欢迎。但是对龙形图案的使用也有学问,要注意进口国消费者的风俗与爱好。例如,龙形图案地毯一直是我国出口的热门货,但同样是龙形图案地毯却有一部分卖不出去。原因在哪儿?外商说:“在国外,尤其是华侨中流行着一种说法,认为龙分吉祥龙和凶龙,其区别在于龙爪不同。吉龙生五爪,生三爪、四爪的是凶龙,凶龙入宅,全家不安,谁会花钱买个凶龙回家?”经查看,果然未卖出的龙毯的绝大部分是三爪、四爪的龙形图案。这说明国际市场营销中对进口国社会文化环境因素的了解与掌握要细、要准,不能满足于一般。

思考:

从以上案例中我们可以得到哪些启示?

四、思考题

1.为什么说企业对市场营销环境能动的适应是其营销成功的关键?

2.企业如何分析研究消费者收入?消费者支出模式受哪些因素的影响?

3.企业如何分析、评价环境威胁和市场机会?试举例说明企业对其面临的主要威胁和理想机会应做出什么反应?

4.中国市场营销环境的主要特征是什么?

第四章

消费者市场购买行为分析

教学目标

通过本章学习，了解消费者市场的特点，熟悉影响消费者行为的因素；掌握消费者购买决策的类型、购买行为模式和程序；能够有针对性地制定产品、价格、渠道和促销策略，提高市场营销的效率，在充分满足消费者需要的前提下实现企业的发展目标。

导入案例

消费者购车的三种心态

众所周知，现在的进口车或合资车大致可分为日系、美系、欧系和韩系。比如日系车比较常见的有马自达、东风日产、丰田、本田、凌志等；欧系车常见的有大众、宝马、奔驰、雪铁龙、菲亚特等。两者在外观和内部构造上都有一定区别：日系车的发动机多采用“小马拉大车”的形式，比较省油，这和它的整体设计有关；日系车设计力求物尽其用，车身重量较轻，耗油较少。欧洲人个头比较大，而且他们比亚洲人更重视舒适实用，欧系车一般车内空间大，车身较重；他们崇尚张扬个性，偏爱动力功能好，因而多采取“大马拉小车”的驱动形式，发动机功率大，油耗相应也大。

消费者购车心态大致分为三类：

1.一见钟情派

有些消费者买车就像找女朋友，看重所谓“第一眼感觉”。一款车或者是其外观，或者是其整体风格能够引起他的认同和舒适感，再加上足够的品牌质量系数，“移情别恋”的可能性就很小了。在长沙一中学就职的晏先生不久前买了一辆别克凯越。他对笔者说，他比较喜欢美系车随意简洁的外形设计，而凯越这一车型就很对他的胃口，第一眼看到就比较喜欢，而别克又是个不错的品牌，他就毫不犹豫地买了下来。

2.慎重比较派

就消费者目前的购买力而言，添置一辆新车对大多数人来说毕竟不是小事，很多消费者买车除了自己在汽车市场转悠一段时间外，还得拉上七大姑八大姨去给自己出谋划策。李先生是省直单位公务员，计划买车已经有一段时间了，但目前尚未实施。说到买什么车，他表示，从经济的角度考虑，日系、韩系车比较省油，但欧系、美系车的使用寿命又要长一些，真不知道怎么选择。刘先生现在开的是一辆一年前买的风神，他说当时也考虑了许久，最后综合各种情况觉得买车已是不易，油费又是一笔不小的开销，所以还是选择了省油的车型。

3.理性分析派

有些消费者对车的了解比较深入，他们也就完全有资本站在专业角度对目前的车市进行一番分析再下定论。张先生可谓是"汽车发烧友"，对各种车的性能以及车市动向了如指掌。他认为，买车不仅要看车的情况，还要看本地的路况更适合什么车。日系车比较划算，但实际上湖南的路况并不好，日系车"小马拉大车"式的发动机不太适合，这样更易产生磨损，从而缩短车的实际使用寿命。

简要评析

对消费者购买行为的认知是营销活动的出发点。深入了解消费者的购买心理，把握消费者的不同需求，进而掌握消费者购买决策的类型，可以使企业有针对性地制定营销策略，提高市场营销效率。

第一节　消费者市场及其购买行为

消费者市场是指由为了满足生活消费而购买商品和服务的个人与家庭构成的市场。生活消费是产品和服务流通的终点，因此消费者市场也被称为最终产品市场。

一、消费者市场的特点

与组织市场相比，消费者市场具有以下特征：

1.消费者市场购买者的分散性

消费者市场的购买单位是个人或家庭，人数众多，分布广泛。消费者的购买呈现出分散性、小型化的特点。消费者购买次数频繁，但每次购买数量较少。现代社会中，家庭规模日益缩小，家庭人口也较少，商品消耗量不大；家庭商品储藏空间有限，购买大量商品存放不便；现代市场商品供应丰富，购买方便，随时需要，随时购买，也没有必要大量储存，因此，消费者市场营销者应当根据这一特点适当调整产品规格，缩小产品包装，以便更好地满足消费者的需要。

2.消费者市场差异性大

消费者受到年龄、性别、身体状况、性格、习惯、偏好、职业、地位、收入、文化教育程度、地理环境、气候条件等多种因素的影响，市场的消费需求和购买行为具有很大的差异性，所购商品的品种、规格、数量、质量、花色和价格也会千差万别。

3.消费者需求的易变性

人类社会的生产力和科学技术总是在不断进步，新产品层出不穷，消费者收入水平不断提高，消费需求也就呈现出由少到多、由粗到精、由低级到高级的发展趋势。越来越多的消费者不再喜爱一成不变的商品，要求商品的品种、款式能够不断翻新。另外，随着市场商品供应的日益丰富和企业竞争的逐渐加剧，消费者对商品的挑选余地更大，消费潮流日新月异，商品的流行周期越来越短，往往令人难以把握。

4.消费者市场购买属非专业性购买

消费者市场商品种类繁多，大多数消费者不可能对所购买的每一种商品都非常熟悉。消费者对大多数商品的质量、性能、价格、使用、维护、保管乃至市场行情往往缺乏专门的甚至是必要的知识，只能根据个人感觉和喜好做出购买决策，大多数属于非专业性购买，很容易受个人情感、广告宣传、推销活动和他人意见的影响或诱导。

二、消费者市场的购买对象

消费者的购买对象是指满足个人和家庭生活需要的产品（包括服务）。消费者在购买不同消费品时，有不同的行为特点，企业对每一种消费品类型，应该有与之相适应的营销组合战略和策略。

（一）依据人们购买、消费的习惯分类，可分为便利品、选购品、特殊品

便利品是指消费者经常购买或即刻购买，并几乎不做购买比较和购买努力的商品，比如肥皂、报纸、食盐等。消费者对这类商品一般比较熟悉，具有一定的商品知识，在购买时不大愿意或者觉得没有必要花很多的时间来比较价格和质量，多数是选择就近购买，而且愿意接受其他代用品。

选购品是指消费者在选购过程中，对产品的适用性、质量、价格和式样等基本方面要做有针对性比较的产品，比如服装、家具、家用电器等。对于选购品，企业必须备有丰富的花色品种，以满足不同消费者的爱好。同时，要拥有受过良好训练的营销人员，为顾客提供信息和咨询。最重要的是，应该将销售网点设在商业网点比较集中的地区，并将产品的销售点相对集中，以便顾客进行比较和选择。

特殊品是指具有独有特征和品牌标记的产品，有相当多的消费者愿意对这些产品作特殊的购买努力，如高级服装、轿车、专业摄影器材等。消费者在购买前对这些商品已经有了一定

的认识，对某些特定的品牌和商标有自己的特殊偏好，不愿接受代用品。特殊品的生产者，应该注意树立品牌意识，争创名牌产品，赢得消费者的青睐和忠诚；加强广告宣传，扩大本企业的知名度，加强售后服务和维修工作。

（二）依据产品的有形与否分类，可分为有形产品（物品）和无形产品（服务）

有形产品是指使用价值必须借助有形物品才能发挥其效用，且该有形部分必须进入流通和消费过程的产品。

无形产品是指一方能向另一方提供的基本上无形且不导致任何所有权的产生的活动或利益。服务是无形的、市场和消费是不可分离的、可变的和易消失的，比如理发、修理、培训教育等。

（三）依据产品耐用性分类，可分为耐用品和非耐用品

耐用品一般是指使用年限较长、价值较高的有形产品，通常有多种用途，例如冰箱、电视机、高档家具等。耐用品一般需要较多地采用人员推销，提供较多的售前售后服务和担保条件。

非耐用品一般是指有一种或几种消费用途的低值易耗品，如饮料、食盐、肥皂等。这类产品消费快，购买频率高，企业的营销战略应该是：使消费者能在许多地点方便地购买到这类产品；价格中包含的盈利要低；加强广告宣传以吸引消费者试用并形成偏好。

三、消费者行为的基本模式

消费者的行为受消费者心理活动支配。按照心理学的“刺激—反应”理论，人们行为的动机是一种内在的心理活动过程，像一只黑箱，是一个不可捉摸的神秘过程。客观的刺激，经过黑箱（心理活动过程）产生反应，引起行为，只有通过对行为的研究，才能了解心理活动过程。消费者购买的行为模式如图 4.1 所示。

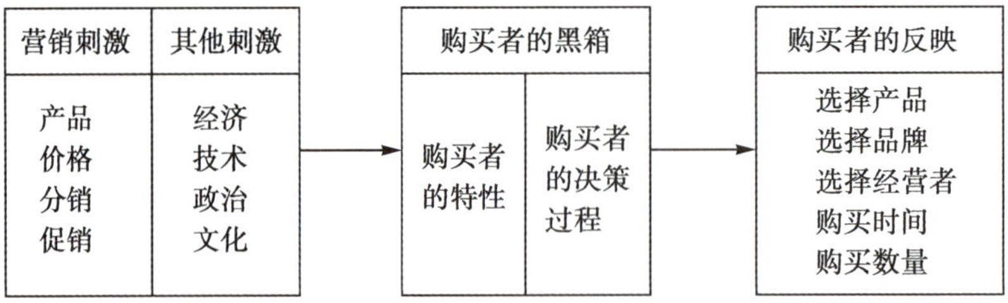

图 4.1　消费者的购买行为模式

营销刺激指企业营销活动的各种可控因素，即产品、价格、分销的影响、促销；其他刺激指消费者所处的环境因素，即经济、技术、政治、文化等的影响。这些刺激通过消费者黑箱产生反应，即购买者行为。

刺激和反应之间的购买者黑箱包括两个部分。第一部分是购买者的特性。购买者特性受到许多因素的影响，并进而影响购买者对刺激的理解和反应，不同特性的购买者对同一种刺激

会产生不同的理解和反应。第二部分是购买者的决策过程，它直接影响最后的结果。

四、消费者的购买行为类型

消费者购买决策随其购买类型的不同而变化。阿萨尔根据消费者在购买过程中参与者的介入程度和品牌间的差异程度，将消费者购买行为划分为四种类型（如表 4.1 所示）。

表 4.1　消费者购买行为类型

	高度介入	低度介入
品牌间差异很大	复杂型的购买行为	寻求多样型的购买行为
品牌间差异极小	减少失调型的购买行为	习惯型的购买行为

1.复杂型的购买行为

这是消费者初次在购买差异性很大的消费品时所发生的购买行为。购买这类商品时，通常要经过一个较长的考虑过程。购买者首先要广泛搜集各种相关信息，对可供选择的产品进行全面评估，在此基础上建立起自己对该品牌的信念，形成自己对各个品牌的态度，最后慎重地做出购买决策。

2.减少失调型的购买行为

这是消费者购买差异性不大的商品时所发生的一种购买行为。由于各个品牌之间没有显著差异，消费者一般不必花费很多时间去收集并评估不同品牌的各种信息，关心的重点在于价格是否优惠，购买时间、地点是否方便等。如果消费者在购买以后认为自己所购买产品物有所值甚至优于其他同类产品的话，就有可能形成对该品牌的偏好；相反，就有可能形成厌恶感。

3.寻求多样型的购买行为

寻求多样型的购买行为是指消费者了解现有各品牌和品种之间的明显差异，在购买产品时并不深入搜集信息和评估比较就决定购买某一品牌，购买时随意性较大，只在消费时才加以评估，但是在下次购买时又会转换其他品牌。消费者转换品牌的原因不一定与他对该产品是否满意有什么联系，可能是对原来口味心生厌倦或者只是为了尝尝鲜，主要目的还是为了寻求产品的多样性。

4.习惯型的购买行为

所谓习惯型购买行为，是指消费者对所选购的产品和品牌比较了解，已经形成了相应的选择标准，主要依据过去的知识和经验习惯性地做出购买决定。消费者认为各品牌之间差异性很小，产品价格比较低廉，对某种产品的特性及其相近产品的特点非常熟悉，并已经形成品牌偏好，购买决策时几乎不涉及信息搜集和品牌评价这两个购买阶段。

第二节　影响消费者行为的因素

消费者的行为受到诸多因素的影响，有来自消费者自身的，也有来自外部环境的。要透彻地把握消费者的行为，有效地开展市场营销活动，必须分析与消费者行为有关的因素。

一、文化因素

文化因素对于消费者的购买行为有着最广泛和最深远的影响。

（一）文化

文化是人类欲望和行为最基本的决定因素。低等动物的行为主要受本能支配，人类行为大部分由学习所得。一个人在社会中成长，受到家庭、环境及社会潜移默化的影响，学到一套基本的价值观、风俗习惯和审美观，形成一定的偏好和行为模式。

（二）亚文化

一种文化会因各种因素影响，使价值观、风俗习惯及审美观等表现出不同特征，形成亚文化。亚文化主要表现为：民族亚文化——各个民族在宗教信仰、节日、崇尚爱好、图腾禁忌和生活习惯方面，有其独特之处，并对消费行为产生深刻影响。宗教亚文化——不同宗教有不同的文化倾向和戒律，影响人们认识事物的方式、对客观生活的态度、行为准则和价值观，从而影响消费行为。每种宗教都有其主要流行地区和鲜明的特点。地理亚文化——不同的地区有不同的风俗习惯和爱好，使消费行为带有明显的地方色彩。

二、社会因素

在社会生活中，人与人形成各种各样的关系，这些关系对人的消费行为产生了很大的影响。

（一）参考群体

参考群体是能够影响个人态度、意见和价值观的一群人。参考群体分为所属群体与相关群体，所属群体又分为主要群体和次要群体。主要群体是指与之直接接触、关系密切的人群；次要群体是指与之直接接触，但是关系相对较为疏远的人群；相关群体是指个人不属于这一群体，但是态度、行为受其影响，如影星、歌星、球星身后大批的崇拜者和追随者。相关群体影响消费者行为的程度在不同产品和品牌中并非都是相同的。

案例衔接 4-1

政界人物、电影明星、摇滚歌星的着装对服装业和首饰业有着很大的影响。克拉克·盖博有一回在银幕上身穿T恤衫（那时是很少见的），给美国的男士服装业以沉重的打击。20世纪60年代，杰奎琳·肯尼迪有名的药丸礼帽却引发了一场妇女对礼帽的采购狂潮。其他跨范畴的影响有：电影《热舞》煽动了对撕破的汗衫的狂热；电影《城市牛仔》引发了人们对牛仔靴的向往；歌手麦当娜的内衣外穿也变成了一种可以接受的着装风格。在20世纪80年代的中国，年轻人竞相模仿周润发在《上海滩》的形象，引发了风衣热和礼帽热。

(二)家庭身份和地位

家庭及其成员，是影响最大的主要参考群体。每个人所经历的“家庭”，可分为：自身所出生的家庭，包括父母，每个人从双亲那里，养成许多倾向性；婚后家庭，即自身所建立的家庭，包括配偶和子女，这种家庭对购买行为产生更直接的影响，并形成一个消费者的“购买组织”。

身份是周围的人对你的要求，是你在各种场合承担的角色、应起的作用。每一种身份又附有一种地位，反映社会对他的评价和尊重程度。人们往往结合身份、地位做出购买选择。许多产品、品牌，由此成为一种身份和地位的标志。消费者以何种产品、品牌来显示身份和地位，因社会阶层和地域而有所不同。

(三)社会阶层

社会阶层是具有相对的同质性和持久性的群体。社会阶层按等级排列，每一阶层的成员具有类似的价值观、兴趣爱好和行为方式。一个人的社会阶层，通常是职业、收入、教育和价值观等多种因素作用的结果。同一社会阶层的人，要比来自两个社会阶层的人行为更加相似。因此，社会阶层不仅是影响消费者行为的重要因素，而且是细分消费者市场的重要依据。

三、个人因素

购买决策也深受消费者个人特征的影响，包括年龄与家庭生命周期、生活方式与个性、自我形象、职业、性别、经济条件。

(一)年龄与家庭生命周期

消费者的欲望和行为，因年龄不同而发生变化。比如，三个月、六个月和一岁的婴儿，对玩具的要求会不一样；同一消费者年轻时与步入老年阶段，对食物的胃口、服装的爱好也会不同。

家庭生命周期是一个以家长为代表的家庭生活的全过程，从青年独立生活开始，到年老后并入子女的家庭或死亡时为止。在不同阶段，同一消费者及家庭的购买力、兴趣和对产品的偏好都会有较大差别。

(二)生活方式与个性

生活方式是一个人生活中表现出来的活动、兴趣和看法的整个模式。生活方式影响个人对品牌的看法和喜好。营销者往往可以通过生活方式理解消费者不断变化的价值观及其对消费行为的影响。

个性指个人特有的心理特征，导致人对所处环境做出相对一致和持续的反应。通过自信、支配、自主、顺从、热情保守和适应等性格特征表现出来。依据个性因素，可以更好地赋予品牌个性，以期与消费者适应。如美国学者发现，购买有活动车篷汽车的买主与购买无活动车篷汽车的买主之间，存在一些个性差别——前者表现较为主动、急进和喜欢社交。

（三）自我形象、职业、性别和经济条件

自我形象——个人怀有的有关自己的“图案”，驱使其寻求与此一致的产品、品牌，采取与自我形象一致的消费行为。为此，营销者要了解消费者自我形象与其拥有物之间的关系。

职业影响——如工人、农民、军人及教师，对不同产品及品牌会表现出不同的看法和购买意向，有不同的消费习惯。

性别——长期以来，性别一直是影响人们购买服装、鞋帽、化妆品等的重要因素；现在“男女有别”已经延伸到其他不少领域。如美国企业推出女性香烟，从味道、包装乃至广告各方面着力迎合女性消费者。

经济条件——消费要“量入为出”，依据条件消费。人们的经济状况包括可供其消费的收入（收入水平、稳定性和时间形态）、储蓄与财产，借债能力和对花钱与储蓄的态度。

四、心理因素

消费者的购买行为还会受到动机、知觉、学习、态度与信念等主要心理因素的影响。

（一）动机与需要

动机是推动个人进行各种活动的驱动力。动机是行为的直接原因，促使个人采取某种行动，规定行为的方向。动机由需要而生。消费者的购买行为，是消费者解决需要问题的行为。

不同的人有不同的需要，人们在生理上、精神上的需要也具有广泛性与多样性。每个人的具体情况不同，解决需要问题轻重缓急的顺序自然各异，也由此存在一个“需要层次”。急需满足的需要，会激发起强烈的购买动机，需要一旦满足，则失去了对行为的激励作用，即不会有引发行为的动机。

马斯洛的需要层次论的要点归纳起来有以下几方面：肯定了人是有需要的；把人的基本生存需要置于需求层次结构的最底层，强调它们的满足是其他需求发展的基础；不同的需要可以按顺序分为不同的层次，在不同时期各种需要对行为的支配力量不同。当最重要的需要得到满足后，这个需要便不再是激励因素，失去了对行为的刺激作用，人们会转而追求其下一个重要的需要；需要层次越高，可塑性、变异性越大，越长久。高层次需要的具体表现形式更丰富，与他人和社会的关系更密切。

（二）知觉

消费者被激发起动机后，随时准备行动。知觉是指个人选择、组织并解释投入的信息，以便创造一个有意义的个人世界图像的过程。知觉不但取决于刺激物的特征，而且还依赖于刺激物同周围环境的关系以及个人所处的状况。知觉一般会经历三种过程：选择性注意、选择性曲解和选择性记忆。

1.选择性注意——人们感觉到的刺激，只有少数引起注意、形成知觉，多数会被有选择地忽略。一般来说，以下情况容易引起注意并形成知觉：与最近的需要有关的事物，正在等待的

信息，异于正常、出乎预料的变动。

2.选择性曲解——人们对注意到的事物，往往喜欢按照自己的经历、偏好、当时的情绪、情境等因素做出解释。这种解释可能与企业的想法、意图一致，也可能相差很大。

3.选择性记忆——人们容易忘掉大多数信息，却总是能记住与自己态度、信念一致的东西。企业的信息是否能留存于顾客记忆中，对其购买决策影响甚大。

（三）学习

学习也称“习得”，指人会自觉、不自觉地从很多渠道、经过各种方式获得后天经验。学习会引起个人行为的改变。

消费者在学习过程中，有四点特别需要关注。

1.加强：购买后非常满意，会加强信念，以至重复购买。

2.保留：称心如意或非常不满，会念念不忘。

3.概括：感到满意会爱屋及乌，对有关的一切也产生好感；反之，则会殃及池鱼。

4.辨别：一旦形成偏好，需要时会百般寻求。

（四）态度和信念

通过实践和学习，人们获得了自己的信念和态度，它们又反过来影响人们的购买行为。

态度是人对事物所持有的持久的、一致的评价、反应，包括三个互相联系的成分：信念、情感与倾向。态度的形成是逐渐的，产生于与产品和企业的接触、其他消费者的影响、个人的生活经历、家庭环境的熏陶。态度一旦形成，不会轻易改变。

信念是被一个人所认定的可以确信的看法，可以建立在不同的基础上。如：“吸烟有害健康”，是以“知识”为基础的信念；“汽车越小越省油”，可能是建立在“见解”之上的信念。

第三节　消费者购买的决策过程

一、消费者购买决策的参与者

消费者一般以家庭或个人为单位，从事购买活动的通常是家庭中的一个或几个成员。在购买决策中，人们可能会扮演下列一种角色或几种角色。

发起者：首先提出或有意购买某一产品或服务的人。

影响者：其看法或者建议对最终购买决策具有一定影响的人。

决定者：在是否购买、为何购买、哪里购买等方面做出部分或全部决定的人。

购买者：实际购买产品或服务的人。

使用者：实际消费或使用产品、服务的人。

企业有必要认识以上这些角色，因为这些角色对于设计产品、确定信息、安排促销方式和预算是有关联意义的。

在购买时，消费者要经过一个决策过程，包括认识需求、搜集信息、选择评价、购买决策和购后感受。营销者应该了解每一个阶段中的消费者行为，以及哪些因素在起影响作用。这样就可以制定针对目标市场的行之有效的营销方案。

二、消费者购买决策的过程

营销人员除了了解对购买者产生影响的各种因素，他们还应了解消费者是怎样做出购买决策的，识别购买决策的类型及购买过程的步骤。

1.认识需求

消费者有需求，才可能有购买行为。需求可能由内部刺激引起，也可能由外部刺激引起。这时消费者可能会察觉到他目前的实际状况与理想状况的差异，会认识到需求。（如图 4.2 所示）

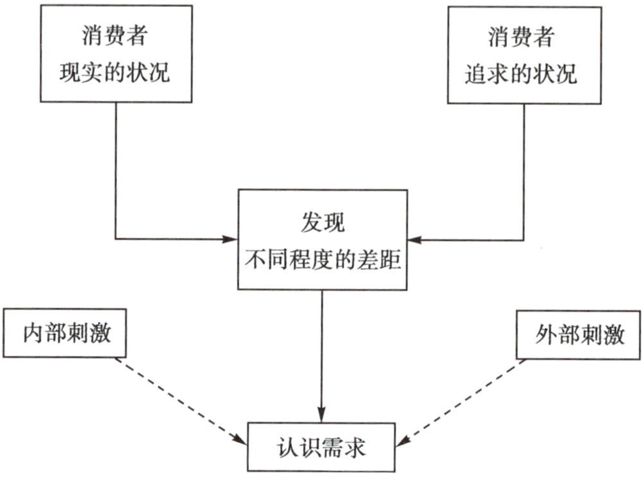

图 4.2 消费者认识需求的过程

2.搜集信息

（1）消费者如何搜集信息

消费者最终的购买行为一般需要相关信息的支持。认识到需要的消费者，如果目标清晰、动机强烈，购买对象符合要求，购买条件允许，又能买到，消费者一般会立即采取购买行动。

在许多场合，认识到需要不能马上满足，只能留存记忆当中。随后，消费者对这种需要或者不再搜集进一步的信息，或者进一步积极主动搜集信息。

（2）消费者搜集信息的程度

消费者搜集信息的范围和数量取决于两个因素：购买类型和风险感。购买类型，比如初次购买时产品信息多，范围较广；重复购买所需信息较少，内容也不一样。风险感：消费者对风险的认识，一方面受产品、价格影响，价格越高，使用时间越长，风险感越大，消费者就越会努力搜寻更多的信息；另一方面受个人因素影响，同样的购买，谨小慎微的人风险感就大，办事马虎的人风险感则小。

(3)消费者信息的来源

个人来源:家庭、朋友、邻居、熟人等。

商业来源:广告、销售人员、经销商、包装、陈列、展销会等。

公共来源:大众媒介、消费者权益保护机构等。

经验来源:接触、检查及使用某产品等。

这些信息来源的相对影响力因产品和消费者的不同而变化。总的说来,信息主要来自商业来源,而最有影响力的是个人来源,公共来源的信息可信度较高。

3.选择与评价

通过搜集信息,消费者熟悉了市场上的竞争品牌,如何利用这些信息来评价确定最后可选择的品牌?其过程一般是:某消费者只能熟悉市场上全部品牌的一部分,而在熟悉的品牌中,又只有某些品牌符合该消费者最初的购买标准,在有目的地搜集了这些品牌的大量信息后,只有个别品牌被作为该消费者重点选择的对象。

4.购买决策

在评价选择阶段,消费者会在选择的各种品牌之间形成一种偏好,也可能形成某种购买意图而偏向购买他们喜爱的品牌,但是在购买意图与购买决策之间,有两种因素还会产生影响作用。第一种因素是其他人的态度,第二种因素是未预期到的情况。这两种因素若对购买意图有强化作用,则购买决策会顺利实现,反之,则购买决策受阻。

5.购后感受

消费者购买以后,往往通过使用或消费购买所得,检验自己的购买决策:重新衡量购买是否正确;确认满意程度。将其作为今后购买的决策参考。

››› 本章小结 ‹‹‹

消费者市场是指由为了满足生活消费而购买商品和服务的个人与家庭而构成的市场。

消费者市场的购买对象依据人们购买、消费的习惯分类,可分为便利品、选购品、特殊品。根据消费者在购买过程中参与者的介入程度和品牌间的差异程度,将消费者购买行为划分为四种类型:复杂型的购买行为,寻求多样型的购买行为,减少失调型的购买行为和习惯型的购买行为。

影响消费者的行为因素主要有文化因素、社会因素、个人因素和心理因素。

消费者的购买决策过程包括认识需求、搜集信息、选择与评价、购买决策和购后感受。

实践与练习

一、单项选择题

1.消费者的购买单位是个人或(   )。

A.集体　B.家庭　C.社会　D.单位

2.(   )是影响消费需求和行为的最基本因素。

A.个人因素　B.心理因素　C.商品因素　D.社会文化因素

3.大多数消费者只能根据个人好恶和(   )做出购买决策。

A.智慧　B.经验　C.感觉　D.能力

4.人的购买动机来源于 (   )。

A.欲望　B.需要　C.需求　D.企图

5.消费者因某种产品有特殊的性能,或由于其对某种品牌产品的特殊偏爱,愿意花时间和精力去购买的商品,通常将其称为 (   )。

A.便利品　B.选购品　C.特殊品　D.日用品

6.马斯洛认为需要按其重要程度分,最低层次需要是指(   )。

A.生理需要　B.社会需要　C.尊敬需要　D.安全需要

7.(   )是指由于经验而引起的个人行为的改变。

A.知觉　B.感觉　C.学习　D.动机

8.对于减少失调感的购买行为,营销者要提供完善的(   ),通过各种途径提供有利于本企业和产品的信息,使顾客确信自己购买决定的正确性。

A.售前服务　B.售后服务　C.售中服务　D.无偿服务

9.在复杂的购买行为中,消费者购买决策过程的第三个阶段是 (   )。

A.确认　B.收集信息

C.备选产品评估　D.决定购买

二、判断题

1.随着科学技术的不断发展,市场供应日益丰富,企业竞争日趋激烈,消费者的选择性增多,消费风潮的变化加快,流行周期加长。(   )

2.消费品尽管种类繁多,但不同品种甚至不同品牌之间不能相互替代。(   )

3.家庭不同成员对购买决策的影响往往由家庭特点决定。(   )

4.需求弹性小是消费者市场的主要特点。(   )

5.在价格不变的条件下,一个产品有更多的性能会吸引更多的顾客购买。(   )

6.在购买过程中,有的产品是不需要进行信息搜集的。(　　)

7.消费者对其购买产品满意与否直接决定着以后的购买行为。(　　)

8.企业通常并不试图去改变消费者对其产品、服务的态度,而是使自己的产品、服务和营销策略符合消费者既有态度。(　　)

三、案例分析题

从豆浆到维他奶

早餐是一日三餐中的第一餐,一碗豆浆、两根油条,这是长期以来许多中国人形成的饮食习惯。豆浆,以大豆为原料,是豆腐作坊的副食品,在中国已有两千多年的历史。它的形象与可乐、牛奶相比,浑身上下冒着“土气”。

但是现在,豆浆在美国、加拿大、澳大利亚等国家的超级市场上都能见到,与可乐、牛奶等国际饮品并列排放,且价高位重,有形有派。当然,它改了名,叫“维他奶”。

豆浆改名维他奶,是香港一家有数十年历史的豆品公司为了将街坊饮品变成一种国际饮品,顺应市场和现代人的生活形态,不断改善其产品形象而特意选择的。“维他”来自拉丁文 Vita,英文 Vitamin,其意为生命、营养、活力等,而舍“浆”取“奶”,则来自英语 soybean milk(豆奶,即豆浆)的概念。过去,香港人的生活不富裕,营养不良,各种疾病很普通。当时生产维他奶的用意,就是要为营养不良的人们提供一种既便宜又有营养价值的牛奶代用品——一种“穷人的牛奶”。

到了 20 世纪 70 年代,香港人的生活水平大大提高,营养对一般人来说并不缺乏,人们反而担心营养过多的问题。如果此时还标榜“穷人的牛奶”,那么喝了不就掉价了吗?难怪豆品公司的职员发现,在马路边汽水摊前,喝汽水特别是外国汽水的人喝起来“大模大样”,显得十分“有派”,而喝维他奶的人,就大多站在一旁遮遮掩掩,唯恐人家看到似的,因而,豆品公司的业务陷入低谷。

70 年代中期,豆品公司试图把维他奶树立为年轻人消费品的形象,使它能像其他汽水一样,与年轻人多姿多彩的生活息息相关。这一时期的广告便摒除了“解渴、营养、充饥”或“令你更高、更强、更健美”等字眼,而以“岂止像汽水那么简单”为代表。1983 年,又推出了一个电视广告,背景为现代化城市,一群年轻人拿着维他奶随着明快的音乐跳舞,可以说,这时期维他奶是一种“休闲饮品”的形象。

然而,到了 80 年代,香港的年轻人觉得维他奶怎么喝也喝不出“派”来了,于是,从 1988 年开始的广告便重点突出它亲切、温情的一面。对于很多香港人来说,维他奶是个人成长过程的一个组成部分,大多数人对维他奶有一种特殊的亲切感和认同感,它是香港本土文化的一个组成部分,是香港饮食文化的代表作,维他奶对香港人如同可口可乐对美国一样。由此,维他奶又开始树立一个“经典饮品”的形象。

在同一时期，维他奶开始进入国际市场。这一时期，太多的脂肪成了美国等国公民的一大问题。在美国，维他奶标榜高档“天然饮品”。所谓天然饮品，就是没有加入人工的成分，如色素和添加剂等，可以使消费者避免吸收太多的脂肪，特别是动物脂肪。标榜天然饮品，当然受美国人的欢迎。于是便出现了这样历史性的趣事：维他奶创始之初，标榜穷人的牛奶，强调它与牛奶的相似之处，并且价格比牛奶要低；今天在美国市场，维他奶强调的是与牛奶不同的地方（维他奶具有牛奶所有的养分，而没有牛奶那么多的动物脂肪），其价格也比牛奶高。

思考：

从豆浆变成维他奶，直至国际饮品的过程，给我们哪些启示？

四、思考题

1.消费者市场有哪些特点？

2.试述影响消费者购买行为的主要因素及特点。

3.消费者购买的决策过程是怎样的？企业针对决策过程的各阶段，可采取什么措施影响消费者的购买决策？

4.试述影响生产者购买行为的因素，如何运用这些因素开展有效的营销活动。

第五章

组织市场购买行为分析

教学目标

通过本章学习，了解组织市场的含义和特点，掌握组织市场的主要类型，熟悉影响生产者市场的购买决策类型与购买决策过程。了解中间商市场的购买行为的主要类型，了解我国政府采购制度对企业市场营销活动的影响，能够有针对性地制定产品、价格、渠道和促销策略，提高市场营销的效率，实现企业的发展目标。

导入案例

政府采购变革为企业带来什么？

以前，北京市海淀区下属各单位要购买设备，首先要向财政局上报预算，经行财科按市场价格核定后给予拨款，再由各使用单位自行购买。但是行财科的职员们时常心里打鼓：商品价格究竟是多少，心里没底，采购环节的伸缩性实在太大了。后来，北京市海淀区出台了《海淀区政府采购试行办法》，规定区属各行政事业单位由区财政安排的专项经费，购置设备单项价格在 10 万元以上，或全区范围内一次集中配置的批量采购总价值在 29 万元以上，均需采取公开的竞争性招标、投标采购。海淀区专门成立了政府采购领导小组，区属两家机关购买 133 台空调的工作成为区政府采购方式改革的第一个试点。之后召开的招投标大会，有 6 家公司投标。开标后，投标商单独介绍了产品技术、质量、价格等内容，并接受由空调专家、高级会计师和使用单位人员组成的评审委员会的质询。经专家们反复比较论证，科龙空调以较好的性能价格比中标。此次购买的预算资金 177 万元，实际支出 108 万元，节约 69 万元，占预算资金近 1/3。采购部门负责人说："想都没想到，效果好得出奇。"

海淀区政府采购领导小组相继进行了其他项目的政府采购工作。购买7辆公务车，预算金额208万元。由于车型不一，不成规模，采用“询价”的方式，也就是货比三家的方式购买。广播局购买两台专用设备，则采取广播局主办，采购领导小组参与的招标方式。此外，还将进行教学用具、医疗设备、基本建设非标准设备的采购工作。

简要评析

从北京海淀区政府采购方式改革的试点情况看，改革是成功的。他们对购置设备价值超过一定金额的项目，采取了公开的竞争性招标、投标采购，专门设立了政府采购领导小组，使该领导小组从财政部门分离出去，使批钱的和采购的分为两部分，便于监督和制约。企业面对政府采购方式的这一变革，一方面要适应招标活动的手续和程序；另一方面，有条件的企业可成立单独针对政府市场的营销部门，主动寻找政府市场和机会，了解政府的需要和项目，获取信息情报，仔细拟订投标方案，提高企业声誉，力争赢得政府市场的采购合同。

第一节　组织市场及其购买行为

企业的市场营销不但包括消费者也包括生产企业、商业企业、政府机构等组织，这些组织构成了原材料、零部件、机器设备、供给品等的庞大市场。为满足组织市场需要，企业必须了解组织市场的购买行为特征及其购买决策过程。

一、组织市场的含义

组织市场指以某种组织为购买单位的购买者所构成的市场，其购买目的是生产、销售、出租、维持组织运作或履行组织职能。组织市场购买数量较大，一般都会超过消费者市场，但最终服务对象还是消费者，仍然要以满足最终消费者的需要为中心。一切企业，无论是否直接为消费者服务，都必须研究消费者市场。组织市场可分为三种类型：生产者市场、中间商市场和非营利组织市场。

（一）生产者市场

生产者市场指一切购买产品和服务并将之用于生产其他产品或劳务，以供销售、出租或供应给其他人的个人和组织。组成生产者市场的主要行业是农业、林业、渔业、采矿业、制造业、建筑业、运输业、通信业、公共事业、金融业、服务业。

（二）中间商市场

中间商市场是指那些通过购买商品和劳务以转售或出租给他人获取利润为目的的个人和组织构成的市场，它包括批发商和零售商。

（三）非营利组织市场

非营利组织市场指那些为执行政府的主要职能而采购或租用商品的各级政府单位。政府通过税收、财政预算掌握了相当部分的国民收入，形成了潜力极大的政府采购市场。

二、组织市场的特点

组织市场同消费者市场在构成主体方面有根本区别，相应地，二者的购买行为也就不尽相同。组织市场购买行为是指各类正规组织机构确定其对产品和服务的需要，并在可供选择的品牌与供应商之间进行识别、评价和挑选的决策过程。与消费者市场购买行为相比，组织市场购买行为具有四个特点。

（一）派生需求

组织需求是一种派生需求，即组织机构购买产品是为了满足其顾客的需要。也就是说，组织机构对产品的需求，归根结底是从消费者对消费品或服务的需求中派生出来的。显然，皮鞋制造商之所以购买皮革，是因为消费者对皮鞋的需求。

（二）多人决策

购买决策过程的参与者往往不止一个人，而是由很多人组成，甚至连采购经理也很少独立决策而不受他人影响。

（三）过程复杂

由于购买金额较大，参与者较多，而且产品技术性能较为复杂，组织购买行为过程将持续较长一段时间，几个月甚至几年都有可能。这就使企业很难判断自己的营销努力会给购买者带来怎样的反应。

（四）提供服务

一般来讲，物质产品本身并不能满足组织购买者的全部需求，企业还必须为之提供技术支持、人员培训、信贷优惠等便利与服务。

第二节　生产者市场及其购买行为

在组织市场中，生产者市场的购买行为与购买决策具有典型的代表意义。企业不仅要了解谁在市场上购买，还要了解谁参与生产者市场的购买决策过程，他们在购买决策过程中充当什么角色、起什么作用，也就是说，要了解其顾客的采购组织。

一、生产者市场的特点

在某些方面，生产者市场与消费者市场具有相似性，都有人为了满足某种需要而担当购买者角色，制定购买决策等。然而，生产者市场在市场结构与需求、购买单位性质、决策类型与决策过程及其他各方面，又与消费者市场有明显差异。

(一)购买者数量少，购买规模大

在消费者市场上，购买者是消费者个人或家庭，购买者必然为数众多，购买规模很小。在生产者市场上，购买者绝大多数是企业单位，其数量必然比消费者市场的购买者的数量少得多，但购买规模要大得多。而且，由于资本和生产集中，一些行业的生产者市场由少数几家或一家大公司的大买主所垄断，在地理位置上也往往集中在少数地区。

(二)生产者市场的需求是引申需求，被动性较大，缺乏弹性

生产者市场对产品或服务的需求是从消费者对消费品的需求引申出来的。生产者市场对于产品和服务的需求比消费者的需求更容易发生变化。消费者需求的少量增加能导致生产者市场需求的大大增加，此即西方经济学者所称的加速理论。有时消费者需求只增减10%，就能使下期生产者市场需求出现200%的增减。因为生产者市场的需求变化很大，所以生产产品的企业往往实行多元化经营，尽可能增加产品品种，扩大企业经营范围，以减少风险。

在生产者市场上，生产者市场对用品和服务的需求受价格变动的影响不大。生产者市场的需求在短期内尤其缺乏弹性，因为生产者不能在短期内使其生产方法有很大的改变。此外，如果原材料的价值很小，这种原材料成本在制成品的整个成本中所占的比重很小，那么，这种原材料的需求也就缺乏弹性。

(三)专业人员购买

由于产品特别是主要设备的技术性强，企业通常都雇用经过培训的、内行的专业人员负责采购工作。企业采购主要设备的工作比较复杂，参与决策的人员也比消费者市场多，决策过程更为规范，通常由若干技术专家和最高管理层组成采购委员会领导采购工作。

(四)租赁方式广泛存在

机器设备、车辆、飞机等产品单价高，用户通常需要融资才能购买，而其技术设备更新快，因此企业所需的机器设备等有越来越多的部分不采取完全购买方式，而是通过租赁方式取得。

(五)互惠

生产者市场往往这样选择供应商："你买我的产品，我就买你的产品。"互惠有时表现为三角形或多角形。

二、生产者市场购买决策的参与者

在任何企业中，除了专职的采购人员，都会有其他一些人员也参与购买决策过程。所有参与购买决策过程的人员构成采购组织的决策单位，市场营销学称之为采购中心。企业采购中心通常包括五种成员：使用者、影响者、采购者、决定者、信息控制者。

（一）使用者

使用者即具体使用产品的人员。使用者往往是最初提出购买某种产品意见的人，他们在计划购买产品的品种、规格决策中起着重要作用。

（二）影响者

影响者即在企业外部和内部直接或间接影响购买决策的人员。他们通常协助企业的决策者决定购买产品的品种、规格等。企业的科研人员或技术顾问是最主要的影响者。

（三）采购者

采购者即在企业中有组织采购工作正式职权的人员。在较复杂的采购工作中，采购者还包括参加谈判的公司高级人员。

（四）决定者

决定者即在企业中有批准购买产品权力的人。在标准品的例行采购中，采购者常常是决定者，而在较复杂的采购中，公司领导人常常是决定者。

（五）信息控制者

信息控制者即在企业外部和内部能控制市场信息，使其流向决定者、使用者的人员，如企业的购买代理商、技术人员等。

三、生产者市场的购买行为类型

生产者市场不是只做单一的购买决策，而是要做一系列的购买决策。生产者市场所做决策的数量和其购买决策结构的复杂性，取决于生产者市场行为类型的复杂性。生产者市场的购买行为类型大体有三种：一种极端情况是直接重购，基本上属惯例化决策；另一种极端情况是新购，需要做大量的调查研究；介于两者之间的是修正重购，也需要做一定的调查研究。

（一）直接重购

直接重购即企业的采购部门或采购中心根据过去和许多供应商打交道的经验，从供应商名单中选择供货企业，并直接重新订购过去采购过的同类产品。此时组织购买者的购买行为是惯例化的。在这种情况下，列入供应商名单的供应商应尽力保持产品质量和服务质量，并采取其他有效措施来提高采购者的满意度。未列入名单的供应商要试图提供新产品或开展某项令顾客满意的服务，以便使顾客从它们那里购买产品，同时设法先取得一部分订货，之后逐步争取更多的订货份额。

（二）修正重购

修正重购即企业的采购部门为了更好地完成采购工作任务，适当改变要采购的某些产品的规格、价格等条件或供应商。这种行为类型较复杂，因而参与购买决策过程的人数较多。这种情况给“门外供货企业”提供了市场机会，并给“已入门的供货企业”造成了威胁，前者要加大沟通和促销力度，开拓新顾客；后者则要设法巩固其现有顾客，保护其既得市场。

（三）新购

新购即企业第一次采购某种产品。新购的成本费用越高，风险越大，那么需要参与决策过程的人数和需要掌握的市场信息就越多。这种行为类型最复杂。因此，供货企业要派出精锐的推销人员小组，向顾客提供市场信息，帮助顾客解决疑难问题。

在直接重购情况下，生产者市场要做出的购买决策最少；在新购情况下，购买者要做出的购买决策最多，通常要做出具体决策，即决定产品规格、价格幅度、交货条件和时间、服务条件、支付条件、订购数量、可接受的供应商和选定的供应商等。

四、影响生产者市场决策的主要因素

（一）环境因素

环境因素即一个企业的外部环境，诸如一个国家的经济前景、市场需求、技术发展变化、市场竞争、政治法律等情况。如果经济前景不佳，市场需求不振，生产者市场就不会增加投资，甚至会减少投资，降低原材料采购量和库存量。

（二）组织因素

每个企业的采购部门都会有自己的目标、政策、工作程序和组织结构，面向生产者市场的营销者应了解并掌握购买者企业内部的采购部门在它的企业里处于什么地位——是一般的参谋部门，还是专业职能部门；他们的购买决策权是集中决定还是分散决定；在决定购买的过程中，哪些人参与最后的决策等。只有对这些问题做到心中有数，才能使自己的营销有的放矢。

（三）人际因素

人际因素是企业内部的人事关系的因素。产品购买的决定，是由公司各个部门和各个不同层次的人员组成的采购中心做出的。企业的采购中心通常包括使用者、影响者、采购者、决定者和信息控制者，这五种成员都参与购买决策过程。这些参与者在企业中的地位、职权、说服力以及他们之间的相互关系有所不同，因而也会影响生产者市场的购买决策和购买行为。

（四）个人因素

个人因素即各个参与者的年龄、受教育程度、个性等。这些个人的因素会影响各个参与者对要采购的产品和供应商的感觉、看法，从而影响购买决策和购买行动。

五、生产者市场的决策过程

供货企业的最高管理层和营销人员还要了解其顾客购买过程各个阶段的情况，并采取适当措施，满足顾客在各个阶段的需要，才能成为现实的卖主。生产者市场购买过程阶段的多少，也取决于生产者市场行为类型的复杂程度。

在直接重购这种最简单的行为类型下，生产者市场购买过程的阶段最少；在修正重购情况下，购买过程的阶段多一些；在新购这种最复杂的情况下，购买过程的阶段最多，要经过八个阶段，依次是认识需要、确定需要、说明需要、物色供应商、征求建议、选择供应商、选择订货程序、检查合同履行情况。

(一)认识需要

在全新购买和修正重购的情况下,购买过程是从企业的某些人员认识到要购买某种产品以满足企业的某种需要开始的。认识需要是由内部和外部刺激引起的,内部刺激如企业最高管理层决定推出某种新产品,因而需要采购生产这种新产品的新设备和原料;外部刺激如采购人员接触广告或参加展销会等,发现更物美价廉的产品。

(二)确定需要

所谓确定需要,也就是确定所需品种的特征和数量。标准品数量最易确定。至于复杂品种,采购人员要和使用者、工程师等共同研究,确定所需品种的特征和数量。供货企业的营销人员在此阶段要帮助采购单位的采购人员确定所需品种的特征和数量。

(三)说明需要

企业的采购组织确定需要以后,要指定专家小组,对所需品种进行价值分析,做出详细的技术说明,作为采购人员取舍的标准。价值分析是美国通用电气公司采购经理迈尔斯 1947 年发明的。1954 年,美国国防部开始采用价值分析技术,并改成价值工程。价值分析中所说的价值,是指某种产品的功能与这种产品所耗费的资源(即成本和费用)之间的比例关系,也就是经营效益。其公式为:

$$V(\text{价值})=\frac{F}{C}$$

公式中,F(功能)为产品的用途、效用、作用,也就是产品的使用价值;C 为成本或费用。

迈尔斯看到,人们购买某种产品,实际上要购买的是这种产品的功能。价值分析的目的是投入最少的资源,产出或取得最大的功能,以提高经济效益。生产者市场在采购工作中要进行价值分析,调查研究本企业要采购的产品是否具备必要的功能。采购单位的专家小组要对所需品种进行价值分析,并写出精练的技术说明,作为采购人员评判及取舍的标准。供货企业的市场营销人员也要运用价值分析技术,向顾客说明其产品有良好的功能。

(四)物色供应商

在全新购买情况下,采购复杂的、价值高的品种,需要花费较多时间物色供应商。供货企业最高管理层要采取措施,千方百计提高本公司的知名度和美誉度。

(五)征求建议

征求建议即企业的采购经理要邀请合格的供应商提出建议。如果采购复杂的、价值高的品种,采购经理应要求每个潜在的供应商都提交详细的书面建议。采购经理还要从合格的供应商中挑选最合适的,要求他们提出正式的建议书。因此,供货企业营销人员必须善于提出与众不同的建议书,以获得顾客的信任,争取成交。

(六)选择供应商

采购中心根据供应商产品质量、产品价格、信誉、及时交货能力、技术服务等来评价和选择最有吸引力的供应商。采购中心在做最后决定之前,往往还要和那些较中意的供应商谈判,争取较低的价格和更好的条件。最后,采购中心选定一个或几个供应商。许多精明的采购经理一般都倾向于有多个供应来源,以免受制于人,而且这样能够对各个供应商进行比较。这样就可以促使这几位供应商展开竞争,从而迫使他们利用价格折扣、提高服务水平等手段尽量提高自己的供货份额。

(七)选择订货程序

选择订货程序即采购经理开订货单给选定的供货商,在订货单上列举技术说明、需要数量、期望交货期等。越来越多的企业倾向于采取一揽子合同,而不采取定期采购交货。这是因为,如果采购次数较少,每次采购批量较大,库存就会增加;反之,如果采购次数较多,库存就会减少,采购经理通过和某一供应商签订一揽子合同,与这个供应商建立长期供货关系,这个供应商承诺当采购经理需要时即可按照原来约定的价格和条件随时供货。这样,库存的主要功能就转移到了供货企业那里,采购单位如果需要进货,采购经理的电脑联网程序就会自动打出订货单,或者用传真发送订货单给供应商。因此一揽子合同又叫作无库存采购计划。

(八)检查合同履行情况

采购经理最后还要向使用者征求意见,了解他们对购进产品是否满意,检查和评价各个供应商履行合同情况。这种检查和评价,成为决定是否继续向某个供应商采购产品的主要依据。

第三节　中间商市场及其购买行为

中间商市场也叫转卖者市场,是指为了转卖或租赁给他人从中赢利而购买产品的个人或组织构成的市场。它们处于商品的流通环节,是制造商和消费者之间的桥梁。中间商市场主要包括商人中间商和代理中间商,其中商人中间商主要指批发商和零售商。中间商购买行为是指中间商在寻找、购买、转卖或租赁商品过程中所表现的行为。

中间商用户的需求,主要也是消费者市场引申或派生的需求,且多带有组织购买的性质,与生产者市场有较多的相似特征。中间商在地理分布上比生产者市场分散,但比消费者集中。生产者市场的大部分特征中间商也具备。中间商的购买行为与购买决策,同样受到环境因素、组织因素、人际因素和个人因素的影响。然而,相比之下中间商购买行为与决策仍有一些独特之处。

一、中间商购买行为的主要类型

(一)购买全新品种

购买全新品种即中间商第一次购买某种从未采购过的新品种。在这种购买行为情况下,可根据欲购产品市场前景的好坏、买主需求强度、产品获利的可能性等多方面因素决定是否购买。购买决策过程的主要步骤与生产者市场大致相同,即也由认识需要、确定需要、说明需要、物色供应商、征求建议、选择供应商、选择订货程序和检查合同履行情况等八个阶段构成。

(二)选择最佳卖主

选择最佳卖主即中间商对将要购买的品种已经确定,但需考虑选择最佳的供应商,确定从哪家卖主进货。当中间商拟用自己的品牌销售产品时,或由于自身条件限制不能经营所有供应商(而只能是其中一部分供应商)的产品时,就需要从众多的供应商中选择最优者。

(三)寻求更佳条件

寻求更佳条件即中间商并不想更换供应商,但试图从原有供应商那里获得更为有利的供货条件,如更及时供货、更合适的价格、更积极的广告支持与促销合作等。

二、中间商的购买决策

中间商的主要购买决策包括配货决策、供应商组合决策和供货条件决策。配货决策是指决定拟经营的品种结构,即中间商的产品组合。供应商组合决策是指决定拟与之从事交换活动的各有关供应商。供货条件决策是指决定具体采购时所要求的价格、交货期、相关服务及其他交易条件。

在以上所有决策中,最基本、最重要的购买决策是配货决策。因为中间商经营的产品组合会影响到从哪家供应商进货,即中间商的供应商组合影响到中间商的市场营销组合和顾客组合。中间商的配货战略主要有四种:

1.独家配货

独家配货即中间商决定只经营某一家制造商的产品。

2.专深配货

专深配货即中间商决定经营许多家制造商生产的同类各种型号、规格的产品。

3.广泛配货

广泛配货即中间商决定经营种类繁多、范围广泛但尚未超出行业界限的产品。

4.杂乱配货

杂乱配货即中间商决定经营范围广泛且没有关联的多种产品。

第四节 非营利组织市场及其购买行为

非营利组织市场泛指一切不从事营利性活动,即不以创造利润为根本目的的机构团体。非营利组织存在的价值,或是推动某种社会事业的发展,或是普及宣传某种知识、观念,或是唤起公众对各种社会现象的普遍关心,或是共同商讨解决某个共同的社会问题。不同的非营利组织,有其不同的工作目标和任务。在我国,习惯以"机关团体事业单位"称谓各种非营利组织。

一、非营利组织市场的类型

1.公益性组织

公益性组织通常以国家或社会整体利益为目标,服务于全社会。这类组织有各级政府和有关部门,还有军队、警察等。

2.互益性组织

互益性组织如职业团体、业余团体、宗教组织、学会和协会、同业公会。这类组织较重视内部成员利益和共同目的,看重对成员的吸引力。

3.服务性组织

服务性组织以满足某些公众的特定需要为目标或使命。常见的有学校、医院、新闻机构、图书馆、博物馆及文艺团体、红十字会、福利和慈善机构。

二、非营利组织采购的基本原则

1.公开、公平、公正和效益

非营利组织采购应遵循公开、公平、公正和效益的原则,维护社会公共利益,促进和保障国家有关法律、法规和社会经济政策的贯彻执行。

2.勤俭节约

非营利组织采购应遵循勤俭节约的原则,制定采购物资和服务的标准,并严格执行标准,不得超标准采购。

3.计划

非营利组织采购应遵循计划原则,按计划进行。采购主管部门应当根据经批准的预算和其他财政性资金的使用计划编制并公布采购计划。

三、非营利组织的采购方式

非营利组织采购可以采用公开招标、邀请招标、竞争性谈判、单一来源采购、询价和国务院政府采购监督管理部门认定的其他采购方式,其中公开招标应作为非营利组织采购的主要采购方式。

(一)公开招标

公开招标应当按照采购主管部门规定的方式向社会发布招标公告,并有至少三家符合投标资格的供应商参加投标。采购主管部门应当就集中采购的项目编制采购目录,并根据实际需要逐步扩大集中采购的范围。采购人不得将应当以公开招标方式采购的货物或者服务化整为零或者以其他任何方式规避公开招标采购。

(二)邀请招标

采购项目具有特殊性,只能从有限范围的供应商处采购的,或者采用公开招标方式的费用占非营利组织采购项目总价值的比例过大的，可采取邀请招标的方式。邀请招标应当从符合相应资格条件的供应商中，通过随机方式选择三家以上的供应商，并向其发出投标邀请书。

（三）竞争性谈判

出现以下情况之一的货物或服务，可以采用竞争性谈判方式采购：招标后没有供应商投标，没有合格标的或者重新招标没有成立的；技术复杂或者性质特殊，不能确定详细规格或者具体要求的；采用招标所需时间不能满足用户紧急需要的；不能事先计算出价格总额的。竞争性谈判方式采购的程序为成立谈判小组、制定谈判文件、确定邀请参加谈判的供应商名单、谈判，确定成交供应商。

（四）单一来源采购

出现以下情况之一的货物或服务，可以采用单一来源采购方式：只能从唯一供应商处采购的；发生了不可预见的紧急情况，不能从其他供应商处采购的；必须保证原有采购项目一致性或者服务配套的要求，需要继续从原供应商处添购，且添购资金总额不超过原合同采购金额10%的。采取单一来源采购方式的，采购人与供应商应当遵循法律规定的原则，在保证采购项目质量和双方商定合理价格的基础上进行采购。

（五）询价

采购的货物规格、标准统一，现货货源充足且价格变化幅度小的非营利组织采购项目，可以采用询价方式采购。采用询价方式采购的程序是成立询价小组、确定被询价的供应商名单、询价、确定成交供应商。

››› 本章小结 ‹‹‹

生产者市场的行为类型大体有三种：直接重购、修正重购和新购。生产者市场的购买决策受环境因素、组织因素、人际因素和个人因素的影响。

中间商的主要购买决策包括配货决策、供应商组合决策和供货条件决策。

非营利组织采购应遵循如下基本原则：公开、公平、公正和效益；勤俭节约；计划。非营利组织采购可以采用公开招标、邀请招标、竞争性谈判、单一来源采购、询价等方式。

实践与练习

一、单项选择题

1.派生需求又叫（　　）。

A.负需求　　B.无谓需求

C.客观需求　　D.引申需求或衍生需求

2.组织市场需求的波动幅度(　　)消费者市场需求的波动幅度。

A.小于　　B.大于　　C.等于　　D.都不是

3.有权决定买与不买、产品规格、购买数量和供应商的人员称为(　　)。

A.影响者　　B.批准者　　C.决策者　　D.采购者

4.生产者用户初次购买某种产品或服务称为(　　)。

A.直接重购　　B.修正重购　　C.重购　　D.新购

5.生产者用户自身的有关因素称为(　　)。

A.人际关系因素　　B.个人因素　　C.组织因素　　D.环境因素

6.非营利组织的日常性采购的采购金额相对(　　)。

A.较多　　B.较少　　C.一般　　D.量大

7.政府采购的目的是(　　)。

A.营利　　B.满足生活需要

C.维护国家安全和公众的利益　　D.以上都是

8.非营利组织的采购部门通过传播媒体发布广告或发出信函,说明有关要求,邀请供应商在规定期限内投标的购买方式叫(　　)。

A.公开招标选购　　B.议价合约选购　　C.日常选购　　D.正常购买

二、判断题

1.组织市场的需求是派生需求。(　　)

2.组织市场的需求弹性较大。(　　)

3.中间商倾向于跟供应商签订短期合同。(　　)

4.组织市场需求的波动幅度大。(　　)

5.连锁超级市场的分店经理掌握分店一级的采购权。(　　)

6.组织市场也被称为最终产品市场。(　　)

7.组织也常常通过租赁方式取得所需的产品。(　　)

8.就卖主而言,消费者市场是法人市场,组织市场是公家市场。(　　)

9.配货决策是中间商最基本、最主要的购买决策。(　　)

10.组织市场的购买者需要有源源不断的货源。(　　)

三、案例分析题

印度的机床行业

印度的机床行业是由国营和私营企业组成的,生产诸如磨砂机、钻床、冲床、车床等金属加工和切削设备。过去它的产品质量虽好,出口量却很小,主要销往发展中国家。在国际市场上,由于一些发达国家对印度的偏见,它的产品不怎么受欢迎。现在印度已成为世界上最大的机床生产国之一。

在外国人的印象中，印度是一发展中国家，人们曾很难相信印度能够制造复杂的重型机床。这些持怀疑态度的人主要集中在汽车、装卸设备（叉车和挖掘机等）和机械设备三个主要行业。他们对机床有三个基本要求：1.维修要少。他们负担不起过多的停工时间。2.多用途。他们希望机床能干多种工作。3.价格便宜。他们需要减少固定资产投资。

尽管价格是重要的因素，但它只被排在第三位。而价格恰恰是印度机床的竞争优势所在。制造非数字化的简单机床只需要普通技术和并不复杂的技能。在印度，制造这种机床所需要的半熟练工人的工资是很低的，而机床制造又正好是劳动密集型行业。因此印度机床的价格比其他国家的产品要便宜30%—40%。同时，它们能满足国际上的技术标准。然而这种机床还是卖不出去，一些发达国家的潜在买主认为价格低意味着产品质量不高。

看来，刺激最终用户直接购买是不可能的了。在这种情况下，印度的机床生产厂商不得不采取其他战略。他们决定借经销商的信誉来使产品得到人们的认可。在每个国家里，都有一些信誉良好的机床经销商，他们拥有完善的销售机构、良好的维修信誉以及有力的融资办法。于是销售工作就变成了向经销商推销机床。

如前所述，印度机床的优势在于其低廉的价格。而经销商的买卖是左手买进、右手卖出。他们具有商人的眼光，因此，最感兴趣的是利润率和销售额；当然质量也很重要，因为他们要维护自己的声誉。为了使经销商相信产品能够满足必要的标准，可以做一次产品质量检验，实际上，产品也确实能满足标准。此外，由于经销商对印度机床本身还存在某种怀疑态度，至少是不肯马上做出决定。因此向他们宣传印度这个国家（而不仅是印度的机床）的实际情况是很有必要的。为此，一个由15—20位经销商组成的代表团应邀访问了印度。他们看到了现代化的、高效率的工厂，高水平的管理以及灿烂的印度文化。从此，他们改变了自己的看法。

与经销商合作是一个综合性计划的第一步，与此有关的第二步是邀请正式的贸易代表团。这一次邀请了一些来自工业发达国家的潜在买主同一些经销商一起访问印度，以使他们也能了解印度的实际情况。邀请的目的是使经销商和潜在的买主产生经销和购买印度机床的欲望，使顾客确信机床的高质量，从而进一步促进销售。

印度的机床生产厂商又在美国和欧洲的一些主要城市投资建立产品展览厅，还积极参加了一些工业贸易博览会，以进一步宣传其产品，并获得信誉。

由于亲眼看到了实际情况，最终用户容易接受他们所信任的经销商的建议，而经销商能够也确实把产品“推”向了用户。由于经销商有信誉，机床也因而有了信誉。现在，印度的机床工业正在世界市场上健康地成长着，特别是它正在向发达的欧洲国家销售大量的机床。

思考：

1.印度的机床行业如何改变了世人对其的传统印象？

2.中间商在其中发挥了什么作用？

四、思考题

1.生产者市场与消费者市场的主要区别何在？

2.为什么说生产者购买决策过程所经阶段的多少要取决于购买的复杂程度？

3.试述影响生产者购买行为的因素，如何运用这些因素开展有效的营销活动。

4.分析中间商采购者的购买风格对供应商的营销人员有何启发。

第六章

市场营销调研

教学目标

市场营销信息是营销决策的重要依据，掌握市场营销信息就需要开展市场营销调研。本章首先分析了市场营销信息系统的构成，其次分析了市场营销调研的含义和作用，市场营销调研的程序和方法。通过本章学习，要求学生能够独立地开展市场营销调研工作，熟练掌握市场营销调研的方法。

导入案例

吉列公司把“刮胡刀”推销给女人

男人长胡子，因而要刮胡子；女人不长胡子，自然也就不必刮胡子。然而，美国的吉列公司却把“刮胡刀”推销给女人，居然大获成功。

吉列公司创建于1901年，其产品因使男人刮胡子变得方便、舒适、安全而大受欢迎。进入20世纪70年代，吉列公司的销售额已达20亿美元，成为世界著名的跨国公司。然而吉列公司的领导者并不以此满足，而是想方设法继续拓展市场，争取更多用户。就在1974年，公司提出了面向妇女的专用“刮毛刀”。

这一决策看似荒谬，却是建立在坚实可靠的市场调查的基础之上。

吉列公司先用一年的时间进行了周密的市场调查，发现在美国30岁以上的妇女中，有65%的人为保持美好形象，要定期刮除腿毛和腋毛。这些妇女之中，除使用电动刮胡刀和脱毛剂之外，主要靠购买各种男用刮胡刀来满足此项需求，一年在这方面的花费高达7500万美元。相比之下，美国妇女一年在眉笔和眼影上的花费仅有6300万美元，染发剂5500万美元。毫无疑问,这是一个极有潜力的市场。

根据市场调查结果,吉列公司精心设计了新产品,它的刀头部分和男用刮胡刀并无两样,都是采用一次性使用的双层刀片,但是刀架则选用了色彩鲜艳的塑料,并将握柄改为弧形以利于妇女使用,握柄上还印压了一朵雏菊图案。这样一来,新产品立即显示了女性的特点。

为了使“雏菊”刮毛刀迅速占领市场,吉列公司还拟定几种不同的“定位观念”到消费者之中征求意见。这些定位观念包括:突出刮毛刀的“双刀刮毛”,突出其创造性的“完全适合女性需求”,强调价格的“不到50美分”,以及表明产品使用安全的“不伤玉腿”,等等。

最后,公司根据多数妇女的意见,选择了“不伤玉腿”作为推销时突出的重点,刊登广告进行重点宣传。结果,“雏菊”刮毛刀一炮打响,迅速畅销全球。

简要评析

毛主席曾教导我们:“没有调查就没有发言权。”决策的正确性是建立在科学调查基础上的。市场调查研究是经营决策的前提,只有充分认识市场,了解市场需求,对市场做出科学的分析判断,决策才具有针对性,从而拓展市场,使企业兴旺发达。

第一节 市场营销信息系统的概述

市场营销信息系统(Marketing Information System,MIS),是指一个由人员、机器和程序所构成的相互作用的复合体。企业借助市场营销信息系统收集、挑选、分析、评估和分配适当的、及时的和准确的信息,为市场营销管理人员改进市场营销计划、执行和控制工作提供依据。市场营销信息系统由企业内部报告系统、营销情报系统、营销调研系统和营销分析系统构成。

一、市场营销信息系统的构成

不同企业其信息系统的具体构成会有所不同,但基本框架大体相同,一般由内部报告系统、营销情报系统、营销调研系统、营销分析系统这四个子系统构成。

下面我们分别阐述市场营销信息系统的四个子系统。

(一)内部报告系统

内部报告系统是决策者们使用的最基本的系统。它的最大特点是:

第一,信息来自企业内部的财务、生产、销售等部门;

第二,通常是定期提供信息,用于日常营销活动的计划、管理和控制。内部报告系统提供的数据包括订单、销量、存货水平、费用、应收应付款、生产进度、现金流量等。

其中的核心是“订单—发货—账单”的循环，即销售人员将顾客的订单送至企业；负责管理订单的机构将有关订单的信息送至企业内的有关部门；有存货的立即备货，无存货的则要立即组织生产；最后，企业将货物及账单送至顾客手中。

企业应设计一个面向用户的内部报告系统，它提供给营销人员的应是他们想要的、实际需要的和可以经济获得的信息三者的统一。在设计内部报告系统时，企业还应避免发生下述错误：一是每日发送的信息太多，以致决策者疲于应付；二是过于着重眼前，使决策者对每一微小的变动都急于做出反应。

（二）营销情报系统

营销情报系统的主要功能是向营销部门及时提供有关外部环境发展变化的情报。有的著作认为营销情报系统乃是营销人员日常搜集有关企业外部的市场营销资料的一些来源或程序。

营销情报人员通常用以下四种方式对环境进行观察：

第一种，无目的的观察。观察者心中无特定的目的，但希望通过广泛的观察来搜集自己感兴趣的信息；

第二种，条件性观察。观察者心中有特定的目的，但只在一些基本上已认定的范围内非主动地搜集信息；

第三种，非正式搜寻。营销情报人员为某个特定目的，在某一指定的范围内，做有限度而非系统性的信息搜集；

第四种，正式搜寻。营销人员依据事前拟定好的计划、程序和方法，以确保获取特定的信息，或与解决某一特定问题有关的信息。

营销决策者可以从各种途径获得情报，如阅读书籍、报刊，上网查询，与顾客、供应商、经销商等交谈，但这些做法往往不太正规并带有一定的偶然性。

（三）营销调研系统

营销调研系统的任务是：针对企业面临的具体问题，对有关信息进行系统的收集、分析和评价，并对研究结果提出正式报告，供决策部门用于解决这一特定问题。

营销调研系统与内部报告系统和营销情报系统最本质的区别在于：它的针对性很强，是为解决特定的具体问题而从事信息的收集、整理、分析。企业在营销决策过程中，经常需要对某个特定问题或机会进行重点研究，如开发某种新产品之前，或遇到了强有力的竞争对手，或要对广告效果进行研究等。显然，对这些市场问题的研究，无论是内部报告系统还是情报系统都难以胜任，而需要专门的组织来承担。

大公司一般会设立专门的营销调研部门，也可以临时组成一个精干的调研小组来完成这种调研任务。但有时企业自身缺乏获取信息以及进行这类研究的人力、技巧和时间，所以可以委托外部的专业调研公司来完成这种任务，以保证研究结果的客观性。

(四)营销分析系统

营销分析系统是指用来分析市场资料和解决复杂的市场问题的技术和技巧。这个系统由统计分析模型和市场营销模型两个部分组成。统计分析模型是借助各种统计方法对所输入的市场信息进行分析的统计库;市场营销模型是专门用于协助企业决策者选择最佳的市场营销策略的模型库。

通过以上市场营销信息系统的四个子系统所研究的内容及这些子系统之间的关系的分析,可以看出企业的市场营销信息系统具有以下重要职能:

集中——搜寻与汇集各种市场信息资料;处理——对所汇集的资料进行整理、分类、编辑与总结;分析——进行各种指标的计算、比较、综合;储存与检索——编制资料索引并加以储存,以便需要时查找;评价——鉴明输入的各种信息的准确性;传递——将各种经过处理的信息迅速准确地传递给有关人员,以便及时调整企业的经营决策。

一个有效的市场营销信息系统一般应具备如下素质:

一是它能向各级管理人员提供从事工作所必需的一切信息。

二是它能够对信息进行选择,以便使各级管理人员获得与他能够且必须采取的行为有关的信息。

三是它提供信息的时间限于管理人员能够且应当采取行动的时间。

四是它提供所要求的任何形式的分析、数据与信息。

五是它所提供的信息一定是最新的,并且所提供的信息形式都是有关管理人员最容易了解和消化的。

案例衔接 6-1

伊利集团早在 1996 年就已经打破传统管理模式,迈出了信息化建设的步伐,引进国际领先的 MRPⅡ(生产资源计划)系统,极大地提高了生产计划的准确性。随后,在集团发展壮大的过程中,伊利不断跟随时代创新,逐渐完善信息化管理系统、人力资源管理系统、商业智能(BI)系统、原奶管理系统等四大系统项目,成为乳品行业中具备成熟、完善信息化管理体系的现代乳企标杆。

伊利设有专门的营销调研部门。伊利的管理者依靠内部系统提供订单、销售额、价格、成本、存货水平、应收账款、应付账款等数据,同时还需要对当前的销售做准确、及时的报告。伊利的营销信息系统建立了数据库,对生产与销售数据进行存储和大规模的数据处理。伊利的营销调研部门经常要在顾客数据库、产品数据库与其他数据里采集不同数据或组织各种信息,以供决策层做出决策。伊利集团还通过营销情报系统来获得需要的数据与信息。比如,通过阅读不同的图书、报刊和行业协会的出版物，与顾客、供应商、分销商、代理商及其他合作伙伴沟通收集的信息情报，还有通过电视、互联网、政府数据资源等获得信息情报。伊利的营销信息系统，就像军队的雷达一样，能扫描内部企业环境与外部宏观环境，为伊利的生存与发展创造了“发现机会，抓住机会”的能力。

二、营销信息系统的处理需求

营销信息系统具有自身特点，其建设必须满足下列需求：

（一）协作处理

营销活动的实现和营销方案的获得是通过一系列相关功能单元而实现的，处理过程本质上是多个功能单元和操作人员的协作求解过程，例如对顾客订单的响应，需要销售人员、合同管理人员、生产与运输计划生成系统等共同完成。而且，决策任务常常由多项子任务组成，而每项子任务需要不同的领域知识和经验，由不同的专家或决策者承担。

在营销过程中发挥作用的有数据库系统、专家系统、决策支持系统和人类专家等，它们在营销活动中发挥不同作用，如何将这些异构的功能单元集成起来，很大程度上影响着营销信息系统的功能和效率，也是营销信息系统建设中的一个首要问题。

（二）分布式系统

系统是由地域或逻辑分散的不同机构、设备、人员组成，因而造成信息、数据与知识的分布，以及处理功能的分布。营销信息来源于不同的部门、用户，分布于系统中的不同节点，通过计算机网络进行数据、信息的交换。

一个企业的营销系统是由地域分散的销售部门、市场研究部门和决策机构组成的，并且由于竞争的加剧，企业必须能够及时地分辨市场环境和机遇，对客户的产品和服务需求能够及时予以满足，因而企业的营销信息系统是一个分布式的实时系统。

（三）智能化

由于营销信息系统所处理的数据量大量增加，其在存储的信息种类、查询方式和信息处理手段等方面均面临着新的发展。从存储的信息种类来看，除了要存储结构化的事实性数据，还要存储非结构化的启发性知识。从信息的查询方式来看，需要扩展严格条件匹配的单一查询方式，提供不确定性的和自然语言形式的查询方式。从信息的处理手段来看，不仅要对信息进行常规处理，而且有时需要对信息进行智能处理，如利用知识提供智能决策支持和咨询服务。

对这些问题的解决，需要通过在营销信息系统中集成知识处理技术，为系统提供知识定义和操作功能，以及基于知识的推理能力。智能化是信息系统面向更广泛的实际应用领域和满足更深层次需求的必然趋势，为了满足不同的处理需要，系统必须具备多种知识管理和处理技术，进一步增加了系统的复杂性，有效解决相互间协作与集成的问题变得更加突出。因此，需要研究采用新技术开发营销信息系统，大力提升其功能。

第二节　市场营销调研的概述

现代市场营销观念强调顾客导向，要求市场营销者重视顾客的需求。要做到这一点，市场营销者必须通过市场营销调研，了解市场需求及竞争者的最新动态，广泛收集市场营销信息，准确掌握有关顾客需要的实际资料，从而保障营销决策的顾客导向。

一、市场营销调研的含义和作用

市场营销调研(Marketing Research)，就是运用科学的方法，有目的、有计划、系统地收集、整理和分析研究有关市场营销方面的信息，提出解决问题的建议，供营销管理人员了解营销环境，发现机会与问题，作为市场预测和营销决策的依据。市场调研与狭义的市场调查不同，它是对市场营销全过程的分析和研究。

市场营销调研是企业营销活动的出发点，其作用十分重要：

(一)有利于制定科学的营销规划

只有通过营销调研，分析市场、了解市场，才能根据市场需求及其变化、市场规模和竞争格局、消费者意见与购买行为以及营销环境的基本特征，科学地制定和调整企业的营销规划。

(二)有利于优化营销组合

企业根据营销调研的结果，分析研究产品的生命周期，开发新产品，制定产品生命周期各阶段的营销策略组合。如根据消费者对现有产品的接受程度及对产品和包装的偏好，改进现有产品，开发其新用途，研究新产品的创意、开发和设计；测试消费者对产品价格变动的反应，分析竞争者的价格策略，确定合适的定价；综合运用各种营销手段，加强促销活动、广告宣传和售后服务，增强产品知名度和顾客满意度；尽量减少不必要的中间环节，节约储运费用，降低销售成本，提高竞争力。

(三)有利于开拓新市场

通过市场调研，企业可发现消费者尚未满足的需求，测量市场上现有产品及营销策略满足消费需求的程度，从而不断开拓新的市场。营销环境的变化，往往会影响和改变消费者的购买动机和购买行为，给企业带来新的机会和挑战，企业可以此确定和调整发展方向。

二、市场营销调研的类型和内容

(一)市场营销调研的类型

根据研究的问题、目的、性质和形式的不同，市场营销调研一般分为四种类型。

1.探测性调研

探测性调研是指在企业对市场状况不甚明了或对问题不知从何处寻求突破时所采用的一

种方式,其目的是要发现问题所在,并明确地提示出来,以便确定调查的重点。探测性调研的结果一般只是试验性的、暂时性的,或作为对问题进一步研究的开始。

2.描述性调研

描述性调研是一种常见的项目调研,是指对所面临的不同因素、不同方面现状的调查研究,其资料数据的采集和记录,着重于客观事实的静态描述。大多数的市场营销调研都属于描述性调研。例如,市场潜力和市场占有率,产品的消费群结构,竞争企业的状况的描述。在描述性调研中,可以发现其中的关联因素,但是,此时我们并不能说明两个变量哪个是因、哪个是果。与探测性调研相比,描述性调研的目的更加明确,研究的问题更加具体。

在描述性调研中,一般要回答以下几个方面的问题,也称为"6W"或"5W1H"。

(1)谁(Who):访问的对象是谁。

(2)什么(What):想从他们那里得到什么信息。

(3)为什么(Why):为什么需要得到这些信息。

(4)何时(When):什么时候去收集这些信息。

(5)何地(Where):到什么地点去收集这些信息。

(6)如何(How):以什么方式或手段来收集信息。

案例衔接 6-2

百货商店顾客光顾情况的描述性调研

在百货商店顾客光顾情况调研中,"5W1H"分别如下。

(1)谁(Who)。应将什么人看成是某特定百货商店的主顾?提供选择的可能是进入商店的任何人,不管其是否买了商品;在商店买了商品的任何人;至少每月在商店买一次商品的任何人;家庭中负责在商店购买商品的人。

(2)什么(What)。应从被调查者中获取什么信息?许多方面都可能得到,包括对于具体的各种商品种类,到不同商店去购物的频度;按照主要的选择准则来评价各个商店;对于要尽心检验的假设的有关信息;心理和生活方式、媒介接触行为及人口状况。

(3)何时(When)。应在什么时间从被调查者中获取信息?可能选择的范围是:购物之前调查;购物之中调查;购物之后立刻调查;购物之后留些时间让被调查者评价自己的购物体验,然后调查。

(4)何地(Where)。应在什么地方与被调查者接触以获取所需的信息?供选择的可能是:在商店内;不在商店内但仍在商业街(城)中;在停车场或汽车站。

(5)为什么(Why)。为什么要从被调查者中获取信息?为什么要搞这项市场调查?一些可能的理由:改进商店的形象;提高顾客惠顾率和市场占有率;改变商品的组合结构;研究搞一个适当的促销活动;确定新商店的地点。

(6)什么方式(How)。以什么方式从被调查者中获取信息?可能的方式有:观察被调查者的行为;当面访问调查;电话访问调查;邮寄问卷调查。

3.因果关系调研

因果关系调研是指为了查明项目不同要素之间的关系,以及查明导致一定现象产生的原因所进行的调研。通过这种形式的调研,可以清楚外界因素的变化对项目进展的影响程度,以及项目决策变动与反应的灵敏性,具有一定程度的动态性。因果关系调研的目的是找出关联现象或变量之间的因果关系。

4.预测性调研

预测性调研是指专门为了预测未来一定时期内某一环节因素的变动趋势及其对企业市场营销活动的影响而进行的市场调研。如市场上消费者对某种产品的需求量变化趋势调研,某产品供给量的变化趋势调研等,这类调研的结果就是对事物未来发展变化的一个预测。

(二)市场营销调研的内容

市场营销调研的内容是十分广泛的,但归纳起来,主要是以下三个方面。

1.市场需求容量(The Market Needs)调研

市场需求容量调研主要包括:市场最大和最小需求容量;现有和潜在的需求容量;不同商品的需求特点和需求规模;不同市场空间的营销机会以及企业的和竞争对手的现有市场占有率等情况的调查分析。

2.可控因素(The Controllable Factor)调研

可控因素调研主要包括对产品、价格、销售渠道和促销方式等因素的调研。

(1)产品调研:包括有关产品性能、特征和用户对产品的意见和要求的调研;产品寿命周期调研,以了解产品所处的寿命周期的阶段;产品的包装、品牌、外观等给用户的印象的调研,以了解这些形式是否与用户的习俗相适应。

(2)价格调研:它包括产品价格的需求弹性调研;新产品价格制定或老产品价格调整所产生的效果调研;竞争对手价格变化情况调研;选样实施价格优惠策略的时机和实施这一策略的效果调研。

(3)销售渠道调研:它包括企业现有产品分销渠道状况,中间商在分销渠道中的作用及各自的实力,用户对中间商尤其是代理商、零售商的印象等内容的调研。

(4)促销方式调研:主要是对人员推销、广告宣传、公共关系等促销方式的实施效果进行分析、对比。

3.不可控制因素(The Uncontrollable Factor)调研

(1)政治环境调研:它包括对企业产品的主要用户所在国家或地区的政府现行政策、法令及政治形势的稳定程度等方面的调研。

(2)经济发展状况调研：它主要是调查企业所面对的市场在宏观经济发展中将产生何种变化。调研的内容有各种综合经济指标所达到的水平和变动程度。

(3)社会文化因素调研：调查一些对市场需求变动产生影响的社会文化因素，诸如文化程度、职业、民族构成、宗教信仰及民风、社会道德与审美意识等方面的调研。

(4)技术发展状况与趋势调研：主要是为了了解与本企业生产有关的技术水平状况及趋势，同时还应把握社会相同产品生产企业的技术水平的提高情况。

(5)竞争对手调研：在竞争中要保持企业的优势，就必须随时掌握竞争对手的各种动向，在这方面主要是关于竞争对手数量、竞争对手的市场占有率及变动趋势、竞争对手已经并将要采用的营销策略、潜在竞争对手情况等方面的调研。

案例衔接 6-3

营销的成功不是偶然的，成功来源于缜密的计划和有效的调研。宝洁公司一直是纸尿裤市场的主要供应商，但随着金伯利公司的加入，致使宝洁公司的市场份额在两年内降低了 20%，销售额减少了 30 亿美元。

宝洁公司于是积极着手进行产品改进和营销调研。纸尿裤的两个基本效用是舒适程度和吸湿能力。调研表明，家长通常认为较薄的纸尿裤较合适，但吸湿能力往往较差。金伯利公司认为家长们相信只有纸尿裤足够厚，才有足够的吸湿能力。宝洁公司则一直相信顾客比较易于接受又薄又有较强吸湿能力的纸尿裤。1985 年年初，宝洁公司开始试验新的、改进型的“帮宝适”。

宝洁公司的新产品比竞争者的薄，却有更强的吸湿能力，能够吸收其自重 700—800 倍的水分。虽然销售试验很成功，产品吸湿能力增加 25%—35% 的结果也向公众公布，但家长们还是不相信新产品和原来的产品具有同样的吸湿能力。为此，研究者编制了一个有针对性的广告节目，向用户传授产品改进因素的知识，以促进销售。

三、市场营销调研的程序

市场营销调研程序是指在具有一定规模的调查中，从调研准备到调研结束整个活动过程的具体步骤。在市场调研中，按照正确的程序进行，有助于提高调研工作的效率和质量。由于市场调研的目的、范围和内容不同，市场调研的程序也不完全相同。在这里，我们仅就一般情况，把市场调研分为三个阶段。

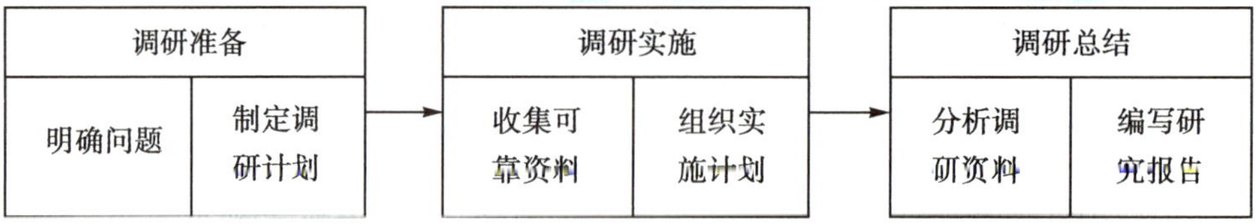

图 6.1 市场营销调研程序

(一) 调研准备阶段

调研准备是整个过程的开端。在这个阶段，主要是确定需要调研的具体问题。问题确定的准确与否，决定着调研能否取得成效。如果问题确定的不准确，整个调研将是无效劳动。所以在正式调研之前，必须做好调研准备工作，确定市场调研的主要问题，即制定调研课题。具体可以分为以下步骤：

1.发现问题

发现问题是解决问题的前提。所谓的问题就是主观与客观的不适应，企业营销存在的问题就是企业营销与市场环境的不适应，例如产品质量问题、价格问题、促销方面的问题等。营销问题一般会在市场销售中表现出来。

发现问题有多种渠道，可以来自经营者的观测，可以来自信息资料的分析，也可以来自业务部门或用户的反应。应注意的是确定的问题范围不能太宽，但也不能太窄。

2.问题分析

发现经营中存在的问题以后，接着要对问题进行分析，判断问题的症结所在，弄清应该调查什么。

3.确定调研课题

对所要调查的问题比较明确了，就可以有针对性地把确定的问题转化为调研课题。调研课题要注意以下几点：(1) 调查的课题必须是企业营销中的关键问题或主要问题；(2) 必须是企业的可控因素；(3) 应该是企业力所能及的。随后企业应根据调研课题确定具体的调研提纲。

案例衔接 6-4

摩托车厂应该建在哪里

韩国一家知名汽车制造商要在中国投资建设一个摩托车生产厂，他们决定进行一项市场调研。最初确定的决策问题是“哪里的投资环境好”，并且把浙江萧山列为实地考察对象。但很快他们就发现，首先要决策的问题应为“是否要进入中国市场进行投资”，然后才是“工厂应该建在哪里”。这样，原来的实地考察问题就转变为二手资料的调研问题，由此他们必须先弄清“中国中央政府和地方政府有关摩托车的政策是什么”。

4.制定调研计划

详尽的调研计划是搞好营销调研的保证。调研计划中应确定以下问题：

(1)资料来源。根据调研内容来确定具体资料的来源。营销调研所收集的资料分为第一手资料和第二手资料两种。第一手资料是为特定的调研目标而专门收集的信息。第二手资料是指企业在以往营销过程中收集、整理和可以运用、保存起来的信息，以及存在于企业外部有关市场营销信息的政府资料、商业资料、行业资料。

(2)调研方法。当企业决定需要收集第一手资料时，可以采用的方法主要有询问法、观察法和实验法。可根据调研内容来确定具体的方法

(3)调研工具和方式。在收集第一手资料时，可以使用的调研工具主要有调查问卷，问卷就是根据调查目的和对象而设计的调查表。一般的营销调研都是采用抽样调查的方式，这就需要决定样本大小即向多少人进行调查的问题。

(4)调研日程安排。调研日程的安排涉及三个要素：人员、时间和活动。调研日程一般是以流程图为基础安排的。根据调研任务，可以利用流程图把从事某项调研的有关活动、所需时间和人员分工有机结合起来进行具体安排。

(5)调研费用预算。在编制调研预算时，通常先把某项调研的所有活动或事件都一一列明，然后估算每项活动的费用，最后再汇总；或者先估计完成每项活动所需的时间，再乘以标准小时工资或日工资，最后再汇总。预算仅仅是一种估计，所以应有一定的灵活性，即预算金额要有一个上下差异幅度。如某调研项目的预算为 58000 元，其上下浮动范围为 10%左右。

（二）调研实施阶段

这一阶段的主要任务是组织有关人员深入实际，按照调研计划要求，系统地收集各种可靠的资料。这一阶段可按下列内容进行：

1.明确调查任务、要求

市场调查是一项繁杂而细致的工作，因此要进行合理的分工协作，更重要的是让调查人员明确每一阶段自己的调查任务，了解每项调查内容的要求，掌握应用的调查技术。

2.收集现成资料

第二手资料是他人调查和整理的现成资料，取得这部分资料比较容易，付出的精力也比较少。在市场调查中，应该根据调查要求，组织调查人员收集第二手资料，即现成资料，尽量减少不必要的劳动。只有在第二手资料难以提供决策所需信息的情况下才有必要去收集原始资料。第二手资料的收集应该按照“先里后外，由近及远”的原则行事。即先从企业内部收集，后从企业外部收集；先收集时间相隔较近的，后收集时间相隔较远的。具体资料来源有：

(1)内部来源。一是企业档案，包括会计记录、推销员报告和其他各种报告。以发票为例，销售发票是企业有关销售的会计记录的基础；从销售发票里我们可以找出诸如客户名称、客户地址、货物名称、成交数量、金额、折扣、装运日期、运输方式、销售地区等信息。二是企业内部知情人，包括企业内部的推销员、技术员、调研人员、产品经理、公关经理和企业的代理商、

经销商和广告代理商等，都可以提供有关信息资料。

(2) 外部来源。可以分成组织机构、文献资料、网络信息、企业外部知情人和专业营销调研公司。在企业外部有许多能向企业提供营销资料的机构，如图书馆、各级商会、贸易促进机构、同业公司、研究所、银行、消费者协会和其他企业等，上述各类组织机构提供的资料大多来自他们的各种出版物和网站。

3.收集原始资料

第一手资料是通过自己进行调查取得的原始资料，取得这部分资料投入大，时间也长。但第一手资料的优点在于资料的及时性、准确性和可靠性。在收集第一手资料时，应该根据调查方案确定的调查方式，选择好被调查对象，运用适当的调查方法，准确收集有关资料。收集第一手资料，是调查人员运用具体的调查方法取得资料的活动。由于选择的调研方法不同，资料收集技术的要求、难易度也是不同的。在实训中，我们用得较多的调查方法是拦截问卷调查。

（三）调研总结阶段

营销调研的作用能否充分发挥，与做好调研总结的两项具体工作密切相关。

1.资料的整理和分析

通过营销调查取得的资料往往相当零乱，有些只是反映问题的某个侧面，带有很大的片面性或虚假性，所以对这些资料必须进行审核、分类和制表。审核即去伪存真，不仅要审核资料的正确与否，还要审核资料的全面性和可比性。分类是为了便于资料的进一步利用。制表的目的是使各种具有相关关系或因果关系的经济因素更为清晰地显示出来，便于做深入的分析研究。

2.编写调研报告

调研报告是调研活动的结论性意见的书面报告。编写原则应该是客观、公正、全面地反映事实，以求最大限度地减少营销活动管理者在决策前的不确定性。调研报告包括的内容有调研对象的基本情况、对所调研问题的事实所做的分析和说明、调研者的结论和建议。

第三节　市场营销调研方法

市场营销调研方法是调查人员取得第一手资料的技术手段。在市场调查中，常用的调查方法有观察法、询问法、实验法和抽样法。

一、观察法

这是指调查人员对调查对象认真地察看和客观地记录的分析。它可分为三种具体形式：

（一）直接观察法

调查人员直接到调查现场进行观察。例如，在柜台前观察消费者的购买行为，记录他们对商品的挑选情况；在橱窗前观察过往顾客对橱窗的反应，分析橱窗设计的吸引力；在大街上观察人们的穿着和携带的商品，以分析市场动向，用以开发新产品。

（二）痕迹观察法

在调查现场观察和分析被调查者活动后留下的痕迹。这种方法在各种调查中广泛应用，也应用于市场调查。例如，从居民的垃圾中分析居民的消费水平；国外有的汽车商派人观察汽车上收音机的指针停留的位置，以便选择在司机所喜欢的电台节目中做广告。

（三）行为记录法

通过有关仪器，对调查对象的活动进行记录和分析。例如，美国尼尔逊广告公司，通过电子计算机系统在美国各地 12500 个家庭中的电视机上装上电子监听器，每 90 秒扫描一次。每一个家庭只要收看 3 秒钟电视节目就会被记录下来，据此选择广告的最佳时间。在我国，有的大专院校用影像资料来分析消费者的购买动机和购买意向。

观察法的优点是取得的资料客观，反映的问题接近实际，但是这种方法只能观察一些表面现象，不容易了解调查对象的内在因由，特别是难以了解消费者的心理动机。

二、询问法

这是调查人员通过口头或书面形式向被调查者提出问题，从而取得资料的调查方法。询问法是营销调研中用得最多的一种，它是从具有代表性的样本那里搜集信息的方法，询问法主要有访问调查法、电话调查法、邮寄问卷调查法。

（一）访问调查法

调查人员同被调查者直接接触，通过谈话取得所需情况。访问调查可采用个别访问和集体座谈两种形式。个别访问又可分为预约访问和街头拦截访问，常常用于探索性调查上。如企业遇有重要问题，可以走访有关专家，寻找一些解决问题的思路，也可以就市场有关需求向消费者了解其购买倾向、特点、要求等。集体座谈一般是三五个人在一起，可以相互启发、集思广益，但应注意不要让有影响的人物左右局势，形成一边倒的虚假意见。访问调查法的结果是否正确，与被调查人的认识水平和诚实程度有密切关系。

（二）电话调查法

电话调查法一般是根据抽样的要求，了解一些比较简单的问题。如企业一项措施的出台，用电话询问对方的反映。电话调查迅速及时，可在较短的时间内，调查较多的人，同时费用也低。但难以进行深入的调查。

（三）邮寄问卷调查法

将设计好的调查表或问卷邮寄给被调查者，让其在规定的时间内填好寄回。这种调查方法的优点是不受地理条件限制，被调查者有充分的考虑时间进行回答，费用也较低；同时比较客观，不受调查人员情绪和态度的影响。这种调查方法的缺点是回收率低，寄出的问卷往往不能如数收回；再者，产生了误解也无法说明。利用这种方法要注意问卷中的问题应简单明了，还可以利用有奖征答的形式，既起到广告宣传作用，又达到调查的目的。

三、实验法

这是指在给定的条件下，通过实验对比，进行观察分析的一种方法。具体方法有：

（一）实验室实验法

把被调查对象召集在实验场所进行心理和行为方面的实验。例如，在测定一个新的广告效果时，可在不受外界干扰的室内，发给被试者一本广告样本，让他们在规定的时间内从头到尾翻阅，然后再让他们回答哪一种形式的广告给他们留下的印象最深和能够引起购买欲望。这种方法常用于研究消费者的心理。

（二）市场实验法

把市场作为实验场所进行实验性调查。例如，在测定某种商品的具体形式时，可以把所设计的不同规格、款式、价格、颜色的商品，在选定的市场上进行试销，观察购买者的反应，然后根据消费者的意见，决定采用何种规格、何种款式、何种价格和何种颜色。这种方法获得的资料真实准确，但调查成本很高。

（三）模拟实验

利用电子计算机进行市场模拟实验。这种调查方法是把企业营销诸因素编制在一定的程序中，通过输入不同的环境变量，求得输出结果进行分析。目前，这种方法只在理论研究中使用，尚未用于市场调查的实践中。

四、抽样法

市场营销的调研人员，通过抽样得出对统计总体的估计。一个样本是从总体中选出并代表总体的，理想的样本能够代表并解释总体的情况，从而帮助调研人员对人们的想法或行为做出准确的估计。

设计样本一般需要确定以下三个问题。

第一，调查谁？这个问题的答案时常并不清楚。例如，对家庭购买汽车问题的调研，研究人员是应该访问丈夫、妻子、其他家庭成员、销售人员，还是他们全体？研究人员必须明确需要什么信息以及谁能提供这些信息。

第二，调查多少人？大样本的结果比小样本的结果更可靠，但并不意味着一定要对整个目标市场或大部分目标市场进行抽样。选得对的话，把总体的百分之一作为样本就已经很可靠了。

第三，怎样确定样本中的人选？使用随机样本，每个样本成员都有机会进入样本，研究人员可以确定样本误差的区间。

由于各种抽样方法所需成本不同，时间限制也不一样，因而准确性和统计性也有差别。究竟选用哪种抽样方法好，要根据具体的研究需要来确定。

常用的抽样方法包括以下几种：

(一)非概率抽样法

1.偶遇抽样

常见的街头随访或拦截式访问、邮寄式调查、杂志内问卷调查等都属于偶遇抽样的方式。它的优点是花费小(包括经费和时间)、抽样单元可以接近、容易测量。缺点是存在选择偏差,如被调查者的自我选择、抽样的主观性偏差等。

2.判断抽样

判断抽样是基于调研者对总体的了解和经验,从总体中抽选有代表性的单位作为样本,这种方法的优点是能发挥研究者的主观能动性,而其缺点是受主观因素影响较大。

3.配额抽样

配额抽样是根据总体的结构特征来给调查员分派定额,以取得一个与总体结构特征大体相似的样本。配额保证了在这些特征上样本的组成与总体的组成是一致的。

4.雪球抽样

雪球抽样是先随机选择一组调查对象,访问这些调查对象之后,再请他们提供另外一些属于所研究的目标总体的调查对象,根据所提供的线索,选择此后的调查对象。

(二)概率抽样法

1.分层抽样

分层抽样是将总体的 N 个单位分成互不交叉、互不重复的若干个部分,称之为层;然后在每个层内分别抽选若干个样本,构成一个容量为若干个样本的一种抽样方式。分层的作用主要有三种:一是为了工作的方便和研究目的的需要;二是为了提高抽样的精度;三是为了在一定精度的要求下,减少样本的单位数以节约调查费用。分层抽样是我们应用上最为普遍的抽样技术之一。

2.整群抽样

整群抽样是将总体中各单位归并成若干个互不交叉、互不重复的集合,称之为群;然后以群为抽样单位抽取样本的一种抽样方式。应用整群抽样时,要求各群有较好的代表性,即群内各单位的差异要大,群间差异要小。整群抽样的优点是实施方便、节省经费,特别适用于缺乏总体单位的抽样框。

3.等距抽样

等距抽样是将总体中各单位按一定顺序排列,根据样本容量要求确定抽选间隔,然后随机确定起点,每隔一定的间隔抽取一个单位的一种抽样方式。等距抽样的最主要优点是简便易行,且当对总体结构有一定了解时,充分利用已有信息对总体单位进行排队后再抽样,则可提高抽样效率。

4.多阶抽样

多阶抽样是指在抽取样本时,分为两个及两个以上的阶段从总体中抽取样本的一种抽样方式。其具体操作过程是:第一阶段,将总体分为若干个一级抽样单位,从中抽选若干个一级抽样单位入样;第二阶段,将入样的每个一级单位分成若干个二级抽样单位,从入样的每个一级单位中各抽选若干个二级抽样单位入样……依此类推,直到获得最终样本。其优点在于适用于抽样调查的面特别广,没有一个包括所有总体单位的抽样框,或总体范围太大,无法直接抽取样本等情况,可以相对节省调查费用。

››› 本章小结 ‹‹‹

市场营销信息系统是指一个由人员、机器和程序所构成的相互作用的复合体。企业借助市场营销信息系统收集、挑选、分析、评估和分配适当的、及时的和准确的信息,为市场营销管理人员改进市场营销计划、执行和控制工作提供依据。市场营销信息系统由四个子系统构成,分别为内部报告系统、营销情报系统、营销调研系统、营销分析系统。

市场营销调研类型分为探测性调研、描述性调研和因果关系调研。调研的内容主要有市场需求容量调研、可控因素调研、不可控因素调研这三个方面。

要做好营销调研,就要很好地掌握营销调研的一些重要概念、方法和技术。市场营销调研过程一般分为三个阶段:调研准备阶段、调研实施阶段和调研总结阶段。

市场调研方法是调查人员取得第一手资料的技术手段。在市场调研中,常用的调研方法是观察法、询问法、实验法和抽样法。

实践与练习

一、单项选择题

1.市场营销管理人员用以了解有关外部环境发展趋势的信息的各种来源与程序的是(　　)。

A.营销信息系统　　B.内部报告系统
C.营销情报系统　　D.营销分析系统

2.市场研究是以(　　)观念为基础的。

A.产品观念　　B.推销观念　　C.市场营销观念　　D.社会营销观念

3.最有效而且最经济、实用的调查方法是(　　)。

A.电话访问　　B.人员访问　　C.深层询问法　　D.实验法

4.(　　)最富有灵活性,但是花费成本较高。

A.电话访问　　B.人员访问　　C.邮寄问卷　　D.观察法

5.为了试验特定市场营销刺激对顾客行为的影响,可采用(　　)。

A.观察法　　B.实验法　　C.调查法　　D.专家估计

6.由人、设备和程序组成,它为营销决策者收集、挑选、分析、评估和分配所需要的、适时的信息,这被定义为(　　)。

A.营销信息系统　　B.营销分析系统　　C.内部报告系统　　D.营销调研系统

7."订单—发货—账单"的循环是(　　)的核心。

A.营销情报系统　　B.营销分析系统　　C.内部报告系统　　D.营销调研系统

8.在已明确所要研究问题的内容与重点后,拟定调研计划,进行实地调查,收集第一手资料,如实地反映情况和问题,这是属于(　　)。

A.探测性调研　　B.描述性调研　　C.因果关系调研　　D.定期性调研

二、判断题

1.市场营销研究与市场研究虽有区别,但其出发点相同。(　　)

2.市场营销信息系统是由一系列人员组成的复合体。(　　)

3.市场营销信息系统处于环境与市场营销管理人员之间。(　　)

4.市场营销信息系统是企业收集、处理并利用相关环境资料的工具。(　　)

5.内部报告系统的主要任务是收集、评估、传递管理人员制定决策所必需的各种信息。(　　)

6.观察法的不足之处是难以捕捉到被观察者的内在信息。(　　)

7.邮寄问卷的缺点在于成本高。(　　)

8.抽样调查是一种非全面调查。(　　)

9.非概率抽样又叫随机抽样。(　　)

10.市场营销人员在调查过程中,必须为满足可靠性和有效性两种要求而努力。可靠性与测定的随机误差有关,而有效性则与实际测定程度有关。(　　)

三、案例分析题

世界上第一条牛仔裤公司——美国李维斯

李维斯是美国西部最有名的名字之一,也是世界上第一条牛仔裤的发明人李维·施特劳斯的名字。1847年,年仅十七岁的李维·施特劳斯从德国移民至纽约,几乎完全不会讲英语的他在美国的起初几年是为他的两名兄长打工。他在纽约的偏僻市镇和乡村到处贩卖布料及家庭用品,有时甚至露宿街头或在空的车房里过夜。加州淘金热的消息使年轻的施特劳斯相当入迷,他于1853年搭船航行到三藩市,随身携带了数卷营帐及蓬车用的帆布准备卖给迅速增加的居民。但他发现帆布有更好的用途,因为有一名年长的淘金人告诉他应该卖能承受挖金等繁重劳动时穿的长裤,于是他把卖不完的帆布送到裁缝匠处定制了第一件李维斯牛仔裤。就在那一天,李维斯公司的传奇诞生了。

由于当时淘金工所穿的衣服皆为一般棉布衣,较易磨损。牛仔裤则以其坚固、耐久、穿着合适获得了当时西部牛仔和淘金者的喜爱，大量的订单纷至沓来。李维·施特劳斯于1853年成立了牛仔裤公司，以淘金者和牛仔为销售对象，大批量生产“淘金工装裤”。

刚开始，李维·施特劳斯用厚实的帆布裁出低腰、直裤腿、窄臀围的裤子；后来，他放弃帆布，改用斜纹粗棉布，那是一种在法国纺织拥有靛蓝颜色的强韧棉布，穿起来更舒服。由于此种裤子精悍利落，因此深得牛仔们的喜爱，渐渐便成为牛仔们的特色。

从1860年至1940年，李维斯公司对原创设计做了不少改良，包括铆钉、拱形的双马保证皮标以及后袋小旗标，如今这些都是世界著名的正宗李维斯牛仔裤的标志。目前，李维斯公司已成美国传统品牌，对全世界的人来说，它代表的是西部的拓荒力量和精神。

在李维斯公司的发展历程中，始终坚持搞好市场调查，树立牢固的市场观念，按用户需要组织生产的市场决策。根据市场调查和长期积累的经验，李维斯公司认为，应该把青年人作为目标市场。为满足青年人的需要，李维斯公司坚持把耐穿、时髦、合体作为开发新产品的主攻方向，力争使自己的产品长期占领青年人市场。在20世纪60年代，他们了解到许多美国女性喜欢穿男款牛仔裤。根据这种情况，李维斯公司经过深入调查，设计出适合女性穿着的牛仔裤、便装和裙子。1978年李维斯公司的女性服装销售情况良好，销售额增加了58%。

为了满足市场需要，李维斯公司十分重视对消费心理的分析。1974年，李维斯公司为了拓展欧洲市场、研究市场变化趋势和了解消费者爱好，向德国顾客提出了“你们穿李维斯的牛仔裤，是要价钱低、样式好，还是要合身”的问题。调查结果表明，多数人首选的是合身。于是，公司派专人在德国各大学和工厂进行实验，一种颜色的裤子，竟生产出了不同尺寸、不同规格的45种型号，大大拓展了销路。公司还根据市场调查获得的各种有关用户的信息资料，制订出第二年度计划和未来五年计划。虽然市场竞争相当激烈，但由于李维斯公司积累了相当丰富的市场调查经验，所制订的生产和销售计划同市场实际销售量只差1%—30%，基本做到了产销统一。李维斯公司的销售网覆盖了世界70多个国家，他们对所属的生产和销售部门实行统一领导。他们认为产销是一个共同体，二者必须由一个上级来决定，工厂和市场之间要建立经常性的情报联系，使工厂的生产和市场的需求保持统一。为此，公司设立了进行市场调查的专门机构，在国内、外进行市场调查，为公司的决策提供依据。

正确的市场决策，带来了李维斯公司的快速发展。公司在20世纪40年代末销售额只有800万美元，1979年增加到20亿美元，30年增加了250倍。近20年来，李维斯公司已发展成为活跃于世界舞台的跨国企业，公司按地区分为欧洲分部、拉美分部、加拿大分部和亚太分部。各分部分管生产、销售、市场预测等事宜。李维斯公司拥有120家大型工厂，设存货中心和办事处以及3个分公司（美国李维斯牛仔裤公司、李维斯国际公司和BSE公司）。分公司有规模庞大、设备先进的生产厂42家，最大的一家年生产能力达到

1600 万条。1979 年,李维公司在美国国内总销售额达 13.39 亿美元,国外销售盈利超过 20 亿美元,雄居世界十大企业之列。

思考:

1.本案例中,你认为李维斯公司成功的关键在于什么?

2.李维斯公司对消费者心理进行调查分析时,能否用观察法来调查?

3.营销调研是否为一门精确的科学?为什么李维斯公司所制订的生产和销售计划同市场实际销售量相差为 1%—30%,仍可以说基本做到了产销统一?

四、思考题

1.市场调研的基本程序包括哪些阶段?

2.你认为实验法可以用于调查研究什么样的问题?

3.比较描述性调研、解释性调研、预测性调研这三种市场调研类型有何差别?

4.顾客群体的构成因素如何影响高档耐用消费品的需求?

5.同一个汽车公司的两位销售经理,对下年度汽车的市场需求的估计各不相同,你认为这可能是由于哪些原因造成的?

第七章

市场竞争者分析

教学目标

本章介绍了市场竞争的分类及竞争者的识别与评估，在此基础上制定出三种不同的竞争战略，着重分析处于不同地位的市场领先者、市场挑战者、市场追随者及市场补缺者应该采取的竞争策略。通过本章学习，希望学生能够掌握相关的竞争理论，能够运用竞争理论分析不同的竞争对手，制定正确的竞争战略与策略，做到“知己知彼，百战不殆”。

导入案例

去屑战争进行时

1988年，宝洁来到中国，成立了第一家合资企业——广州宝洁，同时带来了其进入中国市场的第一个品牌海飞丝。从此，海飞丝独占中国去屑洗发水市场。尽管随后有多个去屑概念的洗发水品牌出现——从1997年采乐的“药物去屑”到2000年风影的“去屑不伤发”，从2003年雨洁的“去头屑，用雨洁”到2004年蒂花之秀的“去屑升级，无屑可击”，再到2005年100年润发推出的“健康去屑”。然而他们只是这个市场的边缘者，只能获取一点海飞丝留下的市场空隙。这样的市场状态直到清扬的出现而宣告结束。

海飞丝进入中国20年后，另一日化巨头联合利华推出了去屑洗发水清扬。同属世界级公司、同样的去屑概念、同样的中端定位，面对同样的人群——海飞丝与清扬之间一场关于去屑的战争由此开始。

一、性别细分VS档次上位

在诸多的洗发水概念中，去屑堪称最大的一块，在300亿元的洗发水市场中去屑概念高达

40%左右。而这正是联合利华的痛处,在这个巨大的细分市场内,并没有自己的舞台,看着海飞丝的独舞,联合利华心有不甘。

清扬虽然晚 20 年才进入中国,但也非等闲之辈。清扬仅仅有去屑是不够的,还要有自己独特撒手锏——上市伊始,清扬就提出"男女区分"概念,推出男性专用清扬。

人群细分是一个有效的市场手段,它能使产品的针对性更强,形象更具特色。但人群细分是把双刃剑,即细分必然导致目标消费者范围缩小,同时使终端铺货、广告等营销费用在产品成本中的比例增大。清扬以性别为条件的人群细分当然也不可避免地面临着这样的问题,男女区分意味着要请不同的代言人,做不同的广告,某种程度上更像两个品牌同时作战。

后来,海飞丝也推出了男士专用产品,这也从另外一个角度说明了"清扬男士"策略的成功。但在各个层面,海飞丝对男士产品显然没有清扬"用心"。在产品包装上,海飞丝男士只是简单地在局部做了色彩调整,稍不注意甚至不会发现;清扬男士使用纯蓝色包装瓶,与普通清扬的纯白色形成鲜明对比,更容易识别。在广告上,宝洁几乎没有专门针对海飞丝男士的独立广告,梁朝伟和甄子丹等男性代言人也是对整个海飞丝品牌的代言;清扬男士则有专用的代言人和专用广告,推广力度更大。

清扬与海飞丝在产品概念上的创新,本质上都是在做一件事情——细分。清扬的男士专用直击男性心灵,而海飞丝的男士专用则选择进入高端消费者的视野;清扬的男士专用受众范围更广,而海飞丝的男士专用利润率更高。

二、步步紧逼 VS 防守反击

对于洗发水这样的快速消费品,广告是品牌建设和产品推广中的基础手段。清扬、海飞丝两个品牌的广告传播之争主要围绕广告诉求、代言人等层面展开。

在广告诉求层面,以后来者和挑战者形象出现的清扬,一出场就咄咄逼人。在清扬的第一个广告中,有一股孤傲气势的广告代言人徐熙娣告诉消费者:"如果有人一次又一次对你撒谎,你绝对会甩了他……我需要真正持久去屑的洗发露。"言语间毫不含蓄,直接向海飞丝宣战。把一个有信心的挑战者形象表现得淋漓尽致。

面对清扬当头落下的倚天剑,海飞丝当然也有自己的屠龙刀:"为什么海飞丝值得信任,信任不是说出来的,是时间和事实的积累。信任海飞丝,从开始使用到现在,从没让人失望……"这样的文案从稳重的梁朝伟口中从容而出,颇有分量,也将自己的品牌历史化为优势。

清扬步步紧逼,海飞丝防守反击,多年来去屑洗发水市场的广告战以及由此引发的口水战可谓"刀光剑影,硝烟弥漫"。对于清扬和海飞丝来说,这仅仅是开始,它们在各个层面的激烈竞争仍在进行……

简要评析

人们常用“没有硝烟的战争”来比喻企业的市场营销活动。这是因为企业无论在哪里生存和发展，都必须面对越来越激烈的市场竞争。清扬作为海飞丝的挑战者，在整个市场竞争中表现出了卓越的市场感知力，在努力挑战市场领先者战略的同时，制定出极具挑战性的竞争战略和营销策略，提高了产品的市场占有率。从某种程度上来讲，正是二者的竞争，才强化了去屑洗发水的概念，做大了这一细分市场的蛋糕，并从中切走了最大的两块。

第一节　竞争与竞争者识别

一、竞争

（一）竞争的内涵

竞争（Competition）或称为市场竞争，在同一市场上如果存在两个以上的企业生产同一性的或可替代产品，就会存在竞争。在有多个厂家生产同一性产品的时候，购买者在市场上就可以有多种选择，这就迫使竞争者为了自己的生存和发展进行较量和争夺顾客，市场就进入不断“优化”的过程，这是市场经济活力的来源。

市场竞争的概念包含三层基本含义：

第一，市场竞争是指在同一目标市场范围内，能对其他企业的营销活动发生影响的一种市场行为。

第二，这些企业的产品相互具有替代性。所谓替代性，有两种情况：一是完全替代，即各竞争对手之间的产品基本没有差异，如钢材、煤炭、民用石化燃料等；二是不完全替代，即各竞争对手的产品之间具有差异，但在满足需要方面，具有一定的相似性，因此可以替代。不完全替代的结果是，市场对一个企业所在行业产品的需求，被另一行业提供的另一种类的产品满足，因而一个企业所在行业产品的市场总需求被抵消。

第三，市场竞争指所有参与方都在争取市场需求的变化，是朝有利于本企业的交换目标实现转化，即市场竞争指的是在同一个目标市场中，参与竞争的每一方都希望目标市场能为自己所有或所用，使本企业的产品能顺利交换出去。

（二）市场竞争的分类

对市场竞争，可用两种分类标准进行分类：

1.按参与竞争的企业数量分类

按参与竞争的企业数量可分为完全竞争、垄断竞争、寡头垄断和完全垄断四种类型。该分类方法主要是理论经济学采用的，用以建立相应的经济分析模型。在市场营销管理的研究范围内，可用来把握一个行业竞争所具有的一般特性。

（1）完全竞争。完全竞争是指在某一个行业里，存在许多独立决策经营企业，这些企业都没有或不可能进行任何“契约性结盟”。这些企业生产同一性的产品，各企业之间的产品具有很好的替代性甚至是完全替代性。

完全竞争是指企业的数量达到其中任何一个企业的行为都不会对市场主要经济变量产生影响，即当某个企业减少产出量时，不会使市场感到供应量减少因而使价格升高；或者任何一家企业提高其产品销售价格，都对顾客没有任何强制性约束力（即顾客不会不得已而接受之）。因为企业数量足够多时，顾客就可以自由转向别的企业购买其所需要的产品。所以，在充分竞争行业，任何一个企业只能是价格的接受者而不是价格的制定者。

（2）垄断竞争。垄断竞争是指在一个行业中有许多企业生产和销售有差别的产品，不同企业之间的产品可以相互替代又不能完全替代。

在垄断竞争中，企业既非完全的价格接受者，也非完全的价格制定者。任何一个企业的产品，在产品同质部分是价格接受者，在产品异质部分则是价格制定者。当产品具有的异质部分，竞争者不能模仿且受消费者喜爱，就可能获取成本溢价，直到顾客认为这个产品的差异部分支付价格过高为止。和完全竞争不同的是，垄断竞争的行业需求曲线和企业的需求曲线都是向右下方倾斜的，且在垄断竞争中，行业的需求曲线一定比完全竞争行业的需求曲线更富有弹性。因为产品之间很容易替代，而这种替代对购买者来说又是具有实质意义的。

（3）寡头垄断。如果在一个行业中，只有很少的企业供应产品，即为寡头垄断，主要是指在这样的行业中，任何一个企业的市场行为均会明显影响市场经济变量，使其发生变化。如其中任何一个企业减少产品供给量，就可能造成市场供给量短缺，从而导致价格上升。具有资源垄断性的行业，如石油行业与石油制品行业，企业如果提高产品价格，顾客就没有可能转向其他企业寻求供应，因为其他企业没有资源生产这种产品。不仅自然资源可以造成垄断，地理位置的限制、政府禁令、资金数量、技术独占等因素，也是在市场中形成寡头垄断的原因。在寡头垄断行业中，企业的产品可能具有完全替代性也可能只具有部分替代性。

（4）完全垄断。完全垄断市场，是一种与完全竞争市场相对立的极端形式的市场类型，是指只有唯一一个供给者的市场类型。完全垄断市场的假设条件有三个方面：第一，整个市场的物品、劳务或资源都由一个供给者提供，消费者众多；第二，没有任何接近的替代品，消费者不可能购买到性能等方面相近的替代品；第三，金融限制使新的企业无法进入市场，从而完全排除了竞争。

2.按竞争对顾客需要的影响分类

这是营销学中提出的对竞争的分类方法，即按在市场竞争中，各参与竞争的企业对顾客的需要会产生什么影响来对竞争进行分类。如图 7.1 所示。

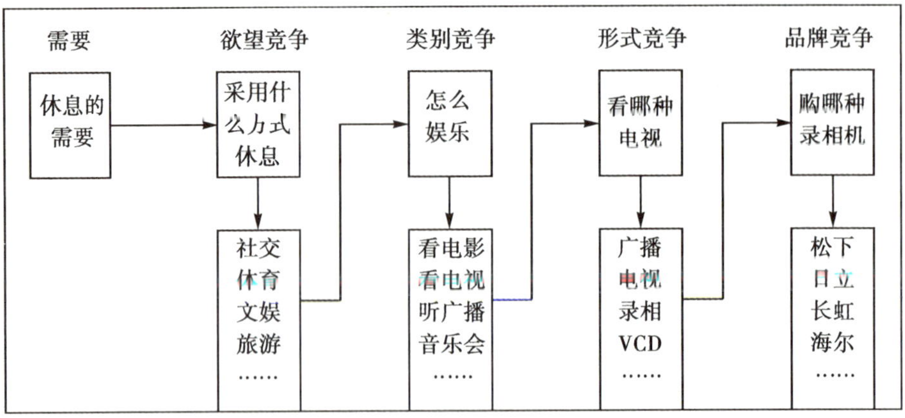

图 7.1 竞争的四种类型

欲望竞争是提供不同产品满足不同需求,争夺顾客的钱袋子。需要指向了具体能够满足物(方式)时,就是欲望。比如休息可用多种方式满足——可以和朋友相聚(社交活动),可以玩一场球(体育活动),可以出去远足(旅游)……就是说,在同样一种需要下,可以有多种欲望产生,但一经选定某种方式,就会放弃其他满足方式。

类别竞争是提供不同产品满足同一需求。比如消费者要考虑"我怎么娱乐"?这就是类别竞争,假定他选择了看电视,其他的娱乐形式就被放弃了;同样,企业的产品如果不属于该类别,也不会被此人购买。

形式竞争是提供同一产品不同规格。比如消费者要考虑"我看何种电视",这就是形式竞争,即以哪种产品形式来满足需要。

品牌竞争是提供同一产品同一规格的不同品牌。比如消费者想要购买录像机,他将面临选择哪个品牌的录像机的问题,这就进入了品牌竞争。

二、竞争者识别

公司的现实和潜在竞争者的范围是很广泛的,如果不能正确地识别竞争者,就会患上"竞争者近视症"。在动态的竞争环境中,目前不起眼的对手或者有进入本行业企图的大公司,说不定就是未来强劲的竞争者。所以,公司被潜在竞争者击败的可能性往往大于现实的竞争者。企业在确定扩大业务范围时都自觉或不自觉地受到导向性思路的支配,导向不同,竞争者识别和竞争战略就不同。

(一)按照产品导向识别竞争者

产品导向指企业业务范围限定为经营某种定型产品,在不进行或很少进行产品更新的前提下设法寻找和扩大该产品的市场。

企业的每项业务包括四个方面的内容:①要服务的顾客群;②要迎合的顾客需求;③满足这些需求的技术;④运用这些技术生产出的产品。根据这些内容可知,产品导向指企业的产品和技术都是既定的,而购买这种产品的顾客群体和所要迎合的顾客需求却是未定的,有待于寻找和发掘。在产品导向下，企业业务范围扩大指市场扩大，即顾客增多和所迎合的需求增多，而不是指产品种类或花色品种增多。例如，铅笔公司"产品导向"下的业务范围是我们生产学生铅笔；自行车公司"产品导向"下的业务范围定义为我们生产轻便自行车。

实行产品导向的企业仅仅把生产同一品种或规格产品的企业视为竞争对手。

(二)按照技术导向识别竞争者

技术导向指企业业务范围限定为经营用现有设备或技术生产出来的产品。业务范围扩大指运用现有设备和技术或对现有设备和技术加以改进而生产出新的花色品种。对照企业业务的四项内容看，技术导向指企业的生产技术类型是确定的，而用这种技术生产出何种产品、服务于哪些顾客群体、满足顾客的何种需求却是未定的，有待于根据市场变化去寻找和发掘。比如，铅笔公司"技术导向"的业务范围定义是我们生产铅笔。铅笔种类包括学生铅笔、绘画铅笔、绘图铅笔、办公铅笔等各式各样的铅笔。凡是铅笔都在生产经营之列，而不局限于学生铅笔或某种铅笔。自行车公司"技术导向"的业务范围定义为我们生产自行车。产品种类包括加重车、轻便车、山地车、赛车等，而不局限于某种类型的自行车。

技术导向把所有使用同一技术、生产同类产品的企业视为竞争对手。适用条件是某具体品种已供过于求，但不同花色品种的同类产品仍然有良好前景。与技术导向相适应的营销战略是产品改革和一体化发展，即对产品的质量、样式、功能和用途加以改革，并利用原有技术生产与原产品处于同一领域不同阶段的产品。

(三)按照需求导向识别竞争者

需求导向指企业业务范围确定为满足顾客的某一需求，并运用可能互不相关的多种技术生产出分属不同大类的产品去满足这一需求。

需求导向避免了技术导向可能产生的"竞争者近视症"。技术导向未把满足同一需要的其他大类产品的生产企业视为竞争对手。例如，铅笔的竞争者包括钢笔、圆珠笔、铅笔、墨水笔、毛笔和电脑等；激光照排的普及淘汰了铅字印刷业；高速公路的广泛铺设减少了铁路的乘客。当满足同一需要的其他行业迅猛发展时，本行业产品就会被淘汰或严重供过于求，继续实行技术导向就难以维持企业生存。

实行需求导向的企业把满足顾客同一需求的企业都视为竞争者，而不论他们采用何种技术、提供何种产品。需求导向的适用条件是市场商品供过于求，企业具有强大的投资能力、运用多种不同技术的能力和经营促销各类产品的能力。如果企业受到自身实力的限制而无法按照需求导向确定业务范围，也要在需求导向指导下密切注视需求变化和来自其他行业的可能竞争者，在更高的视野上发现机会和避免危险。

三、竞争者评估

（一）评估竞争者及步骤

1.竞争者类型

竞争者能否执行和实现战略目标，取决于其资源和能力。阿瑟·D.利特尔咨询公司把企业在目标市场的竞争地位分为以下六种：

一是主宰型，这类公司控制着其他竞争者的行为，有广泛的战略选择余地。

二是强壮型，这类公司可以采取不会危及其长期地位的独立行动，竞争者的行为难以撼动其长期地位。

三是优势型，这类公司在特定战略中有较多的力量可以利用，有较多机会改善其战略地位。

四是防守型，这类公司的经营状况令人满意，但它在主宰型企业的控制下生存，改善其地位的机会很少。

五是虚弱型，这类公司的经营状况不能令人满意，但仍然有改善的机会，不改变就会被迫退出市场。

六是难以生存型，这类公司经营状况很差且没有改善的机会。

2.评估竞争者的步骤

第一步，收集信息。收集竞争者业务上最新的关键数据，主要有销售量、市场份额、心理份额、顾客知晓度、情感份额、毛利、投资报酬率、现金流量、新投资、设备能力利用等。其中，"顾客知晓度"指回答"举出这个行业中你首先想到的一家公司"这个问题时提名竞争者的顾客在全部顾客中的比例。"情感份额"指回答"举出你最喜欢购买其产品的一家公司"这一问题时提名竞争者的顾客在全部顾客中的比例。收集信息的方法是查找第二手资料和向顾客、供应商及中间商调研得到第一手资料。

第二步，分析评价。根据所得资料综合分析竞争者的优势与劣势，如表 7.1 所示。表中的数字 5、4、3、2、1 分别表示优秀、良好、中等、较差和差。

表 7.1　竞争者优势与劣势分析

竞争者↓（品牌）	顾客对竞争者的评价				
	顾客知晓度	产品质量	情感份额	技术服务	企业形象
A	5	5	4	2	3
B	4	4	5	5	5
C	2	3	2	1	2

表 7.1 中，公司要求顾客在五个属性上对三家主要竞争者做出评价。评价结果是竞争者 A 品牌的产品知名度和质量都是最好的，但是在技术服务和企业形象方面逊色一些，导致情感份额下降。竞争者 B 品牌的产品知名度和质量都不及竞争者 A 品牌，但是在技术服务和企业

形象方面优于竞争者 A 品牌,使情感份额达到最大。公司在技术服务和企业形象方面可以攻击竞争者 A 品牌,在许多方面都可以进攻竞争者 C 品牌。

第三步,定点超越。找出竞争者在管理和营销方面的最好做法作为基准,然后加以模仿、组合和改进,力争超过竞争者。

定点超越的步骤:①确定定点超越项目;②确定衡量关键绩效的变量;③确定最佳级别的竞争者;④衡量最佳级别竞争者的绩效;⑤衡量公司绩效;⑥制订缩小差距的计划和行动;⑦执行和监测结果。

在定点超越中,公司必须确定定点超越的对象,即评价最好的公司。方法是调查客户、供应商和分销商,请他们对本行业主要的公司加以排序,也可询问咨询公司,他们可能有本行业主要公司各项业绩的档案。公司定点超越应当集中在影响顾客满意度和成本的关键项目上。

(二)评估竞争者的反应模式

了解竞争者的经营哲学、内在文化、主导信念和心理状态,可以预测它对各种竞争行为的反应。竞争中常见的反应类型有以下四种:

1.从容型竞争者

指对某些特定的攻击行为没有迅速反应或强烈反应。可能原因是:认为顾客忠诚度高,不会转移购买;认为该攻击行为不会产生大的效果;它们的业务需要收割榨取;反应迟钝;缺乏做出反应所必需的条件;等等。

2.选择型竞争者

指只对某些类型的攻击做出反应,而对其他类型的攻击无动于衷。比如,对降价行为做出针锋相对的回击,而对竞争者增加广告费用则不做反应。了解竞争者在哪些方面做出反应有利于企业选择最为可行的攻击类型。

3.凶狠型竞争者

指对所有的攻击行为都做出迅速而强烈的反应。这类竞争者意在警告其他企业最好停止任何攻击。

4.随机型竞争者

指对竞争攻击的反应具有随机性,有无反应和反应强弱无法根据其以往的情况加以预测。许多小公司属于此类竞争者。

(三)选择要攻击的竞争者

有了好的竞争情报,企业会发现制定竞争战略变得很容易。企业必须决定哪个竞争者最具有威胁性,通过运用顾客价值分析来揭示与各类竞争者有关的公司的优势和劣势,并做出选择。

公司可以集中进攻下述几类竞争者之一。

1.强对弱的竞争者

很多公司把进攻目标瞄准较弱的竞争者,这样可使它们获得每百分点的市场份额所付出的资源和时间较少。但在这个过程中,公司可能在提高能力方面进展很小。企业也应当同强有力的竞争者进行竞争,以赶超目前的工艺水平。再者,即使同强有力的竞争者进行竞争,也应知道它也有劣势,而企业也可证明自己是一个有价值的竞争者。

2.“好”对“坏”的竞争者

波特认为每个行业都有“好”的与“坏”的竞争者,一个公司应当明智地去支持“好”的竞争者并攻击“坏”的竞争者。“好”的竞争者有一系列特征:它们遵守行业规则;它们对行业的增长潜力所提出的设想切合实际;它们制定的价格与成本相符;它们喜欢一个健全的行业;它们将自己限定在行业的某一部分或细分市场中;它们推动其他企业降低成本或提高差异化;它们接受正常水平的市场份额和利润。“坏”的竞争者违反规则:它们企图花钱购买而不是赢得市场份额;它们冒着极大风险,在生产能力过剩时仍继续投资;它们通常打破了行业均衡。例如,IBM 公司发现克雷公司是一个“好”的竞争者,因为它遵守规则,经营范围严格限定在细分市场内,并且不侵犯 IBM 公司的核心市场。然而 IBM 公司发现富士通公司是一个“坏”的竞争者,因为该公司对价格实行补贴,产品差异性小,并攻击 IBM 公司的核心市场。这就说明“好”的竞争者应当努力形成一个只有“好”的竞争者组成的行业。通过谨慎的许可证贸易,有选择的报复行动和联合,它们能形成一个行业,因此竞争者并不谋求相互倾轧也不胡作非为。它们遵守规则并保持某种程度的差异,力争赢得而不是购得市场份额。

第二节　处于不同竞争地位的企业的竞争策略

企业的竞争策略作为实现市场竞争目标和战略的具体手段,不仅要考虑企业本身所采取的战略,还要考虑企业在市场竞争中所扮演的角色,即企业的市场竞争地位。市场竞争地位不同的企业,由于市场中的既有利益差别很大,用于维护其市场利益的手段也不尽相同。

在某一行业中,各个企业的市场地位从长期看是动态变化的,而在一定时期内,每一个企业的市场竞争地位又是相对稳定的。通常情况下,一个企业的市场份额是最综合反映企业竞争成果和实力的指标,所以最常用的划分企业市场竞争地位的方法就是按照市场占有率的高低将企业分为四种类型:市场领先者、市场挑战者、市场追随者和市场补缺者。

一、市场领先者的竞争策略

市场领先者是在行业中处于领先地位的营销者,占有最大的市场份额,一般是该行业的领导者。这类企业最关心的是自己市场地位的稳固性和能否有效保持已有的市场份额。作为市场领先者,需要经常对自身的弱点进行检讨,并正确选择竞争策略。

市场领先者要保持自己的市场占有额和在行业中的经营优势，有三种主要的策略可供选择：

（一）扩大市场总规模

一般地，在同行业产品结构基本不变时，当市场总规模扩大，市场领先者得到的好处会大于同行业中的其他企业。因此，市场领先者总是首先考虑扩大现有市场规模。市场领先者可以通过以下途径扩大市场的总规模：

1.寻找新用户

当产品具有吸引新购买者的潜力时，寻找新用户是扩大市场总规模最简便的途径。主要策略有：

（1）新市场战略，针对未用产品的群体用户（一个新的细分市场），说服他们采用产品。比如，说服男性使用化妆品。

（2）市场渗透战略，针对现有细分市场中还未用产品的顾客，或只偶尔使用的顾客，说服他们采用产品或是增加使用量。

（3）地理扩展战略，即将产品销售到国外或是其他地区市场。

2.发现产品的新用途

现有产品的市场可以通过发现产品新用途并推广这些新用途来扩大市场对产品的需求。比如，为小型普通录音机增添自动录音功能并能连接到电话线路上使用，使之成为电话录音器，就可在音响产品替代小型录音机产品后，使顾客再次购买小型录音机。

（二）保持现有市场份额

保持现有市场份额的战略是市场领先者经常要实行的策略。市场领先企业应采取较好的防御措施和有针对性的进攻，来保持自己的市场地位。尤其需要强调的是，市场领先者绝不能一味地采取“防御”，或者说是单纯消极的防御。如同军事上所奉行的“最好的防御是进攻”的原则一样，市场领先者也应该使自己具有竞争的主动性和应变能力。一般有如下几种：

1.阵地防御

采取阵地防御，是在现有市场四周构筑起相应的“防御工事”。典型的做法是企业向市场提供较多的产品品种和采用较大分销覆盖面，并尽可能地在同行业中采用低定价策略。这是一种最为保守的竞争做法，但是此做法缺少主动进攻，若长期实行，会使企业滋生不思进取的思想和习惯。美国的福特汽车公司和克莱斯勒汽车公司都曾由于采取过这种做法而先后从顶峰上跌落下来。然而美国可口可乐公司在发展的不同时期都积极地向市场提供消费者喜欢的产品，而不是据守于单品种的可乐饮料市场，公司不仅开发了各种非可乐饮料，而且在软饮料市场上不断进取，在酒精饮料市场上也大展拳脚，没有给竞争对手更多的可乘之机。正因为如此，作为世界饮料业的巨子，可口可乐公司的市场领先地位才得以长期稳固。

2.侧翼防御

侧翼防御是指市场领先者对在市场上最易受攻击处，设法建立较大的业务经营实力或是显示出更大的进取意向，借以向竞争对手表明：在这一方面或领域内，本企业是有所防备的。比如，20 世纪 80 年代中期，当 IBM 公司在美国连续丢失个人计算机市场和计算机软件市场份额后，对行业或是组织市场的用户所使用的小型计算机加强了营销力度，率先采用改良机型、降低产品销售价格的办法来抵挡日本和原西德几家计算机公司在这一细分市场上的进攻。

3.先发制人的防御

这是一个以进攻的姿态进行积极防御的做法，即在竞争对手欲发动进攻的领域内，或是在其可能的进攻方向上，首先挫伤它，使其无法进攻或不敢再轻举妄动。例如日本精工公司在世界各地市场分销达 2300 种钟表产品，使竞争对手很难找到其没有涉足的领域。日本本田公司素以生产摩托车闻名，该公司从 20 世纪 80 年代中期开始进入轿车生产领域，但仍然保持每年推出几款新型摩托车产品的频率，每当有竞争对手生产同样摩托车产品时，本田公司就采取首先降价的防御措施，因此该公司在摩托车市场的领先地位得以长久保持。

4.反击式防御

当市场领先者已经受到竞争对手攻击时，采取主动的甚至是大规模的进攻，而不是仅仅采取单纯防御做法，这就是反击式防御。如日本的松下公司，每当发现竞争对手意欲采取新促销措施或是降价销售时，就随即采取增强广告力度或是加大降价幅度的做法，以此保持该公司在电视机、录像机、洗衣机等主要家电产品的市场领先地位。

5.运动防御

运动防御指市场领先者将其业务活动范围扩大到其他领域中，一般是扩大到和现有业务相关的领域中。如美国施乐公司为保持其在复印机产品市场的领先地位，从 1994 年开始，积极开发电脑复印技术和相应软件，并重新定义本公司是“文件处理公司”而不再是“文件复制公司”，以防止随着计算机技术对办公商业文件处理领域的渗入而使公司市场地位被削弱。

6.收缩防御

当市场领先者的市场地位已经受到来自多个方面的竞争对手的攻击时，企业自己可能受到短期资源不足与竞争能力限制，只好采取放弃较弱业务领域或业务范围，收缩到企业应该主要保持的市场范围或业务领域内，就是收缩防御。收缩防御并不放弃企业现有细分市场，只是在特定时期，集中企业优势，应付来自各方面竞争的威胁和压力。可口可乐公司在 20 世纪 80 年代放弃了公司曾经进入的房地产业和电影娱乐业，以集中公司力量对付 20 世纪 80 年代中期饮料业越来越激烈的竞争。

（三）扩大市场份额

在市场需求总规模还能有效扩大的情况下，市场领先者也应随市场情况变化调整自己的营销组合，努力在现有市场规模下扩大自己的市场份额。市场领先者可以在有需求增长潜力的市场中，通过进一步扩大市场占有额来寻求发展。

对于市场领先者来说，实行扩大市场份额的战略能取得有效结果的条件：一是尚未达到规模经济点，这样通过扩大市场占有额可以取得成本经济性。二是顾客对产品具有“质量响应”

特点。所谓“质量响应”是指随产品质量提高，顾客愿意为之支付更高的产品售价。这样企业就可能为质量的提高而获取质量溢价。

扩大市场份额策略的主要做法有：

1.产品创新

产品创新是市场领先者主要应该采取的能有效保持现有市场地位的竞争策略。20 世纪 80 年代中期，日本松下公司平均每 6 个月对其录像机产品进行更新，英特尔公司每 6 个月会更新其 CPU 产品。

2.质量策略

质量策略也是市场领先企业采用较多的市场竞争策略，即不断向市场提供超出平均质量水平的产品。这种竞争做法，或者是为了直接从高质量产品中得到超过平均投资报酬率的收入，或者是在高质量产品的市场容量过小时，不依靠其获得主要营销收入，而仅仅是为了维持品牌声誉或保持企业产品的市场号召力，从而能为企业的一般产品保持较大市场销售量。

3.多品牌策略

此策略为美国的宝洁公司首创，即在企业销路较大的产品项目中，采用多品牌营销，使品牌转换者在转换品牌时，都是在购买本企业的产品。

4.增加广告策略

市场领先企业，往往可以在一定的时期，采用高强度、多频度的广告来促使消费者经常保持对自己的品牌印象，增加其对品牌熟悉的程度或产生较强的品牌偏好。

5.有效或较强力度销售促进

通过更多销售改进工作来维持市场份额。如不断加强售后服务、提供更多质量保证，建立更多的销售和顾客服务网点。

二、市场挑战者的竞争策略

市场挑战者是市场占有率位居市场领先者之后而在其他的竞争对手之上的企业。但并不能完全把它们看成是竞争实力一定次于市场领先者，因为它们有可能是一些很有实力的企业，但是暂时对某项业务还没有投入更多精力或还没有将其作为主要业务来发展。市场挑战者往往可以采取两种竞争战略：一是向市场领先者发起进攻，夺取更多的市场份额；二是固守已有的市场地位，使自己成为不容易受到其他竞争者攻击的对象。

（一）市场挑战者的策略目标

市场挑战者有两类策略目标，分别是进攻目标和固守目标。

1.进攻目标

市场挑战者在市场上发起进攻，或是攻击市场领先者较弱的细分市场，或是攻击比自己更小的企业。当市场挑战者具有如下的条件时，就可以考虑选取进攻目标：

一是当企业在行业中具有一定的市场声望，并且可以利用已有声望来扩大现有的市场份

额,而又难以寻找到新的市场时;

二是当企业财力较强,有充足的资金积累,却还没有更为适宜的新投资领域时;

三是当主要的竞争者无论它们是一个市场领先者,还是一个和自己的地位相差不多的挑战者,因其转换了战略目标,而所实行的新的营销战略和本企业已经实行的营销战略很类似时;

四是主要的竞争者正在犯某种营销错误,留下可乘之机时。

2.固守目标

市场挑战者在下列情况或有下列条件时,采取固守战略:

一是当所在行业市场需求处于总体性缩小或衰退时;

二是估计竞争对手会对所遭受的进攻做出激烈反应,而本企业缺乏后继财力予以支撑可能出现的长期竞争消耗战时;

三是企业虽找到了更好的新的投资发展领域,但对新领域的发展风险不能准确估计,因而需要在现有的市场中维持一段时间时;

四是主要的竞争对手调整了竞争战略或采用了新的营销战略目标,本企业一时还无法了解对手意图时。

(二)市场挑战者的进攻策略

1.正面进攻

挑战者集中全部优势力量攻击竞争对手的主要市场领域,即直接向竞争对手的优势项目发起进攻。挑战者要想以正面攻击取得成功,则通常从产品、广告、价格上进行进攻。正面进攻的胜负取决于攻击点上双方优势及实力的对比。即使是规模大、实力强的挑战者,也未必一定能取胜。

2.侧翼进攻

侧翼进攻是指挑战者集中力量攻击竞争对手的弱点。通常,企业都会在其主要市场建立牢固的防线,而其他次要市场的方位一般较为薄弱。挑战者往往在正面攻击力量不足的情况下,选择竞争对手防御较为薄弱的侧翼发起攻击。这种攻击风险小,比较容易取得成功,并且不易引起被攻击者的强烈反应。

通常有两种侧翼攻击是比较有效的。一是发掘并进入领先者和其他竞争对手尚未占领的细分市场,使之发展成为强大的细分市场。二是向市场提供更好的差异化产品,以夺取更多的市场份额。

案例衔接 7-1

思念的新产品魔方

在速冻食品行业,速冻饺子、汤圆等产品同质化严重,思念食品却将小小的汤圆做到了极致，从行业追随者成为行业领先者。思念正是采用了“侧翼进攻战”的策略才奠定了今天的根基。思念开始进入汤圆这个速冻食品行业时，当时同处郑州的三全汤圆早已畅销全国。作为后来者，思念成功地避开主战场，开发了小汤圆系列，打破了多年来30克大汤圆一统天下的局面。可以看出，创新是侧翼进攻的一个有力武器，当然创新永远比不上被模仿的速度，这就要求企业必须具有持续创新的能力。

3.围堵进攻

围堵进攻是指挑战者从各个方向对竞争对手发起全面攻击，即对竞争对手的强项和弱项都加以攻击。实施这种进攻策略要求挑战者在各个方面拥有大大超过竞争对手的优势，并确信能够迅速、全面地突破竞争对手的防御。

4.迂回进攻

迂回进攻是指挑战者避开竞争对手的现有市场领域，打入竞争激烈程度较低的市场，对竞争对手发起间接的进攻。通常挑战者可以采取以下三种方式实施迂回进攻：一是发展各种与竞争对手无关的新产品；二是以现有产品开拓竞争对手尚未进入的细分市场；三是加强新技术、新产品的研究和开发利用，以更好的产品取代竞争对手的现有产品。

5.游击进攻

游击进攻是指规模较小、力量较弱的挑战者对其竞争对手发起的小型的、间歇式的攻击。游击进攻是小企业用来对抗大企业的一种策略。挑战者通过游击进攻骚扰竞争对手，逐步削弱竞争对手的实力，以便寻找机会建立永久性的立足点。

案例衔接 7-2

佳能何以将施乐“挑落马下”

2002年，日本佳能公司有关复印机和激光打印机等数码打印技术的营业额达到了16500亿日元(约合人民币1100亿元)，成为持续以5%的年增长率发展的招牌业务，保持着这个行业的霸主地位。与之形成鲜明对比的是，曾称雄复印机行业的美国施乐公司在2000年净亏损2.73亿美元，直到2002年才扭亏为盈。

佳能是在1967年打算将产品线从照相机延伸到办公设备领域的。然而，当时美国施乐公司的“静电复印专利技术”是阻碍佳能进军办公设备领域的“大山”，但是施乐已经明显感觉到了来自潜在竞争者的压力，其中最大的挑战就来自佳能公司。为此，施乐开展了竞争情报研究，但研究的结果让他们颇感宽慰，因为通过调查发现，有一项制造复印机的关键技术佳能并不能够掌握，并且在全日本也只有一家小型公司才有。佳能如果想通过研发获得这项技术，则需要一定的时间。如此，施乐就可以高枕无忧了。

面对施乐强大的实力和几乎无懈可击的专利保护壁垒，许多竞争者只得望“机”兴叹。然而，佳能却没有消极等待，但也没有盲目地正面对抗，而是想方设法地积极筹划进入复印机制造领域：一方面，通过查阅施乐公司拥有的所有专利，参考其专利资源，力求在相应的技术基础上有所创新和突破；另一方面，佳能广泛展开对购买施乐复印机的客户调查，终于发现了一些现有客户对施乐复印机的抱怨，诸如价格昂贵、操作复杂、体积太大、保密性不强等。最后，佳能决定抢先占领更有发展前景的小型复印机市场领域，佳能花了三年时间开发出了自己的复印技术，又用三年时间生产出了第一款小型办公和家用复印机产品，并联合理光等公司同时杀进了复印机市场，这才绕过了施乐所设置的壁垒。

令施乐感到震惊的是，当其专利保护期限刚刚过去，佳能就提出了更令人震惊的挑战：佳能正在以施乐的成本价来销售复印机，并且还能获利。施乐遭遇到了全方位的挑战。为了弄清佳能是如何完成这一壮举的，施乐再次展开了竞争情报调查，而调查的结果令美国人感到不可思议：佳能能够成功的关键是在于那家日本小型公司把佳能不能掌握的技术无偿转让给了他们。

从 1976 年到 1981 年，施乐在复印机市场的市场份额从 82% 直线下降到 35%。在其后的市场份额争夺当中，施乐也曾经成功地从佳能手中夺取过部分的市场份额，但却再也没有动摇过佳能在这个市场中领导者的地位。

2000 年以后，佳能出人意料地连续三年保持了净销售额和净收入的双增长，并创下历史新高，而且促进佳能增长的主要引擎是复印机、打印机等办公设备，这些产品的收入已占到佳能总收入的 77%。对专利技术的控制帮助佳能保持了现在的辉煌。

三、市场追随者的竞争策略

（一）市场追随者竞争策略的特点

对于市场份额大大小于市场领先者的追随者来说，如果其产品在技术上没有真正的进步或营销组合没有有效改进办法，那么这时企业应在已经取得的市场份额内不断改进营销，通过增加顾客的满意感来保持顾客。市场追随者如果主动细分市场、集中力量发展忠实的顾客群，向他们提供比所有竞争对手都好的营销服务，或是进行有效市场与产品的开发，着重实际的赢利水平而不是追求不实际的市场份额，并且采取有效的营销管理，也可成为非常成功的企业。

（二）市场追随者的策略类型

市场追随者有以下三种策略类型：

1.紧密追随

紧密追随是指在尽可能多的细分市场和营销组合中模仿市场领先者的做法。在这种情况下,市场追随者很像是一个市场挑战者,但是市场追随者应采取避免发生直接冲突的做法,使市场领先者的既有利益不受妨碍或威胁。比如,在产品功能上,市场追随者可以和市场领先者一致,但是在品牌声望上应该和市场领先者保持一定的差距。

2.保持一段距离的追随

市场追随者应该和市场领先者保持一定的距离,如在产品的质量水平、功能、定价的性能价格比、促销力度、广告密度以及分销网点的密度等方面,使市场领先者和挑战者不觉得市场追随者有侵入的态势或表示。市场领先者往往很乐意有这种追随者存在,并让它们保持相应的市场份额,以使市场领先者自己更符合“反垄断法”的规定。采取这种策略的市场追随者一般靠兼并更小的企业来获得增长。

3.有选择的追随

有选择的追随是指采取在某些方面紧跟市场领先者,而在另外一些方面又走自己的路的做法。这类企业具有创新能力,但是它在整体实力不如对方的时候,需要采用完全避免直接冲突的做法,以便企业有时间悉心培养自己的市场和竞争实力,可望在以后成长为市场挑战者。

四、市场补缺者的竞争策略

除了寡头竞争行业,在其他行业中都存在一些数量众多的小企业,这些小企业差不多都是为一个更小的细分市场或者是为一个细分市场中存在的空缺提供产品或服务。台湾地区就有不少照相器材产品制造商,专为世界大公司主流产品生产配套产品,如快门线、镜头盖、连接线、脚架套等。台湾地区也是目前世界上最大的计算机配套产品生产地。再如我国许多街道小厂,专门生产冰箱保护器这类小产品等。由于这些企业对市场的补缺,可使许多大企业集中精力生产主要产品,也使这些小企业获得了很好的生存空间。

作为市场补缺者,在竞争中最关键的是应该寻找一个或多个安全的和有利可图的补缺基点。理想的市场补缺基点应该具有以下几个特点:

第一,有足够的市场需求量或购买量,从而可以获利;

第二,有成长潜力;

第三,大的竞争者所不愿经营或者是忽视了的;

第四,企业具有此方面的特长,或者可以很好地掌握补缺基点所需要的技术,为顾客提供合格的产品或服务;

第五,企业可以靠建立顾客信誉保卫自己,对抗大企业攻击。

补缺策略的关键其实是“专业化”,即利用分工原理,专门生产和经营具有特色的或是拾遗补缺的、为市场需要的产品或服务。由于是在一个较小的领域内追求较大的市场份额,补缺也可以使那些最小的企业获得发展或者是取得较高的投资赢利。

一般而言，在下列几方面可以找到专业化的竞争发展方向：

（一）最终使用者的专业化

企业专门为最终使用用户提供服务或配套产品。如一些较小的计算机软件公司专门提供防病毒软件，成为“防病毒专家”。

（二）纵向专业化

企业专门在营销链的某个环节上提供产品或服务。如专业性的设备搬运公司、清洗公司等。

（三）顾客类型专业化

市场补缺者可以集中力量专为某类顾客服务。如在产业用品的市场上，存在许多为大企业所忽视的小客户，市场补缺企业专为这些小客户服务。某些小型装修公司专门承接家庭用户的住房装修业务，这些是大型装修公司不愿意为之的。

（四）地理区域专业化

企业将营销范围集中在比较小的地理区域，这些地理区域往往具有交通不便的特点，是大企业不愿经营的。

（五）产品或产品线专业化

企业专门生产一种产品或是一条产品线，而所涉及的这些产品，是被大企业看作市场需求不够、达不到经济生产批量要求而放弃的，这就为市场补缺者留下很好的发展空缺。如家用电器维修和安装业务。

（六）定制专业化

当市场领先者或是市场挑战者追求规模经济效益时，市场补缺者往往可以碰到许多希望接受定制业务的顾客。专门为这类客户提供服务，构成一个很有希望的市场。近年来，我国城市中的许多家庭，在住房装修、家具等服务和产品方面，越来越倾向于定制，这就为许多小企业或个体业主提供了虽然分散却数量极大的营销机会。

（七）服务专业化

专门为市场提供一项或有限的几项服务。近年来我国城市中出现的许多“搬家服务公司”“家教服务中心”，农村中的“农技服务公司”“种子服务公司”等，就是小企业采用这类专业化发展的做法和实例。

››› 本章小结 ‹‹‹

市场竞争是构成营销的重要的基础要素，企业是因为有竞争才成为营销者的。竞争观念也是营销观念的核心组成部分。竞争就是指两个以上企业在同一市场生产提供相同或可替代产品。从营销角度对竞争进行分类，主要有欲望竞争、类别竞争、形式竞争和品牌竞争。

竞争对手是市场竞争的行为主体，能够生产提供与一个企业相同产品或服务的其他企业，就是这个企业的竞争对手。从营销管理角度对竞争对手进行分类，重要的是按占有份额进行分类，从大到小有市场领先者、市场挑战者、市场追随者和市场补缺者。

市场领先者的竞争战略主要是保持已有的市场份额，主要奉行扩大市场总规模、防御和扩大市场份额的战略。挑战者具有进攻性，主要奉行进攻策略，进攻策略有正面进攻、侧翼进攻、包围进攻、迂回进攻和游击进攻。市场追随者需要保持现有份额并谋求一定发展，主要的竞争战略有紧紧追随、保持一定距离的追随和有选择的追随。市场补缺者都是小企业，在竞争中要能按专业化分工的原则确定发展方向，找到“理想的补缺基点”来获得发展机会。

实践与练习

一、单项选择题

1.企业要制定正确的竞争战略和策略，就应深入地了解(　　)。

A.技术创新　　B.消费需求

C.竞争者　　D.本企业特长

2.不同卖主以产品差异性吸引顾客开展竞争，这属于(　　)。

A.完全竞争　　B.完全垄断

C.不完全垄断　　D.垄断竞争

3.产品导向的适用条件是(　　)。

A.产品供不应求　　B.产品供过于求

C.产品更新换代快　　D.企业形象好

4.对某些特定的攻击行为没有迅速反应或强烈反应的竞争者属于(　　)。

A.从容型竞争者　　B.选择型竞争者

C.凶狠型竞争者　　D.随机型竞争者

5.一般来说，“好”的竞争者的存在会给公司(　　)。

A.增加市场开发成本　　B.带来一些战略利益

C.降低产品差别　　D.造成战略利益损失

6.企业根据市场需求不断开发出适销对路的新产品以赢得竞争的胜利属于(　　)。

A.速度制胜　　B.技术制胜

C.创新制胜　　D.优质制胜

7.企业要通过攻击竞争者而大幅度地扩大市场占有率，应攻击(　　)。

A.近竞争者　　B.“坏”竞争者

C.弱竞争者　　D.强竞争者

8.下面不是决定行业结构因素的是(　　)。

A.成本结构　　B.进入与流动障碍

C.销售量及产品差异程度　　D.社会变化

9.市场领导者扩大市场总需求的途径是(　　)。

A.寻找产品新用途　　B.以攻为守

C.扩大市场份额　　D.正面进攻

10.市场领导者保护其市场份额的途径是(　　)。

A.以攻为守　　B.增加使用量

C.转变未使用者　　D.寻找新用途

11.结合盈利能力考虑,企业的市场份额(　　)。

A.越大越好　　B.存在最佳市场份额限度

C.以 50%市场份额为限　　D.不存在上限

12.市场追随者在竞争策略上应当(　　)。

A.攻击市场领先者　　B.向市场领先者挑战

C.跟随市场领先者　　D.不做出任何竞争反应

13.市场补缺者发展的关键是(　　)。

A.多元化　　B.避免竞争

C.紧密跟随　　D.专业化

14.有能力对市场领先者发动进攻,有望夺取领先者地位的公司属于(　　)。

A.强竞争者　　B.市场挑战者

C.市场补缺者　　D.市场跟随者

二、判断题

1.如果某个行业具有高度利润吸引力,其他企业就会设法进入。(　　)

2.产品的差异性都是客观存在的,易于用客观手段加以检测。(　　)

3.企业的业务范围导向不同,竞争者识别和竞争策略也就不同。(　　)

4.从容型竞争者不对竞争者的任何攻击行为进行反攻。(　　)

5.选择型竞争者对竞争攻击的反应具有随机性。(　　)

6.“好”竞争者的存在会给公司带来一些战略利益。(　　)

7.通过扩大总需求,市场领先者往往受益最多。(　　)

8.行业是一组提供一种或一类密切替代产品的相互竞争的公司。(　　)

9.市场挑战者应采用防御性策略。(　　)

10.选择挑战策略应遵循“游击攻击”原则。(　　)

12.规模较小且大公司不感兴趣的细分市场称为补缺市场。(　　)

三、案例分析题

可口可乐与百事可乐之争

世界上第一瓶可口可乐于1886年在美国诞生了,距今已有131年的历史。这种神奇的饮料以它不可抗拒的魅力征服了全世界数以亿计的消费者,成为“世界饮料之王”,甚至享有“饮料日不落帝国”的赞誉。世界上第一瓶百事可乐同样诞生于美国,那是在1898年,比可口可乐的问世晚了12年。它的味道同配方绝密的可口可乐相近,于是便借可口可乐之势取名为百事可乐。

一直以来百事可乐都扮演着挑战者的角色,无论从市场渗透率还是品牌价值,可口可乐仍远远超过百事可乐。所以,人们一直认为可口可乐是领导者,百事可乐是追随者。

百事可乐作为市场追随者,有两种战略可供选择:一是向市场领先者发起攻击以夺取更多的市场份额;二是参与竞争,但不让市场份额发生重大改变。显然,经过近半个世纪的实践,百事可乐公司发现,后一种选择连公司的生存都不能保障,是行不通的。于是百事可乐开始采取前一种战略,向可口可乐发出强有力的挑战!

百事可乐公司大量采用直销方式,在很多大中城市都建立了庞大的跑街宣传队伍。直接面对终端零售市场,深挖渠道,使得大部分零售商采用了百事可乐的冰箱、瓶箱,占用了经销商的大笔压瓶资金,人员密集、资源密集、大投入大策略,使得可口可乐精干高效的队伍面对百事可乐的战术,颇有好虎难敌群狼的悲怆感觉。当可口可乐醒悟过来采用同样的方法发展终端市场时,经销商们已不愿意拿出更多的压瓶资金,这自然就形成了可口可乐销售道路上的一道障碍。

百事可乐准确地把目标消费群体定在了追求个性自我的年轻人身上。在校园公共场合开展大型活动,如赞助篮球比赛、山地车比赛等活动,突出年轻人积极向上、勇敢、激情的特点。

百事可乐还通过市场调研发现,美国人都希望能更方便地从超市把更多的可乐带回家,所以百事可乐当即开发了大瓶装可乐,迎合了美国人的需求,进而一举抢占了可口可乐的市场份额。

“两乐”的搏斗不仅缠绵百年,而且越来越像是一场永不谢幕的百老汇戏剧,其间的竞争博弈跌宕起伏,精典案例纷呈。

思考:

分析可口可乐与百事可乐在竞争中分别承担着什么样的角色,采用了什么竞争策略。

四、思考题

1.按企业在市场竞争中的地位来划分,可将企业划分成哪四种类型?四种不同市场地位的企业具有哪些特点?

2.当企业处于市场领先者地位时,应如何确定自己的营销策略?

3.市场领先者如何防御竞争对手的攻击?

4.市场挑战者的攻击策略主要有哪几种形式?

5.市场追随者的追随策略主要有哪些?

第三篇

制定市场营销战略

第八章

市场营销的 STP 战略

教学目标

通过本章学习，掌握市场细分的概念、标准、方法及步骤，能够区分消费者市场和生产者市场的不同细分标准，理解企业选择目标市场的影响因素、类型及战略选择，掌握市场定位的含义、过程、方法及市场定位战略。

导入案例

避强制胜话“江中”

江中健胃消食片是全国第一个单品销量过 15 亿元的非处方药品，连续 7 年荣获“中国消化类非处方药单品销售冠军”，是 OTC 单品销量冠军。

纵观江中健胃消食片的发展，可以看出该产品在历史上有过两次销售额的“激增”。一次是在上市初期，当时还鲜有医药类企业大量投入广告，江中药业以阿凡提形象制作的广告在电视中大量投放，销售额迅速提升，但到 1997 年销售额达 1 亿多元后就一直无法突破。第二次是在 2002 年的 7 月，江中健胃消食片一改往日的沉默，突然发力，在各大电视频道重磅出击，当年销售额近 4 亿元，随后一路攀升。那么江中健胃消食片为什么能占领市场，突破瓶颈呢？

江中药业通过对行业竞争对手的分析得出，其对手吗丁啉、斯达舒和三九胃泰的定位都是治疗胃病和消化不良的西药，消费群体以中年人较多，更注重医院市场，医生推荐较多。江中健胃消食片面对劲敌，在定位上没有与吗丁啉、斯达舒和三九胃泰抢市场，而是以日常助消化为重点，主要解决日常生活中多发的胃胀、食欲不振，该类症状以老人和儿童居多，另外江中健胃消食片是中成药，其成分多是可食用的，成分安全，形象温和，这样给人感觉是该药没有副作用,吃起来更放心。因此,江中健胃消食片的精准定位直接使其销售额有了飞速提升。

根据日常助消化用药这一明确的品牌定位,江中提出了"胃胀腹胀,不消化,用江中牌健胃消食片"这样的广告语。传播上突出江中牌健胃消食片是日常用药、是小药,风格相对轻松、生活化。再者,选用了影视演员郭冬临作为形象代言人,其一直给观众的印象是健康、亲切、关爱又轻松幽默,这和品牌的定位风格、形象趋于一致。同时,鉴于儿童及家长的媒体收视习惯、儿童适用药品在广告表现上的不同,针对儿童单独拍摄了一条广告片,推广主题为"孩子不吃饭,快用江中牌健胃消食片",使家长们产生共鸣。通过广告的不断推进,加强消费者的认知,逐渐建立起独特而长久的品牌定位。

简要评析

营销大师菲利普·科特勒认为:"解决定位问题,能帮助企业解决营销组合问题;营销组合(产品、价格、渠道、促销)从本质上来讲,是定位战略战术运用的结果。"江中健胃消食片的成功告诉我们一个道理,面对残酷的市场竞争,制定正确的市场定位战略是企业制胜的"撒手锏"。

确认和分析预期消费者的过程是目标市场营销的关键,也是制定一个成功的营销战略规划的关键。

第一节　市场细分战略

一、市场细分的概念

不同的消费者对某种特定的物品有不同的需求,如由消费者的年龄、性别或适用场合所决定的对服装或鞋子的不同需求。面对需求的不同,营销者若想满足不同消费者的预期要求,就必须把整体市场划分成若干个不同的群体,并加以详细分析。只有这样,才能真正了解各个消费者群体想要从所购买的提供物中获得什么利益。

市场细分(Market Segmentation)就是以消费者需求的某些特征或变量为依据,区分具有不同需求的顾客群体。市场细分以后所形成的具有相同需求的顾客群体成为细分市场或者分市场。分属不同细分市场的客户对同一产品的欲望和需求存在明显的差别,满足这种差别有利于企业营销效率的提高。

二、市场细分的作用

(一)有利于发现市场营销机会,开拓新市场

市场营销机会是已出现于市场但尚未加以满足的需求。这种需求往往是潜在的,一般不

易发现。运用市场细分的手段便于发现这类需求，并从中寻找适合企业开发的需求，从而抓住市场机会，使企业赢得市场主动权。

（二）有助于掌握目标市场的特点，有针对性地制定营销策略

每一个企业的营销能力对于整体市场来说，都是有限的，所以企业必须将整体市场细分，确定自己的目标市场，把自己的优势集中到目标市场上。否则企业就会丧失优势，从而在激烈的市场竞争中遭受失败。特别是有些小企业，更应该注意利用市场细分原理，选择自己的市场。而且在细分后的市场上，信息容易了解和反馈，一旦消费需求发生变化，企业可迅速改变营销策略，制定相应的对策，提高企业的应变能力和竞争能力。

（三）有利于集中资源投资于目标市场

任何一个企业的资源，包括人力、物力、资金都是有限的，所以合理地利用资源是每个企业营销管理的目标。通过细分市场，一旦选择了适合自己的目标市场，企业就可以集中人、财、物等资源，先争取局部市场上的优势，然后再控制选定目标市场的消费需求。

（四）有利于提高企业竞争力

在企业之间竞争日益激烈的情况下，通过有效地市场细分，有利于发现目标消费者群的需求特性，从而调整产品结构，增加产品特色，提高企业的市场竞争能力，有效地与竞争对手相抗衡。例如，日本有两家最大的糖果公司，以前生产的巧克力都只为满足儿童消费市场，但森永公司为增强其竞争能力，经过市场调查与充分论证，研制出一种“高王冠”的大块巧克力，定价70日元，推向成人市场。明治公司也不甘示弱，通过市场细分，选择了三个子市场：初中生市场、高中学生市场和成人市场。该公司生产出两种大块巧克力，一种每块定价40日元，用于满足十二三岁的初中学生；一种每块定价60日元，用于满足十七八岁的高中学生；两块合包在一起，定价100日元，用于满足成人市场。由此可见，明治公司的市场细分策略比森永公司更高一筹。

三、市场细分的标准

细分市场，确定标准是关键。市场细分的基础是消费者需求的差异性，所以凡是使消费者需求产生差异的因素都可以作为标准。由于各类市场的特点不同，因此市场细分的标准也有所不同。

（一）消费者市场的细分标准

消费者市场的细分通常是求大同，存小异。一般从事消费品市场的人员，通常把消费品市场的细分标准概括为地理因素、人口统计因素、心理因素和行为因素四个方面，每个方面又包括一系列的细分变量，如表8.1所示。

表 8.1　消费品市场细分标准表

细分标准	细分变量
地理因素	地理位置、城镇大小、地形、地貌、气候、交通状况和人口密度等
人口统计因素	年龄、性别、收入、职业、民族、宗教、教育状况、家庭人口和家庭生命周期等
心理因素	生活方式、性格、购买动机和态度等
行为因素	购买时间、购买数量、购买频率和对品牌的忠诚度等

1.按地理因素细分

按地理因素细分，就是按消费者所处的地理位置、地理环境等变数来细分市场。处在不同地理环境下的消费者，对于同一类商品往往会有不同的需求和偏好。例如，对摩托车的选购，城市居民喜欢式样新颖、豪华的踏板车型，而农村的居民则喜欢坚固耐用的粗犷车型。因此，对消费品市场进行地理位置细分是非常必要的。

(1)地理位置。我国地域广阔，地区之间经济发展不平衡，形成了具有不同购买力的区域市场。可以按照地理区域细分，在我国可以划分为华北、东北、华东、中南、西北、西南等几个区域；也可以按行政区域细分，如划分为省(直辖市、自治区)、市、县等。不同地理位置的消费者需求存在着差异，沿海地区的消费水平明显高于内地，这些水平较高的区域市场就是奢侈品的主要销售市场。又如，按不同气候带划分市场，对销售防暑降温、御寒保暖的产品就是一种有效的市场细分方式。在美国，人们对咖啡味道的要求不同，东部人喜欢清淡，西部人则要求浓重一些。美国通用食品公司针对不同地区消费者偏好的差异而推销不同口味的咖啡，取得了很好的效益。

(2)城镇大小。可划分为大城市、中等城市、小城市和乡镇。处在不同规模城镇的消费者，在消费结构方面存在较大的差异。例如，大城市的居民受到用地的制约，大多数只能购买商品房，而小城镇的居民则大多数可以自己建房。

(3)地形和气候。按地形可分为平原、丘陵、山区和沙漠地带等；按气候可分为热带、寒冷、亚热带、温带、亚寒带、寒带等。不同的地理环境下的消费者，对同一类商品往往会出现差别较大的需求特征。例如，北方消费者对冬衣和耐寒、保暖用品需求时间长、数量大，而南方消费者则需要更多的春夏服装及雨具；饮食素来也有“南甜、北咸、东辣、西酸”之说。

案例衔接 8-1

麦当劳根据地理因素细分市场

麦当劳作为一家国际餐饮巨头，创始于 20 世纪 50 年代中期的美国。由于当时创始人及时抓住高速发展的美国经济下的工薪阶层需要方便快捷的饮食的良机，并且瞄准细分市场需求特征，对产品进行准确定位而一举成功。

麦当劳有美国国内市场和国际市场，而不管是在国内还是国外，都有各自不同的饮食习惯和文化背景。麦当劳进行地理区位细分,主要是分析各区域的差异。如美国东部和西部的人喝的咖啡口味是不一样的。根据地理因素把市场细分为不同的子市场进行经营活动,从而做到因地制宜。

每年,麦当劳都要花费大量的资金进行认真严格的市场调研,研究各地的人群组合、文化习俗等,再书写详细的细分报告,以使每个国家甚至每个地区都有一种适合当地生活方式的市场策略。例如,麦当劳刚进入中国市场时大量传播美国文化和生活理念,并以美国式产品牛肉汉堡来征服中国人。但中国人爱吃鸡肉,与其他洋快餐相比,鸡肉产品也更符合中国人的口味,更加容易被中国人所接受。针对这一情况,麦当劳改变了原来的策略,推出了鸡肉产品。在全世界从来只卖牛肉产品的麦当劳也开始卖鸡肉产品了。这一改变正是针对地理因素所做的,也加快了麦当劳在中国市场的发展步伐。

2.按人口统计因素细分

按人口统计因素细分,就是按年龄、性别、收入、职业、民族、宗教、教育状况、家庭人口和家庭生命周期等变数,将市场划分为不同的群体。由于人口变数比其他变数更容易测量,因此适用范围更加广泛。

(1)年龄。不同年龄段的消费者,由于生理、性格、爱好和经济状况的不同,对消费品的需求往往存在很大的差异。因此,可按年龄将市场划分为各具特色的消费者群,例如儿童市场、青年市场、中年市场和老年市场等。从事服装、食品、保健品、药品、健身器材、书刊等商品经营业务的企业,经常采用年龄变数来细分市场,但应注意心理年龄和生理年龄的差别。例如,美国福特汽车公司曾按照年龄来细分汽车市场,该公司专为想买便宜跑车的年轻人推出了“野马”牌汽车,可在实际销售中,很多中老年人也出人意料地加入到购买者的行列,成为“野马”牌汽车的主要用户。福特公司的调查表明:中老年人认为驾驶“野马”牌汽车可使他们显得年轻。这说明“野马”牌汽车的目标市场不是生理上年轻的人,而是那些心理上年轻的人。

(2)性别。按性别可将市场分为男性市场和女性市场。不少商品在用途上有明显的性别特征,例如男装和女装、男表和女表。在购买行为、购买动机等方面,男女之间也有很大的差异,例如女性是服装、化妆品、家庭用具、小包装食品等市场的主要购买者。男性则是香烟、饮料、体育用品等市场的主要购买者。美容美发、化妆品、珠宝首饰、服装等许多行业,长期以来都是按性别来细分市场。

案例衔接 8-2

吉列按性别细分市场

吉列最初是定位于成年男性的产品。然而当他们调查了解到,在美国有许多女性出于美化自身的需要，也用剃须刀刮除腿部体毛时，果断地开发生产出一种极富女人味的“雏菊”牌刮毛刀，配合相应的促销策略，牢牢占据了这块市场。

(3)收入。收入的变化将直接影响消费者的需求欲望和支出模式。根据平均收入水平的高低，可将消费者划分为高收入、次高收入、中等收入、次低收入、低收入这五个群体。收入高的消费者比收入低的消费者购买更高价格的商品，例如汽车、钢琴、电脑、豪华家具、珠宝首饰等；收入高的消费者一般喜欢到大百货公司或品牌专卖店购物，收入低的消费者则通常在住地附近的商店、仓储超市购物。因此汽车、旅游、房地产等行业一般按收入变数细分市场。

案例衔接 8-3

本田开发高档车进入中青年市场

日本本田公司在向美国消费者推销自己的汽车时，就遵循可进入性这一原则，从而选择了正确的目标细分市场，并取得了成功。同奔驰、奥迪等高级轿车相比，本田的汽车不仅技术水平高，而且价格低廉，足以从竞争对手中争取到消费者，然而本田公司并没有这样做。根据本田的预测，20 世纪 80 年代末至 90 年代初，随着年轻消费者可支配收入越来越多，涉足高级轿车市场的年轻人也将越来越多。与其同数家公司争夺一个已被瓜分的市场，即中老年高级轿车消费者市场，不如开辟一个尚未被竞争对手重视的，因而可以完全属于自己的市场，即刚刚和将要富裕起来的中青年消费者市场。

(4)职业。不同职业的消费者，由于知识水平、工作条件和生活方式等不同，其消费需求存在很大的差异，例如教师比较喜欢购买书籍、报刊，文艺工作者则比较喜欢美容和购买服装等。企业通过这种行为细分，抓住有利时机开展营销活动，就可以收到事半功倍的效果。

案例衔接 8-4

宾馆的职业细分

住宾馆少不了床，但对于商务人士——大大小小的经理们来说，除了床，他们还需要一个像样的办公室，而满足这些要求的宾馆房间就会成为这些人的首要选择。上海南京西路有家不大的宾馆就以职业细分方式，巧妙地占领了这块市场。白天你走进这些外地经理们的“办公室”，看不出有什么不同：电话、沙发、写字台……而到了夜晚，轻轻按一下机关，暗墙里就会缓缓伸出两张席梦思床，于是办公室变成了标准客房。对于经理们来说，既不需要多付房租，又不失身份，花了标准间的钱，享受了套房的便利，真可谓一举两得。该宾馆的入住率又怎么能不提高呢？

(5)民族。世界上大部分国家都拥有多种民族，我国更是一个多民族的大家庭，共有56个民族。这些民族都各有自己的传统习俗和生活方式，从而呈现出各种不同的商品需求。只有按民族来细分市场，才能满足各族人民的不同需求，并进一步扩大企业的商品市场。

(6)教育状况。受教育程度不同的消费者，在志趣、生活方式、文化素养、价值观念等方面都会有所不同，因而会影响他们的购买种类、购买行为、购买习惯等。例如购买电脑的消费者多数是受教育程度较高的消费者。

(7)家庭人口。一般可分为单身家庭(1人)、小家庭(2—3人)、大家庭(4人以上)。家庭人口数不同，在住宅大小、家具、家用电器乃至日常消费品的包装大小等方面的需求都会出现差异。处在不同生命周期的家庭，其家庭支出模式往往也不一样。因此，按照家庭生命周期细分消费者市场也是一种有效的方法。比如新婚家庭对于住房、房屋装饰、家具、家电等产品有较大需求；有孩子的家庭，在孩子成人前，相当部分的开支都用在了孩子的生活和教育上；而在满巢后期和空巢阶段，家庭收入较多，开支也较以前小了许多，用在旅游、娱乐方面的开支就逐渐上升。

案例衔接 8-5

江崎糖业公司市场细分的分析

日本泡泡糖市场年销售额约为740亿日元，其中大部分被“劳特”所垄断。可谓江山唯“劳特”独坐，其他企业再想挤进泡泡糖市场谈何容易？但江崎糖业公司对此却毫不畏惧，它成立了市场开发班子，专门研究霸主“劳特”产品的不足和短处，寻找市场的缝隙。经过周密调查分析，终于发现“劳特”的四点不足：

第一，以成年人为对象的泡泡糖市场正在扩大，而“劳特”却仍旧把重点放在儿童泡泡糖市场上；

第二，“劳特”的产品主要是果味型泡泡糖，而现在消费者的需求正在多样化；

第三，“劳特”多年来一直生产单调的条板状泡泡糖，缺乏新型式样；

第四，“劳特”产品的价格是110日元，顾客购买时需多掏10日元的硬币，往往感到不方便。

通过分析，江崎糖业公司决定以成人泡泡糖市场为目标市场，并制定了相应的市场营销策略。不久便推出了四大功能性泡泡糖产品：司机用泡泡糖，使用了高浓度薄荷和天然牛黄，以强烈的刺激消除司机的困倦；交际用泡泡糖，可清洁口腔，祛除口臭；运动用泡泡糖，内含多种维生素，有益于消除疲劳；轻松型泡泡糖，通过添加叶绿素，可以改变人的不良情绪。同时精心设计了产品的包装和造型，价格定为50日元和 100 日元两种，避免了找零钱的麻烦。功能性泡泡糖问世后，像飓风一样席卷全日本。江崎糖业公司不仅挤进了由“劳特”独霸的泡泡糖市场，而且占领了一定的市场份额，从零猛升到 25%，当年销售额达 175 亿日元。

3.按心理因素细分

按心理因素细分，就是将消费者按其生活方式、性格等变数分成不同的群体。

（1）生活方式。生活方式是消费者对自己的工作、休闲和娱乐的态度。人们的生活方式不同，对商品的爱好和要求就有所差异。一个消费者的生活方式一旦发生变化，就会产生新的需要。人们的生活方式可细分为传统型和社交型等。现在越来越多的企业按照消费者不同的生活方式来细分市场，并设计制造与之相适应的产品和推出针对性强的营销组合。例如，有些汽车制造商为“单纯的”驾驶者，即仅仅把汽车作为代步工具的消费者设计经济、安全、排量小的汽车，为“玩车者”设计生产华丽的、操纵灵敏度高的汽车；有些服装制造商为“朴素女性”“时尚女性”“有男子气的女性”等分别设计和生产不同的女性服装，并且产品价格、经销商店、广告宣传也有所不同。

（2）性格。消费者的性格对商品的偏爱有很大的关系。性格可以分为内向与外向、乐观与悲观等。性格外向，感情容易冲动的消费者往往乐于表现自己，因而他们喜欢能表现自己个性的商品；性格内向的消费者则喜欢大众化，往往购买比较朴素的商品；富于创造性和冒险心理的消费者，则对新奇、刺激性强的商品特别感兴趣。

企业应根据消费者性格上的差异，努力赋予其产品以与某类消费者性格相投的“品牌个性”，以此来树立“品牌形象”。例如，20 世纪 50 年代后期，福特的用户被认为是性格独立、善于适应环境变化和雄心勃勃的消费者群；通用汽车公司雪佛莱汽车的用户曾被认为是节俭、注重信誉的消费者群。这些公司努力使个性不同的消费者对自己的产品发生兴趣，从而促进销售。例如，我国的奇瑞 QQ 汽车以“秀我本色——个性的共鸣反应”来吸引消费者，也是考虑到消费者性格的特点。

4.按行为因素细分

（1）购买时间。许多商品的消费具有时间性，如烟花爆竹的消费主要在春节期间，月饼的消费主要在中秋节以前，旅游景点在旅游旺季生意最兴隆。因此，企业可以根据消费者产生需要、购买或使用商品的时间细分市场。例如航空公司、旅行社在寒暑假期间大做广告、实行优惠票价，以吸引师生乘飞机外出旅游；商家在酷热的夏季大做空调广告，以有效增加销量；双休日商店的营业额大增，而在元旦、春节期间，销售额则增长更大等。因此，企业可根据购买时间细分市场，在适当的时候加大促销力度，采取优惠价格，以促进商品销售。

（2）购买数量。一般可分为大量用户、中量用户和小量用户。大量用户人数不一定多，但消费量大，许多企业以此为目标，反其道而行之也可取得成功。例如，文化用品大量使用者是知识分子和学生，化妆品大量使用者是青年女性等。

(3)购买频率。许多商品的市场可以按照使用频率来对消费者细分，例如经常使用者、初次使用者、潜在使用者和非使用者。原则上，实力雄厚的大企业应着重吸引潜在使用者和非使用者，以扩大市场；中小企业相对而言实力较弱，应注意吸引经常使用者，以巩固市场。近年来，随着我国经济的发展和居民收入水平的提高，许多市场上都存在着大量的潜在使用者，例如旅游、娱乐、高技术电器、通信及家庭护理服务等市场尤为突出。企业应密切注意需求动态，抓住机遇，迅速成长。

(4)对品牌的忠诚度。可以按照消费者对品牌的忠诚度来对市场进行细分，因为消费者对很多商品都存在"品牌偏好"。一般地，可以分为四种类型的消费者：一是单一品牌忠诚者，他们坚定地忠诚于某种品牌，在任何时候都只购买一种特定的品牌商品；二是几种品牌忠诚者，他们同时忠诚于两三个品牌，交替购买自己偏好的几个固定品牌的商品；三是转移的忠诚者，这类消费者经常由偏好一种品牌转变为喜欢另一种品牌；四是非忠诚者，这种消费者在购买某类商品时，并无一定的品牌偏好，购买行为常有很大的随意性。前两类消费者占市场的比重较大，其他企业很难进入，即使进入也很难提高市场占有率。在转移的忠诚者比重较大的市场，企业应深入分析消费者品牌忠诚转移的原因，及时找出营销工作中的缺陷，采取适当措施，加强顾客的品牌忠诚程度。

案例衔接 8-6

航空业的明星——斯航

斯堪的那维亚航空公司(简称斯航)是由挪威、瑞典和丹麦三国合资经营的公司。由于价格竞争、折扣优惠及许多小公司的崛起，斯航在其国内和国际航线上都处于亏损状况。

1982 年初，斯航首先设计了一种新的、单独的商务舱位等级，这种商务舱是根据工商界乘客不喜欢与那些旅游者同舱的特点设立的。工商界乘客常常因为一些情况必须改变日程，他们需要灵活性；他们在旅途中关心的是如何完成工作，这意味着他们需要读、写，为会议或谈判作准备，或睡觉——以便到达目的地后能够精力充沛地投入工作。换句话说，他们不需要分散注意力或娱乐。旅游者却没有这种压力，对他们来说，旅途就是假期的一部分，而机票价格则是一个敏感的决定因素。设置紧凑的座位和长期充足的机票，使航空公司有可能出售打折的机票，故而使更多人获得了旅行的机会，这些人则把省下的钱更多地花在异国情调的度假生活中。商务旅行者与此不同，他们最重视的是时间和日程安排，在斯航以前，没有一家航空公司懂得怎样在同一架飞机上满足这两类顾客不同的需求。

斯航的商务舱票价低于传统的头等舱，高于大多数的经济舱，但给予顾客更多的方便。在每个机场，斯航都为商务舱的乘客设置了单独的休息室，并免费提供饮料，有的还可以看场电影；在机场旅馆，为他们准备了有电话和传真设备的专门房间，并提供免费使用的打印机，使他们能够完成自己的工作；他们还可以保留这些房间，而且不受起程时间、时刻表变动及最低住宿时间的限制，所有这些都以经济实惠的价格提供。机场还为商务舱乘客设置了单独的行李检查处，他们不必去和普通乘客一起拥挤地通过安检。在飞机上，他们享有单独的宽大座椅，腿部空间更为宽敞，还装置了一些传统的头等舱才有的装饰品，比如玻璃器皿、瓷器、台布等，他们还可享用美味佳肴。

斯航开辟了一个独特的市场，并正在赋予它更多的价值。对工商界乘客来说，头等舱太贵，经济舱又太嘈杂。他们可能与旅游者挤在同一舱内，享受与旅游者同等的待遇但却掏出较高的价格——因为他们不能像旅游者那样，由于不受日程限制而等待减价或折扣机票，商务舱成为工商界乘客及航空公司双方都很适宜的较好的供需办法。

斯航夺去了竞争者的生意，成为了行业中的明星。

（二）生产者市场的细分标准

生产者市场除了使用生活资料市场的细分标准外，还要根据生产者的特点，以最终用户、用户的规模和购买力及用户地点作为细分市场的标准，如表 8.2 所示。

表 8.2　生产资料市场细分补充标准

细分标准	细分变量
最终用户	商品的规格、型号、品质、功能、价格等
用户的规模和购买力	大、中、小量用户，购买次数，户数，资金等
用户地点	资源条件、自然环境、企业地理位置、生产力布局、交通运输及通信条件等

1.最终用户

它是生产者市场细分最常用的标准。不同用户购买同一种商品的使用目的往往是不同的，因而对商品的规格、型号、品质、功能和价格等方面提出不同的要求，追求不同的利益。例如，钢材市场上，有些企业买来制造机器设备，有的用来建筑楼房；生产商制造出来的轮胎，有的装在飞机上，有的装在汽车上，有的装在摩托车上。最终用途的不同，对商品的规模、型号、品质和价格等方面的需求也就不同，因此企业应对不同的用户制定不同的市场营销组合来满足用户的需要，促进销售。

2.用户的规模和购买力

在生产者市场，客户购买行为的差异很大，购买数量、付款方式、购货条件等远比消费者市场的差别显著，这与工业用户的规模差异关系密切。通常大客户数量少，但购买力强；小客户数量多，但个体购买力较差。在美国产业市场上，购买力高度集中于少数大客户，10%的大客户占年购买量的 80%左右。西方国家，很多公司建立适当的制度来分别与大客户和小客户打交道。例如,美国一家办公室用具制造商按照客户规模将用户市场细分为两大类:一类是大客户,如国际商用机器公司、标准石油公司等;另一类是小客户。对于大客户的业务,由制造商客户经理负责联系;对于小客户的业务,则由一般推销人员负责联系。企业对大用户市场和小用户市场应分别采取不同的营销组合。

3.用户地点

用户地点涉及当地资源条件、自然环境、企业地理位置及生产力布局等因素。这些因素决定地区工业的发展水平、发展规模和生产布局,形成不同的工业区域,产生不同的生产资料需求特点。工商企业按用户的地点来细分市场,选择用户较为集中的地区作为自己的目标市场,不仅联系方便,信息反馈快,而且可以更有效地规划运输路线,节省运力与运费,同时也能更加充分地利用营销力量,降低营销成本。比如,香港地区地价昂贵,香港企业则希望购买精小的机械设备。自然环境、资源、生产力布局等因素,造成某些行业集中于某些地区,如我国东北地区,钢铁、机械、煤炭、森林工业比较集中;山西省则集中着煤炭、煤化工和能源工业。

四、市场细分的方法与步骤

(一)市场细分的方法

1.单一标准法

它是指根据市场主体的某一因素进行细分,如按品种来细分粮食市场,按性别细分服装市场或按用途细分钢材市场等。当然,按单一标准细分市场,并不排斥环境因素的影响作用,要考虑环境因素的作用更符合细分市场的科学性要求。

2.主导因素排列法

它是指一个细分市场的选择存在多种因素时,可以从消费者的特征中寻找和确定主导因素,然后与其他因素有机结合,确定细分目标市场。例如,职业与收入一般是影响女性服装选择的主导因素,文化、婚姻、气候则居于从属地位,因此应以职业、收入作为细分女性服装市场的主要依据。

3.系列因素法

当市场细分所涉及的因素是多项的,并且各项因素之间先后有序,可由粗到细,由浅入深,由简至繁,由少到多,逐步进行细分,使目标市场越来越具体。例如,服装市场细分就可以利用系列因素法,如图 8.1 所示。

服装市场 { 城市 / 农村 } { 男性 / 女性 } { 老年 / 中年 / 青年 / 儿童 } { 求美观 / 求廉价 / 求实用 / 求新潮 }

图 8.1 利用系列因素法对服装市场细分

(二)市场细分的步骤

一家航空公司对从未乘坐过飞机的人很感兴趣,而从未乘坐过飞机的人又可以细分为害怕乘坐飞机的人和对乘坐飞机无所谓的人以及对乘坐飞机持肯定态度的人。在持肯定态度的人中,又包括高收入有能力乘坐飞机的人。于是这家航空公司就把力量集中在开拓那些对乘坐飞机持肯定态度,只是还没有乘坐过飞机的高收入群体。通过这一系列过程这家航空公司找出了自己的客户群。这就是一个简单的市场细分过程,市场细分是一个动态的过程,包括以下七个步骤。

1.依据需求选定产品市场范围

每一个企业都有自己的任务和追求的目标,作为制定发展战略的依据。它一旦决定进入哪一个行业,接着便要考虑选定可能的产品市场范围。产品市场范围应以市场的需求而不是产品特性来定。比如一家住宅出租公司,打算建造一幢简朴的小公寓。从产品特性如房间大小、简朴程度等出发,它可能认为这幢小公寓是以低收入家庭为对象的,但从市场需求的角度来分析,便可看到许多并非低收入的家庭,也是潜在顾客。举例来说,有的人收入并不低,市区已有宽敞舒适的居室,但又希望在宁静的乡间再有一套住房,作为周末生活的去处,所以公司要把这幢普通的小公寓,看作整个住宅出租业的一部分,而不能孤立看成只是提供低收入家庭居住的房子。

2.列举潜在顾客的基本需求

选定产品市场范围后,公司的营销专家们,可以通过"头脑风暴法",从地理变量、行为和心理变量几个方面,大致估算一下潜在的顾客有哪些需求。这一步能掌握的情况有可能不那么全面,但却为以后的深入分析提供了基本资料。比如,这家住宅出租公司可能会发现,人们希望小公寓住房满足的基本需求包括遮蔽风雨、停放车辆、安全、经济、设计良好、方便工作与学习、不受外来干扰、足够的起居空间、满意的内部装修、公寓管理和维护等。

3.分析潜在顾客的不同需求

公司依据人口变量做抽样调查,向不同的潜在顾客了解哪些需求对他们更为重要。比如,在校外租房住宿的大学生,可能认为最重要的需求是遮蔽风雨、停放车辆、经济、方便上课和学习等;新婚夫妇的希望是遮蔽风雨、停放车辆、不受外来干扰、满意的公寓管理等;较大的家庭则要求遮蔽风雨、停放车辆、经济、足够的儿童活动空间等。这一步骤至少应有三个细分市场出现。

4.移去潜在顾客的共同需求

公司需要移去各细分市场或各顾客群的共同需求。这些共同需求固然很重要,但只能作为设计市场营销组合的参考,不能作为市场细分的基础。比如说,遮蔽风雨、停放车辆和安全等项,几乎是每一个潜在顾客都希望的。公司可以把它用作产品决策的重要依据,但在细分市场时则要移去。

5.为细分市场暂时取名

公司要对各子市场剩下的需求做进一步分析,并结合各细分市场的顾客特点,暂时安排一个名称。

6.进一步认识各细分市场的特点

公司还要对每一个细分市场的顾客需求及其行为做更深入的考察，看看各细分市场的特点掌握了哪些，还要了解哪些，以便进一步明确各细分市场有没有必要再作细分，或重新合并。比如，经过这一步骤，可以看出，新婚者与老夫老妻者的需求差异很大，应当作为两个细分市场。同样的公寓设计，也许能同时迎合这两类顾客，但对他们的广告宣传和人员销售的方式都可能不同。企业要善于发现这些差异，若他们原来被归属于同一个细分市场，现在就要把他们区分开来。

7.测量各细分市场的大小

以上步骤基本决定了各细分市场的类型。公司紧接着应把每个细分市场同人口变量结合起来分析，以测量各细分市场潜在顾客的数量。因为企业进行市场细分，是为了寻找获利的机会，这又取决于各细分市场的销售潜力。不引入人口变量是危险的，有的细分市场或许根本就不存在顾客。

五、有效市场细分的原则

从企业市场营销的角度来看，并非所有的市场细分都是有意义的。一般而言，一个成功、有效的市场细分应遵循以下几个基本原则。

（一）可衡量性

可衡量性，即表明该细分市场特征的有关数据资料必须能够加以识别和衡量，亦即进行细分市场时所采用的细分变量具有实际意义，并且是可以在实际中进行测量的。比如年龄、性别、收入等可衡量的变量，有些市场细分很难测量，比如沉溺于网吧的青少年的数量规模。

（二）可进入性

可进入性是指细分出来的市场应是企业营销活动能够抵达的，即企业通过营销努力能够使产品进入市场，并对市场中的客户施加积极影响，从而占领目标市场。企业的资源及营销组合，足以覆盖该细分市场，费用不太高，并能有所作为。比如一家小型航空公司，由于公司的规模有限，飞机少，不足以为各个细分市场制定不同的营销策略来覆盖所有的细分市场。另外，有些细分市场是可望而不可即的，有极大的进入障碍。如我国的电视传媒业私人资本是不可进入的。民营加油站也遇到了来自两大石油巨头设置的进入障碍。有时细分市场的退出成本太高，即使可进入，但风险太大，如民用航空业。

（三）可赢利性

可赢利性，即细分出来的子市场有足够的需求量且具有一定发展潜力，能够使企业赢得长期稳定的利润。在进行市场细分时企业必须考虑细分市场上的市场容量，即客户的数量，以及他们的购买数量、购买能力和购买服务的频率。如果市场细分的规模过小，市场容量太小，就没有必要去细分。比如福特汽车公司曾经在 20 世纪 50 年代打算专门为 1.2m 以下的成年人生产特制汽车，但特殊的产品设计需要有与大众化汽车生产不同的生产线及工装设备，这必然造成成本的大量增加。通过市场调研与细分后，发现这一汽车细分市场的需求极其有限，人口较少，赢利前景黯淡，福特公司最终放弃了这一构想。

（四）差异性

差异性，即各细分市场的消费者对产品的偏好必须存在明显的差异。如果某一市场中的消费者都以同一种方式来使用某种产品，并且需要从该产品中获得相同的利益，如味精、白糖、食盐的消费需求，对其进行细分就毫无意义。

第二节　目标市场选择战略

一、目标市场的含义

企业进行市场细分的最终目的是为了有效地选择并进入目标市场。所谓目标市场（Market Targeting）是指企业要进入的那个市场，即企业拟投其所好，为之服务的那个顾客群（这个顾客群具有颇为相似的需要）。任何企业都应该在市场细分的基础上，通过评估各个细分市场，根据自己的经营目标和资源条件选择和确定一个或几个最有利于企业经营，最能发挥企业资源优势的细分市场作为自己的目标市场，然后根据目标市场的特点，实施企业的营销决策与策略。这个决策的过程就是目标市场选择。

企业进行市场营销，应在市场细分的基础上发现可能的目标市场并对其进行选择。首先对企业来说，并非所有的市场细分和可能的目标市场都是企业所愿意进入和能进入的；其次作为一个企业，无论规模多大，实力多强，都无法满足所有消费者的所有需求。由于资源的限制，企业不可能有足够的人力、财力、物力去满足整体市场的需求。因此，为保证企业的营销效率，避免资源的浪费，企业必须把营销活动局限在一定的市场范围之内，否则势必会分散企业的力量，达不到预期的营销目标。鉴于上述原因，企业必须在市场细分的基础上，根据自身的资源优势权衡利弊，选择合适的目标市场。

二、目标市场应具备的条件

企业选择目标市场是否适当，直接关系到企业的营销成败以及市场占有率。因此，选择目标市场时，必须认真评价市场细分的营销价值，分析研究其是否值得去开拓，能否实现以最少的人、财、物消耗，取得最大的销售效果。一般说来，一个细分市场要能成为理想的市场，必须具备以下条件：

（一）有足够的市场需求

任何一个市场只要存在尚未满足的现实需求和潜在需求，就有市场机会，需求满足程度的高低，决定市场机会的大小。理想的目标市场应该是有利可图的市场，没有需求且不能获利的市场谁也不会去选择。

(二)市场上有较理想的潜在消费者

要有足够的销售额,如果没有购买力或购买力很低,就不可能构成现实市场,因此选择目标市场必须对目标市场消费者的购买力、购买欲望进行分析和评价。2000 年我国家庭彩电拥有量的数据为城市达到 110 台/百户,农村 9 台/百户,这说明我国农村市场潜力很大,但由于农民的支付能力太低而难以开发。

(三)市场竞争还不激烈

市场竞争还不激烈,也就是意味着竞争对手未能控制市场,有可能乘势开拓市场,占有一定的市场份额,在市场竞争中取胜。

综上所述,选择目标市场,就是选择一个或几个有利于本企业扩大产品销售的市场,保持市场的相对稳定,而不是越多越好。据英国市场营销协会的安德鲁·芬斯勒教授对英国、法国、德国等国家的 360 家出口大企业的调查,90%的出口产品集中在少数几个目标市场,而赢利却比无目标市场的企业高出 30%—40%。

三、企业选择目标市场应考虑的因素

目标市场战略的三种类型各有优缺点,因而各有其适用的范围和条件。一个企业究竟采用哪种战略应根据企业的自身条件、市场需求的特点、产品的特点、产品市场生命周期、竞争者的目标市场战略等具体情况来决定。

(一)企业的自身条件

企业在选择目标市场营销战略时,首先要考虑企业所选定的目标市场是否有利于企业任务、目标以及战略的实现;其次要考虑企业的实力状况如何,选择的目标市场是否有利于发挥企业的资源优势与能力优势。如果企业资源条件好,经济实力和营销能力强,可以采取差异性目标市场策略。如果企业资源有限,无力把整个市场或几个市场作为自己的经营范围时,可以采取无差异性目标市场策略。

(二)市场需求的特点

市场需求的特点是指市场的同质性,主要是指消费者需求、偏好及各种行为特征的类似程度及各细分市场间的区别程度。当市场消费者需求比较接近,偏好及特点大致相似,对营销方式的要求无太大差别时,说明市场同质性高,企业可采用无差异性市场策略。如果市场上消费者需求的同质性较小,明显地对同一商品在花色、品种、规格、价格、服务方式等方面有不同要求时,则宜采用差异性市场策略或集中性市场策略。

(三)产品的特点

指产品或服务在性能特点等方面具有较小的差异,主要表现为消费者对产品特征感觉具有较大的相似性。有些商品在品质上差异较小,比如汽油、钢铁等产品,可以采取无差异市场策略;相反,对于服装、家用电器、家具等这类品质上差异较大的商品,宜采用差异性市场策略或集中性市场策略。

（四）产品市场生命周期

在产品市场生命周期的不同阶段，可以实施不同的目标市场营销策略。在投入期，新产品刚刚上市，由于竞争者少，产品品种与形式比较单一，市场营销的重点是刺激消费者需求，因此比较适宜于实施无差异或集中目标市场营销战略。产品进入成熟期时，产品品种日益增多，竞争对手林立，企业要想维持或者扩大销售量，巩固企业在某一细分市场上的优势地位，则可采用差异性目标市场营销战略。

（五）竞争者的目标市场战略

一般来说，企业应采取同竞争对手有区别的营销战略。如果规模实力雄厚的、强有力的竞争对手实行的是无差异目标市场营销战略，则企业最好选择差异性目标市场营销战略；如果竞争对手采用差异性目标市场营销战略，则企业应在某一细分市场上，采用差异性或集中性目标市场营销战略；如果市场上竞争对手很多，为了树立企业及其产品在不同消费者心目中的良好形象，最好采用差异性或集中性目标市场营销战略，相反则采用无差异性目标市场营销战略。

四、目标市场选择类型

在企业市场营销活动中，企业必须选择和确定目标市场，这是企业制定市场营销战略的首要内容和基本出发点。企业应该根据其能力和资源条件选择具有较强吸引力的细分市场。可供企业选择的目标市场范围策略主要有以下五种，见图 8.2。

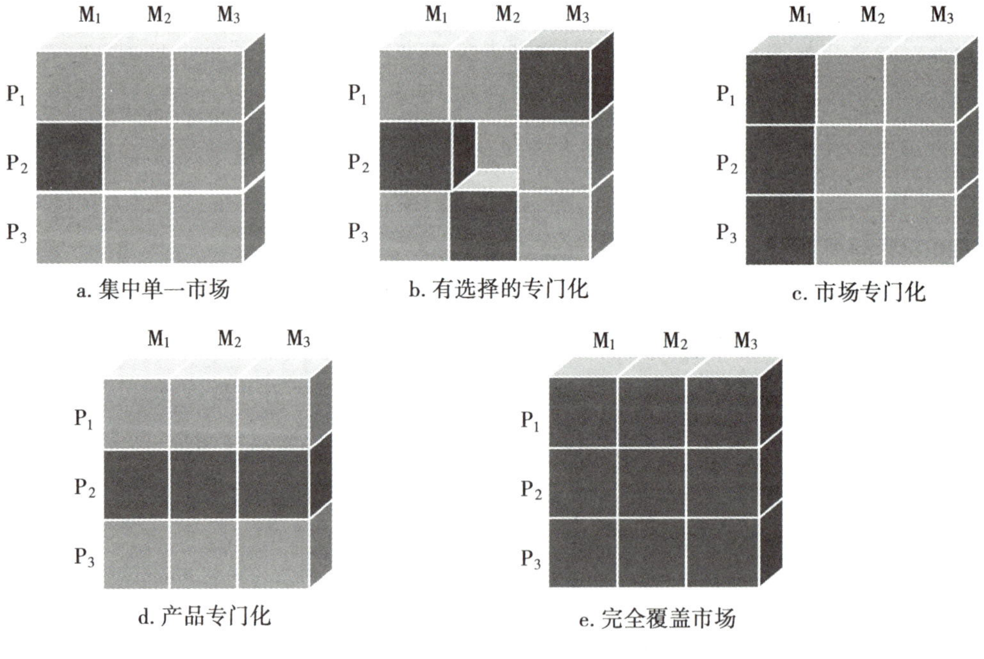

图 8.2 目标市场选择的五种模式

（一）集中单一市场

最简单的方式是企业只选择一个细分市场，实行密集营销。只生产一类产品（P_2）供给一个顾客群(M_1)。采用此策略一般基于以下考虑:企业本来就具备了在该细分市场上获胜的必备条件;或企业资源有限,只能在一个细分市场经营;或许这个细分市场没有竞争对手。这是中小企业常用的“聚焦”战略,也称为对位营销。对位市场(Market Niche)是指具有独特需求的一小部分消费者,他们一般愿意向那些专门满足他们需求的企业支付高价购买商品。大部分企业采用这种策略是因为初次进入一个新市场,缺乏经验,而求稳妥保险。TCL 公司 1996 年进入彩电市场就是对准收入较高的目标市场提供 29 英寸彩电。

这种战略模式的好处是能使企业集中力量,可在一个细分市场上占有较高的市场份额。由于顾客群单一集中,营销者能够对其有较深的了解,争取较高的市场渗透率。如果选择恰当的话,可获得较高的投资收益率。其不利之处就是风险较大,违背了“不要把所有的鸡蛋都放在一个篮子里”的原则。由于目标市场范围狭小,一旦市场形势突然变坏,如消费者偏好转移,价格下跌,出现强有力的竞争者,企业就可能陷入困境。

(二)有选择的专门化

为降低集中单一市场战略可能面临的风险,许多企业喜欢选择几个相互无关的细分市场作为目标市场(P_1M_3,P_2M_1,P_3M_2)。如春兰最初只是生产空调,后来进入汽车行业;海尔最早只生产电冰箱,后来收购了青岛洗衣机厂,又生产空调,兼并了黄山电视机厂,收购了青岛城市信用社、鞍山信托公司而进入金融业。这实际上是多元化战略,如果运用得当可以有效分散风险,即使企业在某个市场失利,也能在其他市场得到弥补。但其缺点也十分明显,即分散了企业的资源,增加了营销的难度和成本。

(三)市场专门化

企业专门为满足某个顾客群(M_1)某方面的各种需要而提供多种产品(P_1,P_2,P_3)。如老板电器公司为家庭提供多种厨房电器,尤其是定位于高端的老板牌吸油烟机,以其优越的品质和良好的服务获得了声誉。市场专门化战略的优点是能够深入细致地了解目标市场的需求,提供满足其需要的产品。其风险在于,如果该顾客群的购买力下降,或减少开支,企业的经营就会受到严重影响。

(四)产品专门化

企业集中生产一类产品(P_2),提供给各类顾客(M_1,M_2,M_3)。如格力电器专业化生产空调,同时向家庭、公司、政府机关、餐馆等顾客群销售。其优点是企业专注于某一种或一类产品,有利于形成生产、技术和营销方面的优势,挖掘生产和规模经济潜力。但是,如果该行业出现新的替代品或趋于饱和,企业经营绩效就会出现滑坡的危险。如四川长虹因彩电行业仅有5%的微薄毛利,经营十分艰难。

(五)完全覆盖市场

企业以其提供物(P_1,P_2,P_3)满足所有顾客群(M_1,M_2,M_3)的需要。如德国大众公司试图以其高、中、低端不同品牌和类型的汽车来满足中国市场上政府、企业和家庭用车的需要。这种战略只有大企业才有可能采用。

五、目标市场选择战略

在企业拓展市场的过程中，并非所有的细分市场和可能的目标市场都是企业所愿意进入和可以进入的。因此，为保证企业的营销效率，避免资源的浪费，必须把企业的市场营销活动局限在有限的市场范围内，否则势必会分散企业的力量，达不到预期的目标。

那么，企业如何根据自己的任务、目标、资源和特长来选择目标市场呢？

一般情况下，企业在决定为目标市场提供产品或服务时有三种战略可供选择.

（一）无差异性目标市场战略

无差异性目标市场战略，是指企业将整个市场作为自己的目标市场，把整个市场看成一个大市场。企业对整个市场只推出一种商品，采用一种价格，使用相同的分销渠道，去占领总体市场的战略。通过无差异的大规模营销，以吸引更多的消费者。所以，这种战略比较重视消费者需求的相似性，而忽略消费者需求的差异性，将目标市场所有消费者需求都看作是一样的，因而把总体市场作为企业的目标市场，而不进行市场细分，如图 8.3 所示。

一套营销组合策略 ——→ 整个市场

图 8.3　无差异性目标市场战略

这种目标市场战略的优点是由于不需要对市场进行细分，面对整个目标市场只实施一套营销组合策略，所经营产品的品种少而批量大，从而大大降低生产运输、市场调研和宣传费用。因此，能够节省大量的营销成本，实现规模经济效益，提高利润率。但是，由于企业只提供单一产品，难以满足消费者多样化的需求，不能适应瞬息万变的市场形势，应变能力差，同时由于忽略消费者的需求差异，容易被其他企业模仿，从而引起激烈的竞争，使企业获利机会减少。

这种战略比较适用于那些有广泛需求、能大量销售、规模经济效益明显的产品或服务。在生产观念和推销观念时期，它是大多数企业实施的营销策略。但随着消费者需求向多样化、个性化发展，其适用范围会逐步缩小。

案例衔接 8-7

可口可乐的无差异性目标市场战略

在市场上运用无差异性目标市场战略最成功的是可口可乐公司。可口可乐公司自 1886 年问世以来，一直采用无差异目标性市场战略，生产一种口味、一种配方、一种包装的产品满足世界 156 个国家和地区的需求，称作“世界性的清凉饮料”。1985 年，可口可乐公司宣布了要改变配方的决定，不料成千上万个电话打到公司，对公司改变可口可乐的配方表示不满和反对。该公司不得不继续大批量生产传统配方的可口可乐。

（二）差异性目标市场战略

差异性目标市场战略是指企业在市场细分的基础上，选择两个或两个以上的细分市场作为目标市场，针对不同细分市场上的消费者需求，分别设计和实施不同营销组合策略，以满足消费者需求。如图 8.4 所示。

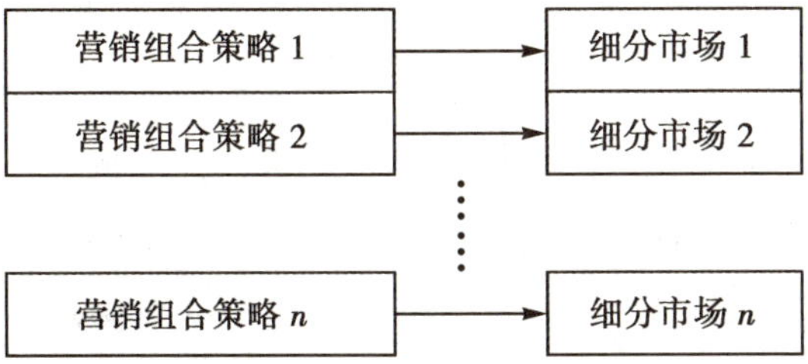

图 8.4　差异性目标市场战略

差异性目标市场战略有利于满足不同消费者的需求，提高市场占有率和经济效益。企业的产品如果同时在几个子市场都占有优势，就会提高消费者对企业的信任感，进而提高重复购买率。同时，企业通过多样化的渠道和多样化的产品线进行销售，通常会使总销售额增加。但是在创造较高销售额的同时，也增大了生产成本、管理成本、营销成本等，使产品价格升高，从而使企业失去竞争优势。

差异性目标市场战略适用于消费者需求弹性较大的商品、成熟期的产品以及规格等级复杂的产品。日用消费品中绝大部分商品均可以采用这种差异性目标市场战略。但是，企业能否采用这种差异性目标市场战略，需要结合自身实力和目标全方位考虑。

案例衔接 8-8

宝洁公司的差异性目标市场战略

美国宝洁公司是世界最大的日用消费品公司之一，全球雇员近 10 万，在全球 80 多个国家设有工厂及分公司，所经营的 300 多个品牌的产品畅销 160 多个国家和地区，旗下小品牌数百个、独立大品牌 80 多个，其产品覆盖洗发护发、美容护肤、个人清洁、妇女保健、婴儿护理、家居护理等诸多领域。

宝洁旗下洗发水品牌有潘婷、海飞丝、飘柔、沙宣、伊卡璐等，洗衣粉有汰渍、碧浪、欧喜朵、波德等，牙膏有佳洁士，香皂有舒肤佳，卫生巾有护舒宝，化妆品有 SK-II、玉兰油、威娜、妮维雅等。另外还有博朗、吉利、品客、金霸王等。在中国，宝洁的飘柔、海飞丝、潘婷、舒肤佳、玉兰油、护舒宝、碧浪、汰渍和佳洁士等已经成为家喻户晓的品牌。

宝洁的多品牌战略都采取了差异性目标市场战略，它们把产品的整体市场划分为若干细分市场，从中选择两个以上甚至全部细分市场作为自己的目标市场，并为每个选定的市场制定不同的市场营销组合方案，同时多方位地分别开展针对性的营销活动，也就是采取全面进入市场策略。

宝洁旗下的每个产品品牌都个性迥异，针对不同的细分市场进行产品设计、价格定位、广告传播及渠道建设，满足消费者差异化的市场需求。这样，每个品牌都有自己的发展空间，市场就不会重叠。

在洗发产品中海飞丝宣扬的是“头屑去无踪，秀发更出众”，飘柔突出“飘逸柔顺”，潘婷则强调“营养头发，更健康更亮泽”，沙宣是专业美发，伊卡露是染发等。宝洁构筑了一条完整的美发、护法、染发的产品线，最大限度地瓜分了市场。

再说洗衣粉，宝洁公司设计了多种品牌的洗衣粉，汰渍、奇尔、格尼、达诗、波德、卓夫特、象牙雪、奥克多和时代。汰渍——洗涤力强，去污彻底，用途齐全的家用洗衣粉；奇尔——杰出的洗涤能力与护色能力；格尼——加酶洗衣粉，令衣物干净、清新；达诗——有效去污，价格低；波德——加入织物柔软剂；卓夫特——含有天然清洁剂硼石，适合洗涤婴儿用品；象牙雪——碱性温和，适合洗涤婴儿用品；奥克多——含有漂白剂；时代——天生的去污剂，能清除难洗的污点。

宝洁公司认为不同的顾客希望从产品中获得不同的利益组合。有些人认为洗涤和漂洗能力最重要，有些人认为使织物柔软最重要，有些人希望洗衣粉具有气味芬芳、碱性温和的特征。于是就利用洗衣粉的不同细分市场，设计了多种不同的品牌。

总的来说，宝洁的洗发水、洗衣粉等以产品的使用功能为品牌区分标准，以产品使用功能为品牌利益诉求点。成功运用差异性目标市场战略占领市场，赢得了消费者的青睐。

（三）集中性目标市场战略

集中性目标市场战略也称为密集性目标市场战略，是指企业把整个市场细分后，集中力量进入某一细分市场，针对该细分市场设计一套营销组合策略，实行专业化生产和经营，占领一个或少数几个细分市场，以获取较高市场占有率的一种营销战略。实施这种战略通常是为了在一个较小或很小的细分市场取得较高的甚至是支配地位的市场占有率，而不去追求在整体市场或较大市场上占有较小的份额，如图 8.5 所示。

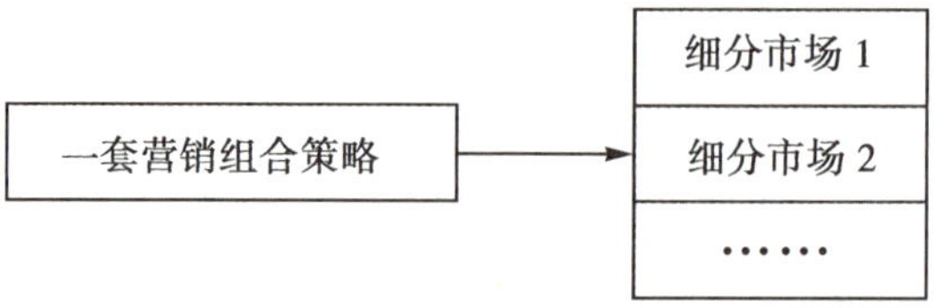

图 8.5　集中性目标市场战略

集中性目标市场战略可以使企业深入了解特定细分市场的需求，提供有针对性的服务，从而提高企业在所选目标市场上的地位和信誉。同时，企业实行专业化经营，可以节约营销成本和营销费用,从而降低成本、提高企业投资利润率。但这种市场策略最大的缺点在于风险性较大,最容易受竞争者冲击。因为企业将所有力量集中于某一细分市场,当目标市场消费者需求迅速发生变化或出现强大竞争对手时,如果企业的应变能力与抗风险能力差,将会存在较大的经营风险,企业可能陷入困境。

集中性目标市场战略主要适用于那些资源力量有限的小企业。因此,小企业在大企业没有注意到或者不愿顾及、自己又力所能及的某个细分市场上全力以赴,往往更容易取得营销上的成功。比如,生产空调器的企业不会生产各种型号和款式、面向不同顾客和用户的空调机,而是专门生产安装在汽车内的空调机,又如汽车轮胎制造企业只生产用于换胎业务的轮胎,均是采用此策略。

案例衔接 8-9

采乐的集中性目标市场战略

采乐目标市场的主要目标消费群是重度的头屑人群。采乐的产品策略是通过强调特效药去屑,与普通的去屑洗发水区别开来。为了强调采乐的专业性和效果,其价格是昂贵的,比一般的洗发水贵几倍。采乐的分销渠道主要是药房和医院,并在广告中宣传采乐的方法是治标先治本,从杀灭真菌入手,针对根本。这种独特的产品功能性诉求,有力地抓住了目标消费者的心理需求,使消费者想要从源头解决头屑问题时,首先想到采乐。

第三节 市场定位战略

一、市场定位的含义及过程

(一)市场定位的含义

市场定位(Market Positioning)是在 20 世纪 70 年代由美国营销学家艾·里斯和杰克·特劳特提出的,其含义是企业根据竞争者现有产品在市场上所处的位置,针对顾客对该类产品的某些特征或属性的重视程度,为本企业产品塑造与众不同、印象鲜明的形象,并将这种形象生动地传递给顾客,从而使该产品在市场上确定适当的位置,形成企业独一无二、不可替代的竞争优势。

(二)市场定位的过程

市场定位的关键是企业要设法在自己的产品上找出比竞争者更具有竞争优势的特性。这就要求企业采取一切手段在产品特色上下功夫。一般来讲,企业市场定位的过程可以通过识别潜在竞争优势、显示独特的竞争优势、准确选择竞争优势三个基本步骤来进行，如图 8.6 所示。

图 8.6　市场定位的步骤

1.识别潜在竞争优势

这是市场定位的基础。一般情况下，企业的竞争优势表现在两方面，成本优势和产品差别化优势。为实现此目标，企业首先必须进行规范的市场研究，切实了解目标市场需求特点以及这些需求被满足的程度。一个企业能否比竞争者更深入、更全面地了解顾客，是能否取得竞争优势、实现产品差别化的关键。另外，企业可以从以下三个方面评估竞争者：一是竞争者的业务经营情况，比如估测其近三年的销售额、利润率、市场份额、投资收益率等；二是评价竞争者的核心营销能力，主要包括产品质量和服务质量的水平等；三是评估竞争者的财务能力，包括获利能力、资金周转能力、偿还债务能力等。

2.显示独特的竞争优势

这一步骤的主要任务是企业要通过一系列的宣传促销活动，将其独特的竞争优势准确传播给潜在顾客，并在顾客心目中留下深刻印象。为此，企业首先应使目标顾客了解、知道、熟悉、认同、喜欢和偏爱本企业的市场定位，在顾客心目中建立与该定位相一致的形象。其次，企业应通过各种努力强化目标顾客形象、保持目标顾客的了解、稳定目标顾客的态度并加深目标顾客的感情来巩固与市场相一致的形象。最后，企业应注意目标顾客对其市场定位理解出现的偏差或由于企业市场定位宣传上的失误而造成的目标顾客模糊、混乱和误会，及时纠正与市场定位不一致的形象。

3.准确选择竞争优势

竞争优势表明企业能够胜过竞争对手的能力，选择竞争优势实际上就是一个企业与竞争者各方面实力相比较的过程。通常的方法是分析、比较企业与竞争者在经营管理、技术开发、采购、生产、市场营销、财务和产品等七个方面究竟哪些是强项，哪些是弱项，借此选出最适合本企业的优势项目，以初步确定企业在目标市场上所处的位置。

二、市场定位的基本方法

与其说市场定位是为了在消费者心中留下特别的印象，不如说为了与竞争对手进行形象区分，因此市场定位的一个重要内容就是如何与竞争对手展开争夺。市场定位是一种竞争性定位，它反映市场竞争各方的关系，是为企业有效参与市场竞争服务的。企业常用的定位类型有以下四种。

（一）避强定位

这是一种避开强有力的竞争对手进行市场定位的模式。企业不与对手直接对抗，将自己置于某个市场“空隙”,发展目前市场上没有的特色产品,开拓新的市场领域。

这种定位的优点是能够迅速地在市场上站稳脚跟,并在消费者心中尽快树立起一定的形象。由于这种定位方式市场风险较小,成功率较高,常常为多数企业所采用。例如,美国的 Aim 牌牙膏专门对准儿童市场这个空隙,因而能在佳洁士和高露洁两大品牌统治的世界牙膏市场上占有 10%的市场份额。又如,可口可乐、百事可乐是世界软饮料行业的领导企业,如果在可乐市场上与它们竞争,后果可能不是很理想,七喜公司认识到了这一点,避开“可乐”这一概念,而把自己定位于“非可乐”,此举取得了极大的成功,使七喜汽水在“非可乐”领域开辟了一个巨大的市场。

(二)迎头定位

这是一种与在市场上居支配地位的竞争对手“对着干”的定位方式,即企业选择与竞争对手重合的市场位置,争取同样的目标顾客,彼此在产品、价格、分销、供给等方面少有差别。

在世界饮料市场上,作为后起的百事可乐进入市场时,就采用过这种方式,“你是可乐,我也是可乐”,与可口可乐展开面对面的较量。实行迎头定位,企业必须做到知己知彼,应该了解市场上是否可以容纳两个或两个以上的竞争者,自己是否拥有比竞争者更多的资源和能力,是不是可以比竞争对手做得更好。否则,迎头定位可能会成为一种非常危险的战术,将企业引入歧途。

当然,也有些企业认为这是一种更能激发自己奋发向上的定位并尝试得到巨大的市场份额。

(三)重新定位

重新定位通常是指对那些销路少、市场反应差的产品进行二次定位。初次定位后,随着时间的推移,新的竞争者进入市场,选择与本企业相近的市场位置,致使本企业原来的市场占有率下降;或者,由于顾客需求偏好发生转移,原来喜欢本企业产品的人转而喜欢其他企业的产品,因而市场对本企业产品的需求减少。在这些情况下,企业就需要对其产品进行重新定位。所以,一般来讲,重新定位是企业为了摆脱经营困境,寻求重新获得竞争力和增长的手段。不过,重新定位也可作为一种战术策略,并不一定是因为陷入了困境,相反可能是由于发现新的产品市场范围引起的。例如,某些专门为青年人设计的产品在中老年人中也开始流行后,这种产品就需要重新定位。重新定位有时需要承担很大的风险,企业在做出重新定位决策时一定要慎重。必须仔细分析原有定位需要改变的原因,重新认识市场,明确企业的优势,选择最具优势的定位,并通过传播,不断强化新的定位。

案例衔接 8-10

万宝路的重新定位

万宝路刚进入市场时,以女性作为目标市场,它的口味也特意为女性消费者而设计:淡而柔和。它推出的口号是“像五月的天气一样温和”。从产品的包装设计到广告宣传,万宝路都致力于目标消费者是女性烟民。然而,尽管当时美国吸烟人数年年都在上升,万宝路的销路却始终平平。20 世纪 40 年代初,莫里斯公司被迫停止生产万宝路香烟。后来,广告大师李奥贝纳为其做广告策划时,做出一个重大的决定,万宝路的命运也发生了转折。李奥贝纳决定沿用万宝路品牌名称,但对其进行重新定位。他将万宝路重新定位为男子汉香烟,并将它与最具男子汉气概的美国西部牛仔形象联系起来,吸引所有喜爱、欣赏和追求这种气概的消费者。通过这一重新定位,万宝路树立了自由、野性与冒险的形象,在众多的香烟品牌中脱颖而出。从 20 世纪 80 年代中期到现在,万宝路一直居世界各品牌香烟销量首位,成为全球香烟市场的领导品牌。

(四)创新定位

创新定位是指企业寻找新的尚未被占领但有潜在市场需求的位置,填补市场上的空缺。例如,日本索尼公司生产的索尼随身听等一批新产品,正是填补了市场上迷你电子产品的空缺。采用这种定位方式时,企业应明确创新定位所需的产品在技术上、经济上是否可行,有无足够的市场容量,能否保障企业的可持续发展。

案例衔接 8-11

善于做“冷门”生意

日本一家公司的经理安藤百福,在回家的路上看到许多人挤在饭馆等吃热面条的情景,马上想到如果研制一种开水冲泡的面条,肯定受欢迎。很快,方便面问世了。

美国科学家贝尔发明了电话,却没考虑到公共电话细菌传播的问题。这无意中给企业留下了一个“冷门”。浙江省瑞安市中外合资蔡氏日用化工有限公司据此发明出电话长效清香型杀菌片,很受客户欢迎。

做“冷门”生意,是需要一双慧眼的,“冷门”生意有市场潜力而为之者不多,赢利当然就不难了。

三、市场定位战略

市场定位的核心是要使公司的产品与竞争者的产品有差别,上述四种定位方式均需要通过差异化手段来实现。例如,美国联合航空公司长期以来把“旅途愉快”作为企业的目标,因此公司员工必须在每条航线上向顾客传递这一承诺,并为顾客提供所期望的优质服务。差异化是市场定位的根本战略,营销人员必须考虑顾客与公司产品或服务联系的整个过程,采用不同的战略做到差异化,使产品和服务不同于竞争者。具体策略表现在以下五个方面。

(一)产品差异化战略

产品差异化战略是市场定位的重要内容。企业可以从产品的特征、产品质量、产品性能、耐用性、可靠性、产品款式和设计等方面突出其差异,在目标市场上建立被顾客认同、自己独有的优势。许多产品能够实现高度的差异化,如汽车、服装、家具、商业建筑等。日本汽车行业流行着这样一种说法:“丰田的安装,本田的外形,日产的价格,三菱的发动机”。可见,这体现了日本四家主要汽车公司的核心专长与优势。还有一些同质产品,差异化程度非常小,被认为是很难实现差异化的产品,如茶叶、鸡蛋、钢铁和食盐等。但事实上,这些也是可以实现有效的差异化。成春鸡蛋曾以其鸡蛋中的胆固醇含量比其他品牌低而著称;同样是感冒药,康泰克声称自己药力持久,可长达 12 小时,“早一粒、晚一粒,即可缓解鼻塞、打喷嚏等症状”,因而以较高的价格占领市场。

企业在把无差异产品转化为差异化产品,在给顾客增加利益的同时,也可能带来企业成本的增加。因此企业应当注意,并非所有的产品差异化都是有价值的或有意义的。菲利浦·科特勒认为有效的差异化应达到以下几个标准:

一是重要性。该差异化应向顾客让渡较高价值的利益。

二是独特性。该差异化是其他企业所没有的,或者是该企业以一种突出、独特的方式提供的。

三是优越性。该差异化明显优于通过其他途径来获得相同的利益。

四是沟通性。该差异化是易于向顾客通报和沟通的,是顾客能够看得见的。

五是不易模仿性。该差异化是其竞争者难以模仿的。

六是承担性。该差异化是顾客有能力购买的。

七是赢利性。该差异化能够让企业获得足够的利润。

案例衔接 8-12

七喜的差异化战略

七喜初创时,是独立于百事可乐的,而且还与可口可乐、百事可乐等美国饮料巨头展开过一场又一场饮料大战。相对于可口可乐和百事可乐来说,七喜完全是一个后起之秀。七喜公司将其生产的柠檬饮料与莱姆饮料定义为“非可乐”饮料,从而把美国的以“可乐型”为主流的饮料市场撕开了一个突破性的缺口。将饮料定义成“可乐”和“非可乐”,这是七喜的首创。它无端创造出一种新的消费观念来为它的汽水打开销路。按照七喜的分法,可口可乐、百事可乐是可乐型饮料的代表,而七喜汽水则是非可乐型饮料的代表。1980 年,七喜公司的负责人魏茨曼在翻阅《消费者导报》时看到一篇文章,其中说到,美国人民日益关心咖啡因的摄取量问题,有 66%的成人希望能减少或完全消除食品中的咖啡因含量。看到这,魏茨曼自信已经找到反击的武器了。他立即布置公司的研究人员去调查“两乐”中的咖啡因含量。研究人员给他的答复更增加了他的信心:355 毫升的可口可乐含有 34 毫克的咖啡因,而同量的百事可乐则含 37 毫克。而作为非可乐型饮料,七喜汽水的咖啡因含量则为零。七喜汽水毫不犹豫地发动了“无咖啡因”战役。它投入 4500 万美元,掀起了一场声势浩大的广告攻势,向消费者极力推出一种不含咖啡因的饮料——七喜。

(二)服务差异化战略

服务差异化战略是指向目标市场提供与竞争者不同的优质服务。除了实际产品差异化外,企业还可以使其与产品有关的服务区别于其他企业。而随着企业对产品差异化策略的重视,实现产品的差异化变得越发困难,此时企业的竞争力逐渐转移到顾客服务水平上。竞争成功的关键取决于服务的数量和质量,企业可以通过快速、便利和细心的送货、安装和维修服务来实现服务差异化,也可以通过向顾客提供培训服务和咨询服务来提高服务差异化水平。例如,许多银行开设了 24 小时金融自助服务区,在假日和晚上为顾客提供便利的服务;许多汽车消费者宁愿为能提供一流服务的汽车经销商支付较多的成本。

案例衔接 8-13

海尔——真诚到永远

海尔公司承诺,顾客购买空调后 24 小时内送货、安装、调试。当顾客打电话要求维修时,保证当天上门,事后还跟踪,直到消费者满意为止。国产品牌的家电产品近年来之所以能在我国家电市场上占有很高的市场份额,主要原因就是可以为消费者提供及时优良的售后服务。而曾经在我国市场上占上风的日本的一些家电品牌,由于轻视中国消费者对售货服务的需求,没有为消费者提供可靠的服务,正被消费者冷落与疏远。正如奔驰汽车公司所奉行的企业宗旨:售前的承诺与奉承,不如售后无处不在的完善服务。

(三)渠道差异化战略

分销渠道也可以实现差异化。渠道差异化战略是指企业可以通过设计渠道的覆盖范围、专业化程度等实现差异化优势。如亚马逊、戴尔电脑等企业通过高质量的直销渠道将自己和竞争对手区别开来,实现差异化,取得了巨大的成功,顾客与企业的联系只要一个电话或者通过因特网就可以实现,非常方便快捷。

(四)人员差异化战略

人员差异化战略就是企业通过聘用和培训比竞争者更为优秀的人员以获取差别优势。经过良好训练的员工应具备的基本素质包括：熟练掌握企业必需的产品知识和技能；具有良好的个人品质，热情、友好、诚信，尊重他人；具有良好的职业道德，强烈的责任心、事业心、上进心；具有敏捷的思维能力，对顾客的要求和困难能迅速做出反应；善于与顾客沟通、交流，能将信息准确无误地传达给顾客。日本航空拥有一支高素质的航空员工队伍，从机长到空乘人员都训练有素，为乘客提供优质服务，贯穿入关—空中—出关的全过程，赢得各国乘客的赞美，凡乘过此航线的乘客，很难再选择其他的航空公司。

（五）形象差异化战略

形象差异化战略是指在产品的核心部分与竞争者同类的情况下塑造不同的产品形象和品牌形象以获取差别优势。建立一个鲜明而独特的形象需要企业不断地创新和不懈地努力，需要企业持续不断地利用传播工具清晰地向顾客传达产品的独特利益和定位。具有优秀创意的标志融入某一文化的氛围，也是实现形象差异化的重要途径。如麦当劳的金色模型“M”，让人无论在何处看到这一标志就会马上联想起麦当劳舒适宽敞的就餐环境、优质的服务和可口的汉堡、薯条。企业也可以通过名人来建立品牌形象，如“飞人”乔丹的耐克篮球鞋。

››› 本章小结 ‹‹‹

1.市场细分、选择目标市场和市场定位成为目标市场营销战略的三要素，简称为 STP 战略。这是本章最重要的概念，也是现代市场营销理论的核心框架。

2.对某种产品的基本需要，决定了一个整体市场。由于整体市场中的消费者在需求上存在着差异性，必须将其划分成一些小的消费者群体，即细分市场。对消费者市场进行细分的依据包括地理细分、人口统计细分、心理细分和行为细分，对产业市场细分的依据主要有最终用户、用户规模和购买力及用户地点。为使细分出来的市场真正有用，细分市场必须具有可衡量性、可接近性、可赢利性和可区分性。

3.在企业细分市场后，需要对每个细分市场进行评估，根据目标市场应具备的条件，决定企业要以多少细分市场及哪些细分市场作为进军的目标。企业可以采用三种不同的目标市场营销战略，即无差异性目标市场战略、差异性目标市场战略和集中性目标市场战略。

4.定位是使营销者的产品或品牌在市场上获得一个独特的位置。营销者必须确立其产品的典型特征来发展竞争优势，使其产品或品牌显得与众不同。企业定位的方法主要有避强定位、迎头定位、重新定位和创新定位四种战略。定位战略主要有产品差异化战略、服务差异化战略、渠道差异化战略、人员差异化战略、形象差异化战略。

实践与练习

一、单项选择题

1.市场细分的概念是20世纪50年代中期美国市场营销学家(　　)提出的。

A.基恩·凯洛西尔　　B.鲍敦

C.温德尔·史密斯　　D.菲利普·科特勒

2.消费需求客观存在(　　)。

A.绝对差异性　　B.相对同质性

C.相对差异性　　D.A和B

3.下列不属于有效市场细分必须满足的条件是(　　)。

A.可衡量性　　B.差异性

C.可对比性　　D.可赢利性

4.企业目前的资源能否通过适当的营销组合有效进入该细分市场并为之服务,这是有效市场细分的(　　)条件。

A.可衡量性　　B.可进入性

C.可赢利性　　D.差异性

5.采用无差异性目标市场战略的最大优点是(　　)。

A.市场占有率高　　B.成本的经济性

C.市场适应性强　　D.需求满足程度高

6.集中性目标市场战略尤其适合于(　　)。

A.跨国公司　　B.大型企业

C.中型企业　　D.小型企业

7.同质性较高的产品宜采用(　　)。

A.产品专业化营销　　B.市场专业化营销

C.无差异营销　　D.差异性营销

8.“好空调,格力造”属于(　　)定位。

A.质量优势　　B.情感

C.自我形象　　D.功能

9.目标市场营销战略的第三个步骤是(　　)。

A.市场细分　　B.目标市场选择

C.市场定位　　D.执行和控制

10.在市场营销实践中,追求利益细分是一种行之有效的细分方式,它属于(　　)。

A.地理细分　　B.人口统计细分

C.心理细分　　D.行为细分

11.不属于消费者市场细分依据的是（　　）。

A.地理细分　　B.人口统计细分

C.用户行业　　D.行为细分

12.当市场产品供不应求时，其一般宜实行（　　）。

A.无差异市场营销　　B.差异市场营销

C.集中市场营销　　D.大量市场营销

13.当产品处于导入期或成长初期时，企业一般采用（　　）策略。

A.无差异市场营销　　B.差异市场营销

C.集中市场营销　　D.大市场营销

14.当产品进入成长后期时，企业一般采用（　　）策略。

A.无差异市场营销　　B.差异市场营销

C.集中市场营销　　D.差异市场营销或集中市场营销

15.消费者对某种产品的使用率属于（　　）。

A.地理因素　　B.人口统计因素

C.心理因素　　D.行为因素

16.某跨国集团将其目标市场划分为亚洲、欧洲、美洲、非洲等，其划分的依据属于（　　）。

A.地理细分　　B.人口统计细分

C.心理细分　　D.行为细分

17.某服装制造商为"时尚女性""家庭女性""传统女性""有男子气的女性"等消费者分别设计和生产服装。其细分市场的依据是（　　）。

A.教育水平　　B.性别

C.消费者所追求的利益　　D.生活方式

18.企业从各方面赋予产品一定的特色，树立产品鲜明的市场形象，以求在消费者心目中形成一种稳定的认知和特殊的偏爱，这种做法就是（　　）。

A.市场细分　　B.市场定位

C.市场选择　　D.市场拓展

二、判断题

1.市场细分只是一个理论抽象，不具有实践性。（　　）

2.与产品生命周期阶段相适应，新产品在导入期和成长期，企业往往可采用无差异性目标市场战略。（　　）

3.市场细分理论是消费者需求的绝对差异性和相对同质性。（　　）

4.市场细分是选择目标市场的前提和条件,目标市场的选择则是市场细分的目的和归宿。(　　)

5.品牌定位处于市场定位阶梯的最高层次。(　　)

6.企业在市场营销方面的独特竞争优势,会自动地在市场中得到表现。(　　)

7.无差异性目标市场战略的最大优点在于成本的经济性。(　　)

8.细分消费者市场的标准,不适用于产业市场。(　　)

9.消费者需求的相对同质性造成了市场细分的必要性,而消费需求的绝对差异性则使市场细分有了实现的可能性。(　　)

10.通过市场细分化过程,细分出的每一个分市场,对企业市场营销都具有重要的意义。(　　)

11.同质性高的产品适宜采用集中性目标市场战略。(　　)

12.在一定水平的产品功能和属性的支撑下,情感已经超过产品属性,成为消费者购买决策的主要推动力。(　　)

三、案例分析题

娃哈哈董事长的毛泽东式管理:农村包围城市

娃哈哈董事长宗庆后常说,对他影响最大的人就是毛泽东。对于他这一代人而言,毛泽东永远是对他们影响最为深刻的一位伟人。毛泽东的军事与政治著作对近代中国产生了极大的促进作用,而随着时代的变迁,毛泽东的军事战略被引入到现代化的企业战略中,形成了独特的毛泽东式企业管理理论。但其实很早,宗庆后就开始用毛泽东思想创业和管理,可以说是将毛泽东思想贯彻的最为彻底的企业家之一。

星星之火

创业,兼并杭州罐头厂

1991年,曾经是杭州市三大创汇基地,当时却面临倒闭危机的杭州罐头厂,迎来了它未来的新主人——宗庆后。只是,这位新主人却并不是特别被看好,“我们堂堂国企怎么能被娃哈哈这种小企业兼并”的不平心声在罐头厂每个人的心里升腾,就差爆发。

这个爆发点,他们就选在宗庆后的列席会议上——当面,一定要当面爆发。但宗庆后到场后的一番演说,让这场本来可能成为情绪爆发点的会议,响起了最热烈的掌声。

“小跟大要看怎么个比法,杭州罐头厂虽然规模大,但连年亏损,连工资都发不出来。娃哈哈虽然规模小,但是娃哈哈销售额和资金实力都比罐头厂强,而且保证大家有活干,兼并之后工资都能提高。罐头厂管理人员,也将择优留任。”这是宗庆后当时的列席发言,话不多,但以理服人,句句到位,句句说到罐头厂职工心里。他们自此相信,成功领导了小厂子的宗庆后也一定可以领导大厂子走向辉煌。

而宗庆后没有让他们失望。兼并后的第一项工作就是马上恢复生产。他派核心工作人员,架新生产线,三个月后,罐头厂扭亏为盈。兼并之后的1991年,当年的娃哈哈凭借主打的娃哈哈儿童营养液,产值首次突破了亿元大关,而且一破就是两个亿。这可是在一年前还以亏损7000万人民币著称的杭州罐头厂。无数的赞誉向宗庆后扑来,但宗庆后明显对当时取得的成绩并不满足,他继续盘算着更大的发展计划。在被问到对于这一著名的兼并事件的感想时,他淡然说道:星星之火,可以燎原。

农村包围城市

非常家长的非常可乐营销

在娃哈哈的非常可乐上市之前的一段时间,除健力宝外,其他七家本土饮料企业全部被国际巨头可口可乐和百事可乐并购。中国碳酸饮料尤其是可乐产品还有没有生存的可能?当时乐百氏聘请著名的麦肯锡进行市场调查的结论是“可乐市场已饱和,难容新产品进入”。但宗庆后却选择在这万马齐喑的时候推出了非常可乐,他的理由是什么?

早在下乡时期,熟读历史著作的宗庆后就对毛泽东提出的“农村包围城市”印象深刻。这一理论可谓是毛泽东理论体系的初成奠基。毛泽东很早就意识到,硬碰硬的去与对手对抗,肯定是行不通的。或许是从中找到了灵感,宗庆后意识到,对于可乐这一舶来品而言,国际巨头“两乐”的消费者主要集中在大城市,而中小城市与中国最广阔的农村市场,对可乐的口感普遍接受,但对品牌并不是非常敏感,更遑论对“两乐”的品牌忠诚。果然,非常可乐一经推出,以其喜庆的广告宣传得到了广大中国人民的喜爱,数年间已经与“两乐”三分天下,出货量占可口可乐的近四成,更占百事可乐的七八成。非常可乐很快在二、三线城市与乡镇市场站稳了脚跟,并逐步渗入大城市。非常可乐这一仗后,宗庆后对市场的判断力同样得到了市场的回报,由毛泽东农村包围城市理论延伸出的现代化市场战略得到了最响亮的回应,不吝是对“两乐”统治下的中国可乐市场的最大冲击,也是对国际调查机构所谓“饱和市场再无插入可能”论调的最有力反驳。

娃哈哈新的战略转型

在商业地产逐渐成为投资商眼中的新宠时,娃哈哈终究还是没能抵挡住这一诱惑。2013年11月12日,有媒体消息报道,杭州娃哈哈集团有限公司的第一个商业地产项目娃哈哈宜昌购物广场正式动工。

事实上,娃哈哈于2012年11月在杭州钱江新城开设了首家娃欧商场,进行商业项目的运营,但是由于商业团队经验不足,运营管理也做得不够,娃欧商场自开业就一直经营惨淡,甚至被称为“空城”。

在二线城市商业项目运营的碰壁,也让娃哈哈不得不重新审视其商业地产的布局,转战三、四线城市或许是个机会。

或许在宗庆后看来,传统饮料的利润率已经远远低于白酒,因此其推出了白酒新品领酱国酒。

2013年11月,娃哈哈召开经销商大会的时候,宗庆后提出了娃哈哈将看重“农村包围城市”的营销策略。低端酒这块,乡镇市场是比较大的。

显然宗庆后是比较有信心的,在他的逻辑里,不仅有贵州当地政府强有力的支持、季克良先生的助力,还有这么多年娃哈哈的操盘经验,应该会使娃哈哈在白酒行业有新的发展机遇。

思考:

1.你是如何看待娃哈哈进军房地产业与白酒行业的?

2.宗庆后的“农村包围城市”战略对房地产业与白酒行业是否有效?

3.为什么非常可乐长不大?

4.市场应该如何细分?

四、思考题

1.消费者市场细分的标准有哪些?

2.企业选择目标市场应考虑的因素。

3.试论述市场定位的基本方法。

4.简述市场定位的战略。

第四篇

设计市场营销策略

第九章

产品策略

教学目标

通过本章学习，掌握市场营销学中产品的整体概念；理解产品组合的概念、原则及策略；掌握典型的产品生命周期四个阶段的特点及营销策略；掌握品牌的概念与品牌策略；了解产品包装的概念、作用、原则及策略；了解新产品的概念、类型及开发的管理程序。

导入案例

丰田的"嫁衣"

提起日本丰田汽车，人们很容易联想到皇冠牌小汽车和"车到山前必有路，有路就有丰田车"的广告语，这些都是因为丰田公司如今已享有很高的知名度。然而，谁能想到丰田公司首次向美国出口小汽车时，仅销售出 228 辆。

丰田公司首次向美国推出的产品名叫丰田宝贝，它的外形像个方盒子，整个产品存在严重缺陷，发动机启动起来像卡车一样响，内饰既粗糙又不舒服，灯光也非常暗。丰田宝贝惨败后，丰田公司对美国市场进行了大量的调查和研究。

通过深入研究分析，丰田公司制订了一整套打入美国市场的营销战略。新推出的皇冠牌小汽车，不仅在发动机功率和性能上比主要竞争对手大众公司的甲壳虫车提高了一倍，而且易操纵、省油，具备了小型车的各种便利，同时丰田公司为汽车装备了所有美国人都渴望的柔软舒适的座椅、柔色的玻璃，侧壁有白圈的轮胎等，甚至对一些不太引人注目的细节也给予了充分的重视，如车扶手的长度和腿部活动空间的大小都按美国人的身材进行了设计，从这个意义上说，它几乎完美无缺。丰田公司的皇冠牌汽车很快就建立了良好信誉，每销售 100 辆，顾客不满意的车数从1969年的4.5辆，下降到1973年的1.3辆。

丰田汽车在美国市场站稳脚跟以后，转而采取产品策略，通过不断改进产品以满足顾客需要作为其营销策略。1970年和1974年，丰田公司对皇冠产品系列分别做了两次大的修改，扩大车身，加宽踏板，同时进一步提高稳定性能，所有这些都是为了满足美国消费者的偏好。

丰田公司将产品理解为“适合顾客需要”，产品改革从顾客的角度出发而不是将其看作产品自身的要求。在广泛的调查研究和搜集顾客反馈意见的基础上，丰田公司综合顾客的要求，尽可能提供与之相适应的产品。同时，丰田公司将提高产品质量的努力集中在对生产过程质量的控制上，采取各种质量控制方法。如通过“无缺陷”概念来寻找不合格产品的原因等。此外丰田公司还在高度相互信任和尊敬的基础上，培养了与其零部件供应商之间强有力的协作关系，从而把住了协作公司零部件质量关。

由产品策略牵头，再配合其他定价、分销、促销策略，丰田公司占领美国市场的策略取得了巨大成功，随后其在世界各地的发展突飞猛进。2015年，全球车市风起云涌，最终丰田公司以1015万辆的总成绩，超过大众公司的993万辆和通用公司的984万辆，成功卫冕，8年来第七次成为全球新车销量最大的汽车企业。

简要评析

产品策略是4P组合策略之一，也是4P组合策略的核心。企业的一切生产经营活动都是围绕着产品进行的，即通过及时、有效地提供消费者所需要的产品而实现企业的发展目标。丰田汽车能够成功打入美国市场，与其采用以满足顾客的需要为核心的产品策略是分不开的，产品策略涉及正确地认识产品的内涵，巧妙地进行产品的组合，准确地判断产品的生命周期，有效地开发出新的产品，增强产品外观的吸引力，树立品牌形象，培育企业持续发展的动力等。

第一节　产品整体概念及产品组合

企业制定经营战略时，首先要明确企业能提供什么样的产品和服务去满足消费者的要求，也就是要解决产品策略问题。它是市场营销组合策略的基础，从一定意义上讲，企业成功与发展的关键在于产品满足消费者的需求的程度以及产品策略正确与否。所以产品策略是营销组合策略中最重要的决策。如果不能制定合适的产品策略，也就无所谓定价、分销了。

一、产品的整体概念

市场营销学认为，产品是指人们通过购买而获得的能够满足某种需求和欲望的物品的总和，它既包括具有物质形态的产品实体，又包括非物质形态的利益，这就是"产品的整体概念"。即对产品的概念已经在过去的核心产品、形式产品、附加产品这三个层次的基础上，新增了期望产品和潜在产品。如图9.1所示。

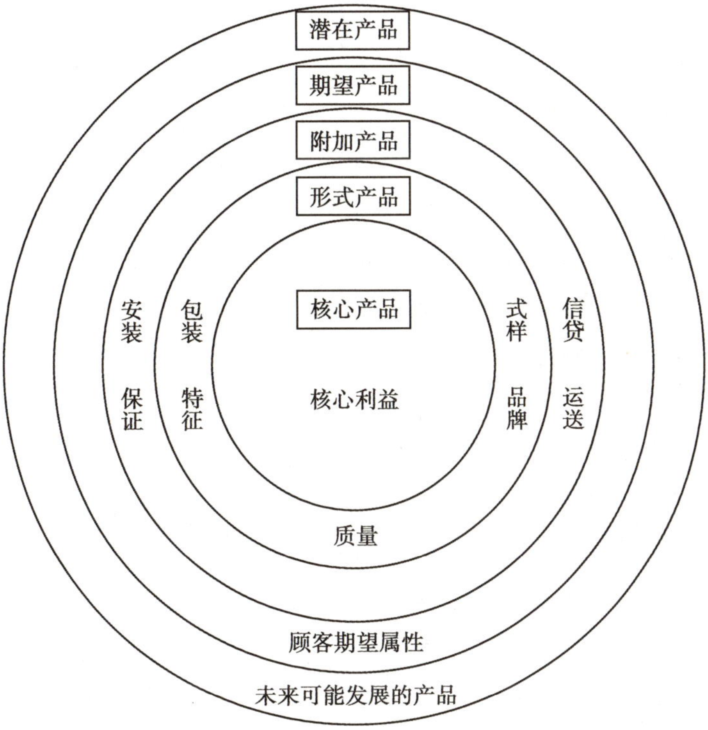

图9.1 产品的整体概念层次示意图

（一）核心产品层次

产品最基本的层次是核心利益，即消费者购买某种产品时所追求的利益，是消费者真正要买的东西，因而在产品整体概念中也是最基本、最主要的部分。消费者购买某种产品，并不是为了占有或获得产品本身，而是为了获得能满足某种需要的效用或利益。例如，洗衣机的核心利益体现在它能让消费者方便、省时、省力地清洗衣物。

（二）形式产品层次

形式产品层次是核心产品借以实现的形式，即向市场提供的实体和服务的形象。如果有形产品是实体品，则它在市场上通常表现为产品质量水平、外观特色、式样、品牌名称和包装等。产品的基本效用必须通过某些具体的形式才得以实现。市场营销者应首先着眼于顾客购买产品时所追求的利益，以求更完美地满足顾客需要，从这一点出发再去寻求利益得以实现的形式，进行产品设计。

（三）附加产品层次

附加产品层次是消费者购买有形产品时所获得的全部附加服务和利益，包括提供信贷、免费送货、质量保证、安装、售后服务等。附加产品的概念来源于对市场需要的深入认识。因为购买者的目的是为了满足某种需要，因而他们希望得到与满足该项需要有关的一切。美国学者西奥多·莱维特曾经指出："新的竞争不是发生在各个公司的工厂生产什么产品，而是发生在其产品能提供何种附加利益（如包装、服务、广告、顾客咨询、融资、送货、仓储及具有其他价值的形式）"。

（四）期望产品层次

期望产品层次是指购买者购买某种产品通常所希望和默认的一组产品属性和条件。一般情况下，消费者在购买某种产品时，往往会根据以往的消费经验和企业的营销宣传，对所欲购买的产品形成一种期望，如旅店的客人，他们期望的是干净的床、香皂、毛巾、热水和相对安静的环境等。消费者所得到的是购买产品所应该得到的，也是企业在提供产品时应该提供给消费者的，对于消费者来讲，在得到这些产品基本属性时，并没有太多的意外，但是如果消费者没有得到这些，就会非常不满意，因为消费者没有得到他应该得到的东西，即消费者所期望的一整套产品属性和条件。

（五）潜在产品层次

潜在产品层次是指一个产品最终可能实现的全部附加部分和新增加的功能。许多企业通过对现有产品的附加与扩展，不断提供潜在产品，所给予消费者的就不仅仅是满意，还必须使消费者在获得这些新功能的时候，感到喜悦。所以潜在产品指出了产品可能的演变，也使消费者对于产品的期望越来越高。潜在产品要求企业不断寻求满足顾客的新方法，不断将潜在产品变成现实的产品，这样才能使消费者得到更多的意外惊喜，更好地满足顾客的需要。

产品整体概念是对市场经济条件下产品概念的完整、系统、科学的表述。它对市场营销管理的意义表现在：

第一，它以消费者基本利益为核心，指导整个市场营销管理活动，是企业贯彻市场营销观念的基础。企业市场营销管理的根本目的就是要保证消费者的基本利益。消费者购买电视机是希望业余时间能充实和快乐；消费者购买计算机是为了提高生产和管理效率；消费者购买服装是要满足舒适、风度和美感的要求等。概括起来，消费者追求的基本利益大致包括功能和非功能两方面的要求。消费者对前者的要求是出于实际使用的需要，而对后者的要求则往往是出于社会心理动机。而且这两方面的需要又往往交织在一起，并且非功能需求所占的比重越来越大。而产品整体概念，正是明确地向产品的生产经营者指出，要竭尽全力地通过有形产品和附加产品去满足核心产品所包含的一切功能和非功能的要求，充分满足消费者的需求。可以断言，不懂得产品整体概念的企业不可能真正贯彻市场营销观念。

第二，只有通过产品五个层次的最佳组合才能确立产品的市场地位。营销人员要把对消费者提供的各种服务看作产品实体的统一体。由于科学技术在今天的社会中能以更快的速度扩散，也由于消费者对切身利益关注度的提高，使得营销者的产品以独特形式出现越来越困难，消费者也就越来越以营销者产品的整体效果来确认哪个厂家、哪种品牌的产品是自己喜爱和满意的。尤其是国内消费者在购买家电产品时，往往对有两层包装纸盒的产品（双包装产品)更为相信,对于不少缺乏电器专业知识的消费者来说,判别家电产品质量的可靠性,往往是以包装好坏作为决策的依据。对于营销者来说,产品越能以一种消费者易觉察的形式来体现,越能获得好的产品形象,进而确立有利的市场地位。

第三,产品差异构成企业特色的主体,企业要在激烈的市场竞争中取胜,就必须致力于创造自身产品的特色。不同产品项目之间的差异是非常明显的。这种差异或表现在功能上,如鸣笛水壶与一般水壶之别;或表现在设计风格、品牌、包装的独到之处,甚至表现在与之相联系的文化因素上,如各种服装的差异;或表现在产品的附加利益上,如各种不同的服务,可使产品各具特色。总之,在产品整体概念的三个层次上,企业都可以形成自己的特色,而与竞争产品区别开来。而随着现代市场经济的发展和市场竞争的加剧,企业所提供的附加利益在市场竞争中也显得越来越重要。国内外许多企业的成功,在很大程度上应归功于他们更好地认识了服务等附加产品在产品整体概念中的重要地位。

二、产品组合

在现代社会化大生产和市场经济条件下,对于一个企业来说,不可能只靠一种产品打天下。为了获得更多的市场份额、提高自己的竞争力,为了更好地迎合顾客的需求,更重要的是为了企业能够持续发展,一般情况下,企业都会有几条生产线,以生产不同规格、不同型号的多种产品。

(一)产品组合的有关概念

一是产品组合,又称为产品搭配,是指某一企业所生产和销售的全部产品大类及产品项目的组合。

二是产品大类,又称为产品线,是指产品类别中具有密切关系(或经由同种商业网点销售,或同属于一个价格幅度)的一组产品项目。如表 9.1 中的香皂、洗发水、洗衣粉和肥皂等产品线。有时每条产品线还包括若干条亚产品线。如宝洁公司洗发、护发产品线就包括了飘柔、潘婷、海飞丝、沙宣及伊卡璐这五个不同品牌的亚产品线。

表 9.1 洗化用品产品组合表

产品线	产品组合深度				
香皂	A1	A2	A3		
洗发水	B1	B2	B3	B4	B5
洗衣粉	C1	C2			
肥皂	D1	D2	D3	D4	

三是产品项目,又称为产品品种,是指某一品牌或产品大类内由价格、外观及其他属性来区别的具体产品。如香皂产品线中包括了 A1、A2、A3 等品种。

产品组合由各种各样产品线组成,每条产品线又由许多产品项目构成。产品组合可以用宽度、长度、深度和关联度来描述。

四是产品组合的宽度，是指企业的产品组合中产品线的数目。如表 9.1 中所示有 4 条产品线，其产品组合的宽度就是 4。一般情况下，超市经营的产品线多，专营商场经营的产品线少。

五是产品组合的长度，是指企业的产品组合中产品项目的总数。即一个企业中不同规格或不同品牌的产品的数目累加，如表 9.1 中所示产品组合的总长度为 14。

六是产品组合的深度，是指构成企业产品组合的产品线中每一产品项目所包含的产品品种数。如某种商品有 2 种花色、3 种规格，那么这种产品组合的深度就是 6。

七是产品组合的关联度，是指企业的各条产品线在最终用途、生产条件、销售渠道或其他方面相互关联的程度。如宝洁公司生产洗涤剂、牙膏、香皂、纸尿裤和纸巾等，这些产品线都属于日用消费品，通过相同的销售渠道，其产品组合的相关性较强。

产品组合的宽度、长度、深度和关联度在市场营销战略上具有重要意义。企业增加产品组合的宽度（即增加产品大类，扩大经营范围，甚至跨行经营，实行多角化经营），可以充分发挥企业的特长，使企业尤其是大企业的资源、技术得到充分利用，提高经营效益。企业增加产品组合的长度和深度（即增加产品项目，增加产品的花色、式样、规格等），可以迎合广大消费者的不同需要和爱好，吸引更多顾客。企业增加产品组合的关联度（即使各个产品大类在最终使用、生产条件、分销渠道等各方面密切关联），则可以提高企业在某一地区、行业的声誉。

（二）产品组合的分析

为弄清企业现有的产品组合是否符合企业的总体战略和营销战略，应根据市场营销环境的变化对企业现有的产品加以调整，企业需要对每一项产品的市场地位、该项产品在本企业经营中的重要程度、不同产品项目间的相互关系和组合方式进行分析。对本企业产品组合的分析和观察一般采用以下思路和方法：

第一，分析企业各个产品的处境，以确定哪些是企业过去的主要产品；哪些是企业目前的主要产品；哪些是企业未来的主要产品；哪些产品在竞争条件下，可以为企业获得盈利；哪些产品仍存在销路，可继续经营；哪些产品已完全失去销路；哪些产品尚未打开销路。对企业各个产品的处境进行分析观察，采用波士顿咨询矩阵法或行业吸引力——企业竞争力矩阵，对各个产品线进行分析评价，以确定哪些产品应发展、维持，哪些产品应收缩或放弃。

第二，结合企业目标市场的选择情况，观察企业产品定位的合理性。

第三，对企业产品项目关系及其对企业的贡献进行分析。

一般来说，不同产品项目对销售总额和利润所做的贡献可能不同。通过观察产品的总体组合方式，分析不同产品项目对企业的经营贡献，可以确定产品项目的主次关系。这样便可以在产品生产时做到主次有序，以充分发挥企业的优势和潜力。

（三）产品组合策略的优化和调整

企业在调整和优化产品组合时，依据情况的不同，可选择如下策略：

1.扩大产品组合

扩大产品组合包括拓展产品组合的宽度和加强产品组合的深度。前者是在原产品组合中增加一条或几条产品大类,扩大经营产品范围;后者是在原有产品大类内增加新的产品项目。当企业预测现有产品大类的销售额和利润额在未来一段时间内有可能下降时,就应考虑在现行产品组合中增加新的产品大类,或加强其中有发展潜力的产品大类;当企业打算增加产品特色,或为更多的细分市场提供产品时,则可选择在原有产品大类内增加新的产品项目。一般而言,扩大产品组合可使企业充分地利用人力、财力、物力等资源,分散风险,增强竞争能力。

2.缩减产品组合

当市场繁荣时,较长、较宽的产品组合会为许多企业带来较多的盈利机会,但当市场不景气或原料、能源供应紧张时,缩减产品反而可能使总利润上升。这是因为从产品组合中剔除了那些获利很小甚至不获利的产品大类或产品项目,使企业可集中力量发展获利多的产品大类和产品项目。通常情况下,企业的产品大类有不断延长的趋势,原因主要有:生产能力过剩迫使产品大类经理开发新的产品项目;经销商和销售人员要求增加产品项目,以满足顾客的需要;产品大类经理为了追求更高的销售量和利润,所以增加产品项目。但是,随着产品大类的延长,设计、工程、仓储、运输、促销等市场营销费用也会随之增加,最终将会减少企业的利润。在这种情况下,需要对产品大类的发展进行相应的遏制,删除那些得不偿失的产品项目,使产品大类缩短,提高经济效益。

3.产品组合延伸

每个企业的产品都有其特定的市场定位。产品组合延伸策略指全部或部分地改变公司原有产品的市场定位,具体做法有向下延伸、向上延伸和双向延伸三种。

第一种是向下延伸,指企业原来生产高档产品,后来决定增加低档产品。企业采取这种策略的主要原因是:企业发现其高档产品的销售量增长缓慢,因此不得不将其产品大类向下延伸;企业的高档产品受到激烈的竞争,必须用侵入低档产品市场的方式来反击竞争者;企业当初进入高档产品市场是为了建立其质量形象,然后再向下延伸;企业增加低档产品是为了填补空隙,不使竞争者有隙可乘。企业在采取向下延伸策略时,会遇到一些风险,如企业原来生产高档产品,后来增加低档产品,有可能使其高档名牌产品的形象受到损害,所以低档产品最好用新商标,不要用原先高档产品的商标;还有可能会激怒生产低档产品的企业,导致其向高档产品市场发起反攻;企业的经销商可能不愿意经营低档产品,因为经营低档产品所得利润较少。

第二种是向上延伸,指企业原来生产低档产品,后来决定增加高档产品。主要理由是高档产品畅销,销售量增长迅速,利润率高;企业估计高档产品市场上的竞争者较弱,易于被击败;企业想使自己成为生产种类全面的企业。采取向上延伸策略也要承担一定风险,如可能引起生产高档产品的竞争者进入低档产品市场,进行反攻;消费者可能不相信企业能生产高档产品;企业的销售代理商和经销商可能没有能力经营高档产品。

第三种是双向延伸,即原定位于中档产品市场的企业掌握了市场优势以后,决定向产品大类的上、下两个方向延伸，一方面增加高档产品，另一方面增加低档产品，扩大市场阵地。

4.产品线现代化

现代社会科技发展突飞猛进，产品开发也是日新月异，产品现代化成为一种不可改变的大趋势，产品线也有必要进行现代化改造。产品大类现代化策略首先面临这样的问题：是逐步实现技术的改造，还是以更快的速度用全新设备更换原有产品大类？逐步现代化策略可以节省资金耗费，但是缺点是竞争者很快会察觉，并有充足的时间重新设计自身的产品大类；而快速现代化策略虽然在短时期内耗费资金较多，同时也存在较大的市场风险，但竞争中却可以出其不意，给竞争者以打击。

5.产品线特色化

产品线经理在产品线中有典型地选择一个或少数几个产品品种进行特色化。有时需要对产品线低档产品型号进行特色化，使之充当“开拓销路的廉价品”。有时如果发现产品线上有一端销售情况良好，而另一端却出现问题，那么可以努力促进对销售较慢的产品的需要。

第二节　产品的生命周期策略

比尔·盖茨曾说过，大公司成功的秘诀在于，当人们还在使用公司的产品时，公司已经着手在淘汰它了。我国企业界通俗的说法是：生产一代，研发一代，储备一代，构思一代。产品生命周期理论已成为企业在开发新产品、规划产品的更新换代、分析市场形势及制定产品市场营销策略和经营决策中，进行预测、分析、比较研究、资本运算和调控的重要工具。

一、产品生命周期的概念

产品生命周期理论是美国哈佛大学教授雷蒙德·弗农 1966 年在其《产品周期中的国际投资与国际贸易》一文中首次提出的。产品生命周期是指产品从进入市场到退出市场所经历的市场生命循环过程。费农认为：产品生命是指产品的营销生命，产品和人的生命一样，要经历形成、成长、成熟、衰退这样的周期。产品只有经过研究开发、试销，然后进入市场，其市场生命周期才算开始。产品退出市场，标志着生命周期的结束。

产品生命周期具有以下含义：

一是任何产品都有一个有限的市场生命。

二是产品销售经过不同的生命周期阶段时都对销售者提出了不同的挑战。

三是在产品生命周期不同的阶段，产品利润有高有低。

四是在产品生命周期不同的阶段，产品需要不同的营销、财务、制造、购买和人事战略。

二、产品生命周期阶段

典型的产品生命周期一般可以分成四个阶段，即介绍（引入）期、成长期、成熟期和衰退期。

（一）介绍（引入）期

介绍（引入）期指产品从设计投产到投入市场进入测试阶段。新产品投入市场，便进入了介绍期。此时产品品种少，顾客对产品还不了解，除少数追求新奇的顾客外，几乎无人实际购买该产品。生产者为了扩大销路，不得不投入大量的促销费用，对产品进行宣传推广。该阶段由于生产技术方面的限制，产品生产批量小，制造成本高，广告费用多，产品销售价格偏高，销售量极为有限，企业通常不能获利，反而可能亏损。

（二）成长期

当产品在介绍（引入）期的销售取得成功之后，便进入了成长期。成长期是指产品通过试销效果良好，购买者逐渐接受该产品，产品在市场上站住脚跟并且打开了销路。这是需求增长阶段，需求量和销售额迅速上升。生产成本大幅度下降，利润迅速增长。与此同时，竞争者看到有利可图，将纷纷进入市场参与竞争，使同类产品供给量增加，价格随之下降，企业利润增长速度逐步减慢，最后达到生命周期利润的最高点。

（三）成熟期

经过成长期之后，产品走入大批量生产并稳定地进入市场销售。随着购买产品的人数增多，市场需求趋于饱和，产品进入了成熟期。此时，产品普及并日趋标准化，成本低而产量大。销售增长速度缓慢直至转而下降，由于竞争的加剧，导致同类产品生产企业之间不得不加大在产品质量、花色、规格、包装、服务等方面的投入，在一定程度上增加了成本。

（四）衰退期

衰退期是指产品进入了淘汰阶段。随着科技的发展以及消费习惯的改变，产品的销售量和利润持续下降，产品在市场上已经老化，不能适应市场的需求，市场上已经有其他性能更好、价格更低的新产品，足以满足消费者的需求。此时成本较高的企业就会由于无利可图而陆续停止生产，该类产品的生命周期也就陆续结束，直至最后完全撤出市场。

产品生命周期是一个很重要的概念，它和企业制定产品策略以及营销策略有着直接的联系。管理者要想使他的产品有一个较长的销售周期，以便赚取足够的利润来补偿在推出该产品时所做出的一切努力和经受的一切风险，就必须认真研究和运用产品的生命周期理论。此外，产品生命周期也是营销人员用来描述产品和市场运作方法的有力工具。但是，在开发市场营销战略的过程中，产品生命周期却显得有点力不从心，因为战略既是产品生命周期的原因又是其结果，产品现状可以使人想到最好的营销战略，但是在预测产品性能时产品生命周期的运用也会受到限制。

三、产品各个生命周期阶段的营销策略

典型的产品生命周期的四个阶段呈现出不同的市场特征，企业的营销策略也就以各阶段的特征为基点来制定和实施。

（一）介绍（引入）期市场营销策略

介绍（引入）期的特征是产品销量少，促销费用高，制造成本高，销售利润很低甚至为负值。根据这一阶段的特点，企业应努力做到：投入市场的产品要有针对性；进入市场的时机要合适；设法把销售力量直接投向最有可能的购买者，使市场尽快接受该产品，以缩短介绍（引入）期，更快地进入成长期。

在产品的介绍（引入）期，一般可以由产品、分销、价格、促销四个基本要素组合成各种不同的市场营销策略。仅将价格高低与促销费用高低结合起来考虑，就有下面四种策略：

1.快速撇脂策略

以高价格、高促销费用推出新产品。实行高价策略可在每单位销售额中获取最大利润，尽快收回投资；高促销费用能够快速建立知名度，占领市场。实施这一策略须具备以下条件：产品有较大的需求潜力；目标顾客求新心理强，急于购买新产品；企业面临潜在竞争者的威胁，需要及早树立品牌形象。一般而言，在产品引入阶段，只要新产品比替代产品有明显的优势，市场对其价格就不会那么计较。

2.缓慢撇脂策略

以高价格、低促销费用推出新产品，目的是以尽可能低的费用开支求得更多的利润。实施这一策略的条件是：市场规模较小；产品已有一定的知名度；目标顾客愿意支付高价；潜在竞争的威胁不大。

3.快速渗透策略

以低价格、高促销费用推出新产品。目的在于先发制人，以最快的速度打入市场，取得尽可能大的市场占有率。然后再随着销量和产量的扩大，使单位成本降低，从而取得规模效益。实施这一策略的条件是：该产品市场容量相当大；潜在消费者对产品不了解，且对价格十分敏感；潜在竞争较为激烈；产品的单位制造成本可随生产规模和销售量的扩大迅速降低。

4.缓慢渗透策略

以低价格、低促销费用推出新产品。低价可扩大销售，低促销费用可降低营销成本，增加利润。这种策略的适用条件是：市场容量很大；市场上该产品的知名度较高；市场对价格十分敏感；存在某些潜在的竞争者，但威胁不大。

（二）成长期市场营销策略

新产品经过市场介绍（引入）期以后，消费者对该产品已经熟悉，消费习惯也已形成，销售量迅速增长，这种新产品就进入了成长期。进入成长期以后，老顾客重复购买，并且带来新的顾客，销售量激增，企业利润迅速增长，在这一阶段利润达到高峰。随着销售量的增大，企业生产规模也逐步扩大，产品成本逐步降低，新的竞争者会投入竞争。随着竞争的加剧，新的产品特性开始出现，产品市场开始细分，分销渠道增加。企业为维持市场的继续成长，需要保持或稍微增加促销费用，但由于销量增加，平均促销费用有所下降。针对成长期的特点，企业为维持其市场增长率，延长获取最大利润的时间，可以采取下面几种策略：

1.改善产品品质策略

如增加新的功能，改变产品款式，发展新的型号，开发新的用途等。对产品进行改进，可以提高产品的竞争能力，满足顾客更广泛的需求，吸引更多的顾客。

2.寻找新的细分市场策略

通过市场细分，找到新的尚未满足的细分市场，根据其需要组织生产，迅速进入这一新的市场。

3.改变广告宣传重点的策略

把广告宣传的重点从介绍产品转到建立产品形象上来，树立产品品牌，维系老顾客，吸引新顾客。

4.适时降价策略

在适当的时机，可以采取降价策略，以激发那些对价格比较敏感的消费者产生购买动机和采取购买行动。

（三）成熟期市场营销策略

进入成熟期以后，产品的销售量增长缓慢，逐步达到最高峰，然后缓慢下降；产品的销售利润也从成长期的最高点开始下降；市场竞争非常激烈，各种品牌、各种款式的同类产品不断出现。

对成熟期的产品，宜采取主动出击的策略，使成熟期延长，或使产品生命周期出现再循环。为此，可以采取以下三种策略：

1.市场调整策略

这种策略不是要调整产品本身，而是发现产品的新用途、寻求新的用户或改变推销方式等，以使产品销售量得以扩大。

2.产品调整策略

这种策略是通过产品自身的调整来满足顾客的不同需要，吸引有不同需求的顾客。产品整体概念的任何一层次的调整都可视为产品再推出。

3.市场营销组合调整策略

市场营销组合调整即通过对产品、定价、渠道、促销四个市场营销组合因素加以综合调整，刺激销售量的回升。常用的方法包括降价、提高促销水平、扩展分销渠道和提高服务质量等。

（四）衰退期市场营销策略

衰退期的主要特点是：产品销售量急剧下降；企业从这种产品中获得的利润很低甚至为零；大量的竞争者退出市场；消费者的消费习惯已发生改变；等等。面对处于衰退期的产品，企业需要进行认真的研究分析，确定采取什么策略，在什么时间退出市场。通常有以下几种策略可供选择：

1.继续策略

继续沿用过去的策略，仍按照原来的细分市场，使用相同的分销渠道、定价及促销方式，直到这种产品完全退出市场为止。

2.集中策略

把企业能力和资源集中在最有利的细分市场和分销渠道上，从中获取利润。这样有利于缩短产品退出市场的时间，同时又能为企业创造更多的利润。

3.收缩策略

抛弃无希望的顾客群体，大幅度降低促销水平，尽量减少促销费用，以增加目前的利润。这样可能导致产品在市场上的衰退加速，但也能从忠实于这种产品的顾客中得到利润。

4.放弃策略

对于衰退比较迅速的产品，应该当机立断，放弃经营。可以采取完全放弃的形式，如把产品完全转移出去或者立即停止生产；也可采取逐步放弃的方式，使其所占用的资源逐步转向其他的产品。

第三节　产品的品牌策略

一、品牌的概念

品牌是销售者给自己的产品规定的商业名称，通常由文字、标记、符号、图案和颜色等要素或这些要素的组合构成，用作一个销售者或销售集团的标志，以便同竞争者的产品相区别。一个品牌一般包含三个基本要素，即品牌名称、品牌标志和商标。

品牌名称是指品牌中可以用语言文字称谓表达、可以读出声音的部分，如海尔、长虹、联想等。品牌标志是指品牌中可以识别但不能读出声音的部分，如某种符号、图案或其他设计等。现代的品牌标志设计更崇尚简洁，如耐克的品牌标志就是“潇洒一勾”，却能够凸显耐克品牌的体育运动特征。商标是商品的生产者在其生产、制造、加工、拣选的商品上，或经营者在其经销的商品上，以及服务的提供者在其提供的服务上采用的，用于区别商品或服务来源的，由文字、图形、字母、数字、三维标志、颜色组合，具有显著特征的标志，是现代经济的产物。

【知识链接】

你认识下面的品牌吗？

二、品牌策略

品牌策略是一系列能够产生品牌积累的企业管理与市场营销方法，包括 4P 与品牌识别在内的所有要素。主要有品牌化策略、品牌使用者策略、品牌名称策略、品牌决策策略、品牌再定位策略、品牌延伸策略等。

（一）品牌化策略

品牌化策略是指企业决定是否给产品起名字、设计标志的活动。历史上，许多产品不用品牌。生产者和中间商把产品直接从桶、箱子和容器内取出来销售，无须供应商的任何辨认凭证。中世纪的行会经过努力，要求手工业者把商标标在他们的产品上，以保护他们自己的产品并使消费者不受劣质产品的损害。在美术领域内，艺术家在他们的作品上附上了标记，这就是最早的品牌标记的诞生。今天，品牌的商业作用特别为企业所看重，品牌化迅猛发展，已经很少有产品不使用品牌了。像大豆、水果、蔬菜、大米和肉制品等过去从不使用品牌的商品，现在也被放在有特色的包装袋内，冠以品牌出售，这样做的目的自然是获得品牌化的好处。

使用品牌对企业有如下好处：有利于订单处理和对产品的跟踪；保护产品的某些独特特征不被竞争者模仿；为吸引忠诚顾客提供了机会；有助于市场细分；有助于树立产品和企业形象。

尽管品牌化是商品市场发展的大趋势，但对于单个企业而言，是否要使用品牌还必须考虑产品的实际情况，因为在获得品牌带来的上述好处的同时，建立、维持、保护品牌也要付出巨大成本，如包装费、广告费、标签费和法律保护费等。所以在欧美的一些超市中又出现了一种无品牌化的现象，如条面、卫生纸等一些包装简单、价格低廉的基本生活用品，这使得企业可以降低在包装和广告上的开支，以取得价格优势。

一般来说，对于那些在加工过程中无法形成一定特色的产品，由于产品同质性很高，消费者在购买时不会过多地注意品牌。此外，品牌与产品的包装、产地、价格和生产厂家等一样，都是消费者选择和评价商品的一种外在线索，对于那些消费者只看重产品的式样和价格而忽视品牌的产品，品牌化的意义也就很小。如果企业一旦决定建立新的品牌，那不仅仅只是为产品设计一个图案或取一个名称而已,而必须通过各种手段来使消费者达到品牌识别的程度,否则这个品牌的存在也是没有意义的。未加工的原料产品以及那些不会因生产商不同而形成不同特色的商品仍然可以使用无品牌策略,这样可以节省费用,降低价格,扩大销售。

(二)品牌使用者策略

品牌使用者策略是指企业决定使用本企业(制造商)的品牌,还是使用经销商的品牌,或两种品牌同时兼用。

一般情况下,品牌是制造商的产品标记,制造商决定产品的设计、质量、特色等。享有盛誉的制造商还将其商标租借给其他中小制造商,并收取一定的特许使用费。近年来,经销商的品牌日益增多。西方国家许多享有盛誉的百货公司、超级市场、服装商店等都使用自己的品牌,有些著名商家(如美国的沃尔玛)经销的90%商品都用自己的品牌。同时强有力的批发商中也有许多使用自己的品牌,以增强对价格、供货时间等方面的控制能力。

当前,经销商品牌已经成为品牌竞争的重要因素。但使用经销商品牌会给经销商带来一些问题。经销商需大量订货,会占用大量资金,承担的风险较大;同时经销商为了扩大自身品牌的声誉,需要大力宣传其品牌,从而导致经营成本提高。经销商使用自身品牌也会带来诸多利益,比如因进货数量较大可使其进货成本降低,因而销售价格降低,使竞争力增强,得到较高的利润。同时经销商可以较好地控制价格,也可以在某种程度上控制其他中间商。

在现代市场经济条件下,制造商品牌和经销商品牌之间经常展开激烈的竞争,也就是所谓品牌战。一般来说,制造商品牌和经销商品牌之间的竞争,本质上是制造商与经销商之间实力的较量。在制造商具有良好的市场声誉、拥有较大市场份额的前提下,应多使用制造商品牌,无力经营自己品牌的经销商只能接受制造商品牌。相反,当经销商品牌在某一市场领域中拥有良好的品牌信誉及庞大的、完善的销售体系时,利用经销商品牌也是有利的。因此,在进行品牌使用者决策时,要结合具体情况,充分考虑制造商与经销商的实力对比,以求客观地做出决策。

(三)品牌名称策略

品牌名称策略是指企业决定所有的产品使用一个或几个品牌,还是不同产品分别使用不同的品牌。在这个问题上,大致有以下四种决策模式:

1.个别品牌名称

个别品牌名称,即企业决定每个产品使用不同的品牌。采用个别品牌名称,为每种产品寻求不同的市场定位,有利于增加销售额和对抗竞争对手,还可以分散风险,使企业的整个声誉不致因某种产品表现不佳而受到影响。如宝洁公司的洗衣粉品牌使用了"汰渍""碧浪",肥皂品牌使用了"舒肤佳",牙膏品牌使用了"佳洁士"。

2.对所有产品使用共同的家族品牌名称

对所有产品使用共同的家族品牌名称,即企业的所有产品都使用同一种品牌。对于那些享有高声誉的著名企业,全部产品采用统一品牌名称策略可以充分利用其名牌效应,使企业所有产品畅销。同时企业宣传介绍新产品的费用开支也相对较低,有利于新产品进入市场。如美国通用电气公司(General Electric Company,简称 GE)的所有产品都用 GE 作为品牌名称。

3.各大类产品使用不同的家族品牌名称

企业使用这种策略,一般是为了区分不同大类的产品,一个产品大类下的产品再使用共同的家族品牌,以便在不同大类产品领域中树立各自的品牌形象。例如斯威夫特公司生产的一个产品大类是火腿,还有一个大类是化肥,就分别取名为“普利姆”和“肥高洛”。

4.个别品牌名称与企业名称并用

个别品牌名称与企业名称并用,即企业决定其不同类别的产品分别采取不同的品牌名称,且在品牌名称之前都加上企业的名称。企业多把此种策略用于新产品的开发。在新产品的品牌名称上加上企业名称,可以使新产品享受企业的声誉,而采用不同的品牌名称,又可使各种新产品显示出不同的特色。例如海尔集团就推出了“探路者”彩电、“大力神”冷柜和“小小神童”洗衣机。

案例衔接 9-1

CocaCola 的品牌名称策略

1920 年,美国的 CocaCola 开始进入中国市场,根据它的发音,当时译出的汉语名称为“蝌蚪啃蜡”。当数个这样的广告牌竖立起来后,CocaCola 公司才发现这蹩脚的“英译汉”名称让人不知所云,作为饮品又令人不能入口。1979 年,CocaCola 重返中国市场时,就以“可口可乐”这个名字一举夺魁。“可口可乐”暗喻饮料有良好的口感,使人舒心快乐。时至今日,可口可乐在中国可谓家喻户晓、妇孺皆知。

(四)品牌决策策略

品牌决策有四种,即产品线扩展策略、多品牌策略、新品牌策略、合作品牌策略。

1.产品线扩展(Line Extension)策略

产品线扩展指企业现有的产品线使用同一品牌,当增加该产品线的产品时,仍沿用原有的品牌。这种新产品往往都是现有产品的局部改进,如增加新的功能、包装、式样和风格等。通常厂家会在这些商品的包装上标明不同的规格、不同的功能特色或不同的使用者。产品线扩展的原因是多方面的,如可以充分利用过剩的生产能力;满足新的消费者的需要;率先成为产线全满的公司以填补市场的空隙,与竞争者推出的新产品竞争或为了得到更多的货架位置。产品线扩展的有利方面有:扩展产品的存活率高于新产品,而通常新产品的失败率在 80%到 90%之间;满足不同细分市场的需求;完整的产品线可以防御竞争者的袭击。产品线扩展的不利方面有:它可能使品牌名称丧失它特定的意义;随着产品线的不断加长,会淡化品牌原有的个性和形象,增加消费者认识和选择的难度;有时因为原来的品牌过于强大,致使产品线扩展造成混乱,加上销售数量不足,难以冲抵它们的开发和促销成本;如果消费者未能在心目中区别出各种产品时,会造成同一种产品线中新老产品自相残杀的局面。

2.多品牌(Multi Brands)策略

在相同产品类别中引进多个品牌的策略称为多品牌策略。证券投资者往往同时投资多种股票,一个投资者所持有的所有股票集合就是所谓证券组合,为了减少风险、增加赢利机会,投资者必须不断优化股票组合。同样,一个企业建立品牌组合,实施多品牌战略,往往也是基于同样的考虑,并且这种品牌组合的各个品牌形象相互之间是既有差别又有联系的,不是大杂烩,组合的概念蕴含着整体大于个别的意义。

(1)培植市场的需要。没有哪一个品牌可以单独培植一个市场。尽管某一品牌起初一枝独秀,但等它辛辛苦苦开垦出一片肥沃的市场,其他人就会蜂拥而至。众多市场竞争者共同开垦一个市场,有助于该市场的快速发育与成熟。当市场分化开始出现时,众多市场贡献者的广告战往往不可避免,其效果却进一步强化了该产品门类的共同优势。有的市场开始时生机勃勃,最后却没有形成气候,其原因之一在于参与者寥寥。一个批发市场如果只有两三间小店,冷冷清清,该市场就不是什么市场了。多个品牌一同出现是支持一个整体性市场所绝对必需的。以个人计算机市场为例,如果只有苹果一家企业唱独角戏,没有其他电脑厂家跟进,绝对不可能形成今天这样火爆的 PC 市场。

(2)多个品牌使企业有机会最大限度地覆盖市场。没有哪一个品牌能单枪匹马地占领一个市场。随着市场的成熟,消费者的需要逐渐细分,一个品牌不可能保持其基本意义不变而同时满足几个细分市场目标。这就是为什么有的企业要创造数个品牌以对应不同的市场细分。另一方面,近年来西方零售商自我品牌的崛起向制造商发出了有力的挑战,动摇着制造商在树立和保持品牌优势上的主动和统治地位。多品牌策略有助于制造商遏制中间商和零售商控制某个品牌进而左右自己。

多品牌提供了一种灵活性,有助于限制竞争者的扩展机会,使得竞争者感到在每一个细分市场的现有品牌都是进入的障碍。在价格大战中捍卫主要品牌时,多品牌是不可或缺的。把那些次要品牌作为小股部队,给发动价格战的竞争者以迅速的侧翼打击,有助于使挑衅者首尾难顾。与此同时,核心品牌的领导地位则可毫发无损。领先品牌肩负着保证整个产品门类的赢利能力的重任,其地位必须得到捍卫;否则,一旦它的魅力下降,产品的单位利润就难以复升,最后该品牌将会遭到零售商的拒绝。

(3)突出和保护核心品牌。当需要保护核心品牌的形象时,多品牌的存在更显得意义重大,核心品牌在没有把握的革新中不能盲目冒风险。例如,为了捍卫品牌资产,迪士尼企业在其电影制作中使用多个品牌,使得迪士尼企业可以产生各种类型的电影,从而避免了损伤声望卓著的迪士尼的形象。在西方,零售系统对品牌多样化的兴趣浓厚,制造商运用多品牌策略提高整体市场份额,以此增加自己与零售商较量的砝码。

所以,多品牌策略有助于企业培植、覆盖市场,降低营销成本,限制竞争对手和有力地回应零售商的挑战。

多品牌策略虽然有着很多优越性，但同时也存在着诸多局限性。

随着新品牌的引入，其净市场贡献率将呈边际递减的趋势。经济学中的边际效用理论告诉我们，随着消费者对一种商品消费的增加，该商品的边际效用呈递减的趋势。同样，对于一个企业来说，随着品牌的增加，新品牌对企业的边际市场贡献率也将呈递减的趋势。一方面，由于企业的内部资源有限，支持一个新的品牌有时需要缩减原有品牌的预算费用；另一方面，企业在市场上创立新品牌会由于竞争者的反抗而达不到理想的效果，他们会针对企业的新品牌推出类似的竞争品牌，或加大对现有品牌的营销力度。此外，另一个重要的原因是，随着企业在同一产品线上品牌的增多，各品牌之间不可避免地会侵蚀对方的市场。在总市场难以骤然扩张时，很难想象新品牌所吸引的消费者全部都是竞争对手的顾客，或是从未使用过该产品的人，特别是当产品差异化较小，或是同一产品线上不同品牌定位差别不甚显著时，这种品牌间相互蚕食的现象尤为显著。

品牌推广成本较大。企业实施多品牌策略，就意味着不能将有限的资源只分配给获利能力强的少数品牌，各个品牌都需要一个长期、巨额的宣传预算，这就使得品牌推广成本增加。对有些企业来说，这是可望而不可即的。

案例衔接 9-2

香奈儿传奇

香奈儿生于1883年，是一对法国贫穷的未婚夫妇的第二个孩子。她的父亲是来自塞文山的杂货小贩，母亲是奥弗涅山区的牧家女。据说，香奈儿出生在法国索米尔，另一说法是生于法国南部山区奥弗涅。实际上，关于她身世的传说，历来众说纷纭，加之香奈儿至死竭力地回避和掩饰，就更使她的出身蒙上一层迷雾。香奈儿的童年是不幸的。她十二岁时母亲离世，父亲丢下她和4个兄弟姐妹离开。自此，她由她的姨妈抚养成人，儿时入读修女院学校，并在那里学得一手针线技巧。

1905年，她当上咖啡厅歌手，并起了艺名“Coco”，在不同的歌厅和咖啡厅卖唱维生。1910年，她在巴黎开设了一家女装帽店，凭着非凡的针线技巧，缝制出一顶又一顶款式简洁耐看的帽子。短短一年内，生意节节上升，她把店铺搬到气质更时尚的康明街区，至今这个街区仍是Chanel总部的根据地。做帽子绝不能满足Coco对时装事业的雄心，所以她进军高级定制服装领域。

1914年，香奈儿开设了两家时装店，影响后世深远的时装品牌“Chanel”正式宣告诞生。

除了时装，Chanel也在1921年推出Chanel No.5香水，Chanel No.5是史上第一瓶以设计师的名字命名的香水。而“双C”标志也让这瓶香水成为Chanel历史上最赚钱的产品，且在恒远的时光长廊上历久不衰。

3.新品牌(New Brand)策略

为新产品设计新品牌的策略称为新品牌策略。当企业在新产品类别中推出一个产品时，它可能发现原有的品牌名称不适合于它，或是对新产品来说有更好更合适的品牌名称，因此企业需要设计新品牌。例如，春兰集团以生产空调著名，当它决定开发摩托车时，采用春兰这个女性化的名称就不太合适，于是采用了新的品牌“春兰豹”。又如原来生产保健品的养生堂在开发饮用水时，使用了更好的品牌名称“农夫山泉”。

4.合作品牌(Cooperative Branding)策略

合作品牌，也称为双重品牌，是两个或更多的品牌在一个产品上联合起来。每个品牌都期望另一个品牌能强化整体的形象或购买意愿。

合作品牌的形式有多种。一种是中间产品合作品牌，如富豪汽车公司的广告说，它使用米其林轮胎。另一种形式是同一企业合作品牌，如摩托罗拉公司的一款手机使用的是“摩托罗拉掌中宝”，掌中宝也是公司注册的一个商标。还有一种形式是合资合作品牌，如日立公司的一种灯泡使用“日立”和“GE”联合品牌。

案例衔接 9-3

迪士尼的品牌定位

迪士尼创业时把产品定位在“销售欢乐”上，把娱乐当作一种产业来经营，这无疑是一种冒险，然而成功后回溯可以发现，这种石破天惊的冒险是由许多经验积累而成的，也是由市场需求决定的。

在创业初期，沃尔特每周工作七天，拂晓开始，深夜收工，不到一个月，他找遍了所有门路，从一项业务中总共才挣到135美元，微薄的收入无法让公司正常运行，他开始确定目标，开始接触卡通，从做漫画工作开始，为某一剧院流动的动画广告画各种人物的线条画。1919年《小猫费利克斯》系列动画片取得空前的成功，动画片大受欢迎。动画片的需求量很大，广告商便开始启用动画形式为电影做广告，动画片制作费非常低廉，但顾客十分喜欢。

沃尔特开始为他今后的冒险做努力，当然他的冒险也是建立在对现实深入地考察基础上的，不但立足于科学技术的进步，更着眼于消费者的求知求新的心理需求上。他通过制作短片，学到了摄制电影和动画片的基本技巧。他向公司的摄影师学习定格摄影的技巧，知道只要移动就不仅能表现身体的动作，还可以表达感情。他开始制作一些独创性的动画片，他把“销售快乐”的对象首先定位于孩子，天真的孩子才会有无私的、无穷无尽的和长久的欢乐，孩子希望看到有趣的东西，孩子希望在枯燥的学习中充满乐趣。同样，长大的人们希望能回归到无忧无虑的童年。迪士尼着眼于开发这一普遍需求的处女地，并得到了梦寐以求的成功，沃尔特用他的制胜法典唤起“孩子气的天真”征服了观众。

“孩子气的天真”是所有年龄段的人沟通的联结点，美国哥伦比亚广播公司晚间新闻的评论中曾说：“沃尔特明白纯真的童心绝不会掺杂成人的世故，然而每个成人却保留了部分未泯灭的童心。对小孩来说，这个令人厌倦的世界还是崭新的，还是有着许多美好的东西。迪士尼努力把这些新鲜的、美好的事物为已经厌倦了的成人保留下来，这是全世界的一笔宝贵的财富”。

世界因为纯真而美好，迪士尼的作品影响范围很广，影片真正意义上做到了家庭共享，这一人间天堂的享乐不会充斥着暴力和邪气，而是洋溢着真、善、美，作品有着一种奇特的效用，它不是说教地告诉人们什么是真、善、美，而是在曲折动人的影片中散发着一种天真，这种天真沟通了所有年龄阶段的人。在这里，返老还童已经不是一件说说而已的事情。

（五）品牌再定位策略

品牌再定位策略是指一种品牌在市场上最初的定位也许是适宜的、成功的，但是到后来企业可能不得不对之重新定位。原因是多方面的，如竞争者可能继企业品牌之后推出其他品牌，并削减企业的市场份额；顾客偏好也会转移，使对企业品牌的需求减少；或者公司决定进入新的细分市场。

在做出品牌再定位决策时，首先应考虑将品牌转移到另一个细分市场所需要的成本，包括产品品质改变费、包装费和广告费。一般来说，再定位的跨度越大，所需成本就越高。其次要考虑品牌定位于新位置后可能产生的收益。收益大小是由以下因素决定的：某一目标市场的消费者人数，消费者的平均购买率，在同一细分市场竞争者的数量和实力，以及在该细分市场中为品牌再定位要付出的代价。

七喜品牌的重新定位是一个成功的典型范例。七喜牌饮料是许多软饮料中的一种，调查结果表明，其主要购买者是年纪偏大的人，他们对饮料的要求是刺激性小和有柠檬味。七喜公司进行了一次出色的宣传活动，标榜自己是生产非可乐饮料的，从而获得了非可乐饮料市场的领先地位。

（六）品牌延伸策略

品牌延伸策略是将现有成功的品牌，用于新产品或修正过的产品上的一种策略。

1.品牌延伸的概念

品牌延伸（Brand Extensions），是指一个现有的品牌名称使用到一个新类别的产品上。品牌延伸并非只借用表面上的品牌名称，而是对整个品牌资产的策略性使用。品牌延伸是实现品牌无形资产转移、发展的有效途径。品牌延伸一方面在新产品上实现了品牌资产的转移，另一方面又以新产品形象延续了品牌寿命,因而成为企业的现实选择。

2.品牌延伸的优点

(1)品牌延伸可以加快新产品的定位,保证新产品投资决策的快捷准确。

(2)品牌延伸有助于减少新产品的市场风险。品牌延伸,使新产品一问世就取得了品牌化,甚至获得了知名品牌化,这样可以大大缩短被消费者认知、认同、接受、信任的过程时间,极为有效地防范了新产品的市场风险,并且可以节省数以千万计的巨额营销开支,有效地降低了新产品的成本费用。与同类产品相比,它就与之站在同一起点上,甚至略优于对手,具备了立于不败之地的竞争能力。

(3)品牌延伸有助于强化品牌效应,增加品牌这一无形资产的经济价值。

(4)品牌延伸能够增强核心品牌的形象。能够提高整体品牌组合的投资效益。

3.品牌延伸策略的缺点

(1)损害原有品牌形象。当某一类产品在市场上取得领导地位后,这一品牌就成为强势品牌,它在消费者心目中就有了特殊的形象定位,甚至成为该类产品的代名词。将这一强势品牌进行延伸后,由于近因效应(即最近的印象对人们的认知的影响具有较为深刻的作用)的存在,就有可能对强势品牌的形象起到巩固或减弱的作用。如果品牌延伸运用不当,原有强势品牌所代表的形象信息就会被弱化。

(2)有悖消费心理。一个品牌取得成功的过程,就是消费者对企业所塑造的这一品牌的特定功用、质量等特性产生特定的心理定位的过程。企业把强势品牌延伸到和原市场不相容或者毫不相干的产品上时,就有悖消费者的心理定位。如“999”原是胃药中的著名品牌,“999”延伸到啤酒上,消费者就难以接受。这类不当的品牌延伸,不但没有什么成效,而且还会影响原有强势品牌在消费者心目中的特定心理定位。

(3)容易形成此消彼长的“跷跷板”现象。当一个名称代表两种甚至更多的有差异的产品时,必然会导致消费者对产品的认知模糊化。当延伸品牌的产品在市场竞争中处于绝对优势时,消费者就会把原强势品牌的心理定位转移到延伸品牌上。这样一来,就无形中削弱了原强势品牌的优势。这种原强势品牌和延伸品牌竞争态势此消彼长的变化,即为“跷跷板”现象。

(4)株连效应。将强势品牌名冠于别的产品上,如果不同产品在质量、档次上相差悬殊,这就使原强势品牌产品和延伸品牌产品产生冲击,不仅损害了延伸品牌产品,还会株连原强势品牌。

(5)淡化品牌特性。当一个品牌在市场上取得成功后,在消费者心目中就有了特殊的形象定位,消费者的注意力也集中到该产品的功用、质量等特性上。如果企业用同一品牌推出功用、质量相差无几的同类产品,使消费者晕头转向,该品牌特性就会被淡化。

案例衔接 9-4

Hello Kitty 的品牌延伸

在当代的卡通形象中,我们耳熟能详的就有 Hello Kitty、史努比、流氓兔、维尼熊、樱桃小丸子、蜡笔小新等。在这些卡通形象中,迄今为止可以说 Hello Kitty 是做得比较成功和最有代表性的。

简单地说,Hello Kitty 就是一只白色的卡通猫,有一只硕大的脑袋和一双睁得大大的眼睛,憨厚可爱,充满童趣。然而如此简单的造型设计却已经渗透到了很多不简单的产品领域,例如,有 Hello Kitty 形象或标志的玩具、文具、手机、手镯、音响、手表、手提包、电视机等。针对年纪较大的成年人,那张可爱的猫脸还印到了小汽车上,印到了钻石手表、咖啡机上。在 Hello Kitty 的主题公园里,你可以举办一场 Hello Kitty 式的婚礼,用特制的陶瓷和银质汤勺、水晶葡萄酒杯、台卡,以及 Hello Kitty 做新郎和新娘的玩偶,这听上去就非常有趣。

Hello Kitty 所涉及的领域已经超过了我们对普通产品线延伸的认识,任何 Hello Kitty 的目标消费者会使用的产品,都有可能成为 Hello Kitty 涉足的对象。当然,这一切都需要有强大的品牌力量作为后盾。

第四节 产品的包装策略

一、产品包装概念

产品包装,一般地说就是给生产的产品进行装箱、装盒、装袋、包裹、捆扎的过程。产品包装对于生产者来说虽是最普通的事,但现在很多人已经把它看成一种营销手段、名牌战略,在营销谋略中也占一席之地。

二、产品包装的作用

(一)保护产品

良好的包装可以使产品在营销管理过程中,起到防潮、防热、防冻、防挥发、防污染、保鲜、防破损、防变形等保护作用。

(二)促进销售

特别是在实行消费者自我服务的情况下,更需要利用产品包装来向广大顾客宣传介绍产品,吸引消费者注意力。

（三）增加价值

产品经过包装以后，往往可以大大提高产品的附加值，消费者一般愿意为良好包装带来的方便、美感和可靠性多支付一些费用。

三、产品包装原则

产品包装一般遵循以下原则：

（一）适用原则

包装的主要目的是保护商品。因此，要根据产品的不同性质和特点，合理地选择包装材料和包装技术，确保产品不损坏、不变质、不变形，并且符合环保标准、易于运输等。

（二）美观原则

在设计上要求外形新颖、大方、美观，具有较强的艺术性。

案例衔接 9-5

葡萄酒的包装艺术

国外研究发现，由于红葡萄酒口味相差不大，且在超市琳琅满目的货架上，消费者往往也分辨不出哪种品牌的葡萄酒味道更好一些，至少一开始是这样的，因此包装成了他们决定买何种品牌的关键因素。别小看了瓶子的式样及瓶子上豆腐干大小的标签，这就是决定胜负的关键。生产厂商也意识到了包装的重要性，都开始在小小的标签上动足了脑筋。于是，人们就看到了包装上的艺术：标签上有抽象画、油画、水粉画。色彩有明艳型、淡雅型、柔和型。这些出自各公司专聘的艺术家之手的精美标签简直可以成为收藏品了！但厂商仍不遗余力，因为他们知道消费者正是看包装是否对其口味来进行选择的，即使产品质量再好，口味再纯正，如果无法吸引到顾客的第一次购买，一切都是枉然。

（三）经济原则

在符合营销策略的前提下，应尽量降低包装成本。

四、产品包装策略

（一）类似包装策略

企业对其生产的产品采用相同的图案、近似的色彩、相同的包装材料和相同的造型进行包装，便于顾客识别出本企业的产品。对于忠实于本企业的顾客，类似包装无疑具有促销的作用，企业还可以因此而节省包装的设计、制作费用。但类似包装策略只能适宜于质量相同的产品，对于品种差异大、质量水平悬殊的产品则不宜采用。

（二）配套包装策略

按各国消费者的消费习惯，将数种有关联的产品配套包装在一起成套供应，便于消费者购买、使用和携带，同时还可扩大产品的销售。如在配套产品中加入某种新产品，可使消费者不知不觉地习惯使用新产品，有利于新产品上市和普及。

（三）再使用包装策略

再使用包装指包装内的产品使用完后，包装物还有其他的用途。如各种形状的香水瓶可作装饰物，精美的食品盒也可被再利用等。这种包装策略可使消费者感到一物多用而引起其购买欲望，而且包装物的重复使用也起到了对产品的广告宣传作用。但应谨慎使用该策略，避免因成本加大引起商品价格过高而影响产品的销售。

（四）附赠包装策略

附赠包装即在商品包装物中附赠奖券或实物，或包装本身可以换取礼品，产生消费者的惠顾效应，促使其重复购买。我国出口的“芭蕾珍珠膏”，每个包装盒内均附赠珍珠别针一枚，顾客购至50盒就可以串成一条美丽的珍珠项链，这使得该珍珠膏在国际市场上十分畅销。

（五）改变包装策略

改变包装即改变和放弃原有的产品包装，改用新的包装。由于包装技术、包装材料的不断更新，消费者的偏好不断变化，采用新的包装以弥补原包装的不足，企业在改变包装的同时必须配合好宣传工作，以消除消费者以为产品质量下降或产生其他的误解。

（六）更新包装策略

更新包装，一方面是通过改进包装使销售不佳的商品重新焕发生机，重新激起人们的购买欲；另一方面是通过改进，使商品顺应市场变化。有些产品要改进质量比较困难，但是如果几年一贯制，总是老面孔，消费者又会感到厌倦。经常变一变包装，给人带来一种新鲜感，销量就有可能提升。

（七）复用包装策略

复用是指包装有再利用的价值，它根据目的和用途基本上可以分为两大类：一类是从回收再利用的角度来讲，如产品运储周转箱、啤酒瓶、饮料瓶等，复用可以大幅降低包装成本，便于商品周转，有利于减少环境污染。另一类是从消费者的角度来讲，商品使用后，其包装还可以作其他用途，以达到变废为宝的目的，而且包装上的企业标识还可以起到继续宣传的作用。这就要求在包装设计时，考虑到再利用的特点，以保证再利用的可能性和方便性。如瓷制的花瓶作为酒瓶来用，酒饮完后还可以当作花瓶。再如用手枪、熊猫、小猴等造型的塑料容器来包装糖果，糖果吃完后，其包装还可以作为玩具。

（八）企业协作的包装策略

企业在开拓新的市场时，由于宣传等原因其知名度可能并不高，所需的广告宣传投入费用又太高，而且很难立刻见效。这时可以联合当地具有良好信誉和知名度的企业共同推出新产品，在包装设计上重点突出联手企业的形象，这是一种非常实际有效的策略，在欧美、日本等发达地区是一种较为普遍的做法。如日本电子产品在进入美国市场时滞销，后采用西尔斯的商标，以此占领了美国市场。

（九）绿色包装策略

随着消费者环保意识的增强，绿色环保成为社会发展的主题，伴随着绿色产业、绿色消费而出现的绿色概念营销方式成为企业经营的主流。因此在包装设计时，选择可重复利用或可再生、易回收处理、对环境无污染的包装材料，容易赢得消费者的好感与认同，也有利于环境保护和与国际包装技术标准接轨，从而为企业的发展带来良好的前景。如用纸质包装替代塑料袋装，羊毛材质衣物中夹放轻柔垫纸来取代硬质衬板，既美化了包装，又顺应了发展潮流，一举两得。

（十）系列式包装策略

系列式包装策略即企业生产经营的产品都用相同或相似的包装，系列包装可以使产品甚至企业的形象更加明显。

（十一）开窗式包装策略

开窗式包装策略是指在包装物上留有“窗口”，让消费者通过“窗口”来直接认识和了解产品，其目的在于直接让消费者感知、认识产品的品质。

（十二）连带式包装策略

连带式包装策略即将具有消费连带性的产品包装在一起，其目的在于给消费者带来便利感和整体感。

（十三）分量式包装策略

分量式包装策略即对一些称重产品，根据消费者在不同时间、地点购买和购买量的不同采用重量、大小不同的包装，也有一些价格较贵的产品，实行小包装给消费者以便利感，还有一些新产品，为了让消费者试用而采用小包装，其目的在于给消费者带来便利感、便宜感、安全感。

（十四）等级式包装策略

由于消费者的经济收入、消费习惯、文化程度、审美眼光、年龄等存在差异，对包装的需求心理也有所不同。一般来说，高收入者，文化程度较高的消费层，比较注重包装设计的制作审美、品味和个性化；低收入消费层则更偏好经济实惠、简洁便利的包装设计。因此，企业采取将同一商品针对不同层次的消费者的需求特点制定不同等级的包装策略，以此来争取到不同层次的消费群体。

（十五）情趣式包装策略

情趣式包装追求包装造型、色彩、图案的艺术感，通过包装的造型、色彩等来赋予一定的象征意义，其目的在于激发消费者的情感，使消费者产生联想。

（十六）年龄式包装策略

年龄式包装策略即按年龄段设计相应的包装，亦即包装分别采用不同年龄段所喜欢的造型、图案、色彩等，其目的在于满足不同年龄消费者的需要。

（十七）性别式包装策略

性别式包装策略即按性别的不同采用与性别相适应的包装。男性用品包装追求潇洒、质朴，女性用品包装崇尚温馨、秀丽、新颖、典雅，其目的在于满足不同性别消费者的需要。

（十八）礼品式包装策略

这种包装策略是指包装华丽且富有欢乐色彩，包装物上常冠以"福""禄""寿""喜""如意"等字样及问候语，其目的在于增添节日气氛和欢乐，满足人们交往、礼仪之需要，借物寓情，以情达意。

第五节　新产品开发策略

在竞争异常激烈的市场上，没有持续开发新产品的能力，就意味着公司只能以现有的产品去应付消费者不断变化的需求，其最终会被市场所淘汰。因此，新产品开发对一个企业来说非常重要，是企业在经济全球化和竞争加剧的形势下，寻求发展机会和竞争优势的重要手段。

一、新产品的概念及类型

（一）新产品的概念

市场营销中所说的新产品同科学技术发展意义上的新产品的含义不完全一样。市场营销理论中强调消费者的观点，所谓新产品就是指与旧产品相比，具有新的功能、新的特征、新的结构和新的用途，能满足顾客新需求的产品。因此，新产品是一个广泛的、动态的、相对的概念，它一般是相对旧产品而言，因时、因地而异。

（二）新产品的类型

市场营销学意义上的新产品含义很广，包括从纯技术角度生产的新产品、从生产角度改变功能或形态的产品和从顾客角度具有新用途的产品。具体来说，新产品有以下五种类型：

1.全新产品

全新产品即应用新技术、新工艺、新材料，在全世界首先开发，能开创全新市场的产品。例如，电话、飞机、打字机、盘尼西林（青霉素）、电子计算机等的发明，被视为1860—1960年间世界公认的最重要的一部分全新产品。这类产品从理论到技术，从实验室到工业生产，要花费很长的时间，需要巨大的人力和财力支持，开发风险大，成功率低，绝大多数企业都做不到。全新产品与旧产品比较是一种完全的质变。

2.换代新产品

换代新产品即在原有产品的基础上，部分采用新技术、新工艺、新材料制成的，性能有显著提高的新产品。例如，计算机经历了电子管、晶体管、集成电路、大规模或超大规模集成电路和人工智能计算机五代，后一代与它的前一代比较，都属于换代新产品。再如，模拟电视发展到数字电视，模拟手机发展到数字手机再发展到3G以至4G手机，也都是换代新产品。由于中小企业技术力量和其他力量薄弱，因此对全新产品的投入也较少，所以这类换代新产品在市场上比全新产品多。多数换代新产品与旧产品比较是一种部分的质变。

3.改进新产品

改进新产品即对现有产品在质量、性能、结构、品种、材料等方面进行改良之后生产出来的产品。例如，普通牙膏改为药物牙膏，普通洗发水改为护发养发洗发水，新款式的服装、汽车等。这种新产品只是在原有产品上增加一些特色，以满足各种顾客的不同需求，许多企业都比较容易做到。但应注意，一种产品只是在花色、外观、表面装饰、包装装潢等方面的改进和提高不属于新产品。改进新产品与旧产品比较是一种量变。

4.仿制新产品

仿制新产品又称为企业新产品，即仿照市场上已有产品所生产的产品，对企业自身来说是新产品。例如，市场上出现的大量新型号手机和车型都是模仿已有产品生产出来的。我国许多企业都引进和仿制国外产品，但要注意引进较新型甚至能跟上国际先进水平的新产品，同时注意消化吸收和创新，以缩小和国际先进水平之间的差距。

5.重新定位产品

重新定位产品即寻找现有产品的新用途或新消费群，在这个扩展的市场上该产品被称为新产品。例如，前面讲到的阿司匹林，一次次被发现它的新用途，一次次获得新的消费群，该产品就一次次成为新产品。

二、新产品的开发管理程序

一个公司应当有一个正式的新产品开发管理程序，它是指从产生新产品的构思到产品经过商业化最终上市的整个管理活动所经历的过程。有一个规范的新产品开发管理程序，一方面可以提高效率，另一方面可以防范潜在的风险。针对以上不同类型的新产品，其开发管理程序也存在一定的差别，但常见的新产品的开发管理程序如图 9.2 所示。

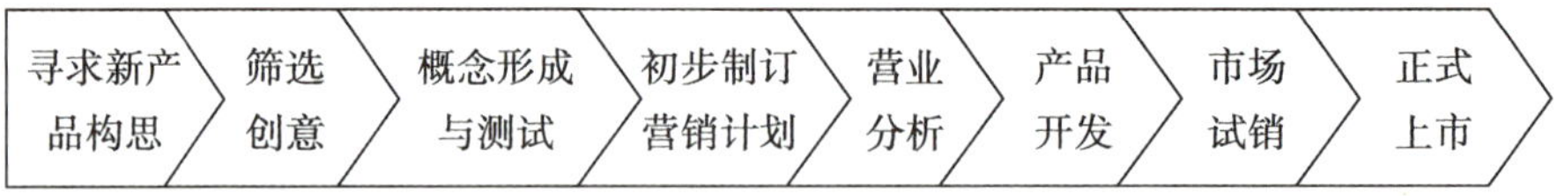

图 9.2　新产品的开发管理程序

(一)寻求新产品构思

新产品开发过程的第一个阶段是寻找产品创意。新产品构思或称新产品创意，是指向市场提供一种能够满足其需求的新提供物的设想。公司新产品创意的来源主要有企业内部和外部两个方面：内部来源如企业员工、高层管理者、技术人员、营销人员；外部来源包括顾客、经销商、消费者、竞争对手、政府、专利机构、科研机构、高等院校等。以下几个方面是其主要来源：

1.顾客

顾客的需求和欲望是寻找新产品创意的基本点。他们在使用过程中所感受到的产品缺陷或新要求,提出的抱怨或建议等,都可能成为新产品的构思来源。有调查表明,美国成功的技术革新和新产品有60%~80%来自用户的建议或使用中提出的改进意见。

2.竞争者

监测竞争对手的新产品开发是企业获取新产品创意常用的方法。列夫在 1978 年提出了研究竞争对手新产品的五步法:第一步,购买最新的竞争产品;第二步,逐一拆解分析,不漏掉每一个细节;第三步,反向设计产品,在拆解分析时,绘出图纸,列出零件清单及研究制造方法;第四步,进行财务分析,估计其成本构成;第五步,进行盈亏平衡分析,确定市场需求规模,确定售价,估算潜在利润。这种方法也就构成了模仿开发产品的反求工程的核心任务。

3.中间商

经营某种产品的中间商,由于经常接触消费者,因而熟悉和了解消费者的需求和抱怨。同时由于经营产品,他们也非常清楚市场上同类产品(包括竞争产品)的现状和优劣。长期的经验,使他们对产品的技术也相对熟悉。因此,中间商是获取新产品创意的潜在宝藏。

4.高层管理人员

许多公司的新产品创意来自公司的高管。高层管理者熟悉公司的总体战略及全面情况,对现有产品组合有较成熟的设想,也非常乐意提出新产品的设想。

5.公司员工

公司各部门的员工都可能为新产品开发提出建议。事实上,新产品开发并不是孤立的活动,它需要公司内部许多部门和人员的配合,需要多种工艺技术创新的支持,也需要外部有关公司的合作创新。

6.研发人员

企业中的研究开发人员熟悉技术,如果能将技术和需求很好地结合起来,则能够提出颇具价值的新产品创意。

7.其他来源

如发明家、专利持有人、科研机构、行业顾问、咨询公司、广告代理商、营销调研公司等。

(二)筛选创意

为了获得有吸引力的创意,必须对所获得的众多新产品创意进行筛选。筛选创意的目的是淘汰那些不可行或可行性较低的创意,使公司有限的资源集中于成功机会较大的创意上。筛选创意一般要经过粗选和精选两个阶段。粗选,即经验筛选。精选,是对经过粗选的创意采用定量的方法进行评价。筛选创意时,一般要考虑两个因素:一是该创意是否与企业的策略目标相适应,表现为利润目标、销售目标、销售增长目标、形象目标等几个方面;二是企业有无足够的能力开发这种创意,这些能力表现为资金能力、技术能力、人力资源、销售能力等。

(三)概念形成与测试

经过筛选后留下的新产品创意还要进一步发展成为新产品概念。在这里,首先应当明确产品创意、产品概念和产品形象之间的区别。产品创意是指企业从自身的角度考虑能够向市场提供的可能产品的构想。新产品概念形成或发展是指从消费者的角度对新产品创意进行的详尽描述，如对新产品的性能、用途、形状、优点、价格、提供的利益等进行的描述。而产品形象则是某种现实产品或潜在产品所形成的特定形象。在形成产品概念时需要明确以下问题：(1)谁使用这种产品？(2)它能给消费者带来的主要利益是什么？(3)这种产品通常在何时使用？(4)这种产品主要适合在哪些场合使用？(5)消费者为什么使用这些产品？(6)消费者如何使用这些产品？

企业在确定最佳产品概念，进行产品和品牌的市场定位后，就应当对产品概念进行测试。所谓产品概念测试是指用文字、图画描述或者用实物将产品概念展示于目标客户面前，观察他们的反应。

（四）初步制订营销计划

对于通过测试的新产品概念，营销者应该制订一个关于它的概略性的营销计划。这个营销计划可以认为是对前面各阶段工作的总结，以及后面各阶段工作的基础，并且可以在后面各阶段中不断完善。

概略性营销计划一般应包括三个部分：第一部分，描述新产品的目标市场及其规模、结构和行为，确立其市场定位，预计销售量和市场份额，制定最初几年的利润目标。第二部分，描述该产品的计划价格、分销策略和第一年的营销预算。第三部分，描述预期的长期销售量和利润目标，以及不同时期的营销组合。

案例衔接 9-6

某快速早餐饮料的初拟营销战略规划

快速早餐饮料的目标市场是有孩子的家庭，他们接受方便、有营养的早餐方式。公司拟将品牌在市场上定位于较高价格、较高质量点。公司的最初目标是销售 50 万箱或占市场份额的 10%，第一年的亏损不超过 130 万美元；第二年的目标是销售 70 万箱或占市场份额的 14%，计划赢利 220 万美元。

该产品是巧克力口味，分装成小包，一盒 6 包，每盒零售价为 79 美分。每箱 48 盒，批发给中间商每箱 24 美元。最初两个月经销商每买 4 箱可附送 1 箱，加上广告合作津贴。免费样品挨户赠送，报纸上的广告附有 20 美分折价券。总的促销预算为 290 万美元。广告预算为 600 万美元。以对半的比例分配给全国市场和本地市场。2/3 用于电视、1/3 用于报纸。广告文稿应着重营养和方便的概念。广告宣传概念将以喝了快速早餐饮料后身体日益健壮的小孩为中心。第一年营销调研将花费 10 万美元，用于购买商店审计和消费者固定样本信息，以观察市场反应和购买率。

该公司希望最后获取 25% 市场份额和实现 12% 纳税后投资报酬率。为了达到这个目标，产品质量的起点要高，并且随着时间的推移，通过技术研究对产品不断改进。价格在刚投入市场时,高价位定价,然后再逐渐降低价格,以扩大市场和对抗竞争者。总促销预算每年要增20%左右,初期广告费与促销费的比例为65∶35,最后发展为50∶50。在第一年以后,营销调研费将削减到每年6万美元。

(五)营业分析

在这一阶段,企业营销管理者要复查新产品未来的销售额、成本和利润的估计,看看它们是否符合企业的目标。如果符合,就可以进行新产品开发。

(六)产品开发

通过营业分析的新产品概念将进入产品开发阶段,将构思的新产品开发出产品原型。这一阶段更多的是技术性研究与开发以及工程设计和对产品实体的开发工作。

公司里的研发部门要会同生产和技术部门开发出基于新产品概念的一个原型。大多数情况下,这一工作是由一个跨职能的新产品开发小组完成的。同时需要公司有关部门的配合,有时还涉及外部供应商的配合与支持。海尔在开发其 Dothan 笔记本电脑时,必然需要英特尔公司技术人员的帮助,才能掌握 CPU 的指令系统。新产品原型开发是一个关键阶段。

产品开发的周期长、花费昂贵是新产品开发的重要特征。如果新产品在市场上失败,代价也是相当大的,严重的可能导致公司一蹶不振。因此,对新产品概念的筛选、发展、营业分析等都应当十分慎重。

(七)市场试销

如果企业的高层管理者对某种新产品开发实验结果感到满意,就着手用品牌名称、包装和初步营销方案把这种新产品装扮起来,把产品推上真正的消费者舞台进行实验。这是新产品开发的第七阶段。其目的在于了解消费者和经销商对于经营、使用和再购买这种新产品的实际情况以及市场大小,然后再酌情采取适当的对策。

市场试销的规模决定于两个方面:一方面是投资费用和风险大小,另一方面是市场试销费用和时间。投资费用和风险越高的新产品,试销的规模应越大;反之,投资费用和风险较低的新产品,试销规模可小一些。从市场试销费用和时间来讲,所需市场试销费用越多、时间越长的新产品,市场试销规模应越小;反之,则可大一些。不过,总的来说,市场试销费用不宜在新产品开发投资总额中占太大比例。

(八)正式上市

在这一阶段,企业高层管理者需要做出以下几个决策:

第一,何时推出新产品。这是指企业决定在什么时间将新产品投放市场最适宜。

第二,何地推出新产品。这是指企业决定在什么地方推出新产品最适宜。选择市场时一般要考察这样几个方面:市场潜力、企业在该地区的声誉、投放成本、该地区调查资料的质量高低、对其他地区的影响力以及竞争渗透能力。

第三,向谁推出新产品。这是指企业要把它的分销和促销目标面向最优秀的顾客群体。

第四，如何推出新产品。这是指企业管理部门要制定开始投放市场的营销策略。

三、新产品的采用与扩散

（一）新产品的采用

消费者在购买一种新产品之前会经历几个明显的学习阶段。公司的营销人员会引导消费者度过这些阶段，因而能够降低他们购买新产品的风险。美国著名学者埃弗雷特·M.罗杰斯对新产品的推广过程做了界定："一个新的观念从它的发明创造开始到最终的用户或者采用者的传播过程。"并指出，该过程一般经历以下五个阶段。

1.认识阶段

在认识阶段，消费者要受个人因素（如个人的性格特征、社会地位、经济收入、性别年龄、文化水平等）、社会因素（如文化、经济、社会、政治、科技等）和沟通行为因素的影响。他们逐步认识到创新产品，并学会使用这种产品，掌握其新的功能。

2.说服阶段

在认识阶段消费者的心理活动尚停留在感性认识上，在说服阶段，消费者常常要亲自操作新产品，以避免购买风险。不过即使如此也并不能促使消费者立即购买，除非营销部门能让消费者充分认识到新产品的特性。

3.决策阶段

通过对产品特性的分析和认识，消费者开始决策，即决定采用还是拒绝采用该种新产品。

4.实施阶段

当消费者开始使用创新产品时，就进入了实施阶段。于是，消费者就开始考虑以下问题了："我怎样使用该产品？""我如何解决操作难题？"这时，企业营销人员就要积极主动地向消费者进行介绍和示范，并提出自己的建议。

5.证实阶段

证实阶段消费者往往会告诉朋友们自己采用创新产品的明智之处，倘若无法说明采用决策是正确的，那么就可能中断采用。

（二）新产品的扩散

新产品扩散，是指新产品上市后随着时间的推移不断地被越来越多的消费者所采用的过程。扩散与采用的区别，仅仅在于看问题的角度不同。采用过程是从微观角度考察消费者个人由接受创新产品到成为重复购买者的各个心理阶段，而扩散过程则是从宏观角度分析创新产品如何在市场上传播并被市场所采用的更为广泛的问题。

1.新产品的特性与新产品扩散

新产品能否为市场迅速接受，首先取决于新产品的特性。第一，新产品的相对优点。新产品的相对优点愈多，即在诸如功能性、可靠性、便利性、新颖性等方面比原有产品的优越性愈大，满足消费者需要的程度就愈高，市场接受和扩散速度就愈快。第二，新产品的使用方法是否复杂。一般而言,新产品的结构和使用方法简单,才有利于新产品的推广扩散,消费品更是如此。第三,新产品的明确性。即新产品的性能或优点是否容易被人们观察和描述,是否容易被说明和示范。第四,新产品与目标市场的消费习惯、消费方式和消费观念是否协调一致。当新产品与目标市场的消费习惯、消费方式和价值观念相适应或较为接近时,就会加速产品的推广使用。反之,一种新产品的使用,需要改变消费者原有的消费方式、消费习惯和价值观念,那么新产品的扩散速度就会受到影响。第五,新产品的可试性。新产品允许购买者试用可以加快产品的扩散速度,尤其是一些在试用后,短时间内可以表明使用效果的产品更是如此。

2.消费者的个性差异与新产品扩散

在新产品的市场扩散过程中,受社会地位、消费心理、消费观念、个人性格等诸多因素的影响,不同消费者对新产品接受快慢程度有所不同。企业如果善于分析消费者对新产品的反应差异,就有利于加快新产品的市场扩散。

美国学者罗杰斯在对新产品扩散过程的研究中发现,人们性格上的差异是影响消费者接受新技术和新产品的重要因素。就消费品而言,罗杰斯按照消费者接受新产品的快慢程度,把新产品的采用者分为五种类型:创新采用者、早期采用者、早期大众、晚期大众和落后采用者。

3.新产品扩散策略

第一,抓住时机,广而告之。新产品刚上市,消费者对其一无所知或者知之甚少。对此,必须抓住时机展开广告、公关攻势,大力宣传新产品与旧产品相比有哪些特点、优点,结构是否合理、造型是否新颖、功能是否齐全、操作是否简单、价格是否便宜,运用新产品能给消费者带来哪些利益和效用。通过广而告之,可以使消费者在短时期内了解某一新产品,加快扩散速度。

第二,把握新产品的投放时机和投放地区。首先,把握投放时机。如果新产品是用来代替本企业旧产品的,那么应在旧产品库存量最少的时候上市;如果新产品的需求具有明显的季节性,应在最恰当的季节投放;如果新产品需要进一步改进,则应等到产品进一步完善后再投放,切忌仓促上市。其次,把握投放地区。一般情况下,应集中在某一地区市场上开展广告和促销活动,取得一定的市场份额后再向全国各地市场扩展;但是,实力雄厚并拥有通畅的国内、国际销售网络的大企业,有时也可以直接将新产品推向全国或国际市场。

第三,把握新产品的开发方向。为了加快新产品的扩散速度,企业在开发新产品时,必须适应消费需要和科学技术的发展变化。

4.新产品扩散过程管理

新产品扩散过程管理是指企业通过采取措施使新产品扩散过程符合既定市场营销目标的一系列活动。企业之所以能对扩散过程进行管理,是因为扩散过程除了受到外部不可控制因素(如竞争者行为、消费者行为、经济形势等)的影响,还受到企业市场营销活动(产品质量、人员推销、广告水平、价格策略等)的制约。

(1)企业扩散管理的目标有:

①介绍期销售额迅速起飞。

②成长期销售额快速增长。

③成熟期产品渗透最大化。

④尽可能维持一定水平的销售额。

(2)为了使产品扩散过程达到其管理目标,要求企业市场营销管理部门采取一些措施和策略。

①实现迅速起飞。需要派出销售队伍,主动加强推销;开展广告攻势,使目标市场很快熟悉创新产品;开展促销活动,鼓励消费者试用新产品。

②实现快速增长。需要保证产品质量,促进口头沟通;继续加强广告攻势,影响后期采用者;推销人员向中间商提供各种支持;创造性地运用促销手段使消费者重复购买。

③实现渗透最大化。需要继续采用快速增长的各种策略;更新产品设计和广告策略,以适应后期采用者的需要。

④实现长时间维持一定水平的销售额。需要使处于衰退期的产品继续满足市场需要;扩展分销渠道;加强广告推销。

››› 本章小结 ‹‹‹

产品是营销组合中最重要的因素,产品策略也是营销者面临的最重要的决策。产品的整体概念由五个层次组成。要把产品整体概念和消费者需求联系起来理解并加以运用。产品的分类方法很多,但最能说明问题的是按照需求和购买特征对产品进行的分类。

产品组合、产品线的概念非常重要。可以从产品组合的宽度、长度、深度和关联度来考察产品组合。产品线决策包括产品线扩展、产品线缩减、产品线现代化和产品线特色化。

品牌对于企业市场营销是非常重要的。品牌的整体含义有利于理解品牌的重要价值。品牌决策包括品牌化、品牌归属、品牌统分、品牌战略、品牌重新定位等。

产品生命周期对于认识和深刻理解产品、需求、竞争、营销、战略决策相互作用的关系和动态演变与运动过程十分重要。理解并掌握产品在导入期、成长期、成熟期和衰退期的主要特征和重要的营销方略,对于掌握营销的本质具有重要意义。

在进行产品包装时,要遵循产品包装的三个原则。产品的包装策略有类似包装策略、配套包装策略、再使用包装策略、附赠包装策略、改变包装策略、更新包装策略、复用包装策略、企业协作的包装策略、绿色包装策略、系列式包装策略、开窗式包装策略、连带式包装策略、分量式包装策略、等级式包装策略、情趣式包装策略、年龄式包装策略、性别式包装策略、礼品式包装策略。

在营销学中定义的新产品不局限于纯技术的创新,只要产品在功能或形态上有改进,与原有产品有差异,并为顾客带来新的利益,就可视为新产品。由此划分出五种类型的新产品。新产品开发的管理程序包括八个阶段,理解各阶段的工作十分重要。新产品采用过程包括五个关键环节,这对于新产品的营销十分有意义。

实践与练习

一、单项选择题

1.从根本上说,每一产品实质都是为解决问题而提供的(　　)。

A.服务　　B.质量　　C.效用　　D.功能

2.产品组合的宽度是指产品组合中所拥有(　　)的数目。

A.产品项目　　B.产品线　　C.产品种类　　D.产品品牌

3.产品组合的(　　)是指一个产品线中所含产品项目的多少。

A.宽度　　B.长度　　C.关联度　　D.深度

4.品牌的整体含义中最持久的是(　　)、文化和个性要素。

A.属性　　B.价值　　C.利益　　D.名称

5.品牌有利于保护(　　)的合法权益。

A.商品所有者　　B.生产商　　C.品牌所有者　　D.经销商

6.企业欲在产品分销过程中占有更大的货架空间来为获得较高的市场占有率奠定基础,一般会选择(　　)策略。

A.统一品牌　　B.分类品牌　　C.多品牌　　D.复合品牌

7.企业利用其成功品牌的声誉来推出改良产品或新产品,称为(　　)。

A.品牌扩展　　B.品牌转移　　C.品牌更新　　D.品牌再定位

8.我国现行的《中华人民共和国商标法》规定,注册商标的有效期为(　　)年,保护期满后,只要企业及时续展,就可再获保护,且续展次数不限。

A.5　　B.10　　C.15　　D.20

9.品牌管理实质就是(　　)。

A.品牌创建　　B.品牌保护　　C.品牌资产管理　　D.品牌策略管理

10.依据产品的不同档次、用途、营销对象等采用不同的包装,称为(　　)包装策略。

A.类似　　B.组合　　C.分类　　D.附赠品

11.系列化妆品包装可以方便顾客购买和使用,有利于产品销售,这里使用的是(　　)。

A.相似包装策略　　B.组合包装策略

C.再使用包装策略　　D.附赠品包装策略

12.销售量的增长减慢,利润增长接近于零时,说明产品已进入(　　)。

A.介绍期　　B.成长期　　C.成熟期　　D.衰退期

13.快速高价策略的特点是(　　)。

A.采取高价格、高促销费用
B.采取高价格、低促销费用
C.采取低价格、高促销费用
D.采取低价格、低促销费用

14.在市场容量小，市场上大多数消费者已了解该新产品，并愿意出高价购买，潜在竞争威胁不大的市场环境下应使用（　　）。

A.快速高价策略
B.缓慢高价策略
C.快速低价策略
D.缓慢低价策略

15.单位利润达到最高状态是在产品生命周期的（　　）。

A.介绍期　B.成长期　C.成熟期　D.衰退期

16.产品生命周期指的是（　　）。

A.产品的使用寿命
B.产品的物理寿命
C.产品的合理寿命
D.产品的市场寿命

17.企业原来生产低档产品，后来决定增加生产高档产品，这种产品组合决策是（　　）。

A.产品线向上延伸策略
B.产品线向下延伸策略
C.产品线的填充策略
D.产品线的缩减策略

18.面对处于衰退期的产品，企业把资源集中在最有利的子市场和销售渠道上，从中获取利润。这种策略属于（　　）。

A.继续维持策略
B.集中策略
C.收缩策略
D.放弃策略

二、判断题

1.产品整体概念是建立在“需求=产品”这样一个等式基础上的。（　　）

2.产品项目是指产品线中不同的品种、规格、品牌、价格的特定产品，例如某商店经营的服装、食品、化妆品等。（　　）

3.在品牌的整体含义中，最持久的是品牌的属性、价值和文化。（　　）

4.产品整体概念的内涵和外延都是由消费者的需求来决定的。（　　）

5.进入产品生命周期的成长期，企业的营销重点是建立品牌忠诚。（　　）

6.在新产品的开发方式中，技术引进的优点是企业对新产品开发的全过程保持完全的控制，并拥有该技术或产品的技术专利。（　　）

7.根据消费者的购买习惯分类，产品分为方便品、选购品、特殊品和服务。（　　）

8.产品组合是产品线的基础，产品组合的广度、深度、长度和关联度都决定了产品线的状况。（　　）

9.如果产品概念通过了商业测试，就进入了市场营销战略的制定阶段。（　　）

10.企业高层领导人员，如果没有产品整体概念，就不可能有现代市场营销观念。（　　）

11.产品生命周期的长短，主要取决于产品本身的性质、竞争激烈程度、科学技术、企业营

销的努力程度等。(　　)

12.产品生命周期是一条理论曲线,每个产品的实际生命周期曲线是相同的。(　　)

13.新产品开发是增强企业活力、提高经济效益的最佳途径。(　　)

14.一个产品顺利进入投入期,说明这是一个成功的产品,它已摆脱了夭折的风险。(　　)

15.企业产品进入成熟期时,单位利润达到最高状态。(　　)

16.继续生产已处于衰退期的产品,企业无利可图。(　　)

三、案例分析题

全聚德烤鸭的品牌定位

北京烤鸭分为焖炉和挂炉两大门派。便宜坊烤鸭是“焖炉烤鸭”派系的代表,迄今已有600多年的历史。其特点是烤鸭不见明火,鸭膛内灌入特制的老汤,形成外烤内煮之势,外脆里嫩,有“绿色食品”之美称,在市场上长销不衰。

但更为知名的是作为“挂炉烤鸭”派系代表的全聚德烤鸭,其创始人叫杨全仁。

杨全仁初到北京时,在前门外肉市街做生鸡鸭买卖生意。1864年,他买下了前门外肉市胡同一家濒临倒闭的名为“德聚全”的干鲜果铺,请风水先生重新命名为“全聚德”,一来是倒“德聚全”的晦气;二来是用了杨全仁名字中的一个“全”字;三来“聚德”就是聚拢德行,以此可标榜“全聚德”做生意注重德行。杨全仁还请来在书法上颇有造诣的秀才钱子龙书写了“全聚德”三个字,制成金匾挂在门楣上,并重金聘请到一位“大内御厨”,独辟蹊径地开创了“挂炉烤鸭”之先河。

杨全仁的“全聚德”烤鸭店就这样风风火火地开张了。

当时京城的王公贵族穷奢极欲,挥金如土。吃完宴席后,他们通常会用一种发面制成的荷叶饼沾去嘴边的油渍,然后把饼随手扔掉。杨全仁看到这种情况,很是愤慨,他便对店里人说:咱们全聚德可不能干这种缺德事!便从此定下规矩,全聚德不做发面主食,而是改进了烤鸭的吃法:用烫面荷叶饼卷进鸭肉而食。并且凡吃烤鸭者,无论贫贵,一律要自己动手卷,这也是其独特的一面。

全聚德的生意开张后异常火爆,这不仅因为杨全仁的精明,更重要的是全聚德的鸭子从饲养、开生到烤炙均有独到之处。

一是选鸭。全聚德的选鸭师博都是责任心强、经验丰富的老师傅。所选的鸭子一律是北京填鸭,饲养期一般是40天,过长或过短都会影响鸭肉的质量。同时,鸭皮破裂和宰杀后在水里泡得时间过长的鸭子也不用。经过这样精心挑选的鸭子,肉嫩、油多、味鲜。

二是开生。一般的开生掏膛容易破坏鸭子的外形,全聚德的鸭子,开膛是将刀口选择在右翅下,且仅有一寸多长。将内脏掏干净后,鸭翅下垂,遮住刀口,使人一眼望去不知是从何处下的手。这样既保证了鸭子的体形完美,也使得整体着色一致。

三是烤炙。全聚德烤鸭技术汲取众家之长。在全聚德之前,北京的烤鸭基本上是"焖炉烤鸭",杨全仁悉心研究优劣长短,独创了"挂炉烤鸭"的制作工艺,从此一炮打响,食客们无不称好。

挂炉烤鸭是用质地坚硬的果木明火烤炙,不同于秫秸烤的焖炉,炉门呈拱形,果木挂炉没有炉门,烤炙前,要经过宰杀、去毛、打气、开膛、晾胚、涂糖、灌汤等多道工序。最后烤出的鸭子,色泽枣红,味道香甜,外焦里嫩。

鸭子从炉子里烤熟后,还要经过烤鸭师傅们最后一道绝活才能进入食客口中,那就是片鸭。传说中片鸭高手能把一只鸭子片出薄厚均匀的108片,还片片皮肉相连。

全聚德烤鸭靠着这种独一无二的制作方法和独特的风味名扬海内外。全聚德通过深入调研,认为他们的核心竞争力在于:古老、正宗、原汁原味。为了体现这些特色,全聚德一直承袭着百年前的模式,坚持着传统的制作工艺,使用果木挂炉烤炙,烤鸭师傅手持烤杆,在热气扑面的明火前操作。

这样的制作过程是烤鸭文化的核心,所以将它保留了下来,其意义是为了保持"产品的全面性"。而如果将"独特的制作工艺"这块文化特色删去,虽然"最终产品"可能不会有太多变化,但却会丧失产品原有的内涵。有时科技的进步,反而会降低产品在人们心中的地位。就像孵化场饲养的鸡,由于工业化色彩太强,在市场上反而没有竞争力。

思考:

1.全聚德在品牌定位过程中,运用了什么品牌定位策略?

2.你认为全聚德的品牌核心价值是什么?

四、思考题

1.什么是产品组合?产品组合的调整策略有哪些?

2.什么是产品生命周期?产品生命周期各阶段的营销策略是什么?

3.包装的作用及包装策略有哪些?

4.品牌策略有哪些?

第十章 价格策略

教学目标

学生通过本章学习，了解产品定价的影响因素；掌握产品定价的方法，能够区别运用成本导向、需求导向和竞争导向等三种定价方法；掌握并灵活运用新产品定价策略、产品组合定价策略、折扣与折让策略、差别定价策略、心理定价策略和地区定价策略；了解产品价格的调整策略。

导入案例

低价不好销，高价反抢手

美国亚利桑那州有一家珠宝店，专门经营由印第安人手工制成的珠宝首饰。几个月前，珠宝店进了一批由珍珠质宝石和白银制成的手镯、耳环和项链。珍珠质宝石同商店以往销售的绿宝石不同，它的颜色更鲜艳，价格也更低。很多消费者还不了解它，对他们来说，珍珠质宝石是一种新的品种。希拉本人十分欣赏这些造型独特、款式新颖的珠宝，她认为这个新品种将会引起顾客的兴趣，形成购买热潮，便以合理的价格购进了这批首饰。为了让顾客感觉物超所值，她在考虑进货成本和平均利润的基础上，又为这些商品定了合理的价格。

可是，一个月过去了，商品的销售情况令人失望。希拉决定尝试运用她在大学里学到的几种营销策略售卖这批货，比如把这些珠宝装入玻璃柜中展示，摆放在店铺入口十分醒目的地方。但是，陈列位置的变化并没有使销售情况好转。希拉认为应该同销售人员好好谈谈了，在一周一次的见面会上，希拉向销售人员详细地介绍了这批珠宝的特性，且下发了书面材料，以便他们能更详尽更准确地将信息传递给顾客。希拉要求销售人员花更多的精力来推销这个产品系列。不幸的是,这个方法也失败了。希拉决定采购其他商品来销售,为了减少商品库存,在去外地采购前,希拉匆匆留下一纸手令:我走后若仍销售不出去,可按 1/2 的价格卖掉。

一周后,希拉从外地回来,她欣喜地发现该系列的所有珠宝已经销售一空。她对助手说:“看来,顾客不接受珍珠质宝石的成本,下次采购新的宝石品种时我一定要慎之又慎。”销售人员却对希拉说,珠宝并没有降价销售,且已被顾客高价抢买了。原来他们把老板的指令误读成“按 1—2 倍的价格出售”,他们开始还犹豫不决,结果销售情况却十分火爆,很快这些宝石就销售一空。

简要评析

商品价低未必好销,有时高价反而更有利于销售。从消费心理看,人们购买商品时要求物美价廉,这只是一种理想心态。对于消费者认为应该昂贵的商品,他们在购买时不会将价格作为主要的因素来加以考虑,而是放在了次要的位置上。对于绿宝石这类商品,人们希望通过一定的价格买它来实现自己的心理需求,显示自己的社会地位,满足自己的求美心理和求荣心理,因此价格要高,价低反而销售不畅。

第一节　影响定价的主要因素

价格策略是企业营销组合的重要因素之一,它直接决定着企业市场份额的大小和盈利率的高低程度。企业的定价决策受企业内部因素的影响,也受外部环境因素的影响(如图 10.1 所示)。随着营销环境的日益复杂,制定价格决策的难度越来越大,不仅要考虑成本补偿问题,还要考虑消费者接受能力和市场竞争状况。

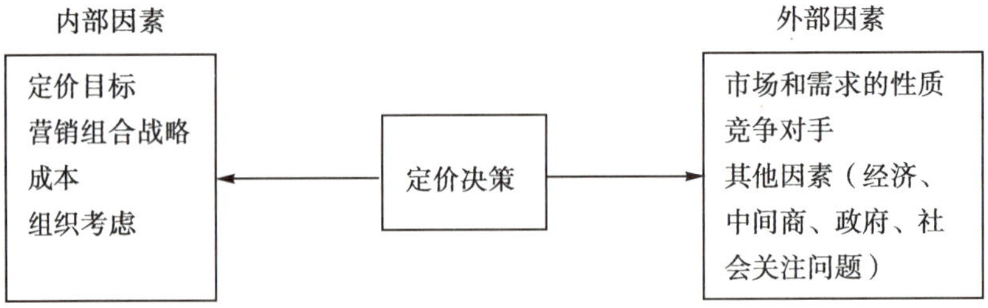

图 10.1　影响定价的因素

一、影响定价决策的内部因素

(一)定价目标

要了解价格和制定价格,必须考虑许多方面的因素。首先要明确的是公司的目标是什么,是增加市场份额,改善企业收入,最大化利润,还是其他目标。如果营销部门已经对公司目标有一个清晰的把握,那么确定价格在内的营销组合便是一件相对容易的事情。相反,如果定价与公司的目标相背离,可能花了很大精力,但结果并不是公司想要的。因此,定价成功与否很大程度上取决于定价决策与公司目标的契合度。企业定价目标主要有以下几种:

1.维持生存

如果企业产品严重过剩,卖不出去,难以维持正常的生产经营,这时在定价上往往需要把维持生存作为主要目标,制定较低的价格,目的是让产品尽快出手,使企业的资金周转保持活力,因为利润比起生存来次要得多。实践中,许多企业往往通过大规模、大幅度的价格折扣来保持企业活力。只要其价格能弥补变动成本和一些固定成本,企业的生存便可得以维持。

2.追求最大利润

获利是企业生存和发展的必要条件,因此许多企业以获取最大限度的利润为定价目标,为了达到这个目标,企业将制定高价策略。最大利润既有长期和短期之分,又有企业全部产品和单个产品之别。有些企业为了追求长期利润的最大化,可能在短期内承受一定的亏损,如为了开拓市场,打开销路,常常制定较低的价格以争取顾客。当然,并不排除在某种特定时期及情况下,对其产品制定高价以获取短期最大利润。还有一些多经营品种的企业,经常使用组合定价策略,即有些产品的价格定得比较低,有时甚至低于成本以招徕顾客,借以带动其他产品的销售,从而使企业利润最大化。在这种目标的指引下,公司往往忽视了其他营销组合因素、竞争对手的反应及有关的政策法规,从而影响了它的利益和长期发展。

3.提高投资收益率

任何企业投资经营都要追求一定的预期报酬,而投资报酬通常是以投资收益率来反映的。当企业在市场中处于绝对有利地位或者企业生产经营的是受保护、没有竞争者的产品时,适合采用投资收益率目标。

4.提高市场占有率

许多企业把维持或提高市场占有率作为其目标,往往采取降低价格的策略来提高市场占有率。一般来说,销量大幅度提高会降低单位产品的成本,从而使降低的损失得到补偿。另外,这样做可以排挤、打击竞争对手。

5.追求质量最优化

一些企业为了在市场中树立一个产品质量最优的形象,往往在生产成本、产品研发及促销方面做较大的投入,为补偿这些支出,他们把自己的产品或服务定价定得比较高。反过来这种较高的价格又进一步强化了产品的优质形象,增加了对追求高档产品的那部分消费者的吸引力。

6.以取得竞争优势为目标

选定这种目标的企业希望通过价格对付或防御竞争对手。企业为避免发生价格战,造成恶性竞争,从有利于竞争的目标出发制定价格,往往以低于、等于或者高于竞争者的价格出售商品。此目标主要适用在竞争中处于追随地位的企业。

（二）营销组合策略

由于价格是市场营销组合因素之一，产品定价时要注意价格策略与产品的整体设计、分销和促销策略相匹配，形成一个协调的营销组合。如果产品是根据非价格图表来定位的，那么有关质量、促销和销售的决策就会极大地影响价格；如果价格是一个重要的定位因素，那么价格就会极大地影响其他营销组合因素的决策。因此，营销人员在定价时必须考虑到整个营销组合，不能脱离其他营销组合而单独做出决定。

（三）成本

产品从原材料到成品要经过一系列复杂的过程，在这个过程中必定要耗费一定的人力、物力和财力，这种在产品的生产经营中所产生的实际耗费的货币表现就是成本。它是产品价值的基础，也是制定产品价格的最低经济界限，是维持简单再生产和经营活动的基本前提。产品的价格必须能够补偿产品生产、分销和促销的所有支出，并能补偿企业为产品承担风险所付出的代价。低成本的企业能设定较低的价格，从而取得较高的销售量和利润额。因此，企业想扩大销售或增加利润，就必须降低成本，从而降低价格，提高产品在市场上的竞争力。如果企业生产和销售产品的成本大于竞争对手，那么企业将不得不设定较高的价格或减少利润，从而使自己处于竞争劣势。在这里要考虑的产品成本包括：(1) 固定成本；(2) 变动成本；(3) 总成本；(4) 平均成本。使总成本得到补偿的定价意味着价格至少不能低于平均成本。如果要取得赢利，则价格必须高于平均成本。

案例衔接 10-1

中式快餐酝酿降价

2008 年年初，在食品原材料价格明显回落的背景下，有不少中式快餐连锁店正在酝酿降价。国内最大的中式快餐连锁企业“真功夫”已有一系列的降价促销活动，而部分洋快餐店仍无降价计划。

天然气、食用油、食材的价格一路降低，快餐企业的成本也有所下降，这的确会给快餐企业带来降价的机会和空间。此外，中式快餐的降价也与经济形势密切相关。受经济危机的影响，中式快餐行业生意相对以往冷清很多，特别是一些中高档消费的产品市场份额大大减少，这也是企业不得不考虑降价的原因之一。

（四）组织考虑

每个企业都有规模、财务状况、经销指标及企业价值取向的不同，对于追求利润型企业，高价格是企业选择的定价方向；而对于追求市场份额的企业来讲，中、低价格定位是企业定价方向。同时根据企业自身状况需考虑综合因素（品牌、市场地位、推广费用、渠道建设情况、产品的包装、产品规格）来制定价格。

二、影响定价的外部因素

（一）市场和需求的性质

与成本决定价格的下限相反，市场和需求决定价格的上限。在设定价格之前，营销人员必须理解产品价格与产品需求之间的关系。市场需求是影响定价的一个重要因素。不同商品的需求特点不同，消费者对价格会有不同的反应。某种商品的最高价格取决于市场需求。在市场经济条件下，只要产品卖得出去，市场有比较强烈的需求，企业就会尽可能地定高价；反之，如果产品卖不出去，市场没有需求或需求很小，那么企业也可能以低于成本的价格甩卖出去。因此，在影响定价的诸多因素中，市场需求是最重要的因素。

在市场经济条件下，市场一般划分为完全竞争市场、垄断竞争市场、完全垄断市场和寡头垄断市场四种结构类型。企业及其产品在市场上的竞争状况不同，企业的定价策略也不同。企业价格决策面临的竞争主要来自同行业生产者、经营者之间的竞争，尤其是市场处于买方市场的势态下，卖方间的竞争十分激烈，企业价格决策者必须熟悉本企业产品在市场竞争中所处的地位，分析市场中竞争对手的数量及他们的生产、供应能力及市场行为，从而制定出相应的价格策略。

同时市场供求状况也是企业价格决策的主要依据之一。企业对产品的定价，一方面必须补偿经营所耗费的成本费用并保证一定的利润；另一方面也必须适应市场对该产品的要求，供求能够为消费者所接受。例如，企业的产品是哪一类人群使用，是儿童还是老人，是男性还是女性，是用于家庭消费还是团体消费，是豪华消费还是普通消费。一般来讲，用于儿童、女性、团体消费或豪华消费的产品价格都相应高，企业采用多是高价位，反之亦然。否则，企业的价格决策会陷入一厢情愿的境地。企业需考虑整体消费水平、消费特点、市场规模和容量以及市场发展趋势等因素来对产品进行综合评价制定价格。

（二）竞争对手

竞争价格因素对定价的影响主要表现为竞争价格对产品价格水平的约束。同类产品的竞争最直接表现为价格竞争。如果企业采取高价格、高利润的战略，就会引来竞争；而低价格、低利润的战略则可以阻止竞争对手进入市场或者把他们赶出市场。如果企业试图通过适当的价格和及时的价格调整来争取更多顾客，这就意味着其他同类企业将失去部分市场，或维持原有市场份额要付出更多的营销努力，因而在竞争激烈的市场上，企业都会认真分析竞争对手的价格策略，密切关注其价格动向并及时做出反应。

（三）其他因素（经济、中间商、政府、社会关注问题）

在设定价格时，企业还必须考虑外部环境中的其他因素。经济条件对企业的定价策略有很大影响，如经济增长和衰退、通货膨胀和利率等因素会影响产品的生产成本以及消费者对产品和价值的看法。企业制定价格时应该能够给中间商带去可观的利润，以鼓励帮助企业有效地销售产品。营销人员需要了解影响价格的政策、法律、法规，并确保自己的定价决策具有可辩护性。同时企业在制定价格时，企业的短期销售、市场份额和目标利润将必须服从于整个社会的需要。

第二节 定价方法

一、常用的定价方法

企业定价有三种导向，即成本导向、需求导向和竞争导向。成本导向定价法包括成本加成定价法、目标利润定价法和可变成本定价法。需求导向定价法包括认知价值定价法、需求差别定价法和反向定价法。竞争导向定价法又包括随行就市定价法、主动竞争定价法和密封投标定价法。

（一）成本导向定价法

成本是企业生产经营的实际总耗费，客观上要求通过产品的销售得到补偿，并实现价值。所以，在企业定价实务中，首先考虑以成本为中心进行定价。成本导向定价法以产品成本为依据，综合考虑其他因素制定价格。

1.成本加成定价法

成本加成定价法是指按照单位成本加上一定百分比的加成来制定产品销售价格的一种方法。加成的含义就是一定比率的利润。所以，成本加成定价公式为：

$$P=C(1+R)$$

式中，P 为单位产品售价，C 为单位产品成本，R 为成本加成率。

与成本加成定价的方法类似，零售企业往往以售价为基础进行加成定价。其加成率的衡量方法有两种：(1)用零售价格来衡量，即加成（毛利）率＝毛利（加成）/售价。(2)用进货成本来衡量，即加成率＝毛利（加成）/进货成本。

将一个固定的惯例化的加成加在成本上，这样定价从逻辑上是否行得通？回答是否定的。在制定价格的过程中，任何忽略现行价格弹性的定价方法都难以确保企业实现利润最大化，无论是长期利润还是短期利润。需求弹性总是处在不断变化中，因而，最适加成也应随之调整。

最适加成与价格弹性成反比。如果某品牌的价格弹性高，最适加成就应相对低些。如果某品牌的价格弹性低，最适加成则应相对高些。而且，当价格弹性保持不变时，加成也应保持相对稳定，以制定出最适价格。

成本加成定价法之所以受到企业界欢迎，主要是由于：(1)成本的不确定性一般比需求少，将价格盯住单位成本，可以大大简化企业定价程序，而不必因为需求情况的瞬息万变来回调整价格。(2)只要行业中所有企业都采取这种定价方法，则价格在成本与加成相似的情况下也大致相似，价格竞争也会因此减至最低限度。(3)许多人感到成本加成定价法对买方和卖方来讲都比较公平，当买方需求强烈时，卖方不利用这一有利条件谋取额外利益而仍能获得公平的投资回报。

2.目标利润定价法

目标利润定价法是指根据估计的总销售收入(销售额)和估计的产量(销售量)来制定价格的一种方法。目标利润定价法要使用损益平衡图这一概念。损益平衡图描述了在不同销售水平上预期的总成本和总收入。图 10.2 展示了一张假设的损益平衡图。

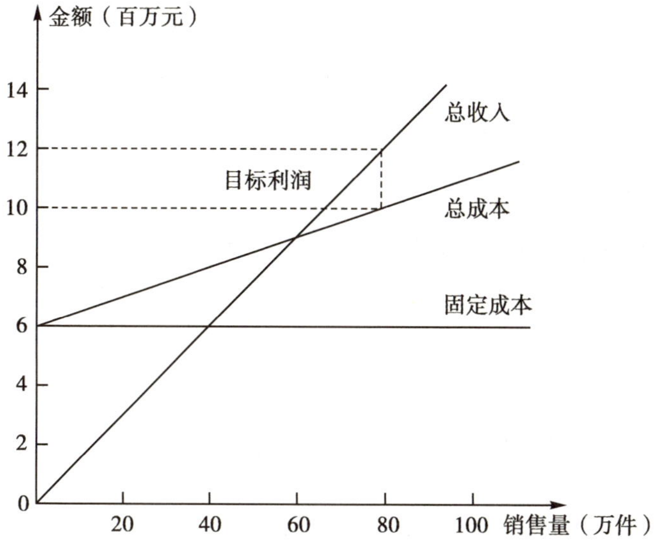

图 10.2 决定目标价格的损益平衡图

不论销售量多少,固定成本是 600 万元。管理人员的任务是:(1)估计各种不同产出水平的总成本。总成本曲线按固定的速率上升,直到最大产能为止。(2)估计未来一期的产能水平。假设企业预期产能为 80%,即产能为 100 万件时预期销售 80 万件,生产这一产量的总成本为 1000 万元。(3)确定目标报酬率。假设企业希望利润为成本的 20%,则利润目标为 200 万元。因此,在产能为 80%时总收入必须是 1200 万元。总收入曲线上另外一点为零产能时,其对应值也为零。将点(80,1200)与点(0,0)连成一条直线,便是总收入曲线。总收入曲线的斜率就是所要制定的价格。本例中斜率 K = 15,如果企业定价为每单位 15 元,且售出 80 万件,则按此价格可实现 20%的报酬率,企业赚得 200 万元。

目标利润定价法存在一个重要的缺陷,即企业以估计的销售量求出应制定的价格,殊不知价格又恰恰是影响销售量的重要因素。要实现 80 万件的销售量,15 元/件的价格可能偏高或偏低。在上述分析中,忽略了需求函数,即不同价格下企业可售出的数量。借助估计的需求曲线及 20%的利润目标条件,企业就可以解决将价格与销售量统一起来的问题,从而确保用所定价格来实现预期销售量的目标。

3.可变成本定价法

可变成本定价法又称为目标贡献定价法,即以单位变动成本作为定价的基本依据,加入单位产品贡献,形成产品售价。即价格 = 单位可变成本+单位商品贡献额。

在这里，商品售价超出可变成本的部分被视为贡献。贡献的意义在于，单位商品的销售收入在补偿其变动成本之后，首先用来补偿固定成本费用。在盈亏分界点之前，所有商品的累积贡献均体现为对固定成本费用的补偿，企业无盈利可言。到达盈亏分界点之后，商品销售收入中的累积贡献才是现实的盈利。

由于补偿全部固定成本费用是企业获取盈利的前提，因此，所有商品销售收入中扣除其变动成本后的余额，不论能否真正成为企业盈利，都是对企业的贡献。在实践中，由于以可变成本为基础的低价有可能刺激商品销量大幅度提高，因此，贡献额有可能弥补固定成本甚至带来盈利。

(1)目标贡献定价法的关键在于贡献的确定。其步骤如下：

①确定一定时期内企业目标贡献。年目标贡献=年预计固定成本费用+年目标盈利额。

②确定单位限制因素贡献量。单位限制因素贡献量=年目标贡献/限制因素单位总量。其中，限制因素指企业所有商品在其市场营销过程中必须经过的关键环节，如劳动时数、资金占用等，也可根据企业商品自身特性加以确定。各种限制因素单位加总即为限制因素单位总量。

③根据各种商品营销时间的长短及难易程度等指标，确定各种商品在营销过程中对各种限制因素的占用数量(或比例)。

④形成价格。价格=单位可变成本费用+单位限制因素贡献量×单位商品所含限制因素数量。

(2)目标贡献定价法有以下优点：

①易于在各种商品之间合理分摊固定成本费用。限制因素占用多，其价格中所包含的贡献量就大，表明该种商品固定成本分摊额较多。

②有利于企业选择和接受市场价格。在竞争作用下，市场价格可能接近甚至低于企业的平均成本，但只要这一价格高于平均变动成本，企业就可接受，从而大大提高企业的竞争力。

③根据各种商品贡献的多少安排企业的商品线，易于实现最佳商品组合。

(二)需求导向定价法

需求导向定价法是从买方的角度出发，主要考虑购买者的接受程度，依据购买者对商品价格的反应和接受能力来制定价格，而不是依据卖方的成本定价。

1.认知价值定价法

认知价值定价法，就是企业根据购买者对产品的认知价值来制定价格的一种方法。认知价值定价与现代市场定位观念相一致。企业在为其目标市场开发新产品时，在质量、价格、服务等方面都需要体现特定的市场定位观念。因此，首先，企业要决定所提供的产品价值及价格；之后，企业要估计在此价格下所能销售的数量，再根据这一销售量决定所需要的产能、投资及单位成本；接着，管理人员还要计算在此价格和成本下能否获得满意的利润。如能获得满意的利润，则继续开发这一新产品，否则就要放弃选择这一产品。

认知价值定价法的关键，在于准确地计算产品所提供的全部市场认知价值。企业如果过高地估计认知价值，便会定出偏高的价格；如果过低地估计认知价值，则会定出偏低的价格。为准确把握市场认知价值，必须进行市场营销研究。

案例衔接 10-2

伦敦餐厅让顾客定价

伦敦法灵顿街的小海湾餐厅在2009年2月推出了一项活动——支付你认为值得的价格。在该餐厅的菜单上所有的食物都不标出价格，顾客消费后不知价格几何，最后自己决定花多少钱买单。不过，无论顾客付多少，服务员都微笑着接受。小海湾餐厅的食物虽然没有标价，但档次和质量并没有下降。菜单上的菜品包括"米其林星级机构"力荐的鹅肝酱、熏蛙鱼、鱼子酱和腓力牛排等。

2.需求差别定价法

需求差别定价法是指产品价格的确定以需求为依据，首先强调适应消费者需求不同的特性，而将成本补偿放在次要的地位。这种定价方法，对同一商品在同一市场上制定两种或两种以上的价格，或使不同商品价格之间的差额大于其成本之间的差额，其好处是可以使企业定价最大限度地符合市场需求，促进商品销售，有利于企业获取最佳的经济效益。

事实上，这种价格差异的基础是顾客需求、顾客的购买心理、产品样式、地区差别以及时间差别等。采用这种方法定价，一般是以该产品的历史定价为基础，根据市场需求变化的具体情况，在一定幅度内变动价格。这种方法的具体实施通常有四种方式：

(1)基于顾客差异的差别定价

这是根据不同消费者消费性质、消费水平和消费习惯等差异来制定不同的价格。如会员制下的会员与非会员的价格差别，学生、教师、军人与其他顾客的价格差别，新、老顾客的价格差别，国外消费者与国内消费者的价格差别，等等。可以根据不同消费者群体的购买能力、购买目的、购买用途来制定不同的价格。

(2)基于不同地理位置的差别定价

由于地区间的差异，同一产品在不同地区销售时，可以制定不同的价格。例如班机与轮船上由于舱位对消费者的效用不同而价格不一样；电影院、戏剧院或赛场由于观看的效果不同而价格不一样。

(3)基于产品差异的差别定价

质量和规格相同的同种产品，虽然成本不同，但企业在定价时并不根据成本不同以比例定价，而是按外观和式样不同来定价。这里定价所考虑的真正因素是不同外观和式样对消费者的吸引程度。比如说，营养保健品中的礼品装、普通装及特惠装三种不同的包装，虽然产品内涵和质量一样,但价格往往相差很大。

(4)基于时间差异的差别定价

在实践中我们往往可以看到,同一产品在不同时间段里的效用是完全不同的,顾客的需求强度也是不同的。在需求旺季时,商品需求价格弹性化,可以提高价格;需求淡季时,需求价格弹性较高,可以采取降低价格的方法吸引更多顾客。

实行需求差别定价必须具备一定的条件,否则不仅达不到差别定价的目的,甚至会产生副作用。这些条件包括以下四个方面:

一是从购买者方面来说,购买者对产品的需求有明显的差异,需求弹性不同,市场能够细分,不会因差别价格而导致顾客的反感。

二是从企业方面来说,实行不同价格的总收入要高于同一价格的收入。

三是从产品方面来说,各个市场之间是分割的,低价市场的产品无法向高价市场转移。

四是从竞争状况来说,产品无法在高价市场上进行价格竞争。

3.反向定价法

反向定价法,又称可销价格倒推法,是指企业根据产品的市场需求状况,通过价格预测、试销和评估,先确定消费者可以接受和理解的零售价格,然后倒推批发价格和出厂价格的定价方法。这种定价方法的依据不是产品的成本,而是市场的需求,力求使价格为消费者所接受。分销渠道中的批发商和零售商多采取这种定价方法。其计算公式为:

出厂价格=市场可销零售价格×(1-批零差价率)×(1-销进差率)

(1)采用反向定价法的关键在于如何正确测定市场可销零售价格水平。测定的标准主要有:

①产品的市场供求情况及其变动趋势。

②产品的需求函数和需求价格弹性。

③消费者愿意接受的价格水平。

④与同类产品的比价关系。

(2)测定的方法有:

①主观评估法。由企业内部有关人员参考市场上的同类产品,比质比价,结合考虑市场供求趋势,对产品的市场销售价格进行评估确定。

②客观评估法。由企业外部的有关部门和消费者代表,对产品的性能、效用、寿命等方面进行评议、鉴定和估价。

③实销评估法。以一种或几种不同价格在不同消费对象或区域进行实地销售,并采用上门征询、问卷调查、举行座谈会等形式,全面征求消费者的意见,然后判明试销价格的可行性。

采用这一定价法时,需要对产品的市场容量和商品的价格弹性有一个大体的估计,并且企业的目标利润是确定的,这才能确保反向定价法在实践上可以完成。

（三）竞争导向定价法

竞争导向定价法是企业通过研究竞争对手的生产条件、服务状况、价格水平等因素，依据自身的竞争实力，参考成本和供求状况来确定商品价格，以市场上竞争者的类似产品的价格作为本企业产品定价的参照系的一种定价方法。竞争导向定价法主要包括随行就市定价法、主动竞争定价法和密封投标定价法。

1.随行就市定价法

随行就市定价法是指企业按照行业的平均现行价格水平来定价。在以下情况下往往采取这种定价方法：(1)难以估算成本；(2)企业打算与同行和平共处；(3)如果另行定价，很难了解购买者和竞争者对本企业产品价格的反应。不论市场结构是完全竞争的市场，还是寡头竞争的市场，随行就市定价法都是同质产品市场的惯用定价方法。

在完全竞争的市场上，销售同类产品的各个企业在定价时实际上没有多少选择余地，只能按照行业的现行价格来定价。某企业如果把价格定得高于时价，产品就卖不出去；反之，如果把价格定得低于时价，也会遭到削价竞争。

在寡头竞争的条件下，企业也倾向于和竞争对手要价相同。这是因为这种条件下市场上只有少数几家公司，彼此十分了解各方的经营状况，购买者对市场行情也很熟悉，因此，如果各大公司的价格有差异，顾客就会转向价格较低的企业。所以，按照现行价格水平，在寡头竞争的需求曲线上有一个转折点。如果某公司将价格定得高于这个转折点，需求就会相应减少，因为其他公司不会随之提价（需求缺乏弹性）；相反，如果某公司将其价格定得低于这个转折点，需求则不会相应增加，因为其他公司可能随之削价（需求有弹性）。总之，当需求有弹性时，一个寡头企业不能通过提价而获利；当需求缺乏弹性时，一个寡头企业也不能通过降价而获利。

在异质产品市场上，企业有较大的自由度决定其价格。产品差异化使购买者对价格差异的存在不甚敏感。企业相对于竞争者总要确定自己的适当位置，或充当高价企业角色，或充当中价企业角色，或充当低价企业角色。总之，企业总要在定价方面有别于竞争者，其产品策略及市场营销方案也尽量与之相适应，以应付竞争者的价格竞争。

2.主动竞争定价法

主动竞争定价法，它不是追随竞争者的价格，而是根据零售店商品的实际情况及与竞争对手的商品差异状况来确定价格。一般为富于进取心的零售商所采用。首先，定价时将市场上竞争商品价格与零售店估算价格进行比较，分为高、一致及低这样三个价格层次；其次，将零售店商品的性能、质量、成本、式样、产量等与竞争零售店进行比较，分析造成价格差异的原因；再次，根据以上综合指标确定零售店商品的特色、优势及市场定位，在此基础上，按定价所要达到的目标，确定商品价格；最后，跟踪竞争商品的价格变化，及时分析原因，调整零售店相应商品价格。

3.密封投标定价法

该定价方法通常采用公开招标的办法。即采购机构（买方）在报刊上登广告或发出函件，说明拟采购商品的品种、规格、数量等具体要求,邀请供应商(卖方)在规定的期限内投标。采购机构在规定的日期内开标,选择报价最低的、最有利的供应商成交,签订采购合同。某供货企业如果想做这笔生意,就要在规定的期限内填写标单,上面填明可供应商品的名称、品种、规格、数量、交货日期等,密封送给招标人(采购机构),这叫作投标。这种价格是供货企业根据对竞争者的报价的估计制定的,而不是按照供货企业自己的成本费用或市场需求来制定的。供货企业的目的在于赢得合同,所以它的报价应低于竞争对手(其他投标人)的报价。这种定价方法叫作密封投标定价法。然而,企业不能将其报价定得低于某种水平。确切地讲,企业不会将报价定得低于边际成本,以免使其经营状况恶化。如果企业报价远远高出边际成本,虽然潜在利润增加了,但却减少了取得合同的机会。

案例衔接 10-3

东芝洗衣机的价格策略

2003 年,东芝开始进入中国洗衣机市场,与此同时,其把市场竞争对手定位在日韩品牌和欧美品牌。为制定合适的价格政策,快速打开新市场,竞争品牌的价格分析是东芝价格策略制定的一项必备工作。东芝将其全系列产品与市场上竞争对手类似功能、容量的产品进行比较,得出:东芝的简约系列产品,容量与其他竞争品牌一样,产品的功能占优势,尤其无级水位是东芝独有的,但程序少也是东芝的一个弱项;在洗涤容量相同的情况下,东芝智多系列的优势在于,它拥有独有的无级水位装置,能够精确地控制用水,远远领先于其他品牌的分段水位。当然日立的风干功能、三洋的超音波也是非常有特色的。东芝的超越系列与其他品牌比较,最大的优势在于 DD 直流变频电机的应用,实现了超低的噪声,满足了消费者对于安静的需求。当然在水流方面其与松下等品牌相比不够新颖。通过以上 3 个方面将东芝的 3 个系列产品与市场同类型产品进行比较,可以看出东芝与竞争产品相比,还是略占优势的。在对竞争对手分析基础上,结合东芝的价格策略,东芝为其 4 个系列 11 个型号的产品进行定价,形成了低、中、高档的全面渗透,实现系列价格差别化,系列内又以洗涤容量形成价格差别。为鼓励经销商产品出样,样机给予 100~500 元的价格补贴。

二、选定最后的价格

首先,必须考虑所制定的价格是否符合政府的有关政策和法令的规定,否则就会违法,受到法律制裁。企业的定价政策需要回答这些问题:企业需要的定价形象、对待价格折扣态度以及对待竞争者的价格的指导思想,企业的市场营销人员选定最后价格时须检查所制定的价格是否符合企业的定价政策。

其次,还要考虑消费者的心理。利用消费者心理,采取声望定价,把实际上价值不大的商品的价格定得很高(如把实际上值 10 元的香水定为 100 元),或者采用奇数定价(把一台电视机的价格定为 1299 元),以促进销售。

最后,还要考虑企业内部有关人员(如推销人员、广告人员、会计出纳人员等)对定价的意见,经销商、供应商等对定价的意见,以及竞争对手对所定价格的反应等。

第三节　定价策略

一、新产品定价策略

一般来讲,新产品定价有两种策略可供选择。

1.撇脂定价

撇脂定价是指在产品生命周期的最初阶段,把产品的价格定得很高,以取得最大利润,有如从鲜奶中撇取奶油。企业之所以能这样做,是因为有些购买者主观认为某些商品具有很高的价值。从市场营销实践看,在以下条件下企业可以采取撇脂定价:市场有足够的购买者,他们的需求缺乏弹性,即使把价格定得很高,市场需求也不会大量减少。高价使需求减少一些,因而产量减少一些,单位成本增加一些,但这不至于抵销高价所带来的利益。在高价情况下,仍然独家经营,别无竞争者,有专利保护的产品就是如此。某种产品的价格定得很高,使人们产生这种产品是高档产品的印象。

实行撇脂定价的条件包括以下几个方面:

第一,市场上存在一批购买力很强并且对价格不敏感的消费者。

第二,这样的一批消费者的数量足够多,企业有厚利可图。

第三,暂时没有竞争对手推出同样的产品,本企业的产品具有明显的差别化优势。

第四,当有竞争对手加入时,本企业有能力转换定价方法,通过提高性价比来提高竞争力。

第五,本企业的品牌在市场上有传统的影响力。

在上述条件具备的情况下,企业就应该采取撇脂定价的方法。使用撇脂定价法不是偶然的,某些企业和某些行业普遍、长期使用撇脂定价法。

案例衔接 10-4

绅宝公司的撇脂定价策略

第二次世界大战期间,绅宝公司以制造战斗机而闻名。战后,绅宝公司利用自己的技术力量,按照制造飞机的高要求,生产了一种小型、廉价、注重驾驶乐趣的汽车,每年在美国市场上售出 1 万辆左右。20 世纪 70 年代末期,汽车行业竞争加剧,绅宝公司也面临着两种选择:要么生产经济车,要么生产昂贵车。绅宝公司选择了生产昂贵车。因为经济车每辆车利润小,在与通用、福特等大公司的激烈竞争中,只有每年生产 25 万辆以上的汽车才有利可图。而要是生产昂贵车,每辆车利润高,尽管销售总量少,但绅宝公司可以利用自己的技术优势,生产起来就能驾轻就熟。

从 1979 年起,绅宝汽车公司推出了新的 SAA900 型涡轮增压型车,价格是每辆 2 万美元(当时在美国是极贵了,凯迪拉克一般也就这个价)。广告强调它是高性能、新款式、形象独特、独一无二的高级车,而且可以提供给消费者想要的各种高级配置,加上适当的促销和销售渠道策略,很快有钱人对绅宝汽车产生了强烈的购买欲望。可以说,这种产品价格策略取得了巨大的成功。绅宝汽车 1983 年在美国的销售量超过 2.5 万辆,市场出现供不应求的局面。有些经销商甚至以拍卖方式将车出售给出价最高的人。这一年,绅宝汽车销售增长率为 42%,成为汽车行业中销售增长率最高的一家公司。

2.渗透定价

渗透定价是指企业把它的创新产品的价格定得相对较低,以吸引大量顾客,提高市场占有率。从市场营销实践来看,企业采取渗透定价需具备以下条件:市场需求显得对价格极为敏感,如此,低价才会刺激市场需求迅速增长;企业的生产成本和经营费用会随着生产经营经验的增加而下降;低价不会引起实际和潜在的竞争。

案例衔接 10-5

长安福特汽车的渗透定价策略

长安福特的"咸鱼翻身"始于蒙迪欧 2.0 的成功上市!全新蒙迪欧 2.0 的到来为 2004 年中国车市的繁荣带来了第一股暖流,长安福特一句"世界就看我的!"道尽其傲视群雄的冲天盛气。几个月以来,不仅蒙迪欧 2.0 的市场人气一直居高不下,还带动了嘉年华的销售,更为蒙迪欧 2.5V6 旗舰的闪亮登场做足了功课。蒙迪欧何以旗开得胜?长安福特高明的定价策略发挥了至关重要的作用。

可以说,长安福特对新蒙迪欧采用的是"渗透"定价的策略,即把新产品的价格定得相对较低,以吸引大量客户,提高市场占有率。从营销实践来看,长安福特这一步棋走得对。在反复强调蒙迪欧豪华配置与出众性能表现之后,消费者对产品价值的期望值已经很高,在这个时候公布出人意料的低价,除彰显了蒙迪欧出众的性价比优势之外,也体现了其在市场运作经营技巧方面的独到之处。

二、产品组合定价策略

当产品只是某一产品组合中的一部分时，企业必须对定价方法进行调整。这时候，企业要研究出一系列价格，使整个产品组合的利润实现最大化。因为各种产品之间存在需求和成本的相互联系，而且会带来不同程度的竞争，所以定价十分困难。

（一）产品线定价

企业通常开发出来的是产品线，而不是单一产品。企业生产的系列产品具有需求和成本的内在关联，为了充分发挥这种内在关联性的积极效应，企业可采用产品线定价策略。在定价时，首先要确定某种产品的最低价格，它在产品线中充当福利产品的角色，吸引消费者购买产品线中的其他产品；其次要确定产品线中某种商品的最高价格，它在产品线中充当品牌质量和收回投资的角色；再次，产品线中的其他产品也分别依据其在产品线中的角色不同而制定不同的价格。

（二）选择品定价

许多企业在提供主要产品的同时，还会附带一些可供选择的产品或特征。可选产品定价法主要是通过对主、附产品的定价选择寻求给企业带来更多的销售收入和利润。

（三）补充产品定价

有些产品需要附属或补充产品，以较低价销售主产品来吸引顾客，以较高价销售备选和附属产品来增加利润。如美国柯达公司推出一种与柯达胶卷配套使用的专用照相机，价廉物美，销路甚佳，结果带动柯达胶卷销量大大增加，尽管其胶卷价格较其他品牌的胶卷昂贵。

（四）副产品定价

在许多行业中，在生产主产品的过程中，常常带有副产品。如果副产品价值很低，处理费用昂贵，就会影响到主产品的定价。制造商确定的价格必须能够弥补副产品的处理费用。如果副产品对某一客户群具有价值，就应该根据其价值定价。副产品的收入多，将使公司更易于为其主要产品制定较低价格，以便在市场上增加竞争力。因此制造商需寻找一个需要这些副产品的市场，并接受任何足以抵补储存和运输副产品成本的价格。

（五）产品系列定价

企业经常以某一价格出售一组产品。通过产品配套销售，使顾客感到成套购买比单独购买更划算，从而带动整个产品群中不太畅销产品的销售。

三、折扣与折让策略

企业为了鼓励顾客及早付清货款、大量购买、淡季购买，还可以酌情降低其基本价格。这种价格调整叫作价格折扣和折让。价格折扣和折让有五种：

（一）数量折扣

指按购买数量的多少，分别给予不同的折扣，购买数量愈多，折扣愈大。其目的是鼓励顾客大量购买,或集中向本企业购买。数量折扣包括累计数量折扣和一次性数量折扣两种形式。累计数量折扣规定顾客在一定时间内,购买商品若达到一定数量或金额,则按其总量给予一定折扣,其目的是鼓励顾客经常向本企业购买,成为可以信赖的长期客户。一次性数量折扣规定一次购买某种产品达到一定数量或购买多种产品达到一定金额,则给予折扣优惠,其目的是鼓励顾客大批量购买,促进产品多销、快销。

数量折扣的促销作用非常明显,企业因单位产品利润减少而产生的损失完全可以从销量的增加中得到补偿。此外,销售速度的加快,使企业资金周转次数增加,流通费用下降,产品成本降低,从而促进企业总盈利水平上升。

运用数量折扣策略的难点是如何确定合适的折扣标准和折扣比例。如果享受折扣的数量标准定得太高,比例太低,则只有很少的顾客才能获得优待,绝大多数顾客将感到失望;购买数量标准过低,比例不合理,又起不到鼓励顾客购买和促进企业销售的作用。因此,企业应结合产品特点、销售目标、成本水平、企业资金利润率、需求规模、购买频率、竞争者手段以及传统的商业惯例等因素来制定科学的折扣标准和比例。

(二)现金折扣

现金折扣是对在规定的时间内提前付款或用现金付款者所给予的一种价格折扣,其目的是鼓励顾客尽早付款,加速资金周转,降低销售费用,减少财务风险。采用现金折扣一般要考虑三个因素:折扣比例、给予折扣的时间限制及付清全部货款的期限。在西方国家,典型的付款期限折扣表示为“3/20, Net 60”。其含义是在成交后 20 天内付款,买者可以得到 3% 的折扣,超过 20 天,在 60 天内付款不予折扣,超过 60 天付款要加付利息。

由于现金折扣的前提是商品的销售方式为赊销或分期付款,因此,有些企业采用附加风险费用、管理费用的方式,以避免可能产生的经营风险。同时,为了扩大销售,分期付款条件下买者支付的货款总额不宜高于现款交易价太多,否则就达不到“折扣”促销的效果。

提供现金折扣等于降低价格,所以,企业在运用这种手段时要考虑商品是否有足够的需求弹性,保证通过需求量的增加使企业获得足够利润。此外,由于我国的许多企业和消费者对现金折扣还不熟悉,运用这种手段的企业必须结合宣传手段,使买者更清楚自己将得到的好处。

(三)功能折扣

中间商在产品分销过程中所处的环节不同,其所承担的功能、责任和风险也不同,企业据此给予不同的折扣称为功能折扣。对生产性用户的价格折扣也属于一种功能折扣。功能折扣的比例,主要考虑中间商在分销渠道中的地位、对生产企业产品销售的重要性、购买批量、完成的促销功能、承担的风险、服务水平、履行的商业责任,以及产品在分销中所经历的层次和在市场上的最终售价等。功能折扣的结果是形成购销差价和批零差价。

鼓励中间商大批量订货,扩大销售,争取顾客,并与生产企业建立长期、稳定、良好的合作关系是实行功能折扣的一个主要目标。功能折扣的另一个目的是对中间商经营的有关产品的成本和费用进行补偿,并让中间商有一定的盈利。

（四）季节折扣

有些商品的生产是连续的，而其消费却具有明显的季节性。为了调节供需矛盾，这些商品的生产企业便采用季节折扣的方式，对在淡季购买商品的顾客给予一定的优惠，使企业的生产和销售在一年四季都能保持相对稳定。例如，啤酒生产厂家对在冬季进货的商业单位给予大幅度让利，羽绒服生产企业则为夏季购买其产品的客户提供折扣。

季节折扣比例的确定，应考虑成本、储存费用、基价和资金利息等因素。季节折扣有利于减轻库存，加速商品流通，迅速收回资金，促进企业均衡生产，充分发挥生产和销售潜力，避免因季节需求变化所带来的市场风险。

（五）回扣和津贴

回扣是间接折扣的一种形式，它是指购买者在按价格目录将货款全部付给销售者以后，销售者再按一定比例将货款的一部分返还给购买者。津贴是企业为了特殊目的，对特殊顾客以特定形式所给予的价格补贴或其他补贴。比如，当中间商为企业产品提供了包括刊登地方性广告、设置样品陈列窗等在内的各种促销活动时，生产企业给予中间商一定数额的资助或补贴。又如，对于进入成熟期的消费者，开展以旧换新业务，将旧货折算成一定的价格，在新产品的价格中扣除，顾客只支付余额，以刺激消费需求，促进产品的更新换代，扩大新一代产品的销售。这也是一种津贴的形式。

企业实行折扣战略时，除了考虑以上因素，还应该考虑企业流动资金的成本、金融市场汇率变化、消费者对折扣的疑虑等因素。目前，我国商界采用总代理、总经销方式愈来愈普遍。折扣在经销方式中的运用也非常普遍。有一种现象极为突出，即厂家和大的经销商注意在地区影响范围内消除折扣的差异性，目的是避免市场内同一厂商的同种商品折扣标准混乱，消费者或用户难以确定应该选择哪一种价格，致使折扣差异性在自己市场内形成了冲抵，影响了经销总目标的实现。

四、差别定价策略

差别定价也叫价格歧视，就是企业按照两种或两种以上不反映成本费用的比例差异的价格销售某种产品或劳务。差别定价有四种形式：

（一）顾客差别定价

顾客差别定价，即企业按照不同的价格把同一种产品或劳务卖给不同的顾客。该定价策略是根据顾客的付款能力来定价。一般来说，收入水平、年龄、职业、性别等不同的消费者对价格的接受程度有较大的差异。对于低收入者、弱势群体定价水平要低，对于高收入者定价水平要高。

（二）产品形式差别定价

产品形式差别定价，即企业对不同型号或形式的产品分别制定不同的价格，但是不同型号或形式的产品价格之间的差额和成本费用之间的差额并不成比例。

（三）产品部位差别定价

产品部位差别定价，即企业对于处在不同位置的产品或服务分别制定不同的价格，即使这些产品或服务的成本费用没有任何差异。

（四）销售时间差别定价

销售时间差别定价，即企业对于不同季节、不同时期甚至不同钟点的产品或服务也分别制定不同的价格。

企业采取需求差别的定价必须具备以下条件：(1)市场必须是可以细分的，而且各个市场部分须表现出不同的需求程度。(2)以较低价格购买某种产品的顾客没有可能以较高价格把这种产品倒卖给别人。(3)竞争者没有可能在企业以较高价格销售产品的市场上以低价竞销。(4)细分市场和控制市场的成本费用不得超过因实行价格歧视所得额外收入，这就是说，不能得不偿失。(5)价格歧视不至于引起顾客反感，放弃购买，影响销售。(6)采取的价格歧视形式不能违法。

五、心理定价策略

（一）声望定价

声望定价(Prestige Pricing)属于心理定价(Psychological Pricing)的一种，为了提高潜在消费者的认知价值，有些名牌商品或著名企业，故意把价格定成整数或高价来限制潜在的买主，并创造一种高品质的印象，称为声望定价或整数定价。质量不易鉴别的商品最适合采用此法，因为消费者有崇尚名牌的心理，往往以价格来判断其质量。

声望定价往往采用整数定价方式，其高昂的价格能使顾客产生“一分价钱一分货”的感觉，从而在购买过程中得到精神上的享受，达到良好效果。例如，德国拜耳公司和我国同仁堂的药品，尽管价格较高，但是仍比一般的低价药畅销。保洁公司将海飞丝打入中国市场时，在同类商品中定价最高，结果反而畅销。

声望定价是指企业利用消费者仰慕名牌商品的某种心理来制定商品的价格，故意把价格定成高价。对质量不易鉴别的商品，供应方最适宜采取此法，因为消费者有崇尚名牌的心理，往往以价格判断其质量，认为高价代表高质量。但声望定价有时被销售厂商所滥用，如价格制定高得离谱，使消费者不能接受。在很多情况下，顾客要使价格与质量相符，特别是当客观的产品质量信息难以得到或价格昂贵的时候。两种相同的产品可以通过不同的包装索取不同的价格，诱导顾客形成把高价格等同高质量的看法。

案例衔接 10-6

宝马的声望定价策略

2009 年 1 月 8 日，取吉日“8”的谐音，宝马全新 7 系列在上海上市，率先引进的是740Li和750Li车型,价格为135.5万元~220万元。在这个区间中,750Li低配车型为198.2万元,而其海外市场的售价定在81125美元,以同时期的汇率计算,约合人民币55.56万元,价格相差约3倍。但海内外价格的不平衡,并未在多大程度上影响中国富豪对宝马全新7系列的追逐。宝马在中国市场不惜重金打造"成功新形象"的品牌定位,就是看准了中国富豪对于身份认同的渴求。

(二)尾数定价

尾数定价又称奇数定价,即利用消费者在数字认识上的某种心理制定尾数价格,使消费者产生价格较廉、定价认真以及售价接近成本等信任感。

尾数定价产生的特殊效果:

一是便宜。标价99.96元的商品和100.06元的商品,虽然仅差0.1元,但前者给消费者的感觉是还不到"100元",而后者却使人产生"100多元"的想法,因此前者可以使消费者认为商品价格低、便宜,更令人易于接受。

二是精确。带有尾数的价格会使消费者认为企业定价是非常认真、精确的,连零头都算得清清楚楚,进而会对商家或企业的产品产生一种信任感。

三是中意。由于民族习惯、社会风俗、文化传统和价值观念的影响,某些特殊数字常常会被赋予一些独特的含义,企业在定价时如果能加以巧用,其产品就会因之而得到消费者的偏爱。例如,数字"8"作为价格尾数在我国南方和港澳地区比较流行,人们认为"8"即"发",有吉祥如意的意味,因此企业经常采用。又如"4"在我国及"13"在西方国家被人们视为不吉利,因此企业在定价时应有意识地避开,以免因此而引起消费者对企业产品的反感。

案例衔接 10-7

屈臣氏玩转价格魔方

屈臣氏是以化妆品、美容工具、小饰品、休闲零食、保健品为主要经营品类的保健及美容产品零售连锁商店。在中国,屈臣氏拥有450多家分店及1万多名员工,是中国目前最大规模的保健及美容产品零售连锁店。屈臣氏的经营成功除了拥有数量非常庞大,而且具有非常强大消费能力的消费群体,还归功于它的定价策略,屈臣氏在定价方面有非常多的1.9、9.9、29.9元系列商品,如屈臣氏的洗发露自由品牌新商品刚上市时,就参考了市场价格,然后再按照商品出售"一般保证在低于市场价20%左右"的原则,所以他们就把产品定价29.9元/瓶,并且会在最显眼的位置陈列出来以吸引顾客的眼球。

（三）招徕定价

零售利用部分顾客求廉的心理，特意将某几种商品的价格定得较低以吸引顾客。某些商店随机推出降价商品，每天、每时都有一至两种商品降价出售，吸引顾客经常来采购廉价商品，同时也选购了其他正常价格的商品。如北京有家商场，每逢节假日都要举办"一元拍卖活动"，所有拍卖商品均以1元起价，报价每次增加5元，直至最后定夺。但这种由该商场举办的拍卖活动由于基价定得过低，最后的成交价就比市场价低得多，因此会让人们产生一种卖得越多、赔得越多的感觉。岂不知，该商场用的是招徕定价术，它以低廉的拍卖品活跃商场气氛，增大客流量，带动了整个商场的销售额上升，这里需要说明的是，应用此术所选的降价商品，必须是顾客都需要而且市场价为人们所熟知的才行。

采用招徕定价策略时，必须注意以下几点：

一是降价的商品应是消费者常用的，最好是适合于每一个家庭应用的物品，否则就没有吸引力。

二是实行招徕定价的商品所经营的品种要多，以便使顾客有较多的选购机会。

三是降价商品的降价幅度要大，一般应接近成本或者低于成本。只有这样，才能引起消费者的注意和兴趣，从而激起消费者的购买动机。

四是降价商品的数量要适当，数量太多，商店亏损太大；太少，容易引起消费者的反感。

五是降价商品应与因伤残而削价的商品明显区别开来。

（四）习惯定价

习惯定价是指消费者在长期市场活动中形成了对某种商品价格的一种稳定性的价值评估。许多商品尤其是家庭生活日常用品，在市场上已经形成了一个习惯价格。消费者已经习惯于消费这种商品时，只愿付出相对固定的代价，如买一块肥皂、一瓶洗洁精等。对这些商品的定价，一般应依照习惯确定，不要随便改变价格，以免引起消费者的反感。善于遵循这一习惯来确定产品价格的企业往往受益匪浅。

案例衔接 10-8

钟表的定价

有一对夫妇，收入并不高，却很追求生活的格调。有一天，在看电视的时候，他们看到一个作为广告背景的古玩钟，立刻就被吸引了。夫妻俩都认为这个古玩钟是家里客厅一个角落最合适的摆设。在后来的两个月的时间里，夫妻俩跑遍了市内各大商场、家具店，但始终没见那个钟的影子。

一日，一则家具巡回展出的海报让夫妻俩看见了希望，开展的那一天，夫妻俩便欣然前往。一进展厅大门，那令夫妻二人梦寐以求的古玩钟赫然进入他们的视野，钟上摆放的价签标着1800元。望着那钟，妻子两眼发直，她催促丈夫赶快去买下来，免得被人横刀夺爱。一向做事老到的丈夫捏捏妻子的手说:“别着急,要冷静。看我的!”他走到那钟前面,用挑剔的眼神打量了一番,说:“瞧这灰,一看就知道无人问津。标那么高的价,卖得出去吗？这样式……”

那老板抬了抬眼皮,说:“要么说值钱呢,那灰都是清朝的,货真价实。”丈夫又说:“别逗了,就这破玩意儿,唬我啊！还是我捧你个场,开个张吧,500元,怎么样?”丈夫嘴硬,但心里发虚:求你还个价,别把话说绝赶我走……

谁知意想不到的事情发生了。只见那老板眼皮都没抬,从嘴里挤出两个字:“拿走!”如雷轰顶,夫妻俩当时的反应是这钟一定有毛病,不然不可能连个价都不还,以这么低的价格出货。颠来倒去,他们恨不得拿放大镜来挑毛病,但始终没有找到不买的理由。他们将钟搬回家来,那钟自然恪守着准时行走的职责,但这丝毫没有去掉夫妻俩的这块心病。他们每天面对这钟,百思不得其解:那老板为什么不还价？为什么我们买的钟会离标价相差那么远？这钟究竟有什么缺陷？我们买这钟是赔还是赚了？……

夜半时分,夫妻俩常会不约而同地从床上跳起来,跑去看那钟是否还在正常走着;他们经常是进家门便神经质般在钟身上寻找破绽;每当传来异样的声响他们便会想到是否是那钟在作怪……夫妻俩一天天神经衰弱下去。

造成这个后果的原因很多。如果你是老板,你会怎样提高顾客的购后满意度呢?

六、地区定价策略

一般地说,一个企业的产品,不仅卖给当地顾客,而且同时卖给外地顾客。而卖给外地顾客,把产品从产地运到顾客所在地,需要花一些装运费。所谓地区定价策略,就是企业要决定:对于卖给不同地区(包括当地和外地不同地区)顾客的某种产品,是分别制定不同的价格,还是制定相同的价格。也就是说,企业要决定是否制定地区差价。地区性定价的形式有:

(一)FOB原产地定价(FOB Origin Pricing)

FOB原产地定价,就是顾客(买方)按照厂价购买某种产品,企业(卖方)只负责将这种产品运到产地某种运输工具(如卡车、火车、船舶、飞机等)上交货。交货后,从产地到目的地的一切风险和费用概由顾客承担。如果按产地某种运输工具交货定价,那么每一个顾客都各自负担从产地到目的地的运费,这是很合理的。但是,这样定价对企业也有不利之处,即远地顾客就可能不愿购买这个企业的产品,而购买其附近企业的产品。

(二)统一交货定价

这种形式和前者正好相反。所谓统一交货定价,就是企业对于卖给不同地区顾客的某种产品,都按照相同的厂价加相同的运费(按平均运费计算)定价,也就是说,对全国不同地区的顾客,不论远近,都实行一个价。

（三）分区定价

这种形式介于前两者之间。所谓分区定价，就是企业把全国（或某些地区）分为若干价格区，对于卖给不同价格区顾客的某种产品，分别制定不同的地区价格。距离企业远的价格区，价格定得较高；距离企业近的价格区，价格定得较低。在各个价格范围内实行一个价。企业采用分区定价也有问题：（1）在同一价格区内，有些顾客距离企业较近，有些顾客距离企业较远，前者就合算；（2）处在两个相邻价格区界两边的顾客，他们相距不远，但是要按高低不同的价格购买同一种产品。

（四）基点定价

即企业选定某些城市作为基点，然后按一定的厂价加上从基点城市到顾客所在地的运费来定价（不管产品实际上是从哪个城市起运的）。有些公司为了提高其灵活性，选定许多个基点城市，按照顾客最近的基点计算运费。

（五）运费免收定价

有些企业因为急于和某些地区做生意，负担全部或部分实际运费。这些卖主认为，如果生意扩大，其平均成本就会降低，因此足以抵偿这些费用开支。采取运费免收定价，可以使企业加强市场渗透，并且能在竞争日益激烈的市场上站得住脚跟。

第四节　价格调整策略

企业处于一个不断变化发展的环境中，为了求得生存和发展，有时候需要主动降低或提高价格，有时候还需对竞争者的变价做出适当的反应，这些都是价格调整策略的具体表现。

一、价格调整策略概述

（一）变价的发动者

1. 企业降价原因

企业的生产能力过剩；在强大的竞争压力之下，企业的成本费用低于竞争者；由于技术的进步而使行业生产成本大大降低。

2. 企业提价原因

由于通货膨胀，企业的产品供不应求，产品的包装、款式、性能等有所改进。

3. 企业调价产生的影响

顾客的反应。消费者一般对价值较高、购买频率也较高的商品价格变动反应较敏感，而对价值低、不经常购买的小商品价格变动反应不太敏感。此外，对降价或提价的反应还依赖于具体的商品及市场条件。

竞争者的反应。可以通过两种方法进行了解：一是搜集有关情报；二是运用统计分析方法，研究过去的价格反应策略。

（二）变价的应对者

同质产品市场上，如果一个企业降价，其他企业只能随之降价；而异质产品市场上，对竞争者价格变动的反应有更大的自由度。可以对竞争者的价格变动做出以下反应：维持原有的营销组合；保持价格不变，调整其他营销策略；同幅度或不同幅度地价格跟进。

二、削价及提价策略

企业为某种产品制定出价格以后，并不意味着大功告成。随着市场营销环境的变化，企业必须对现行价格予以适当的调整。调整价格，可采用减价及提价策略。企业产品价格调整的动力既可能来自内部，也可能来自外部。倘若企业利用自身的产品或成本优势，主动地对价格予以调整，将价格作为竞争的利器，这称为主动调整价格。有时价格的调整出于应付竞争的需要，即竞争对手主动调整价格，而企业也相应地被动调整价格。无论是主动调整，还是被动调整，其形式不外乎是削价和提价两种。

（一）削价策略

这是定价者面临的最严峻且存在持续威胁力量的问题，具体表现在以下几个方面：

1.企业急需回笼大量现金

对现金产生迫切需求的原因既可能是其他产品销售不畅，也可能是为了筹集资金进行某些新活动，而资金借贷来源恰恰短缺。此时，企业可以通过对某些需求价格弹性大的产品予以大幅度削价，从而增加销售额，获取现金。

2.企业通过削价来开拓新市场

一种产品的潜在顾客往往由于其消费水平的限制而阻碍了其转向现实顾客的可行性。在削价不会对原顾客产生影响的前提下，企业可以通过削价方式来扩大市场份额。不过，为了保证这一策略的成功，有时需要与产品改进策略相配合。

3.企业决策者决定排斥现有市场的边际生产者

对于某些产品来说，各个企业的生产条件、生产成本不同，最低价格也会有所差异。那些以目前价格销售产品仅能保本的企业，在别的企业主动削价以后，会因为价格的被迫降低而得不到利润，只好停止生产。这无疑有利于主导削价的企业。

4.企业生产能力过剩，产品供过于求

企业生产能力过剩，产品供过于求，但是企业又无法通过产品改进和加强促销等工作来扩大销售。在这种情况下，企业必须考虑削价。

5.企业通过削价扩大生产规模

企业决策者预期削价会扩大销售，由此可望获得更大的生产规模。特别是进入成熟期的产品，削价可以大幅度增进销售，从而在价格和生产规模之间形成良性循环，为企业获取更多市场份额奠定基础。

6.由于成本降低,费用减少,使企业削价成为可能

随着科学技术的进步和企业经营管理水平的提高,许多产品的单位成本和费用在不断下降,因此,企业拥有条件适当削价。

7.企业决策者出于对中间商要求的考虑

以较低的价格购进货物不仅可以减少中间商的资金占用,而且为产品大量销售提供了一定的条件。因此,企业削价有利于同中间商建立良好的关系。

8.政治、法律环境及经济形势的变化,迫使企业降价

政府为了实现物价总水平的下调,保护需求,鼓励消费,遏制垄断利润,往往通过政策和法令,采用规定毛利率和最高价格、限制价格变化方式、参与市场竞争等形式,使企业的价格水平下调。在紧缩通货的经济形势下或者在市场疲软、经济萧条时期,由于币值上升,价格总水平下降,企业产品价格也应随之降低,以适应消费者的购买力水平。此外,消费者运动的兴起也往往迫使产品价格下调。

削价最直截了当的方式是将企业产品的目录价格或标价绝对下降,但企业更多的是采用各种折扣形式来降低价格。如数量折扣、现金折扣、回扣和津贴等形式。此外,变相的削价形式有:赠送样品和优惠券,实行有奖销售;给中间商提取推销奖金;允许顾客分期付款;赊销;免费或优惠送货上门、技术培训、维修咨询;提高产品质量,改进产品性能,增加产品用途。由于这些方式具有较强的灵活性,在市场环境变化的时候,即使取消也不会引起消费者太大的反感,同时又是一种促销策略,因此在现代经营活动中运用越来越广泛。确定何时削价是调价策略的一个难点,通常要综合考虑企业的实力、产品在市场生命周期所处的阶段、销售季节、消费者对产品的态度等因素。比如,进入衰退期的产品,由于消费者失去了消费兴趣,需求弹性变大,产品逐渐被市场淘汰,为了吸引对价格比较敏感的购买者和低收入需求者,维持一定的销量,削价就可能是企业唯一的选择。由于影响削价的因素较多,企业决策者必须审慎分析和判断,并根据削价的原因选择适当的方式和时机,制定最优的削价策略。

(二)提价策略

提价确实能够增加企业的利润率,但却会引起竞争力下降、消费者不满、经销商抱怨,甚至还会受到政府的干预和同行的指责,从而对企业产生不利影响。虽然如此,在实际中仍然存在着较多的提价现象。其主要原因是:

1.应付产品成本的增加,减少成本压力

这是所有产品价格上涨的主要原因。成本的增加是由原材料价格的上涨和生产、管理费用提高而引起的。企业为了保证利润率不致因此而降低,便采取提价策略。

2.为了适应通货膨胀,减少企业损失

在通货膨胀条件下,即使企业仍能维持原价,但随着时间的推移,其利润的实际价值也呈下降趋势。为了减少损失,企业只好提价,将通货膨胀的压力转嫁给中间商和消费者。

3.产品供不应求，遏制过度消费

对于某些产品来说，在需求旺盛但碍于生产规模又不能及时扩大而出现供不应求的情况下，可以通过提价来遏制需求，同时又可以取得高额利润，在缓解市场压力、使供求趋于平衡的同时，为扩大生产准备了条件。

4.利用顾客心理，创造优质效应

作为一种策略，企业可以利用涨价营造名牌形象，使消费者产生价高质优的心理定式，以提高企业知名度和产品声望。对于那些革新产品、贵重产品、生产规模受到限制而难以扩大的产品，这种效应表现得尤为明显。

为了保证提价策略的顺利实现，提价时机可选择在这样几种情况下：

(1)产品在市场上处于优势地位。

(2)产品进入成长期。

(3)季节性商品达到销售旺季。

(4)竞争对手产品提价。

此外，在方式选择上，企业应尽可能多采用间接提价，把提价的不利因素降到最低程度，使提价不影响销量和利润，而且能被潜在消费者普遍接受。同时，企业提价时应采取各种渠道向消费者说明提价的原因，配之以产品策略和促销策略，并帮助消费者寻找节约途径，以减少和避免消费者不满与抱怨，维护企业形象，提高消费者信心，刺激消费者的需求和购买行为。

至于价格调整的幅度，最重要的考虑因素是消费者的反应。因为调整产品价格是为了促进销售，实质上是要促使消费者购买产品。忽视了消费者反应，销售就会受挫，只有根据消费者的反应调价，才能收到好的效果。

三、消费者对价格变动的反应

不同市场的消费者对价格变动的反应是不同的，即使处在同一市场的消费者对价格变动的反应也可能不同。从理论上来说，可以通过需求的价格弹性来分析消费者对价格变动的反应，弹性大表明反应强烈，弹性小表明反应微弱。但在实践中，价格弹性的统计和测定非常困难，其状况和准确度常常取决于消费者预期价格、价格原有水平、价格变化趋势、需求期限、竞争格局以及产品生命周期等多种复杂因素，并且会随着时间和地点的改变而处于不断变化之中，令企业难以分析、计算和把握。所以，研究消费者对调价的反应，多是注重分析消费者的价格意识。

价格意识是指消费者对商品价格高低、强弱的感觉程度，直接表现为顾客对价格敏感性的强弱，包括知觉速度、清晰度、准确度和知觉内容的充实程度。它是掌握消费者态度的主要依据，也是解释市场需求对价格变动反应的关键变量。

价格意识强弱的测定，往往以购买者对商品价格回忆的准确度为指标。研究表明，价格意识和收入成负相关关系，即收入越低，价格意识越强，价格的变化直接影响购买量；收入越高，

价格意识越弱,价格的一般调整不会对需求产生较大的影响。此外,由于广告常使消费者更加注意价格的合理性,同时也给价格对比提供了方便,因而广告对消费者的价格意识也起着重要影响作用,使他们对价格高低更为敏感。

消费者可接受的产品价格界限是由其价格意识决定的。这一界限也就规定了企业可以调价的上下限度。在一定条件下,价格界限是相对稳定的,若条件发生变化,则价格心理界限也会相应改变,因而会影响企业的调价幅度。

依据上面介绍的基本原理,可以将消费者对价格变动的反应归纳为:

(1)在一定范围内的价格变动是可以被消费者接受的;提价幅度超过可接受价格的上限,则会引起消费者的不满,使其产生抵触情绪,从而不愿购买企业的产品;降价幅度低于下限,会导致消费者产生种种疑虑,也会对实际购买行为产生抑制作用。

(2)在产品知名度因广告而提高、收入增加、通货膨胀等条件下,消费者可接受价格上限会提高;在消费者对产品质量有明确认识、收入减少、价格连续下跌等条件下,其可接受价格下限会降低。

(3)消费者对某种产品削价的可能反应是,产品将马上因式样陈旧、质量低劣而被淘汰;企业遇到财务困难,很快将会停产或转产;价格还要进一步下降;产品成本降低了。而对于某种产品的提价则可能这样理解:很多人购买这种产品,我也应赶快购买,以免价格继续上涨;提价意味着产品质量的改进;企业将高价作为一种策略,以树立名牌形象;卖主想尽量取得更多利润;各种商品价格都在上涨,提价很正常。

四、竞争者对价格变动的反应

虽然要透彻地了解竞争者对价格变动的反应几乎不可能,但为了保证调价策略的成功,主动调价的企业又必须考虑竞争者的价格反应。缺乏估计竞争者反应的调价,往往难以成功,至少不会取得预期效果。

如果所有的竞争者行为相似,只要对一个典型竞争者做出分析就可以了。如果竞争者在规模、市场份额或政策及经营风格方面有关键性的差异,则各个竞争者将会做出不同的反应,这时,就应该对各个竞争者分别予以分析。分析的方法是尽可能地获得竞争者的决策程序及反应形式等重要情报,模仿竞争者的立场和方法思考问题。最关键的问题是要弄清楚竞争者的营销目标:如果竞争者的目标是实现企业的长期最大利润,那么,本企业降低价格,它往往不会在价格上做出相应反应,而会在其他方面做出努力,如加强广告宣传、提高产品质量和服务水平等;如果竞争者的目标是提高市场占有率,它就可能跟随本企业的价格变动,而相应调整价格。

在实践中,为了减少因无法确知竞争者对价格变化的反应而带来的风险,企业在主动调价之前必须明确回答以下问题:

第一,本行业产品有何特点?本企业在行业中处于何种地位?

第二，主要竞争者是谁？竞争对手会怎样理解我方的价格调整？

第三，针对本企业的价格调整，竞争者会采取什么对策？这些对策是价格性的还是非价格性的？它们是否会联合做出反应？

第四，针对竞争者可能的反应，企业的对策是什么？有无几种可行的应对方案？

在细致分析的基础上，企业方可确定价格调整的时机和幅度。

五、企业对策

竞争对手在实施价格调整策略之前，一般都要经过长时间的深思熟虑，仔细权衡调价的利害，但是，一旦调价成为现实，则这个过程相当迅速，并且在调价之前大多要采取保密措施，以保证发动价格竞争的突然性。企业在这种情况下，贸然跟进或无动于衷都是不对的，正确的做法是尽快迅速地对以下问题进行调查研究：

第一，竞争者调价的目的是什么？

第二，竞争者调价行动是长期的还是短期的？

第三，竞争者调价将对本企业的市场占有率、销售量、利润、声誉等方面有何影响？

第四，同行业的其他企业对竞争者调价行动有何反应？

第五，企业有几种反应方案？竞争者对企业每一个可能的反应又会有何反应？

在回答以上问题的基础上，企业还必须结合所经营的产品特性确定对策。一般说来，在同质产品市场上，如果竞争者削价，企业必须随之削价，否则大部分顾客将转向价格较低的竞争者。但是面对竞争者的提价，本企业既可以跟进，也可以暂且观望。如果大多数企业都维持原价，最终迫使竞争者把价格降低，则竞争者涨价失败。

在异质产品市场上，由于每个企业的产品在质量、品牌、服务、包装、消费者偏好等方面有着明显的不同，所以面对竞争者的调价策略，企业有着较大的选择余地：

第一，价格不变，任其自然，任顾客购买行为随价格的变化而变化，靠顾客对产品的偏爱和忠诚度来抵御竞争者的价格进攻，待市场环境发生变化或出现某种有利时机，企业再开始行动。

第二，价格不变，加强非价格竞争。比如，企业加强广告攻势，增加销售网点，强化售后服务，提高产品质量，或者在包装、功能、用途等方面对产品进行改进。

第三，部分或完全跟随竞争者的价格变动，采取较稳妥的策略，维持原来的市场格局，巩固取得的市场地位，在价格上与竞争对手一较高低。

第四，以优于竞争者的价格跟进，并结合非价格手段进行反击。比竞争者更大幅度地削价，比竞争者小幅度地提价，强化非价格竞争，形成产品差异，利用较强的经济实力或优越的市场地位，居高临下，给竞争者以毁灭性的打击。

六、价格调整策略的应用

根据产品的生命周期调整价格策略：

1.导入期的价格策略

可以根据产品的市场定位而采取高、中、低三种价格。

(1)高价“撇脂定价”。在短期利润最大化的目标下,以远远高于成本的价格推出新产品。优点是在短期内迅速盈利,缺点是较高的价格会抑制潜在需求。

(2)低价“渗透定价”。以较低的价格投放新产品,目的是通过广泛的市场渗透迅速提高企业的市场占有率。优点是能迅速打开新产品的销路,缺点是投资回收期较长。

(3)满意定价。介于“撇脂定价”和“渗透定价”策略之间的中等价格策略,优点是价格比较稳定,缺点是定价比较保守。

2.成长期的价格策略

通常的做法是在不损害企业和产品形象的前提下适当降价。

3.成熟期的价格策略

总体而言,成熟期的价格策略呈现出低价的特点。

4.衰退期的价格策略

这一阶段的价格策略主要以保持营业为定价目标,通过更低的价格,一方面驱逐竞争对手,另一方面等待适当时机退出市场。

››› 本章小结 ‹‹‹

价格是市场营销组合因素中十分敏感而又难以控制的因素,它直接关系着市场对产品的接受程度,影响着市场需求和企业利润的多少,涉及生产者、经营者、消费者等各方利益。

影响定价的主要因素:内部因素(定价目标、营销组合战略、成本、组织考虑);外部因素(市场和需求的性质、竞争对手及其他因素如经济、中间商、政府、社会关注问题等)。

大体上,企业定价有三种导向,即成本导向、需求导向和竞争导向。成本导向定价法包括成本加成定价法、目标利润定价法和可变成本定价法。需求导向定价法包括认知价值定价法、需求差别定价法和反向定价法。竞争导向定价法包括随行就市定价法、密封投标定价法和主动竞争定价法。

定价策略:新产品定价策略;产品组合定价策略;折扣与折让策略;差别定价策略;心理定价策略;地区定价策略。

企业为某种产品制定出价格以后,并不意味着既定价格不会产生变化。随着市场营销环境的变化,企业必须对现行价格予以适当的调整。调整价格,可采用削价及提价策略。分析竞争者和消费者对价格变动的反应,采取相应的措施。对于产品不同发展时期,采取不同的价格策略。

实践与练习

一、单项选择题

1.企业为激励顾客购买更多物品而给予那些大量购买产品的顾客的一定的折扣,称为(　　)。

A.推广折扣　　B.数量折扣　　C.季节折扣　　D.现金折扣

2.企业为适应和满足消费者“不在于价格的多少,而在于商品能否显示其身份和地位”的消费心理,最适宜用(　　)法。

A.尾数定价　　B.招徕定价　　C.声望定价　　D.反向定价

3.柯达公司将照相机的价格定得较低,而将胶卷的价格定得较高,成为利润的主要来源,这种定价策略是(　　)。

A.关联产品定价　　B.副产品定价　　C.产品组合定价　　D.分部定价

4.当企业打算和同行和平共处并且自身产品成本难以估算时,往往采取(　　)的定价方法。

A.逆向　　B.投标　　C.竞争价格　　D.随行就市

5.一般而言,在(　　)市场上,如果竞争对手降价,企业必须随之削价,否则顾客将转向价格较低的竞争者。

A.同质产品　　B.异质产品　　C.完全垄断　　D.寡头垄断

6.(　　)就是运杂费、保险费等均由卖方承担的定价策略。

A.地域定价　　B.FOB 原产地定价

C.目的地交货定价　　D.统一交货定价

7.某服装店售货员把相同的服装以 800 元卖给顾客 A,以 600 元卖给顾客 B,该服装店的定价属于(　　)。

A.顾客差异定价　　B.产品形式差异定价

C.销售地点差异定价　　D.销售时间差异定价

8.如果企业按 FOB 原产地定价,那么交货后所发生的一切风险和费用都将由(　　)承担。

A.企业　　B.顾客　　C.承运人　　D.保险公司

9.当产品市场需求弹性较大且在成本方面有一定优势时,企业便具备了(　　)的可能性。

A.渗透定价　　B.撇脂定价　　C.声望定价　　D.招徕定价

10.以消费者对商品价值的认知和理解程度作为定价依据的定价法是(　　)。

A.反向定价法　　B.认知价值定价法

C.需求差别定价法　　D.主动竞争定价法

11.按单位产品总成本加上一定比例的预期利润或再加上税金的定价方法称为(　　)定价法。

A.成本加成　　B.目标利润　　C.认知价值　　D.收支平衡

12.招徕定价是指企业利用消费者(　　)的心理,特意将某几种商品的价格定得较低以吸引顾客,同时促使其购买非特价品。

A.求新　　B.求奇　　C.求美　　D.求廉

13.企业的产品供不应求,不能满足所有顾客的需要,企业应该通过(　　)来遏制需求,获取高额利润,为扩大生产提供条件。

A.降价　　B.提价　　C.维持价格不变　　D.降低产品质量

14.在强大竞争者的压力之下,企业的市场占有率(　　),在这种情况下,企业就需考虑降价。

A.下降　　B.上升　　C.波动　　D.不变

15.在企业定价方法中,目标利润定价法属于(　　)法。

A.成本导向定价　　B.需求导向定价

C.竞争导向定价　　D.市场导向定价

16.(　　)是企业向为其产品进行广告宣传、橱窗布置、展销等促销活动的中间商所给的一定价格折扣或让价。

A.现金折扣　　B.数量折扣　　C.推广折扣　　D.季节折扣

17.为使企业当期利润最大化,在企业产品在市场上处于绝对有利的地位时,企业应按(　　)来销售产品。

A.高价　　B.低价　　C.市价　　D.价格无法确定

18.在成本加成定价法中,"加成"的含义是指(　　)。

A.一定比例的利润　　B.一定比例的税金

C.固定比例的利润　　D.固定比例的成本

19.在投标定价法中,企业定价的依据是(　　)。

A.企业的目标　　B.对竞争者报价的估计

C.企业的成本费用　　D.市场需求

20.下列折扣属于交易折扣的是(　　)。

A.功能折扣　　B.季节折扣　　C.数量折扣　　D.现金折扣

二、判断题

1.竞争导向定价法包括随行就市定价法和需求差异定价法。(　　)

2.分销渠道中的批发商和零售商多采取逆向定价法。(　　)

3.为弥补产地价格策略的不足,减轻买方的运杂费、保险费等负担,企业应采用分区定价策略。( )

4.所谓的撇脂定价是指企业在新产品刚上市时以较低的价格推向市场,以便在产品生命周期的初期迅速扩大市场份额。( )

5.在异质产品市场上,企业对竞争对手的价格变更所做出的反应有更多的自由。( )

6.目的地交货价格等于 FOB 原产地价格加上到达目的地的运杂费、保险费等的价格。( )

7.盈亏平衡定价法的关键是要正确预测市场销售量。( )

8.顾客对产品的降价既可能理解为这种产品有某些缺点,也可能认为这种产品很有价值。( )

9.采用统一交货定价法不利于企业扩大产品辐射力和市场占有率。( )

10.边际贡献定价法是企业短期内采用的一种灵活定价方法,只计算变动成本,不计算固定成本。( )

11.在产品组合定价策略中,一般地,制造商对消费者购买次数少且对价格敏感的产品制定较低的价格,相反则制定较高的价格。( )

12.面对激烈的竞争,企业为了生存和发展,在任何时候都应始终坚持只降价不提价的原则。( )

13.企业采用投标定价法定价时,是以设想竞争对手的可能出价为基础,而不是以自己的成本或需求为基础。( )

14.企业提价的主要原因是由于通货膨胀,企业产品成本增加或产品供过于求。( )

15.尾数定价策略有助于招徕顾客购买特价品,还能促使其购买非特价品。( )

16.实施理解价值定价法的要点在于如何提高消费者对产品的效用认知和价值理解度。( )

17.渗透定价策略适用于需求弹性较大,竞争对手较少,企业在成本方面有一定优势的产品。( )

18.在企业难以估算成本而且打算和同行和平共处的情况下,企业往往采取随行就市定价法。( )

三、案例分析题

火腿肠行业的价格战

20 年前,当“春都”生产出第一根火腿肠后,怎么也没想到由此会造出一个大市场:全国各地 100 多家肉类企业紧跟“春都”之后,纷纷打出生产火腿肠的大旗。经过乱军混战和群雄相争之后,到 20 世纪 90 年代中期,河南的“春都”“郑荣”和“双汇”各占一方,呈现出“三足鼎立”之势。而后,不知何故,“郑荣”却落后了。有数据表明,当年“春都”总资产有27亿多元,“双汇”有22亿多元,而“郑荣”只有5亿元。显然三强已变成两强了。

从1992年2月“双汇”生产出第一根火腿肠起,“双汇”与“春都”就成了商界的“敌手”。可是“对敌斗争”了5年,双方都发展起来了。现在两家的火腿肠生产线都超过100条,而在这之前两家的生产线均不到6条。然而,市场再大,只要有空隙,就会有生产商挤进来。正当“春都”与“双汇”埋头苦斗时,半路上杀出个“程咬金”,这就是地处山东沂蒙山区的一家乡镇企业——金锣集团。

或明或暗,河南三家火腿肠企业的竞争一刻也没有停过。1997年年初,“春都”推出外包装图案为老虎的“春都王”,随后“双汇”推出图案为狮子的“王中王”,“郑荣”也紧随而上,其外表为卡通猪造型的“郑大厨”为消费者端来“里脊王”。“春都王”“王中王”“里脊王”,到底王者谁属,一时难见分晓。然而,“狮子”和“老虎”都没想到,当它们彼此争“王”时,一位“射击者”正端起猎枪窥视着它们。这位“猎神”便是“金锣”火腿肠的外包装图案。

1995年才竖起大旗的“金锣”虽姗姗来迟,但阵势却咄咄逼人。这位山东来的“小弟”一亮相,便以低价格向“老大”发起挑战,结果“金锣”硬是从“春都”和“双汇”的“蛋糕”上切下去了一块。面对“金锣”的切蛋糕手段,“双汇”率先做出反应。1997年下半年开始,“双汇”点起一把“降价大火”,每吨火腿肠降价1000多元。“春都”“郑荣”虽感烫手,但也不得不跟着降价。为应付这场价格战,“春都”和“双汇”付出了5000万元的代价,“郑荣”则少收入1680万元。在1997年下半年的价格大战之后,“火腿肠大战”又向更高层次的竞争发展。

在价格战中,“春都”等企业没有一味地盯着生产火腿肠,而是力图另找新路。首先是开发新产品,从质量技术上竞争。“春都”把目标瞄准技术含量高的低温肉制品。春都低温冷制品厂的肝肠生产线、真空搅拌机、火腿灌装机、热狗生产线等全部是由德国、荷兰等这些国家的知名公司的设备组合起来的,这些生产线可生产肝肠、火腿、热狗、香肠、沙拉米肠等多种肉制品。“双汇”则认为,火腿肠市场已经到了成熟期,肉类加工品下一代发展的关键是品种的改善和结构的调整。“双汇”家族中出现了热狗肠、鱼肉肠、快餐和保鲜食品等十几个新面孔。其次是兼并联合,开展资产兼并战。从1995年开始,“春都”全资收购了河南省内黄县冬夏饮料厂、河南西峡罐头厂、郑州群康药厂、辽宁铁岭市食品公司肉联厂等。当时“春都”还计划两年内在四川购并3~5家中型肉联厂,建立稳定的原料供应地;在东北购并2~3家肉联厂;在河南购并一些地区级肉联厂,以控制中原地区的资源和消费市场。

1997年的竞争,使“春都”和“双汇”的战火燃向外地,双方竞争已走向全方位及规模化的趋势。“双汇”南下北上,先后兼并了开封肉联厂、武汉肉联厂、大连食品厂、四川绵阳肉联厂、内蒙古集宁肉联一厂及二厂共6家企业。这样可以解决原料肉供应不足问题和冷库容量不足问题，还可降低成本，减少费用，缩短投资回报周期。"双汇"对吃进的这些企业的战略是换班子、给牌子、注管理、让市场。

思考：

1."春都"和"双汇"的价格战给我们带来了哪些启示？

2."春都"和"双汇"是如何将价格策略与其他营销组合策略有机配合起来迎接竞争挑战的？

四、思考题

1.心理定价策略有哪些？

2.简述竞争者对企业调价的反应。

3.市场结构具有哪几种类型？不同类型市场必须具备的条件是什么？

4.价格折扣主要有哪几种类型？其含义分别是什么？

5.企业在选择不同的折扣策略时所考虑的主要因素是什么？

第十一章 分销渠道策略

教学目标

学生通过本章学习，了解分销渠道的相关概念、类型及策略；掌握中间商的功能、类型及营销策略；学会设计与管理分销渠道；了解市场窜货的含义、恶性窜货的危害及产生的原因，并针对目前市场中大量存在的严重扰乱市场秩序的恶性窜货现象，分析如何有效地控制市场窜货问题。

导入案例

再难也得上：传统品牌如何建设电商渠道

痛苦抉择

网络改变着人们的生活方式，也改变着传统品牌的销售方式。在网络电子商务迅猛发展的时代，线下销售渠道强大的传统品牌，在一番痛苦抉择后，纷纷“触网”。

这些行业内传统品牌有以下共性：生产标准化，产品力求规模效应，线下有完善的销售渠道，有数量众多的线下销售终端，有庞大的线下销售人员及管理团队。

在电子商务时代，这些传统品牌的网络销售面临着众多困惑：相同产品，如何协调或区隔线上、线下的零售价格？如何实现“线上+线下>2”的增量销售效果，而不是简单的线上对线下需求的存量替代？网络销售如何既增加销量又扩大品牌影响力？在网络销量一定的前提下，如何实现利润最大化？

没有一种网络销售渠道模式能够全面满足传统品牌在价格管控、增量销售、强化品牌、利润最大化等方面的要求。不同的网络销售渠道建设模式，有各自的优劣势，其中取舍的关键在于传统品牌企业网络销售能力的积累和决策者的核心目标的确立。

三大电商渠道建设模式

1.网络经销制

传统品牌与网络批发、零售商签订经销合同,企业与网络批发、零售商之间是单纯的商品买卖关系,这与线下的经销商赚取批零差价模式没有本质区别,网络销售渠道仅是线下渠道的补充。网络经销制又分为多家分销和独家经销两种,品牌越强势的产品越倾向采用多家分销制,反之则采用独家经销制。

2.网络代运营托管制

传统品牌与网络零售平台(包括天猫商城、京东商城等)签订网络直营旗舰店入驻协议,同时将网络旗舰店的运营(包括店铺装修、客服接单、仓储发货等)外包委托给专业电商托管公司运营。电商托管公司获取月度托管服务费及销售佣金,销售佣金一般按网络零售额5%~10%的比例提取。

3.网络零售直营制

传统品牌组建网络销售部门(事业部或独立电子商务子公司形式),与天猫、京东等各大网络零售平台直接合作,开设网络直营旗舰店,自主负责网络旗舰店的装修、定价、客服、售后、促销推广等日常运营工作。部分激进的、财大气粗的传统大品牌企业直接建垂直B2C零售商城(如海尔电器、百丽鞋业等),采用全方位网络零售直营制。

利与弊

1.网络经销制

对传统品牌而言,这是最简单省事的网络渠道建设模式。传统品牌传统销售渠道(批销渠道、商超渠道等)建设和管理经验丰富,网络渠道的销售本质与传统线下渠道一致。采用网络经销制,企业可以借鉴并移植其线下管理经验。

但是,网络经销商因经营成本低、销售区域无边界,价格战是其增加销量的常用手段,其销量主要来源于线下存量需求的转移,这非常容易激发线上和线下渠道的矛盾,也容易引发网络经销商与企业的矛盾。采用网络经销制,传统品牌难以掌控线上零售价格,无法发挥网络短渠道销售控制优势,不能获取网络零售价值链上的利润,更难以起到传统品牌在网络上的品牌传播和维护作用。

2.网络代运营托管制

伴随电子商务的发展,中国各地电商代运营公司如雨后春笋般地出现,仅在电子商务之都杭州(阿里巴巴集团所在地)就有数百家电商代运营公司。

传统品牌采用网络代运营托管制,本质是借鸡生蛋,将客服、零售仓储、发货等“粗活”外包,自己掌控网络旗舰店所有权,掌控品牌、价格、推广等核心资源,并能获得零售价值链中的多数利润。

不利之处在于,电商托管公司鱼龙混杂,优秀的、有实力的不多,传统品牌难以找到合适的电商托管公司;一旦签订托管合同(一般是1~2年),在托管期内,传统品牌的网络销售必受制于人,且必须付出不菲的电商代运营托管佣金。

3.网络零售直营制

如同设立线下直营门市部或专卖店一样,传统品牌在天猫、京东等销售平台上设立网络旗舰店,有利于全面掌控网络零售价值链,肥水不流外人田,有极强的价格控制力,真正发挥网络零售短渠道优势,能够兼顾品牌建设和销量之间的关系。

弊端是:传统品牌的管理层不熟悉电子商务运营,缺乏忠诚的网络运营队伍,难以解决电商运营文化和传统管理文化之间的冲突。传统品牌自己建站销售的直营模式,因引流成本巨大、独立网站维护成本过高等,弊远大于利,不宜提倡。

进与退

1.服饰鞋包、日化用品、家纺家具、家用电器类的一线传统品牌,基于战略发展目的,应不遗余力地组建网络销售部门,采用有渠道掌控力、零售利润最大化的网络零售直营制(但不必自建独立网站销售),应尽力突破网络运营人才、文化、机制的瓶颈,锲而不舍、知难而进!因为,今天不走电商之路,明天将可能无路可走!

若因电商运营人才不足问题,不敢仓促采用网络零售直营制,权宜之计可采用网络代运营托管制,一旦时机成熟,必须早日采用网络零售直营制为主、托管与经销为辅的渠道模式。

占有天时地利人和优势,在线下已经建立完善渠道的杭州女装传统知名品牌“蓝色倾情”“秋水伊人”“江南布衣”“衣香丽影”等已经先后组建电商销售部门,进驻电子商务平台,开设网络直营旗舰店,并取得不菲的业绩。

2.专注于核心业务,习惯于非核心业务外包的外资品牌,应首选网络代运营托管制。外资品牌企业管理等级森严,日常运行机制规范有序(不轻易设立电商子公司,不轻易打破工作流程),职员高薪高效,擅长并专注产品研发、品牌建设等核心能力的打造。外资品牌习惯于将“市场调查、批发零售、仓储配送、销售服务”等非核心职能特别是非知识密集型活动外包,网络零售同样被定义为非知识密集型活动,采用网络代运营托管制成为必然。

受管理机制、工作流程、企业文化、员工结构等因素影响,外资品牌企业(也包括部分国内大品牌)难以实施网络零售直营制。事实上,宝洁、联合利华、飞利浦、惠普等著名外资品牌企业以及国内美的、联想等著名品牌的网络销售大多采用外包托管制。

对一些国内二、三线传统品牌而言,因企业的品牌建设能力不足,电商运营人才稀缺,网络销售最好采用借鸡生蛋一体化电商运营托管制,即将网络旗舰店的装修、客服、推广等功能全方位外包。要充分相信电商托管公司的专业运营能力一定比自己做得更好。如果电商托管的旗舰店获得了预期的成功,在电商运营人才引进及运行机制准备到位的前提下,中小品牌可以终止外包托管,自主运营网络品牌旗舰店。

3.对一些饮料类、生鲜食品类等传统品牌而言,可采用简单易行的网络经销制。服饰鞋包、日化用品、家纺家具、家用电器等产业，电子商务是对传统线下渠道的颠覆，应该以零售直营制为主。

简要评析

无论现在还是将来，网络渠道都仅仅是饮料类、生鲜类传统品牌线下渠道的补充，因为饮料单价便宜、重量重，顾客以即时消费为主；生鲜类保质期短、远程零售配送成本高且品质难以保证。天猫超市和京东超市的蓬勃发展，与饮料食品类传统品牌的网络经销制模式密切相关。服饰鞋包、日化家纺类品牌旗下的一些库存、过季商品，也可采用网络经销制一揽子打包给网络经销商销售。

在互联网浪潮席卷而来的时代，传统品牌不能再彷徨观望，应主动积极进军电子商务，应有步骤、有系统地建设电商销售渠道。对绝大多数中国传统品牌而言，网络经销制乃至代运营托管制，均应是权宜之计，应该建立电商事业部或子公司，引进和培养电商经理人，制定适合电商行业的管理规章和考核制度，终极战略目标应是既树品牌又有销量及利润的网络零售直营制。

第一节　分销渠道策略

一、分销渠道的概述

在市场营销中，分销渠道（Distribution Channel）与营销渠道（Marketing Channel）的概念还存在着区别，菲利普·科特勒曾说："市场营销渠道是指那些配合起来生产、分销和消费某一生产者的某些货物或劳务的一整套所有企业和个人。"这就是说，一条市场营销渠道包括某种产品的供产销过程中所有的企业和个人，如资源供应商、生产者、商人中间商、代理中间商、辅助商（如运输企业、公共货栈、广告代理商、市场研究机构等）。而分销渠道则是指由营销渠道中从厂商、中间商和代理商至顾客而组成的实现购买、销售和转移商品所有权的渠道链条，而不包括供应商、辅助商。典型的分销渠道如图 11.1 所示。

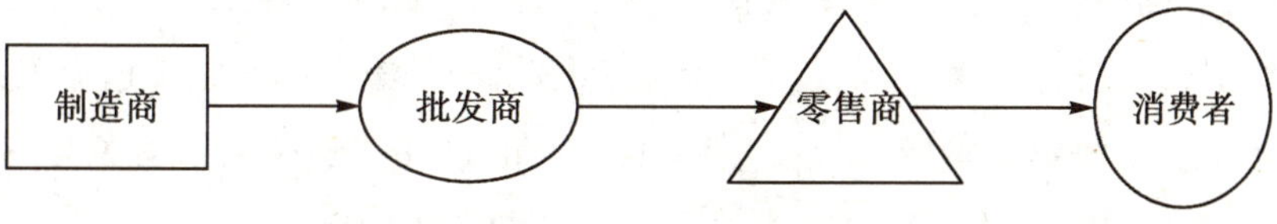

图 11.1　典型的分销渠道

二、分销渠道的类型

分销渠道一般是按产品从生产者到消费者手中的方式，即按有无中间环节可将其分为直接渠道和间接渠道两种类型。

直接渠道是一种不经过任何中间环节，产品直接由生产者出售给消费者的销售渠道。但是，绝大多数产品都是通过间接渠道销售的。间接渠道是指产品通过一层一层的中间商或代理商将产品销售给顾客的。因此，间接渠道就牵涉到一个长度的问题，商品流通经过的环节越多，则渠道就越长；环节越少，渠道就越短。直接渠道没有中间环节，因而是一种最短的分销渠道，其实际上是一种特殊的间接渠道，即零层的间接渠道。因此，可以统一用产品经过的环节多少划分渠道的类型：从零层到 n 层。典型的渠道有零层、一层、二层、三层和四层渠道。图 11.2 展示了消费者市场和产业市场的分销渠道。

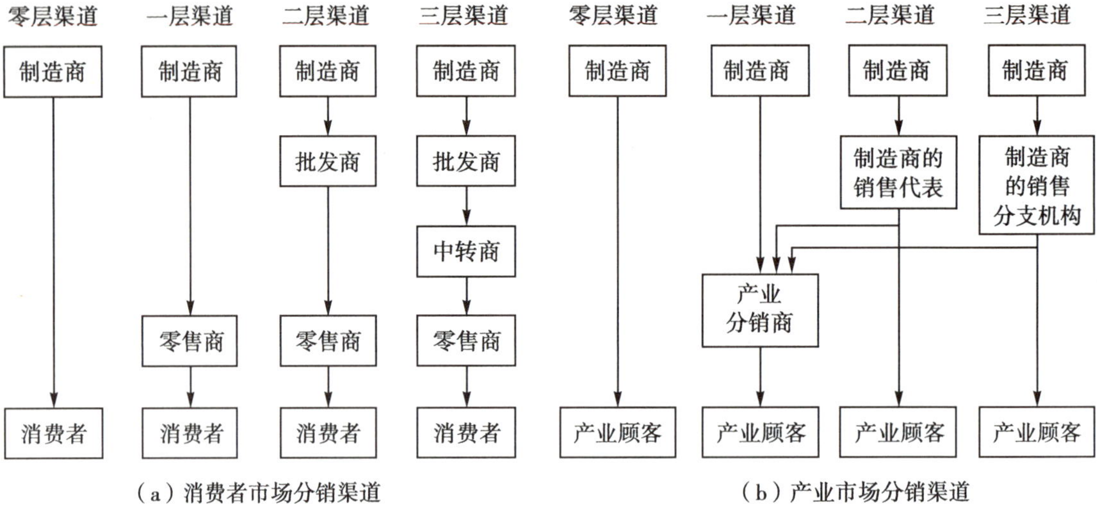

图 11.2 消费者市场和产业市场分销渠道

（一）零层渠道

零层渠道是指由制造商不经过任何中间商而直接到达消费者的通路，也称直接渠道。直接营销即是采用了零层渠道，其主要方式有上门推销、家庭展示会、邮购、电话营销、电视直销、网上销售和制造商的专营店等。保险、银行、房地产、化妆品等行业经常采用直销的形式，新产品上市的介绍期，采用人员推销的方式效果也比较明显。人员推销便于双方交流与沟通、讨价还价，容易成交。同时，由于没有中间环节，节省了大量的流通费用，降低了产品的成本，具有较强的价格优势，容易打开市场。制造商的专营店也是一种重要的零层渠道形式，海尔公司在各个主要城市均设有海尔专营店，展示和销售其所有的产品。但是为了避免与它的中间商争夺顾客，通常海尔专营店的选址会在商业区以外交通便利的地点。

现代的直销又称作直复式营销（Direct Response Marketing），随着经济全球化和信息技术的迅猛发展，其已成为一种重要的销售方式。它的形式多种多样，通过邮局的目录寄售、电话销售、电视购物，以及 21 世纪以来愈发流行的网络营销都是其重要形式。直复式营销既保留了传统人员推销的优势，同时“一对一”的沟通形式还大大提高了沟通的时效性、便利性，节约了沟通成本。

案例衔接 11-1

海尔：网络营销的成功

海尔的客户管理系统（CRM）和电子商务采购平台（BBP）的应用架起了与全球用户资源网、全球供应链资源网沟通的桥梁，实现了与用户的零距离接触。海尔公司通过 BBP 电子商务平台，每月能够接到 6000 多个销售订单，定制产品品种逾 7000 个，采购的物料品种达 15 万个。目前，海尔 100%的采购订单由网上下达，使采购周期由原来的平均 10 天降低到 3 天；网上支付已达到总支付额的 20%。在企业内部，计算机自动控制的各种先进物流设备不但降低了人工成本，提高了劳动效率，还直接提升了物流过程的精细化水平，达到质量零缺陷的目的。计算机管理系统搭建了海尔集团内部的信息高速公路，能将电子商务平台上获得的信息迅速转化为企业内部的信息，以信息代替库存，达到零营运资本的目的。

（二）一层渠道

一层渠道是指在生产者与消费者之间只有一个中间环节。在消费者市场上，这个中间环节大多数是经营零售业务的商店、连锁店、超级市场，生产者把产品出售给他们，他们再将产品卖给顾客。海尔公司也通过国美电器、苏宁云商集团、三联商社的连锁分销网络销售其各种家用电器产品。工业品市场通常是通过各种分销商将产品和服务介绍给顾客。如 TCL 电工通过分销商销售其电器开关、照明器材等。

（三）二层渠道

二层渠道是通过两个环节将产品由生产者出售给零售商。在消费品市场上，生产者通常先将产品批发给批发商，批发商再将产品转售给零售商。在工业品市场上，生产者除了通过批发商将产品卖给零售商，还常常通过代理商将产品转售给零售商。这是目前消费品与工业品市场上通行的商品分销模式。批发是一种大规模的流通经营形式，之所以增加了批发的环节，就在于它可以使生产者、零售商、批发商三者在大规模的商品流通中都有利可图。当进入市场的商品数量、种类越来越多时，商品流通的速度以及仓储、运输的效率成为影响营销效果的主要问题。只有一个分销环节的比较单一的一层渠道适应不了这种复杂的局面，于是就出现了专业批发机构。

（四）三层渠道

三层渠道与二层渠道的不同点就在于生产者与批发商之间多了一个代理商或者是一级批

发商的环节。代理商通常出现在具有较强优势的产品的营销过程中。它们有的是著名厂商或是驰名商标的产品,有的是明显优于对手的高科技产品,也有的是为了防范假冒产品的出现。这类产品采用代理,特别是总代理的形式有利于它们保持产品的市场竞争力。

(五)四层渠道

四层渠道的中间环节形式比较多,其中许多出口企业都采用四层或者五层甚至六层的渠道形式。比较典型的四层出口渠道形式的中间环节主要有出口商、国外进口商、国外批发商、零售商。

零层和一层渠道称为短渠道,其余的称为长渠道。渠道的长短影响制造商对渠道的控制程度。想对产品分销施加更高程度的控制,厂商则会使用短渠道。技术密集型产品像银行自动柜员机、医用 CT 机等,由于需要专业化程度高的技术支持而使用短渠道。长渠道的劣势是效率低、总体成本高,因为每一级中间商都追求特定的加成率。

案例衔接 11-2

"孩子王"店面迭代:从 1.0 到 5.0

1.0:一站式购物,奠定"孩子王"店面雏形

2009 年 12 月 18 日,"孩子王"在南京开出第一家实体店,面积近 7000 平方米,成为当时国内最大的孕婴童主题购物广场,被业界称为"亚洲超级旗舰店"。

从店面装修、商品组合和店面规划上看,这家实体店基本奠定了"孩子王"后面几代店面的雏形:

店面装修:舒适,绿色。采用国际环保标准,全开放式商品陈列、货架无尖角、高度适宜;室内恒温、恒湿,保障大人和小孩能健康购物。整体设计理念旨在传达孩子的童真童趣、好玩及欢乐的本性追求。

商品组合:530 多个商品小类,2 万多个 SKU(库存量单位),涵盖了玩具、用品、服饰家纺、食品(70%~80%的宝宝零食属于纯进口)、日常居家必备品,还有妈妈专区、礼品专区等,集准妈妈及 0~12 岁孩子的衣、食、行、玩乐、教育等各类成长所需,并独家引进众多国际知名的孕婴童品牌,在卖场规模、商品品类、一站式购物等方面均开创了全国孕婴童零售行业纪录。

店面规划:除了母婴商品,还引入了一些著名的儿童摄影、早教中心、婴儿游泳、少儿英语、妈妈产后恢复等机构,以及 500 平方米的游乐场。同时,推出了育婴顾问服务,为消费者提供合理的采购建议,同时帮助妈妈们科学育儿。

2.0:更多互动,一站式购物体验升级

2010 年 12 月,"孩子王"进驻合肥万达广场,营业面积近 8000 平方米,为其第 2 代店面。在传承第 1 代店绝大部分内涵和风格的基础上,强调更多特色服务和交流

互动的空间，以优化客户体验。

店面装修：延续安全环保设计理念，第2代店的设计更注重购物氛围的营造，门店招牌、服务区、收银区、墙面和顶部造型都做了进一步升级，主打童趣、欢乐、简洁的风格。

商品组合：8000平方米，4万余种商品，覆盖了准妈妈及0~14岁孩子各阶段所需。商品种类更全，覆盖人群更广（从12岁扩大到14岁）。

店面规划：在第1代店面规划的基础上，更加强调互动空间的设计，设置有亲子互动、才艺展示、儿童剧场、DIY手工等场所。

3.0：注重品质感，革新大品牌陈列且价格带齐全

2012年6月，"孩子王"进军上海，顺恒广场店和盛源广场店分别于6月16日和6月28日开业，为其第3代店面。

店面装修：根据产品的不同和区域的不同，从颜色和图案上尽可能做到细致明显的区分，给顾客最贴心的指示与服务。

商品组成：陈列革新，各大品牌数量较第1、2代店提升30%且价格带齐全，以满足不同消费者的需求。同时，店内的几大品类也均有突破与变化，服装品类将重点锁定婴幼童，根据上海的市场环境，引进适应当地消费习惯的新品牌。进口商品在门店内的比例大于20%，其中进口的宝宝食品占比达到食品全部的35%。

店面规划：店内全部根据年龄段来分类确定各大区块。会员体验区不再局限于门店的互动体验空间，还和其他渠道结合，如手机终端应用、二维码应用，设置了专门的互联网互动体验、门店人机对话等全网和实体及网络和移动终端一体化的全网会员体验，实现了现实与虚拟的结合。

3.5：主题明确，更加智能，购物体验进一步升级

2013年7月，扩容升级的南京建邺万达旗舰店（"孩子王"的第一家店）成为"孩子王"第3.5代店面。相对于升级前的第1代老店，面积更大，商品更齐全，布局更合理，服务也更完善。

店面装修：通过全新的店面环境、商品展示和陈列系统，为消费者打造全新的购物体验。比如，在入口处运用互动智能投影，增添购物乐趣；游乐区、食品区运用LED节能光源，节能、环保；同时新增触摸屏，向消费者展示商场平面图、品牌介绍以及提供查询等功能；儿童食品区融入成长立柱灯膜；产品区运用店头陈设（POP）做重点产品介绍，产品陈列清晰，指示明显。此外，整个商场灯光温暖、明亮，材料低碳环保。

店面规划：将店内区域打造成4个独立的主题馆，分别为"潮流、时尚的衣柜""美味的厨房""梦幻的客厅""来了不想走的玩耍区"。服装区更是分为"运动潮流""休闲时尚""鞋童成长""睡眠时光""优棉宝贝"和"摩登妈咪"等6大主题，并以儿童的视角来提炼卡通元素点缀各处，整体购物体验变得更加生动有趣，充满空间立体感和视觉享受。

4.0:情景化陈列,视觉体验独特

2014 年 9 月,"孩子王"重庆万象城店开业,为其第 4 代店面。

第 4 代店在原来的第 3.5 代店基础上优化升级体验,通过整体空间上的特色品类商品及卡通造型和美陈搭配,塑造出了独特的视觉体验,空间设计汇聚了以童话元素为轴心的设计概念。

在商品区域,通过图书区、户外运动区、美泰馆等主题馆陈列方式的变换和组合,让新奇商品在不同主题馆情景化陈列;再通过空间内不同品类区各个主题的重心呈现个性化概念。

5.0:完全打通线上、线下渠道

2015 年 12 月 18 日,"孩子王""更懂你+"百店盛典暨全渠道战略峰会在南京召开。同一天,沈阳、莆田、丹阳、洛阳等多店同开,店面一举突破 100 家。用其 CEO 徐伟宏的话讲,这是其第 5 代店面。

其最大的特点就是试图打通线上线下渠道,百家大型实体门店加上官方 APP、微购商城等,消费者线下扫码,线上支付完成购买,线下提货等,进而实现全渠道经营。

三、分销渠道结构的密度

制造商在分销渠道的某一层次上使用同类中间商数量的多少,称为渠道结构密度。使用同类中间商非常多的情况称为宽渠道,如宝洁公司几乎使用了所有的零售商来销售其产品。使用同类中间商很少的情况称为窄渠道,如属于特殊品的劳力士手表仅在一个地区设立一个零售商。分销渠道结构的密度有三种常用的概念,即密集性分销、独家分销和选择性分销(见图 11.3)。

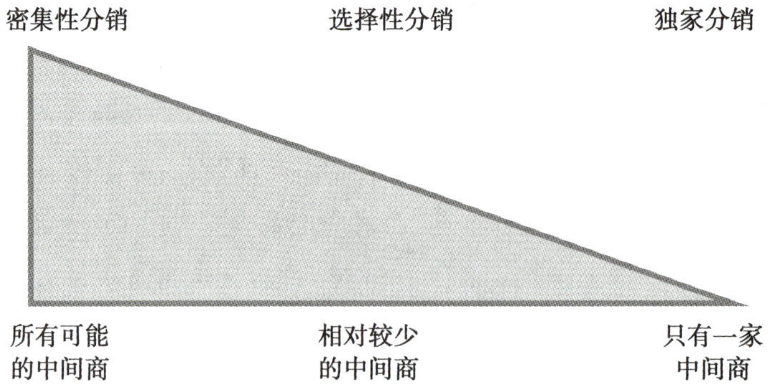

图 11.3　分销渠道结构的密度

(一)密集性分销

密集性分销即要在某一层次上(通常多为零售商)使用尽可能多的中间商,以构成覆盖面宽广密布的分销网络。便利消费品如香烟、洗化品、食品等，多采取密集性分销，以提高消费者购买频率和便利性。

（二）独家分销

独家分销是在某一层级上只使用一家中间商来覆盖特定的区域市场。独家分销是最窄的分销渠道，仅适用于特殊品，如某些技术性强、单价昂贵的耐用消费品或高端名牌商品等。

（三）选择性分销

选择性分销介于上述两者之间，即厂商按照特定条件精选几家中间商来营销自己所经营的商品。选择性分销一般适用于选购品的营销，如大型家用电器、服装、图书等。选择性分销既能保证适当的市场覆盖面，又有利于企业开拓市场、扩大销售，也比较容易对中间商施加控制。

四、分销渠道策略

分销渠道策略（Distribution Strategy），指企业为了使其产品进入目标市场所进行的路径选择活动，它关系到企业在什么地点、什么时间、由什么组织向消费者提供商品和劳务。企业应选择经济、合理的分销渠道，把商品送到目标市场。分销渠道策略包括渠道的长短、宽窄决策，中间商选择以及分销渠道的分析评价和变革等内容。影响分销渠道策略的基本因素有以下五个方面：

（一）产品因素

不同的产品应选择最适合自己的分销渠道，对于大量标准化程度高、通用性强的产品，在策略的选择上应采用长而宽的分销渠道，这样可以通过使用更多的中间商来扩大市场覆盖面，以提高市场占有率。而对于技术复杂、个性化、大型化、贵重的产品，往往更适合于使用短而直接的分销渠道，如飞机、船舶、大型客车、计算机系统、药品、珠宝饰品等。而对于不易保存的产品，如海鲜类产品，则要求更为直接的分销渠道。

（二）客户因素

个人客户和组织客户两者在购买行为上具有很大差异，厂商要确定自己的销售对象是消费者还是产业客户。前者购买批量小而购买频繁，需要使用中间商；后者购买批量大而要求更多的信息和技术服务，需要使用人员推销，即组建自己的销售队伍或分销点与最终用户接触。

分销渠道策略的选择还受到客户数量、购买频率、一次性购买金额、地理分布及对不同营销方式的敏感性等因素的影响。如果客户人数较多，厂家则倾向于利用每一层次都有许多中间商的长渠道。而客户所处的地理因素也制约着分销渠道的选择。如果目标客户集中在一个或者几个特定的区域内，通过人员销售比较合适；当目标客户分散在十分广阔的区域时，使用中间商去接触量大面广的消费者是比较划算的。此外，购买者对不同营销方式的敏感程度也会影响渠道选择。例如，越来越多的家具零售商喜欢在商品展销会上选购，从而使得这种渠道迅速发展。

（三）中间商因素

当目标市场是由易于识别、地理位置相对集中的有限买主构成时，人员销售则是有效手段。企业向目标市场提供多种产品并且有足够的资源来满足最终客户所需的服务（如技术支持、送货、售后服务、信贷等），厂商适合直接与最终用户接触，而无须通过中间商。但是另一方面，不使用中间商的直销决策，将意味着企业必须承担那些可由中间商完成的职能（如联系客户、仓储、送货、维修服务等）。而承担这些职能的成本可能非常高昂，尤其是当企业面对十分广阔的市场范围时。

而对于借助中间商执行分销任务时，不同的中间商从事沟通、谈判、储存、交际和信用等方面的能力也各有优势和劣势，设计分销渠道时应充分考虑不同中间商的特性。例如自选超市基本不提供额外服务，产品完全由客户自由选择，也不负责送货，而百货公司则力图提供尽善尽美的销售服务。

（四）竞争者因素

在对分销渠道策略的选择上，企业还应充分考虑竞争者使用什么样的分销渠道。企业可以选择进入和竞争者一样或接近的销售点，也可以选择和竞争者不一样或远离竞争者的分销渠道。例如肯德基和麦当劳在 20 世纪 80 年代末 90 年代初刚刚进入中国市场时，分销渠道类型相同，均采用直营连锁形式，且地理位置接近。

（五）企业因素

企业自身的能力和特点也对分销渠道的选择产生影响。企业总体规模决定了它的市场规模、分销规模及在选择中间商过程中的地位。一般来说，企业的财力、管理能力和营销资源雄厚，则更有能力使用短而直接的分销渠道。如 TCL 有自己独立的销售公司，建立了可直达县一级的渠道，拥有庞大的销售队伍，而相对弱小的厂商，则需要依赖中间商来完成分销功能。企业过去的渠道经验和现行的营销政策也会影响渠道的设计。以前曾通过某种特定类型的中间商销售产品的企业，会逐渐形成渠道偏好。

产品定价、品牌定位和品牌形象以及消费者的认知度，也影响厂商分销渠道的选择与决策。高端产品如高级音响设备、名牌服装、名牌手表等，为保持其独特的品牌定位和形象，只会选择专业店、专营店或经营高端品牌的商家；而超市则只会销售鞋帽、服装等大路货和日用品。

第二节　中间商

中间商是指那些将购入的产品再销售或租赁以获取利润的厂商，如批发商和零售商。它们为其顾客扮演采购代理人的角色，购买各种产品来转售给顾客。除了销售产品，它们还不同程度地承担着物流（配送、仓储等）、售后服务（安装、维修、保养等）、退货、促销、市场调研以及为顾客解决贷款等功能。中间商的存在，能通过有效地降低交易联系次数，达到提高交易频率的目的。如图 11.4 所示，制造商通过中间商能够大大降低系统的交易费用，提高系统的交易效率。

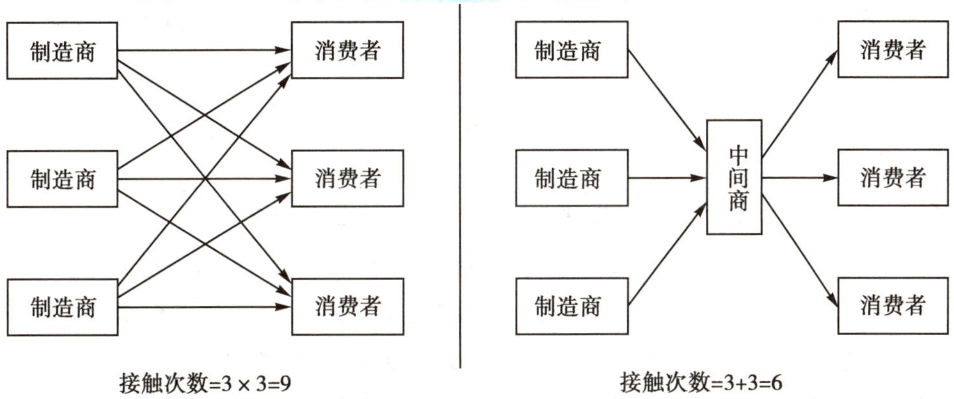

图 11.4 中间商的作用

一、中间商的功能

(一) 提高销售活动的效率

如今是跨国公司和全球经济迅速发展的时代，如果没有中间商，商品由生产制造厂家直接销售给消费者，工作将非常复杂，而且工作量特别大。对消费者来说，没有中间商也会使其购买的时间大大增加。例如，中间商可以同时销售很多厂家的商品，消费者在一个中间商那里就能比较很多厂家的商品，比没有中间商而要跑到各个厂家挑选商品要节约大量时间。

(二) 储存和分销产品

中间商从不同的生产厂家购买产品，再将产品分销到消费者手中，在这个过程中，中间商要储存、保护和运输产品。

(三) 监督检查产品

中间商在订购商品时就考察了厂家在产品方面的设计、工艺、生产、服务等质量保证体系，或者根据生产厂家的信誉、产品的名牌效应来选择产品；进货时，将按有关标准严格检查产品；销售产品时，一般会将产品划出等级。这一系列的工作起到了监督检查产品的作用。

(四) 传递信息

中间商在从生产厂家购买产品和向消费者销售产品中，将向厂家提供消费者的需求、市场的信息、同类产品各厂家的情况等信息，也会向消费者介绍各厂家的特点，无形中传递了信息，促进了竞争，有利于产品质量的提高。

二、中间商的类型

中间商是处在销售渠道中的各种经销商，它们将商品从厂商逐级分销出去，卖给最终消费者。随着市场中分销模式的发展，中间商的类型越来越复杂，各种中间商互相渗透，你中有我，我中有你，本书按照中间商与最终消费者的接近程度将中间商划分为批发商和零售商两大类。批发商是商品流通中的大动脉，凡是从事不将产品直接销售给最终消费者的流通业务的中间商就是批发商。而零售商则是负责专门从事将产品直接销售给最终消费者的中间商。

（一）批发商

批发商大体上可分为专营批发商、自营批发商、代理商和经纪人。

1.专营批发商

专营批发商是专门从事各种批发业务的商业企业，它们是批发商的主体。专营批发商拥有产品的所有权，即他们从厂家购进产品，然后再转卖给零售商。因此，他们拥有一定的资金，承担着产品滞销积压以至卖不出去的风险。他们的利润主要来自批发的数量，通常他们的批发价格相对零售商的价格来说较低，但由于经营的数量大，利润也随销量增长。

专营批发商的种类很多，按照他们执行附加服务的程度不同，可将其分为执行完全服务批发商和有限服务批发商两种。完全服务批发商执行批发商的全部职能，他们提供的服务主要有保持存货、雇佣固定的销售人员、提供信贷、送货和协助管理等。完全服务批发商又分为批发商人和工业分销商两种。批发商人主要是向零售商销售，并提供广泛的服务；工业分销商向制造商而不是向零售商销售产品。有限服务批发商是指为了减少成本费用，降低批发价格，往往只执行一部分服务的批发商。有限服务批发商的主要类型有现购自运批发商、承销批发商、卡车批发商、托售批发商以及邮购批发商等。

2.自营批发商

自营批发商是由制造商和零售商自己建立的独立批发机构。那些生产或零售规模较大、资金雄厚的制造商和零售商为了实现产、供、销一条龙的发展战略，不通过批发商，自己在各地甚至在世界范围内建立自己的批发网络，以便对市场有更大的控制力。例如，某些著名的跨国公司在进入我国市场初期，就设立了办事处，而这其中的一些办事处就承担了批发商的功能。他们不仅负责公司在我国的产品销售业务，而且也控制产品的批发、销售、仓储和库存及零配件的发送环节，提高了自己产品在我国的整体竞争力。目前在批发业务中出现了批发商、制造商与零售商联合经营的趋势。一种是工业企业参与批发。工业企业参与批发或工业企业与批发商相互联合共同批发产品，可以发挥各自的优势，以销售带动工业品的生产，对双方都有很大的好处。上海曾经有 58 家工业企业同 6 家批发公司分别签订对口联合销售产品的协定，使批发公司每年多收购 6.2 亿元的产品，产生了良好的经济与社会效应。一种是零售与批发业相互兼营。许多实力雄厚的大型百货公司、超级市场、连锁店等零售企业纷纷兼营批发，通过批发来促进销售，扩大销售范围。

3.代理商

代理商同一般批发商的最大不同之处在于他们对其经营的商品不拥有所有权，他们只是受人委托，替委托人经营商品，从中赚取佣金。实际上，他们只是为买方与卖方提供成交便利的市场润滑剂。他们既不注入资金，也不承担商品销售中的风险，所以一般情况下，他们从交易中提取的佣金比例比批发商获得的利润要低得多。代理商一般同买方或卖方有着长期、稳定的商业代理关系。代理商的业务分为前向代理和后向代理两种。前向代理是为厂家销售产品。他们或是代理销售厂家的全部产品，或是代理部分产品。前向代理商中的大多数是规模较小的企业，但他们熟悉市场，人员精干，工作效率高。尽管利润率很低，但通过扩大代理商品的规模，同样可以获得可观的利润。后向代理商一般是采购代理商，他们为厂商采购原材料、零部件、配件和产品。他们代表委托厂商，为其提供市场信息、价格、购买、验货、储运、收货等整套服务，完成整个采购过程。

4.经纪人

经纪人实际上也是一种代理关系，他的主要作用是为买卖双方牵线搭桥，促其成交，从中赚取佣金。这是一种比代理商更灵活的商业委托关系。一般情况下，经纪人是由个人承办业务，既可以同委托人形成长期稳定的商业代理关系，也可以是一次性的代理。在发育成熟的市场中，各行各业都有不少经纪人，如保险经纪人、房地产经纪人、证券经纪人等。经纪人一般是通晓某一行业的专家，熟悉市场，他们为买卖双方提供市场信息，寻找要购买的对象，促使双方以比较合理的价格达成交易，为委托人节约许多交易成本。西方国家职业运动员的比赛、俱乐部的转会一般是通过经纪人来进行。我国足球职业化以来，许多俱乐部自己到国外寻找运动员，由于对国外足球市场行情不了解，往往是花钱不少，但引进球员参加比赛的效果却不好。这些教训说明，要发展我国的职业体育运动，就必须不断发展和完善体育经纪人市场。

(二)零售商

零售是将产品和服务出售给消费者，供其个人或者家庭使用，从而增加产品和服务的价值的一种商业活动。零售商是将产品直接出售给最终消费者的流通企业，它在一个国家的经济生活中起着越来越重要的作用。现代零售业的形式复杂多样，新型的零售形式层出不穷，有店铺零售是最早出现的，也是目前在零售业中占据着主导地位的零售形式，它以一个固定的地点出售商品，又叫商店零售业。具体可分为以下多种形式：

1.百货商店和购物中心

百货商店一般在市、区级商业中心，它们是因历史形成的商业集聚地，目标顾客以追求时尚和品位的流动顾客为主，具有综合性强、门类齐全的特点，以服饰、鞋类、箱包、化妆品、家庭用品、家用电器为主。购物中心主要有三种类型：一是社区购物中心。它多在市(区)级商业中心，包括大型综合超市、专业店、专卖店、饮食服务及饭店。二是市区购物中心。它多在市级商业中心，包括百货商店、大型综合超市、各种专业店、专卖店、饮食店、杂品店以及娱乐服务设施等。三是城郊购物中心。它一般处在城乡接合部的交通要道，包括百货商店、大型综合超市、各种专业店、专卖店、饮食店、杂品店及娱乐服务设施等。

以购物中心为核心的大型多功能商业中心是一种超出单纯购物意义上的商业区，是集购买、娱乐、休闲、生活、餐饮、办公为一体的现代化大型综合性购物中心。在城市化的过程中，随着传统分散经营的商业街的衰落，这种新的多功能的综合性商业中心顺势而起。在西方发达国家，它已取代了传统的商业街的地位，发展中国家则正在经历着这一取代过程。这种多功能的综合商业中心的出现是零售商业的一场革命，它代表着零售商业发展的方向。

2.超级市场

超级市场指的是从经营食品起步，发展到以日用百货为主的大规模开架陈列、顾客自选、集中结算的自我服务式零售商业。它的最大特点是顾客自我挑选，自我服务，这是零售业服务方式的一次革命。超级市场又可分为小规模的超市和大型百货超市。以食品超市为主的小规模超市位于市(区)商业中心及居住区，辐射半径2000米左右，目标顾客以居民为主。营业面积在6000平方米以下。经营范围包括食品和日用品。食品超市与综合超市的商品结构不同。自选销售，出、入口分设，在收银台统一结算。营业时间在12小时以上。

大型百货超市位于市(区)级商业中心、城郊接合部、交通要道及大型居住区，辐射半径2000米以上，目标顾客以居民、流动顾客为主。实际营业面积6000平方米以上。大众化衣、食、日用品齐全，一次性可购齐，注重自有品牌开发。自选销售，出、入口分设，在收银台统一结算。设不低于营业面积40%的停车场。

3.专业店和专卖店

专业店多在市(区)级商业中心及百货店和购物中心内，目标顾客以有目的地选购某类商品的流动顾客为主。根据商品特点而定，以销售某类商品为主，品种丰富，选择余地大。采取柜台销售或者开架出售方式，从业人员具有丰富的、较深的专业知识。

专卖店多在市(区)级商业中心、专业街以及百货店、购物中心内，目标顾客以中档消费者和追求时尚的年轻人为主。根据商品特点而定，以销售某一品牌系列商品为主，销售量少、质优、高毛利。采取柜台销售和开架面售方式，商店陈列、照明、包装、广告讲究，注重品牌声誉。从业人员具有丰富的、较深的专业知识，提供专业性服务。

4.便利商店

便利商店是从超级市场中分割出来的以经营居民日常生活必需的食品与杂物为主，便于购买的小规模的零售商店。便利商店一般位于商业中心区、交通要道，以及车站、医院、学校、娱乐场所、办公楼、加油站等公共活动区。商圈范围小，顾客步行5分钟内到达，目标顾客主要为单身者、年轻人。顾客多为有目的地购买。营业面积100平方米左右，空间利用率高。商品品种以即时食品、日用小百货为主，售价高于市场平均水平。以开架自选为主，结算在收银处统一进行。营业时间在16小时以上，提供即时性食品的辅助设施，开设多项服务项目。

5.低价商店

低价商店是以低于商品的正常价格，甚至低于成本价格出售商品的一种零售形式。较低的价格来源于减少流通环节而节约下来的费用，或是借其他形式经营而省下的成本。低价商店的形式多种多样，一般主要有平价商店、仓储商店及折扣商店等。

平价商店是采取略高于或者等于产品的出厂价或批发价出售产品的零售商店。制造商可以以产品的出厂价为基础，销售自己的全部或部分产品。仓储商店是一种将商品的储存与销售相互结合的一种形式。仓库储存着大量待批发出去的商品。有的商家将其仓库略加改造，采取开架、顾客自选、集中结算的超级市场销售方法出售商品。折扣商店是一种长期以商品正常价格较大折扣出售商品的零售商店。其商品来源主要来自较高档次零售商店顾客的退货和商家产品价格组合中应低价处理的那部分积压产品。

案例衔接 11-3

“互联网+”之下：经销商的价值再思考

随着“互联网+”的深入发展，传统经销商未来的价值在哪里？这是一个不容回避的问题。在“互联网+”潮流之下，经销商以下几方面的价值将得到进一步凸显和强化。

做流通电商或者加入流通电商。尽管有许多观点对经销商的未来前景持悲观态度，但不少经销商的转型现实证明，即使在“互联网+”时代，经销商仍然可以找到自身不可替代的价值。其中，一个典型的案例就是烟台的万商购，这家经销商的转型方式是做流通电商，尽管万商购也会涉及 B2C，但更主要的就是做 B2B 电商，其中 B2B 商业模式中，前面的 B 代表经销商，而后面的 B 则代表零售商。

从本质上讲，万商购的商业模式就是通过电商的手段优化从厂家到零售终端之间的商业效率，实际上就是在厂家和零售终端之间做到了“去中间化”。而支撑这一目标的，就是放弃原来的二批商，从而减少中间环节，实现流通效率的提升。一般而言，去掉二批商这个中间环节，大约可以扩大 10%的毛利空间。

未来，经销商变革的方向主要有两个：一是有实力的经销商，可以转型做类似万商购的这种物流电商平台；二是不具备构建平台能力的经销商，则可以选择和类似万商购这种流通电商平台合作。对后者而言，与万商购这类平台合作的好处是显而易见的，因为网点数量的增加可以带来销量的增加。即使是可口可乐这样的终端覆盖率极高的公司，在加入万商购平台之后，仍然能在烟台增加 1000 多个销售终端。

分布式电商下的物流职能。物流和电商是天然结合在一起的。没有物流支撑的电商是缺乏竞争力的。经销商对物流终端比较熟悉，就可以承担 B2B 物流电商的职能。类似京东这种电商巨头，在传统模式下，是一种集中式的电商。所谓集中式的电商，就是客户下单之后，由统一的电商仓来发货，然后通过第三方物流公司，将产品最终送达用户手中。这种模式下，物流速度相对较慢，效率较低，客户通常要用 3 天时间才可能收到商品。因此，正在兴起的分布式电商将是一种更高效率的物流配送模式，货品直接储备在渠道中，比如在各地经销商的库存中，消费者从网上下单后，经销商可以从离消费者最近的仓库为其进行配送，从而大大节省物流的时间，这也凸显了经销商的价值。

当然,从成本结构上来看,经销商很大一部分成本就是物流,其甚至会达到经销商总成本的60%~70%。在这样的背景下,B2B电商平台同样可以采用共享经济的模式,实现统一配送,还可以优化配送路径。如果说,B2B电商平台采用统一配送后,只需要不到100辆车,就可以完成原来经销商们可能需要800辆车才能够完成的物流配送任务。

仓储职能。仓储通常投入较大,有实力的经销商可以建立仓储模式。对经销商而言,随着未来电商在整个零售中的比重越来越大以及分布式电商的迅速发展,仓储的需求仍将持续增长。对建立仓储的经销商而言,虽然投资并不小,但这笔投资属于沉没成本,随着时间的推移,其成本将不断得到分摊。

终端维护职能。营销的本质在于和客户建立一种长期的交易关系,经销商的一项重要职能就是对终端的维护和管理,在"互联网+"的背景下,这仍然是经销商的一项重要的职能。而这样的工作,无论是从成本的角度还是从分工的角度而言,由经销商来承担这项职能更为合适。

资金池或者众筹职能。应该说在"互联网+"之下,经销商仍然具有资金池的作用。所不同的是,在过去,经销商更多承担的是一种垫资功能,厂家的关注点在于压货和回款,经销商关注的是政策和动销。而在"互联网+"的背景下,厂商之间的关系将更加灵活,产品或者股权众筹会将双方的利益更加紧密地捆绑在一起,经销商和厂家利益不一致的情况将得到很大的改观。

共同为平台引流。在渠道下沉、终端为王的时代,经销商的一项重要职能就是客户(终端)开发,同一个终端,可能被不同的经销商开发 n 次,这显然不符合共享经济的思想。在"互联网+"的时代,经销商的客户开发则演变为共同为客户引流,而且在B2B电商平台上,一旦某一家经销商开发了一家零售终端,那么该零售终端就为所有经销商所共享。对零售终端而言,同样,一旦某个零售终端下载了平台的APP,则进货的选择大大增加,只用一个APP,就可以选择平台上所有经销商的所有产品,从而大大增加了货品选择的弹性。

电商的目的是优化原有渠道,并非彻底消灭传统渠道,经销商只要积极变革,迎合电商发展的大趋势,其仍将发挥不可替代的作用。

三、中间商的营销策略

(一)批发商的营销策略

目前,批发商面临着来自许多方面的冲击,主要有大制造商越过批发商自设分销机构或者直接面对最终消费者;零售业连锁店的发展催生了大批量、多品种、高周转的进货方式,使大零售商与供应商直接打交道更为划算;等等。这些冲击使得批发业渐显没落之势,因此,批发商不得不制定合适的战略决策,它们必须在产品、定价、促销、地点等方面改进策略。

1.产品品种和服务

如今,批发商正在研究应该经营多少品种最为适当,并且只选择那些盈利较多的品种。同时,批发商也在考虑,应该为顾客提供哪些服务,且哪些服务应酌情收费等。

2.定价

如今,批发商正在采用新的定价方法,根据竞争对手(销售同类产品)的价格、零售商销售量的大小、产品畅销程度、供应商的定价政策等进行通盘考虑,针对不同产品会有不同的定价方法。

3.促销

批发商需要发展一个整体促销战略,包括贸易广告、销售促进和公共宣传。他们还需要利用供应商的一些宣传材料和计划方案。

4.地点

和零售不同,批发市场所在地一般由政府进行规划。这些批发市场多在城乡接合部或稍微偏远的一些地方(主要是考虑城市建设和交通便利),批发商可以在这里选择一个位置进行经营。然而,伴随着城市的扩建和重新规划,批发商又面临着重新选择地点的问题。

(二)零售商的营销策略

零售商的营销策略主要包括选址、零售商品分类与组合、自有品牌、定价、商品形象和促销、顾客服务等方面的决策。

1.选址策略

店址选择通常被认为是零售业营销中最重要的因素。选址决策过程复杂,位置一旦选定则不易变动。同时,位置特点对企业整体战略影响较大,选址不当,会给企业整体战略带来无法克服的缺陷;如果位置好,即使战略组合一般,也容易获得成功。比如,医院附近的礼品店,商品种类不多,价格偏高,也不主动宣传,其生意却往往很红火,原因就是位置有利。商店位置的选择是一个综合决策的问题,需要考虑的因素有周边人群的规模和特点、竞争水平、运输的便利性、能否停车、附近商店的特点、房产成本、合同期限、人口变动趋势、城市规划等。

2.零售商品分类与组合策略

零售店的策划者,首先需要对所经营的商品进行适当的分类。商品的分类方法有很多,可以根据商品的耐用性、有形性及商品生命周期的销售变化来划分。零售商品组合是指一个零售企业经营的全部商品的结构。零售企业在实际经营中,可以有很多产品组合方式。在谈到零售商品组合时,要涉及两个概念,分别是品种宽度和品种深度。品种宽度是指零售商经营的不同商品/服务大类的数量。品种深度是指零售商经营的任何一大类商品/服务的多角化程度,一家商店经营的商品项目越多,则它的品种深度越深。表 11.1 说明了每种组合的优缺点。

表 11.1　零售品种战略

组合类型	优点	缺点
宽—深型 商品/服务的种类繁多,每一大类的品种众多	* 广阔的市场 * 全面的存货 * 大客流量 * 顾客忠诚 * 一站式购物 * 没有失望的顾客	* 高存货投资 * 大众形象 * 许多品种流转速度低 * 有一些过时商品
宽—浅型 商品/服务的种类繁多,但每一大类的品种有限	* 广阔的市场 * 大客流量 * 强调方便顾客 * 成本比宽—深型的低 * 一站式购物	* 产品线的多样性差 * 有一些失望的顾客 * 较差的形象 * 许多商品流转慢 * 较低的顾客忠诚度
窄—深型 商品/服务的种类较少,每一大类的品种众多	* 专家形象 * 同一类商品中顾客选择性强 * 专业的员工 * 顾客忠诚 * 没有失望的顾客 * 成本比宽—深型的低	* 过分强调某一大类 * 不能一站式购物 * 对趋势/周期更敏感 * 需要更加努力扩大商圈的规模 * 很少(没有)经营相关(或互补)的商品
窄—浅型 商品/服务的种类较少,每一大类的品种有限	* 目标在于方便顾客 * 成本最低 * 很大的商品流转量 * 有限的顾客忠诚度	* 很小的宽度和深度 * 不能一站式购物 * 形象较差 * 很小的商圈 * 很少(没有)经营相关的商品

案例衔接 11-4

全国大型零售企业销售终回暖

零售业经历了长时间的低迷,终于迎来回暖迹象。数据显示,2016 年上半年,全国 50 家重点大型零售企业零售额与 2015 年相比虽仍在下跌,但 6 月以后,多品类零售额降幅收窄。服装、化妆品类零售额更出现当年最高月增速。业内专家认为,随着节假日的增多、促销力度的加大和消费信心的回升,下半年零售业销售额已出现大幅度上升。

销量回暖

服装、化妆品、金银珠宝类销售触底反弹。中华全国商业信息中心的监测数据显示，2016年6月，全国50家重点大型零售企业零售额同比下降0.2%，增速低于前一年同期2.2%，但降幅相比5月收窄了3.9%。从品类看，6月服装类和化妆品类零售额分别同比增长4.8%和5.2%，均为当年的最高月度增速。此外，金银珠宝零售额降幅明显收窄。

以周大福为例，周大福2016年首季度内地同店销售增长较上一季度有所改善。周大福7月11日发布的数据显示，截至2016年6月底，内地珠宝镶嵌首饰同店销售增长由上一季度的下跌24%改善至2016年一季度的下跌12%。

打通全渠道

电商渠道销售规模高速增长，让众多日化、服装品牌开始加大线上合作力度。

旗下拥有佰草集、美加净、高夫等品牌的上海家化通过猛攻线上渠道促进发展。上海家化已先后与阿里巴巴及京东展开电商业务合作。业内人士认为，布局线上销路可助推业务发展销售渠道，更能通过数字化营销实现全品牌“融合”全渠道的使命。《北京商报》记者调查后发现，上海家化在京东、聚美优品、唯品会等线上平台的销售额已获增长。

据悉，森马2016年仍将向线上子品牌发力，并通过跨界合作带动电商营销战略升级。森马2016年电商规模与2015年同期相比增长一倍，电商销售额占比达15%。

消费信心回升

零售企业认为，2016年下半年时尚品牌和设计师品牌将成为销售增长热点。朝阳大悦城推广总监文娟指出，2016年下半年，中高档个人风格强烈的独立设计师品牌、个性化时尚品牌销售状况较好，买手店和设计感更突出的品牌将获得良好发展。

除了服装消费出现回暖迹象，化妆品、日用品等销售也将现转机。国内资深护肤品专家冰寒表示，下半年市场的促销会烘托整个零售市场的回升。目前，“口红经济”现象出现，奢侈品的销售每况愈下，价格较低产品的销售必然会有所提升。化妆品、日化产品与电商平台合作将多种渠道共同促进销售。

3.自有品牌策略

自有品牌商品，也称PB(Private Brand)商品，即零售企业通过搜集、整理、分析消费者对某类商品的需求特性的信息，提出新产品功能、价格、造型等方面的开发设计要求，进一步选择合适的生产企业进行开发生产，最终由零售企业使用自己的商标对新产品注册，并在本企业内进行销售的商品。对零售商来说，自有品牌最直接的吸引力就是其低廉的成本。另一方面，发展自有品牌，可以形成零售市场的差异化优势。另外，由于自有品牌商品只在自己连锁门店销售，消费者无对比可言，这对自有品牌来说它就可以获得独特的竞争优势。同时，发展自有商品在一定程度上可以提高零售商与生产商之间的博弈能力。

4.定价策略

在大多数零售业态中,定价被认为是零售营销中最重要的和最困难的决策之一。零售商大致可以分为两类:高价格、低销售,如一些高级服装店;低价格、高销售,如沃尔玛、家乐福等。许多零售商更注重定价战术的运用,有些零售商经常采用招徕定价策略,即对某些商品定低价,甚至低于商品的可变成本;有的热衷于大力促销以吸引消费者的光顾。

案例衔接 11-5

画家的定价策略

在比利时的一间画廊里,一位美国画商正在和一位印度画家讨价还价,他们争辩得很激烈。其实,印度画家的每幅画底价仅在 10~100 美元之间。但当印度画家看出美国画商购画心切时,对其所看中的 3 幅画单价非要 250 美元不可。美国画商对印度画家敲竹杠的宰客行为很不满意,吹胡子瞪眼睛地要求降价成交。印度画家也毫不示弱,竟将其中的一幅画用火柴点燃,烧掉了。美国画商亲眼看着自己喜爱的画被焚烧,很是惋惜,随即又问剩下的两幅画卖多少钱。印度画家仍然坚持每幅画要卖 250 美元。从对方的表情中,印度画家看出美国画商还是不愿意接受这个价格。这时,印度画家气愤地点燃火柴,竟然又烧了另一幅画。至此,酷爱收藏的画商再也沉不住气了,态度立马和蔼多了,带着乞求的口吻说:"请不要再烧最后一幅画了,我愿意出高价买下。"最后,这幅画竟以 800 美元的价格成交了。

5.商品形象和促销策略

零售商的促销预算中的最大部分一般用于广告和促销。各种媒体都可以用来做广告,但每一种媒体都有其各自的优缺点。报纸广告对于通告销售活动很有效,比如,我们经常可以从报纸上看到诸如"××商店进行店庆大酬宾"等字样,而电视广告则对发展零售商的形象很有用。促销一般用来实现短期目标,如在周末增加商店的客流量。大多数促销会由零售商的供应商所提供的促销手段来支持。宣传和口头交流能够产生最可信的信息,但两者都难以控制。

6.购物环境策略

零售商店的环境在多个层面对消费者的购物行为产生影响,包括整个店铺设计、商店的氛围、布局安排、部门之间和产品之间展示空间的分配等。在每一个层面上,任何决定都会对顾客在店内的直接消费行为和他们的长期惠顾产生影响。

7.顾客服务策略

顾客服务是零售商为了使顾客购物更加方便、更有价值而进行的一整套活动和计划。这些活动增加了购物的价值。零售业作为直接面对终端消费者的销售商,除为顾客提供适销对路的商品外，提供优质服务已成为赢得消费者的重要手段。

第三节　分销渠道的设计和管理

一、设计分销渠道

设计一个分销渠道系统包括四个步骤：分析顾客需要，建立渠道目标，识别主要的渠道选择方案，评价主要渠道中成员的条件及相互责任。

（一）分析顾客需要

在设计分销渠道中，营销人员必须了解目标顾客需要的服务产出水平。渠道可提供五种服务产出，分别是批量大小、等候时间、空间便利、产品品种、服务支持。

批量大小是指渠道允许客户一次购买的单位数量，个人客户和团体客户对于产品购买的批量大小往往具有很大差异。等候时间是指顾客等待收到货物的平均时间，顾客一般喜欢快速交货渠道。空间便利是指渠道为顾客购买产品所提供的方便程度。产品品种是指渠道提供的商品花色品种的宽度。一般来说，顾客喜欢较宽的花色品种，因为这使得实际上满足顾客需要的机会更多。服务支持是指渠道提供的附加服务（信贷、交货、安装、维修）。服务支持越强，渠道提供的服务工作也就越多。

（二）建立渠道目标

渠道的目标因产品特性的不同而不同。易腐产品要求较直接的营销。体积庞大的产品，如建筑材料，要求采用运输距离最短、搬运次数最少的渠道布局。非常标准化产品，如顾客定制机器和特制模型等，则由公司的销售代表直接销售。需要安装或长期提供售后服务的产品，如冷热系统，通常由公司或者独家特许商经销。单位价值高的产品如发电机和叶轮机等，一般由公司人员销售，很少通过中间商。

渠道设计应反映不同类型的中间商在执行各种任务时的优势和劣势。例如，制造商代表接触每个顾客所消耗的费用较少，因为总费用由几个客户所分摊。但是，业务代表对每个顾客的销售努力则低于公司的销售代表所能达到的水平。渠道设计还受到竞争者使用的渠道的制约。

渠道设计必须适应大环境。当经济不景气时，生产者总是要求利用较短的渠道将其产品推入市场，并且取消一些会提高产品最终价格的非根本性服务。法律、法规和限制也将影响渠道设计。例如，美国法律规定禁止可能会严重减少竞争或者倾向于垄断的各种渠道安排。

（三）识别主要的渠道选择方案

企业可以选择不同的渠道将商品送达消费者手中，每种渠道都有各自的优势和劣势。销售人员可以处理复杂的商品交易，但费用高昂。使用互联网很便宜，但无法处理复杂的商品交易。分销商可以创造销售额，但企业失去了直接联系顾客的机会。人们希望每种渠道都能准确地到达各自不同的细分市场，同时达到产品分配成本最小化。当一切不能够如愿的时候，渠道之间会产生冲突甚至会增加成本。企业的渠道选择方案可以如图 11.5 所示。

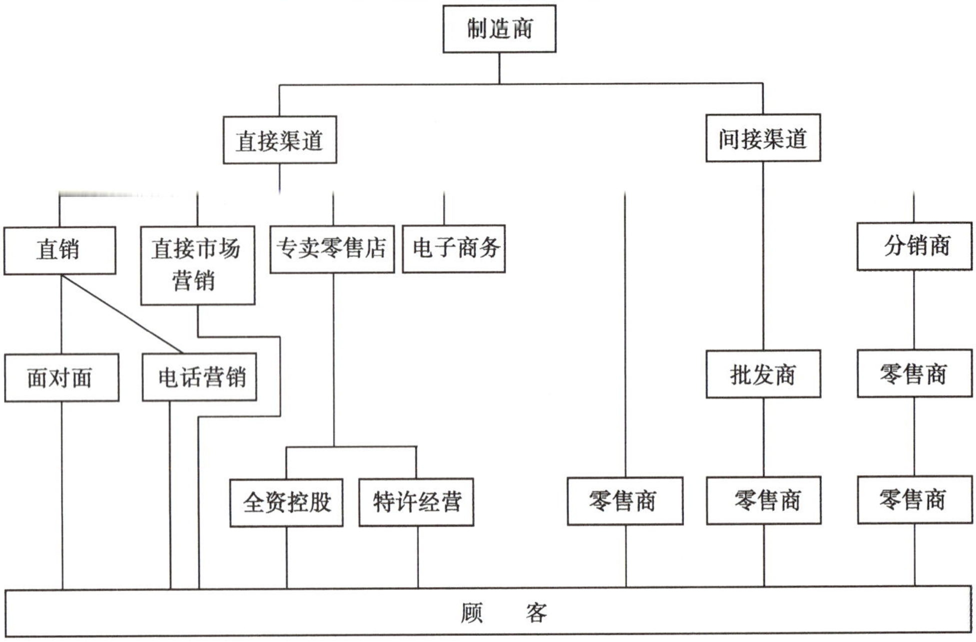

图 11.5　分销渠道选择

一个渠道选择方案由三方面的要素确定：商业中间商的类型、所需的中间商数目及渠道成员的权利和责任。

1.选择中间商的类型和地点

在代理商、批发商和零售商各个层次上，都有许多类型的中间商可以选择。正确的思考方法是，应从终端即零售层次上来考虑并选择分销渠道各层次上中间商的类型。选择零售层次上中间商的类型和地点，考察的关键点是目标市场的购买需求和厂商潜在的获利能力，以及零售商能否向潜在顾客有效传递该产品的信息。营销者最终选择何种类型的中间商及地点，取决于顾客的购买行为和制造商对零售商的控制愿望，以及中间商希望独占的程度和中间商能够为推销产品所做的营销努力及成效。

2.确定中间商的数目

企业必须决定每个渠道层次使用多少中间商。有三种战略可供选择：密集性分销、选择性分销和独家分销。密集性分销非常适合低值易耗、购买频率高的日用品。选择性分销，也称有限分销，较适合家具、名牌服装、照相器材等。独家分销要求在特定的地域内只能有一家零售商经营公司的产品。

3.明确渠道成员的权利和责任

制造商必须确定渠道成员的权利和责任，必须考虑渠道成员所承担的职能和与之对等的利益。通过明确双方的权利和责任，制造商给予中间商供货保证、产品质量保证、退货换货保证、价格折扣、广告促销协助等，经销商向生产企业提供市场信息和各种业务统计资料，保证实行产品价格政策，达到服务水平等，并就此达成具有约束力的协议。

(四)评价主要渠道

对于初步确定的分销渠道方案，营销管理者可以从经济性标准、可控性要求和适应性特征来评估可能的备选方案，以确定最合适的分销渠道。

1.经济性标准

经济性标准，即要比较和评价各备选的分销渠道方案可能达到的销售额及费用水平。不同的分销渠道会产生不同的销售水平。制造商首先要考虑的是自己的销售队伍的销售情况如何，其次必须比较各自的销售成本。

2.可控性要求

一般说来，短渠道易于控制，长渠道的可控性则大大降低。制造商对属于自己的销售队伍有着完整的控制权，而对中间商并不具备足够的控制权。中间商均是独立的组织和个体，他们追求自己的目标，更关心自身利益最大化。当渠道中的分销商力量比较弱小时，他们和制造商讨价还价的筹码并不多。当他们的力量足够强大，拥有了更多的讨价还价的筹码时，就会迫使制造商不得不考虑其各种要求。

3.适应性特征

如果厂商与所选择的中间商签订的合约期限较长，而在此期间，由于外部环境及企业自身需要的变化，厂商采取其他分销路径如直接邮购或网上营销会更有效，但厂商也不能随意解除与中间商的合约。厂商应考虑策略的灵活性，不应签订期限过长的合约，除非双方合作在某些方面的条件十分优越。

二、分销渠道的管理

分销渠道的管理决策主要包括选择和激励渠道成员、评估渠道成员的绩效及调解渠道冲突。新型的分销渠道管理理念是发展渠道成员之间密切合作的伙伴关系。渠道伙伴关系或称为渠道合作，是指所有的渠道成员相互配合工作，创造服务于最终消费者或用户的供应链和争取竞争优势，以实现双赢或多赢。通过合作，供应商、制造商、批发商和零售商能够加速商品流动，提高服务质量，并且降低分销渠道的总成本。

(一)选择渠道成员

渠道成员的选择包括选择代理商、批发商和零售商。渠道管理有两种不同的视角：一是从制造商或生产商的位置沿渠道向终端看市场；二是从零售商或其他最终销售者的位置向起点看制造商或者生产商。前者是规划分销渠道、选择渠道成员最常用的思路。

在选择渠道成员时，要建立一套选择标准，表 11.2 给出了一个参考标准框架，公司可在参考此标准的基础上，制定出与其分销目标相一致且更细致实用的标准。

表 11.2 选择渠道成员的标准

市场覆盖范围	中间商的经营范围和销售活动设计的地区应与公司的分销目标相一致； 中间商现在的销售对象与公司所界定的目标市场的潜在顾客相一致
产品政策	考察中间商的产品线、经销的产品组合有无竞争品牌的产品。一般应避免选用经销竞争品牌产品的代理商和批发商
地理区位优势	应选择处在理想区位即顾客流量较大地点的零售商；应考虑批发商所处的位置是否有利于产品的批量存储与运输，通常以处于交通枢纽为宜
产品知识	许多中间商被大公司选中，往往是因为他们在销售产品方面有专门的经验。选择有经验的中间商有利于产品很快打开销路
预期合作程度	中间商与制造商双方应很好地合作，对双方都有益处。有些中间商希望厂商参与促销，扩大市场需求，因为这样会带来高利润
财务及管理状况	中间商能否按时结算，包括在必要时预付货款，这取决于其财力的大小。整个企业销售管理是否规范、高效，关系着中间商营销的成败
促销政策和技术	指采用何种方式推销商品及运用选定的促销手段的能力。要考虑到中间商是否愿意承担一定的促销费用，是否具备必要物质、技术基础和相应的人才
综合服务能力	有些产品需要中间商为顾客提供售后服务，有些在销售中要提供技术指导或财务支持（如赊购或分期付款），有些还需要专门的运输存储服务
中间商的信誉	目前，我国市场经济体制尚未健全，相关法律、法规有待完善，中间商的信誉显得尤其重要，其不仅直接影响回款，还关系到整个市场的建设和发展

（二）激励渠道成员

渠道成员的激励是指厂商为使渠道成员执行营销策略而采取的措施。激励中间商的方式有两类，即直接激励与间接激励。

1. 直接激励

直接激励是通过给予物质或金钱奖励，如返利政策、价格折扣、促销活动等，促使经销商做出更好的销售业绩。

2. 间接激励

间接激励是指通过帮助中间商进行销售管理，提高销售的效果和效率，如帮助分销商做好零售终端的管理、铺货和商品陈列等，帮助管理其客户网、建立客户档案等。

案例衔接 11-6

飞利浦：对经销商的培训激励

经过一百多年的发展，作为飞利浦支柱产业之一的飞利浦照明，已经取得全球市场的领导地位。为了进一步扩大中国市场，飞利浦专业工程照明部对其经销商进行了一系列的专业知识培训，取得了很好的效果。飞利浦认为，对经销商的培训是一种市场投资行为，也是一种有效激励方式。飞利浦的培训分为两大部分：一部分是新产品的介绍与应用，主要是针对经销商的业务骨干的；另一部分是销售技巧的培训，它是针对经销商的营销人员的，主要包括销售前的准备技巧（了解推销区域状况、找准客户、做好销售计划等）、接近客户的技巧（电话拜访、直接拜访、邮件拜访等）、进入销售主题技巧、事实调查技巧、询问与倾听技巧、产品展示和说明技巧、处理客户异议的技巧等。这些丰富的培训，提高了经销商的综合素质，对经销商的激励作用非常明显。

（三）评估渠道成员的绩效

厂商应定期按一定标准评估中间商的业绩，如销售定额的完成情况、平均存货水平、向顾客交货时间、对损坏和遗失商品的处理、与公司促销和培训计划的合作情况。

衡量中间商的绩效主要有两种方法：一种是将中间商的销售绩效与上期比较，并以渠道全体成员的升降百分比作为评价标准。另一种是将各中间商的绩效与该地区基于销售潜量分析而设立的销售定额相比较，然后将各中间商按先后名次进行排列。

（四）渠道冲突与合作

在分销渠道中总会发生某种形式或某种程度的冲突。冲突可能发生在某一营销渠道不同成员之间，或发生在不同制造商的分销渠道之间。营销者必须区分渠道冲突的类型，分析导致冲突的原因，寻找解决渠道冲突的对策。

1.渠道冲突的类型

一般而言，分销渠道中有三种类型的渠道冲突。一是垂直渠道冲突，是指同一分销渠道中不同层次的渠道成员之间的冲突。批发商可能会抱怨制造商留给自己的利润空间太小，提供的销售支持（如广告、推销等）太少。二是横向渠道冲突，是指分销渠道中同一层次的渠道成员之间发生的冲突。如同一城市有多家批发商，或同一大型批发市场中有多家批发商或零售商，他们为争夺下游客户或最终顾客而发生冲突。三是多渠道冲突，是指当厂商在同一地域使用两种及以上分销渠道时发生的冲突。这种冲突主要表现为新兴渠道对传统分销渠道的冲击。如在一些市场上，厂商可能会越过原有的区域独家代理商，向大型连锁零售商直接供货，从而引发原渠道成员的强烈不满。

2.产生渠道冲突的原因

产生渠道冲突的原因有很多，目标和利益的不一致是导致冲突的根源。当供应商希望索取高价并要求现金交易时，分销商则极力压低进价并要求赊销；制造商想要通过低价渗透市场并取得销售增长，而分销商则想通过高毛利而获取最大化的短期收益。不明确的任务与权利也会导致冲突的发生。如联想公司可能会通过自己的销售队伍向大客户供货，但其经销商也在努力争取大客户的购买。

3.渠道冲突管理

某些渠道冲突会起到一种良性的作用,它会迫使厂商不断积极地考虑如何适应变化的环境。管理冲突的方法如下:

(1)设立超级目标。超级目标是指渠道成员通过共同的努力,以达到单个成员所无力实现的目标,包括生存、市场份额、高品质和顾客满意。

(2)互换人员。在垂直冲突中,交换冲突双方的人员到对方公司去任职,如让制造商的销售主管去经销商那里工作一段时间,同时也让经销商的经理到制造商的有关部门去任职。通过这种换位思考和改变立场式的办法,有望解决垂直冲突。

(3)参加制造商的有关会议。邀请渠道成员参加制造商的有关高层会议,促进相互间的信息交流,达到相互尊重和理解,有助于减少冲突。

(4)协商谈判。当冲突发生时,通过谈判来解决冲突是一种最常用的方法。

(5)调解。第三方调解人可以试图通过劝说争执的双方继续谈判,或考虑接受调解建议而化解冲突。

(6)退出。解决冲突的最后方法就是退出该渠道。事实上,退出是解决冲突的普遍方法。当水平冲突或垂直冲突不可调解时,只有选择退出。

制造商管理渠道冲突的最终目标是希望渠道合作。渠道成员之间的合作,使得整体渠道获取的利润高于各自为政的各个渠道成员的利润。通过合作,渠道成员能够更有效地了解目标市场,为其提供服务,满足其需求。

第四节　市场窜货

一、市场窜货的含义

所谓窜货,是指由于经销网络中的各级代理商、分公司等受利益驱动,使所经销的产品跨区域销售,造成价格混乱,从而使其他经销商对产品失去信心,消费者对品牌失去信任的营销现象。许多企业被窜货所困扰,产品的经销商之间恶性竞争,本想为自己“窜”来更多的利益,但结果是扰乱了市场,不仅损害了自己的利益,也严重影响了厂家及消费者的利益。

一般来说,市场窜货可分为自然性窜货、恶性窜货及良性窜货。

(一)自然性窜货

自然性窜货是指经销商在获取正常利润的同时,无意中向自己辖区以外的市场倾销产品的行为。这种窜货在市场上是不可避免的,只要有市场的分割就会有此类窜货。自然性窜货主要表现为相邻辖区的边界附近互相窜货,或是在流通型市场上,产品随物流走向而倾销到其他地区。这种形式的窜货,如果货量大,该区域的通路价格体系就会受到影响,从而使通路的利润下降，影响二级批发商的积极性，严重时可发展为二级批发商之间的恶性窜货。

（二）恶性窜货

恶性窜货是指为获取非正常利润，经销商蓄意向自己辖区以外的市场倾销产品的行为。经销商向辖区以外倾销产品最常用的方法是降价销售，主要是以低于厂家规定的价格向非辖区销货。恶性窜货给企业造成的危害是巨大的：它扰乱企业整个经销网络的价格体系，易引发价格战，降低通路利润；使经销商对产品失去信心，丧失积极性并最终放弃经销该企业的产品；混乱的价格将导致企业的产品、品牌失去消费者的信任与支持。

（三）良性窜货

良性窜货是指企业在市场开发初期，有意或无意地选中了流通性较强的市场中的经销商，使其产品流向非重要经营区域或空白市场的现象。在市场开发初期，良性窜货对企业是有好处的。一方面，在空白市场上企业无须投入，就提高了其知名度；另一方面，企业不但可以增加销售量，还可以节省运输成本。只是在具体操作中，企业应注意，由于由此而形成的空白市场上的通路价格体系处于自然形态，因此企业在重点经营该市场区域时应对其再进行整合。

二、恶性窜货的危害及其产生的原因

市场中的恶性窜货对于企业的营销网络破坏性极强，一旦市场中出现恶性窜货现象，产品原有的品牌形象和价格体系将被严重干扰，从而产生一系列的连锁反应。

（一）恶性窜货的危害

1.挫伤经销商对产品品牌的信心

经销商销售某厂家品牌的产品最直接的动力就是利润。一旦出现价格混乱，经销商的正常销售就会受到严重干扰，利润的减少会使经销商对品牌失去信心。当市场窜货引起价格混乱时，经销商对品牌的信心就开始日渐丧失，最终导致拒售厂家的商品。

2.吞噬消费者对品牌的信心

消费者对于品牌的信心来自良好的品牌形象和规范的价格体系。恶性窜货使产品市场价格混乱，消费者无所适从，尤其是现阶段正处于转型中的中国市场，由于相关职能部门监管不力和市场管理的真空状态，市场窜货更可能导致假货泛滥。

3.导致价格混乱和渠道受阻

市场中的恶性窜货将会干扰产品的价格体系和营销渠道的正常运转，严重威胁着企业的品牌资产及正常经营。在品牌消费时代，消费者对商品的购买前提是对品牌的信任。窜货导致的价格混乱会有损品牌形象，一旦品牌形象不足以支持消费信心，企业通过品牌经营的战略将会受到灾难性的打击。

（二）恶性窜货的原因

贯穿窜货全过程的是利益。销售通路中各个成员为了一己之利，置整个通路利益于不顾，不择手段地销售，从而产生窜货，其具体原因如下：

1.厂家为经销商制定的销售指标过于繁重

为了抢占市场份额，许多厂家盲目追求销售的规模和数量，并将销量压力直接转移给经销商。有些厂家不顾当地市场容量、品牌现状及经销商的分销能力，给经销商施加过重的压力并把奖励的门槛定得很高，对持续合作要求过于苛刻，导致经销商不得不另觅捷径，依靠向其他区域窜货来完成任务量。

2.价差体系的混乱

当市场存在价差，且足以弥补运输成本时，窜货就会产生。价差的原因一般有：厂家在不同的市场实行差别定价；厂家控价措施不力，在实际操作中，由于各种人为因素造成的政策上的不平衡（大批发商通常能获得更多的优惠政策和销售补贴）；厂家提供的促销支持和费用补贴被一些商家变成差价补贴，经销商出于商业目的，带货销售故意压价，人为制造竞争筹码；等等。有些厂家对经销商疏于管理，谁拿钱来就给谁货，致使短时间内大量产品涌入市场。市场容量是有限的，经销商为了转移风险，纷纷套现，将产品低价倾销，最终导致市场价格极其混乱。

3.经销商的报复性窜货

报复性窜货是商家在混乱的市场秩序中不得已而采取的自卫行为。在厂家市场管理乏力的区域内普遍存在这种现象，此时市场价格已趋于失控，市场竞争演变成了商家之间拼实力比规模的价格战，而经销商大户通常能在这场价格战中占据优势。

4.经销商处理库存积压品

库存积压品很大程度上是由于产品在当地不适销，为减少库存占用的资金，经销商一方面通过降低价格尽快抛售，另一方面使产品尽快流向适销地区，致使市场窜货现象产生。

三、市场窜货的控制

想要对市场窜货进行有效的管理和控制，必须从窜货产生的经济及社会条件入手，从制度、市场、价格、经销商等方面严格把控每一个环节。

（一）制度

厂家和经销商应在签订合同之初，就设定相应的制度依据来规范和约束经销商的行为，在合同中应明确“禁止跨地区销售”，严格规定经销商的市场区域范围，同时应明确对窜货行为的惩罚规定，诸如警告、扣除保证金、取消相应业务优惠政策、罚款、货源减量、停止供货、取消当年返利和取消经销权。同时奖励举报窜货的经销商，提高消费者对于监督窜货、防止窜货的积极性。具体的防范窜货的制度有：

1.市场巡查制度

市场巡查，就是厂家派遣相关人员巡视各地市场，及时发现问题并会同企业予以解决。一旦发现跨区域销售行为，应立即着手处理。通常实行四级处罚，即警告、停止广告支持、取消当年返利和取消其经销权。

2.产品代码制度

产品代码制度是指厂家给发往每一个区域的产品编上号码，以示区别。采用代码制度可以使厂家在处理窜货问题上掌握主动权。三株药业集团就曾经采用过这样的做法：产品出厂前，工厂在包装盒上打上批号，不同地区销售不同批号的货，所有批号在全国公开，因此，只要一查批号，就可以看出是本地货还是外地窜来的货。此外，公司对发货的时间、流向都要有严格的登记，以便有据可查。这些措施对制止窜货都能起到积极的作用。

3.保证金制度

厂家在与经销商签订合同时，会要求经销商支付一定数额的保证金，以增加经销商的窜货成本，这是厂家对窜货经销商威慑力的保障，按照协议，厂家可以扣留其保证金作为惩罚。保证金制度能够有效控制市场风险，防止经销商窜货，同时对经销商也是一种约束，有利于维护市场稳定。

案例衔接 11-7

娃哈哈：十项窜货控制法宝

杭州娃哈哈集团有限公司是中国饮料业的巨头之一。虽然它的每一个产品并没有高技术含量，也不存在技术壁垒，但是它却步步领先，一枝独秀。娃哈哈曾经也出现过十分严重的窜货现象，但是后来得到了控制。娃哈哈是怎样整治分销渠道上"窜货"这个顽疾的呢？它是依靠自己在管理制度和实际操作中的十项法宝遏制了窜货的发生，这十项法宝依次是：实行双赢的联销体制度，实行级差价格体系，建立科学稳固的经销商制度，采取全面的激励措施，产品包装区域差别化，企业控制促销费用，与经销商建立深厚的感情，注重营销队伍的培养，制定严明的奖罚制度，成立反窜货机构。

（二）市场

厂家应建立一套市场调查预测系统，通过准确的市场调研，收集尽可能多的市场信息，建立起市场信息数据库，然后通过合理的推算，估算出各个区域市场的未来进货量区间，制定出合理的任务量。一旦个别区域市场进货情况发生暴涨或暴跌，超出了企业的估算范围，就可初步判定该市场存在问题，企业就可马上对此做出反应。

同时，为防止区域间或者网络间的冲突，厂家应严格界定区域和网络，减少网络的交叉和重叠。首先，应实行区域独家代理，在操作上可推行三方协议，即厂方、一级指定批发商和二级批发商之间实行契约式管理，二级批发商需经厂方认可并只能到签约批发商处退货。其次，要制定合理的区域目标销量。目标销量确定应科学、合理，着眼于市场的培育和稳定，应是厂家和商家通过努力在该区域能够完成的。

（三）价格

市场窜货的危害的典型表现就是致使市场中地区价格差异悬殊，所以实行合理的级差价格体系，构建级差利润分配制度就成为防止窜货发生的有效手段。

第一，每一级的代理商的利润设置不可过高，也不可过低。过高容易引发降价竞争，造成窜货；过低调动不了经销商的积极性。

第二，管好促销价格。每个厂家都会搞一些促销活动，促销期间一般价格较低，经销商一般要货较多。经销商可能将其产品以低价销往非促销地区，或促销活动结束后，将产品低价销往别的地区形成窜货，所以应对促销时间和促销货品数量严加控制，要将促销费掌握在自己手中，与经销商联合运作，根据促销效果随时做出修正。这样，主动权就掌握在了厂家手中，不至于使完善的价格体系因为一两次促销而出现混乱。

第三，价格政策要有一定的灵活性。要有调整的空间，否则对日后的市场运作不利。另外，还要严格监控价格体系的执行情况，并制定对违反价格政策的处理办法，使经销商不至于因价格差异而窜货。

（四）经销商

厂家在制定、调整和执行招商策略时要明确的原则就是避免窜货经销商的出现或增加。要求厂家合理制定并详细考察经销商的资信和职业操守，除了考察经销商的规模、销售体系、发展历史，还要考察经销商的品德和财务状况，防止有窜货记录的经销商混入销售渠道。对于新经销商，厂家在对其情况了解不充分时，一定要做到款到发货。宁可牺牲部分市场，也不能赊销产品，以防止某些职业道德较差的经销商挟持货款进行窜货。此外，厂家应尽可能避免经销商直接给市场拓展人员发工资，厂家必须学会独立承担渠道拓展人员的基本工资与补贴。

在严格把关经销商窜货行为的同时，也要注意和经销商感情的培养，对于大量中小型企业来说，在和经销商建立业务关系之后，一旦发现经销商有窜货行为，处罚起来非常棘手。因此，应首先和经销商建立感情，这对防范经销商窜货也是非常重要的，厂家和经销商建立起深厚感情后，无形中就提高了经销商进行市场窜货的破坏成本。比如，有一家大型白酒企业，十几年来与经销商维持着良好的合作关系，他们的秘密就是，在经营上信守承诺，兑现许诺给经销商的每一项奖励政策，并且给他们提供销售支持。不仅如此，在生活上，他们也非常关心经销商。每年元旦都要和各地经销商举行联欢，每年央视的春节联欢晚会和元宵晚会，都要把央视赠给企业的入场券转赠一部分给各地经销商，以此建立良好的合作伙伴关系。

››› 本章小结 ‹‹‹

分销渠道是指营销渠道中从厂商、中间商、代理商至顾客而组成的实现购买、销售和转移商品所有权的渠道链条，而不包括供应商、辅助商。分销渠道一般是按产品从生产者到消费者手中的方式，即有无中间环节，可分为直接渠道和间接渠道两种类型。直接渠道是一种不经过任何中间环节，产品直接由生产者出售给消费者的销售渠道。间接渠道是指产品通过一层一层的中间商或代理商销售给顾客的销售渠道。典型的渠道有零层渠道、一层渠道、二层渠道、三层渠道和四层渠道。

制造商在分销渠道的某一层次上使用同类中间商数量的多少，称为渠道结构密度。使用同类中间商非常多的情况称为宽渠道，使用同类中间商很少的情况称为窄渠道。

分销渠道策略指企业为了使其产品进入目标市场所进行的路径选择活动，它关系到企业在什么地点、什么时间、由什么组织向消费者提供商品和劳务。

中间商是指那些将购入的产品再销售或租赁以获取利润的厂商，如批发商和零售商。他们为其顾客扮演采购代理人的角色，购买各种产品来转售给顾客。

在传统的营销学范畴中，按照中间商与最终消费者的关系，也就是按与最终消费者的接近程度分为批发商和零售商两大类。

设计一个分销渠道系统包括四个步骤：分析顾客需要，建立渠道目标，识别主要的渠道选择方案，评价主要渠道中渠道成员的条件及相互责任。分销渠道的管理决策主要包括选择和激励渠道成员、评估渠道成员的绩效及调解渠道冲突。

所谓窜货，是指由于经销网络中的各级代理商、分公司等受利益驱动，使所经销的产品跨区域销售，造成价格混乱，从而使其他经销商对产品失去信心，消费者对品牌失去信任的营销现象。想要对市场窜货进行有效的管理和控制，必须从窜货产生的经济及社会条件入手，从制度、市场、价格、经销商等方面严格把控每一个环节。

实践与练习

一、单项选择题

1.当目标顾客人数众多时，生产者倾向于利用（　　）。

A.长渠道　　B.短渠道　　C.窄渠道　　D.直接渠道

2.产品从制造商手中转至最终消费者手中所经历的一系列流通环节连接起来形成的通道叫作（　　）。

A.消费渠道　　B.生产渠道　　C.营销渠道　　D.分销渠道

3.直接渠道也是(　　)。

A.二层渠道　　B.零层渠道　　C.一层渠道　　D.三层渠道

4.企业过去的渠道经验和现行的市场营销政策也会影响渠道的设计。这一影响因素属于(　　)。

A.顾客特性　　B.产品特性　　C.企业特性　　D.环境特性

5.制造商广泛利用大量的中间商经销自己的产品,使渠道尽可能加宽。这种渠道策略叫作(　　)。

A.选择性分销　　B.独家分销　　C.大量分销　　D.密集性分销

6.消费品中的便利品和工业品中的标准件,通常采取(　　)分销。

A.密集性　　B.选择性　　C.独家　　D.方便

7.麦当劳的某些特许专售店指控其他专售店用料不实、分量不足、服务低劣,损害了公众对麦当劳的总体印象。这属于(　　)。

A.水平渠道冲突　　B.垂直渠道冲突　　C.水平渠道竞争　　D.渠道系统竞争

8.市场营销学按照流通环节或层次的多少确定渠道的(　　)。

A.长度　　B.宽度　　C.流程　　D.密度

9.直接渠道主要用于分销 (　　)。

A.产业用品　　B.农产品　　C.生活消费品　　D.食品

10.下列各种冲突属于水平渠道冲突的是(　　)。

A.连锁店总公司与各分店之间的冲突

B.某产品的制造商与零售商之间的冲突

C.玩具批发商与制造商之间的冲突

D.同一地区麦当劳各连锁分店之间的冲突

11.在某段时间内,顾客的平均购买数量,叫作(　　)。

A.订购点　　B.订购量　　C.使用率　　D.最佳订购量

12.存货的订货处理成本与存货占用成本随着(　　)的不同而改变。

A.订购点　　B.订购量　　C.使用率　　D.经济批量

13.单位占用成本随着订购量的增加而 (　　)。

A.提高　　B.降低　　C.不变　　D.二者无关

14.下列描述,不属于直接分销渠道模式的是(　　)。

A.有些制造商采取邮购方式将其产品直接销售给最终消费者

B.制造商通过电视、电话将其产品直接销售给最终消费者

C.农民在自己农场门口开设农产品门市部,或者在城市市场上摆货摊

D.某制造商通过自己的直接代理商将产品销售给最终用户

15.生产者通过低价来追求迅速发展,经销商通过高价来追求盈利,因此而引发冲突,其原

因在于(　　)。

A.目标不一致　　B.角色的权利不明确

C.感知不同　　D.互相依赖程度

16.“第三个利润源泉”指的是(　　)。

A.物质资源　　B.物流　　C.人力资源　　D.信息

二、判断题

1.既不拥有产品所有权,又不控制产品价格及销售条件,只是在买卖双方交易洽谈中起媒介作用的中间商称为寄售商。(　　)

2.所谓订购前置时间,是指订购单发出前的准备时间。(　　)

3.直接渠道也称为一层渠道。(　　)

4.按照渠道中每个层次中间商数目的多少,可分为长渠道和短渠道。(　　)

5.分销渠道是一个多功能系统,其核心业务是购销。(　　)

6.分销渠道的起点是供应商,终点是消费者。(　　)

7.在存储管理中,制造商的订购成本包括装置成本与订购处理成本。(　　)

8.零售商销售商品的数量一般比较大,且频率高。(　　)

9.制造商与经销商之间由于目标不一致,很容易产生渠道冲突现象。(　　)

10.分销渠道决策的中心问题是如何确定到达目标市场的最佳途径。(　　)

三、案例分析题

麦当劳业绩陷窘境:无一流品牌公司愿意竞标

麦当劳沮丧地发现,没有“一流品牌”愿意投资其中国市场业务。

此前麦当劳宣布为中国内地、中国香港和韩国市场引入战略投资者。据外媒报道,麦当劳已经选出中国信达资产管理公司和奶制品生产商三元股份等投标人对其中国内地和香港业务提交具有约束力的竞标方案。同时,三胞集团和格林豪泰酒店也获邀在2016年9月递交第二轮投标。

彭博社援引知情人士消息,中国信达资产管理公司是中国第二大不良资产管理公司,与另一家中国公司联手竞标。三胞集团6月称,其与首旅集团提交了一份联合报价。中国化工集团未进入第二轮。

此次竞标涉及麦当劳中国内地和香港20年期大规模特许经营权,据外媒报道,交易价格将达到20亿美元至30亿美元。据界面援引知情人士称,对最终的收购公司,麦当劳则有管理层三年不发生变化的要求。

但《金融时报》援引知情人士称:“麦当劳并没有如愿收到‘一流品牌’公司的竞标,因此不得不拒绝了很多它认为‘不合格’的竞标者。”

麦当劳称:“我们寻找战略合作伙伴的计划已经取得了长足的进展,我们需要寻找的是拥有互补技术和专业技能的本地企业。”

据《金融时报》报道,麦当劳所心仪的竞标短名单里包含一些国家集团,这些集团因为此前大手笔抢购而声名鹊起,但从未涉足快餐食品行业。

谋求出路的洋快餐

2016 年,百胜、麦当劳等洋快餐企业纷纷通过股权转让或出售特许经营权等方式引入中国市场的战略投资者,原因是其在华业务萎靡不振,因而希望借此转嫁业务风险。

2016 年 3 月,百胜被爆打算在上市前对外出售中国业务 19.9%的股权。但据外媒称,百胜目前已推迟出售中国业务股权。

2016 年 3 月,麦当劳(中国区)宣布,将计划引入战略投资者以加速在中国内地的扩张,未来 5 年内计划在中国内地、中国香港、韩国三地新开 1500 家。截至 2016 年 6 月,麦当劳在中国共经营约 2200 家餐厅,大部分为直营。从 2014 年开始,麦当劳开始加速特许经营的步伐。截至 2015 年年底,这一比例已经从 2014 年的 20%涨到 35%,这意味着麦当劳 770 家门店已经开展授权经营。

洋快餐企业在华业绩不断下滑,不断受到电商快餐冲击、中餐连锁快速发展冲击,消费群体也产生消费疲劳,尤其是 2014 年麦当劳爆出的食品安全丑闻,也极大地冲击了其市场业绩。

2014 年第三、四季度,百胜的中国市场业绩分别下滑 14%和 16%;2015 年前两个季度继续下滑,第三季度的复苏仍然低于预期,直到第四季度才开始回暖。而 2014 年食品安全丑闻爆出后,麦当劳在中国的同店销售曾经连续四个季度下跌。2015 年麦当劳的营业收入和净利润分别为 254.1 亿美元和 45.3 亿美元,较 2013 年各下跌了 9.6%和 19%。

思考:

面对业绩窘境,麦当劳、肯德基等洋快餐企业应该怎么办?

四、思考题

1.分销渠道的类型有哪些?

2.简述零售商的营销策略。

3.试论述恶性窜货的危害及其产生的原因。

第十二章 促销策略

教学目标

学生通过本章学习，了解促销与促销组合的概念、促销组合决策的过程，以及影响促销组合的因素；掌握人员推销、广告、营业推广、公关宣传等四种基本促销组合方式；了解四种基本促销方式的概念、特点、影响因素及工作流程。

导入案例

红米手机销量 1.1 亿台　每秒售出 1.21 台

2016 年 7 月 11 日上午，小米公司正式宣布截至 6 月底，红米手机在过去三年的累计总销量突破 1.1 亿台，成为当之无愧的“国民手机”。同时，借助吴秀波、刘诗诗和刘昊然等三位“国民级”明星的强势代言，小米将启动为期 7 天的“红米‘国民手机’狂欢节”促销活动。

小米公司的创始人、董事长兼 CEO 雷军表示，自 2013 年 8 月 12 日红米手机首次开卖以来，平均每秒就售出 1.21 台，过亿用户的真实选择将红米推向了新的王者之位——高品质、可信赖的“国民手机”。仅用短短三年，手机单品牌总销量破 1.1 亿台，这是国内智能手机行业颇具时代意义的一次创举。

吴秀波、刘诗诗、刘昊然代言红米，引爆国民手机狂欢节

自 2013 年 7 月红米手机首发以来，从第一款“千元双卡双待神器”再到 2016 年的“国民手机”，红米手机在短短三年内，依靠其平易近人的品牌定位、大众喜爱的设计与超预期的使用体验，已斩获诸多行业与媒体殊荣。在 2016 年 6 月底，红米 Note 3 荣获了 GSMA 颁发的亚洲移动大奖(Asia Mobile Awards)之“最佳经济型手机大奖”，这款千元手机自 2015 年 11 月上市以来广受消费者好评。

为了继续提升红米品牌，小米公司紧接着也披露了红米“国民手机”的全新代言人阵容，吴秀波、刘诗诗及刘昊然三位演技与颜值俱佳的国民偶像将倾情代言，与亿万“米粉”共同见证红米总销量破 1.1 亿台的历史性时刻。

这也是小米首次尝试邀请重量级的明星代言红米品牌，而这三位代言人在不同年龄段人群中的超高人气，足以让红米手机的新形象更加深入人心。

红米手机第一位品牌代言人吴秀波，出道 27 年，他以优雅内涵与温暖气质，成为大众心中“国民大叔”的不二之选；第二位品牌代言人刘诗诗，以独特的婉约气质和努力付出，收获大众喜爱，成为新一代“国民女神”；第三位品牌代言人刘昊然，这位 19 岁大学生，以发自内心的真挚魅力、超越同龄人的坚持与毅力，屡获最佳新人表演殊荣，成为无数人心中的完美“国民学弟”。

小米公司也将在 7 月 11 日—7 月 17 日推出为期 7 天的“红米国民手机狂欢节”活动，与“米粉”共庆红米破 1.1 亿销量新纪录的诞生。凡在活动期间购买红米手机的用户，通过小米官网、小米商城 APP 参与专题活动，就将有机会赢免单福利，每天 10 点到 21 点，每个整点送出 1 台免单机会；在活动页面点赞并参与答题，即可参与抽奖赢取小米手环 2，每天送出 100 个，并有机会抽取代言人的 MIUI 付费主题的免费兑换码；分享活动微博将有机会赢得吴秀波、刘诗诗、刘昊然的亲笔签名照。

同时，用户还将有机会赢得三位代言人联合送出的小米五千元大礼包，分为三种礼包组合供用户自选，区别搭配红米手机 3S、48 英寸小米电视、九号平衡车、小米净水器、米家压力 IH 电饭煲等诸多超人气产品，每天送出一份。

此外，在 7 月 11 日—7 月 15 日期间，小米还将联合 QQ 空间推出感恩回馈活动，QQ 空间用户发表签到并分享好友集赞，即可获得最多 5 次的抽奖机会，奖品包括小米手环 2、红米 Note 3、红米 3S、小米移动电源以及买红米赠活塞耳机等，而集赞最多的用户将获得小米万元超级礼包。同时，活动期间购买红米手机的 QQ 空间用户，也将有机会获得每小时送出的免单福利。

首度公布 1.1 亿红米用户偏好数据，用户年轻化

基于小米数据平台的大数据挖掘与分析，小米公司在当天首度公布了 1.1 亿红米用户的偏好数据。结果发现，红米用户在年轻化、理性消费、移动互联网高活跃度等方面，具有鲜明的人群特征。

其中，红米用户分布较多的年龄段依次为 22~29 岁、0~21 岁及 30~39 岁，整体偏年轻化，以学生族、上班族为主，消费偏理性，更注重手机产品的高品质。

从城市分布密度来看，一线城市每百人就有 11.4 台红米手机，二线城市为每百人 9 台，三线城市为每百人 4.7 台。

从 APP 使用时长来分析，红米用户属于移动互联网活跃人群，他们在视频、社交、工具、游戏、图书、新闻等方面有着较强的使用偏好。

基于此,小米也公布了1.1亿红米用户最偏爱APP排行榜,包括爱奇艺、微信、一点资讯、淘宝、大众点评、滴滴出行、去哪儿旅行、百度地图、支付宝、猫眼电影、Keep(一款具有社交属性的健身工具类产品)、YY(主要功能是在线多人语音聊天)等第三方APP应用,成为各自分类的排行冠军,备受1.1亿红米用户的青睐。

实际上,多项第三方数据报告也印证了红米用户使用移动互联网的高活跃度特征。比如,在友盟公布的2016年6月安卓设备活跃度TOP 10机型报告中,红米占据4席。据腾讯灯塔《2015年移动互联网用户白皮书》的数据,在安卓活跃设备TOP 10排行中,红米机型更是独占6席。

简要评析

从红米成功促销的案例中,我们发现促销对企业来讲,是企业营销组合中的重要因素,它不仅直接关系到企业资金的回笼速度,而且也影响着利润水平的高低。因此,任何一个企业,不但要具备目标市场需求的产品、合适的价格、理想的销售渠道,还需要行之有效的促销手段。总之,无论从市场的宏观角度来讲,还是从企业的微观角度来说,促销是现代企业必不可少的因素。

第一节　促销与促销组合

一、促销与促销组合的概念

促销就是营销者向消费者传递有关本企业及产品的各种信息,说服或吸引消费者购买其产品,以达到扩大销售量的目的。促销实质上是一种沟通活动,即营销者(信息提供者或发送者)发出作为刺激消费的各种信息,把信息传递到一个或更多的目标对象(即信息接受者,如听众、观众、读者、消费者或用户等),以影响其态度和行为。常用的促销手段有广告、人员推销、营业推广和公共关系。企业可根据实际情况及市场、产品等因素选择一种或多种促销手段的组合。

所谓促销组合,是一种组织促销活动的策略思路,主张企业运用广告、人员推销、公关宣传、营业推广等四种基本促销方式组合成一个策略系统,使企业的全部促销活动互相配合、协调一致,最大限度地发挥整体效果,从而顺利实现企业目标。

这些促销工具各有其特殊的潜力和复杂性,需要进行专业化管理。然而,即使那些规模巨大的企业也没有能力做到每一种促销工具都配备一名专家负责,一般只有那些十分重要并且使用频繁的工具才实行专业化管理。从促销的历史发展过程看,企业最先划分出人员推销职能,其次是广告,再次是销售促进,最后是宣传。

二、促销组合决策的过程

(一)确认促销对象

通过企业目标市场的研究与市场调研,界定其产品的销售对象是现实购买者还是潜在购买者,是消费者个人、家庭还是社会团体。明确了产品的销售对象,也就确认了促销的目标对象。

(二)确定促销目标

不同时期和不同的市场环境下,企业开展的促销活动都有着特定的促销目标。短期促销目标,宜采用广告促销和营业推广相结合的方式。长期促销目标,公关促销具有决定性意义。须注意企业促销目标的选择必须服从企业营销的总体目标。

(三)促销信息的设计

企业须重点研究促销信息内容的设计。企业促销要明确对目标对象所要表达的诉求是什么,并以此刺激其反应。诉求一般分为理性诉求、感性诉求和道德诉求三种方式。

(四)选择沟通渠道

传递促销信息的沟通渠道主要有人员沟通渠道与非人员沟通渠道。人员沟通渠道即销售人员向目标购买者当面推荐,并很快得到反馈,销售人员可利用良好的"口碑"来扩大企业及产品的知名度与美誉度。非人员沟通渠道主要指大众媒体沟通。大众传播沟通与人员沟通的有机结合才能发挥更好的效果。

(五)确定促销的具体组合

根据不同的情况,将人员推销、广告、营业推广和公共关系四种促销方式进行适当的搭配,使其发挥整体的促销效果。应考虑的因素有产品的属性、价格、生命周期、目标市场特点、推动或拉引策略。

(六)确定促销预算

企业应从自己的经济实力和宣传期内受干扰程度等状况决定促销组合方式。如果企业促销费用宽裕,则可几种促销方式同时使用;反之,则要考虑选择耗资较少的促销方式。

三、影响促销组合策略的因素

公司面临着把总的促销预算分摊到广告、人员推销、营业推广和宣传报道上的问题。影响促销组合决策的因素主要有:

(一)促销目标

促销目标是影响促销组合决策的首要因素。每种促销工具——广告、人员推销、销售促进和人员推广——都有各自独有的特性和成本。营销人员必须根据具体的促销目标选择合适的促销工具组合。例如,尽管经营产业用品的企业花在人员推销上的费用远远高于广告费用支出，但是所有促销目标都靠人员推销一种促销工具去实现也是不切实际的。广告、销售促进和宣传在建立购买者知晓方面，比人员推销的效益要好得多。在促进购买者对企业及其产品的了解方面，广告的成本效益最好，人员推销其次。购买者对企业及其产品的信任，在很大程度上受人员推销的影响，其次才是广告。购买者订货与否以及订货多少主要受推销访问影响，销售促进则起协调作用。

(二) 市场特点

除考虑促销目标外，市场特点也是影响促销组合决策的重要因素。市场特点受每一地区的文化、风俗习惯、经济政治环境等因素的影响，促销工具在不同类型的市场上所起的作用是不同的，所以我们应该综合考虑市场和促销工具的特点，选择合适的促销工具，使它们相匹配，以达到最佳促销效果。

(三) 产品性质

由于产品性质的不同，消费者及用户具有不同的购买行为和购买习惯，因而企业所采取的促销组合也会有所差异。

(四) 产品生命周期

在产品生命周期的不同阶段，促销工作具有不同的效益。在导入期，广告投入较大的资金用于广告和公共宣传，能产生较高的知名度，促销活动也是有效的。在成长期，广告和公共宣传可以继续加强，促销活动可以减少，因为这时所需的刺激较少。在成熟期，相对广告而言，销售促进又逐渐起着重要作用。购买者已知道这一品牌，仅需要起提醒作用的广告。在衰退期，广告仍保持在提醒作用的水平，公共宣传已经消退，销售人员对这一产品仅给予最低限度的关注，然而销售促进要继续加强。

(五) 推动策略和拉引策略

企业是选择推动策略还是选择拉引策略来创造销售，对促销组合也具有重要影响。推动策略是指利用推销人员与中间商促销将产品推入渠道，即生产者积极地将产品推到批发商手上，批发商又积极地将产品推给零售商，零售商再将产品推向消费者。拉引策略是指企业针对最后消费者，花费大量的资金从事广告及促销活动，以增进产品的需求。如果做得有效，消费者就会向零售商要求购买该产品，于是拉动了整个渠道系统，零售商会向批发商要求购买该产品，而批发商又会向生产者要求购买该产品。企业对推动策略和拉引策略的选择显然会影响各种促销工具的资金分配。

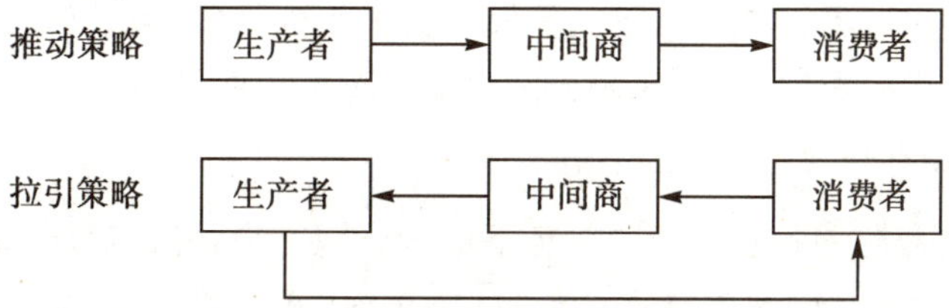

图 12.1　推动与拉引策略

(六)其他营销因素

影响促销组合的因素是复杂的,除上述五种因素外,公司的营销风格、销售人员素质、整体发展战略、竞争环境等也不同程度地影响着促销组合的决策。营销人员应审时度势,全面考虑才能制定出有效的促销组合决策。

第二节 人员推销

一、人员推销的含义和特点

(一)人员推销的含义

人员推销是企业运用推销人员直接向顾客推销商品和劳务的一种促销活动。在人员推销活动中,推销人员、推销对象和推销品是三个基本要素。其中前两者是推销活动的主体,后者是推销活动的客体。人员推销通过推销人员与推销对象之间的接触、洽谈,将推销品推给推销对象,从而达成交易,实现既销售商品,又满足顾客需求的目的。

(二)人员推销的特点

人员推销能如此长盛不衰,关键是它和一些其他方式相比具有不可替代的优势,归纳起来有如下特点:

1.信息传递的双向性

人员推销是推销人员与消费者面对面地进行信息沟通。一方面,推销人员将有关产品特性、用途、使用方法、价格等方面的信息传递给潜在的目标顾客;另一方面,又将顾客对产品性能、规格、质量、价格、交货时间等要求及时反馈给企业。

2.灵活性

人员推销是一对一或一对多地推销产品,没有固定模式,可以随机应变,方法灵活多样。推销人员可根据每位潜在客户购买动机、问题和要求的不同,随时调整自己的策略和方法,有针对性地进行推销,充分地说服顾客,并使其需求得到最好的满足。

3.选择性

人员推销的选择性强,推销人员完全可以根据目标顾客的特点选择每位被访者,并在访问前对其作一番研究,拟订具体的推销方案,以提高成功推销的概率。而广告对目标顾客的选择性就差得多,究其原因是尽管广告的覆盖面较人员推销大得多,但成功的概率却比后者小得多,因为广告的受众中有相当部分的人根本不可能购买该产品。

4.完整性

人员推销具有完整性。推销人员的任务不仅是访问客户、传递信息、说服顾客购买,还包括提供各种服务、达成实际的交易。如签订购买合同,协助安排资金融通,准时交货,甚至承担安装、调试、技术指导、维修服务的任务,特别是一些结构复杂的产品,人员推销的效果更优。

此外,推销人员大多还承担为企业收集市场信息的任务。

5.公关性

人员推销具有公关作用。好的推销人员善于与客户建立起超出单纯买卖关系的友谊和信任,为企业赢得一批忠实的客户,实际上起到了公关的作用。

案例衔接 12-1

世界上最伟大的推销员乔·吉拉德

乔·吉拉德,因售出13000多辆汽车创造了商品销售最高纪录而被载入《吉尼斯世界纪录大全》。他曾经连续15年成为世界上售出新汽车最多的人,其中6年平均售出汽车1300辆。他被吉尼斯世界纪录称为"世界上最伟大的推销员"。

销售是需要智慧和策略的事业。在每位推销员的背后,都有自己独特的成功诀窍,那么,乔·吉拉德的推销业绩如此辉煌,他的秘诀又是什么呢?

1. 250定律:不得罪一个顾客。在每位顾客的背后,都大约站着250个人,这是与他关系比较亲近的人:同事、邻居、亲戚、朋友。乔·吉拉德说得好:"你只要赶走一个顾客,就等于赶走了潜在的250个顾客。"

2.名片满天飞:向每一个人推销产品。每一个人都使用名片,但乔·吉拉德的做法与众不同,他到处递送名片。乔·吉拉德认为,每一位推销员都应设法让更多的人知道他自己是干什么的,销售的是什么产品。

3.建立顾客档案:更多地了解顾客。乔·吉拉德说:"不论你推销的是什么东西,最有效的办法就是让顾客相信——真心相信——你喜欢他、关心他。"要使顾客相信你喜欢他、关心他,那你就必须了解顾客,搜集顾客的各种有关资料。

4."猎犬"计划:让顾客帮助你寻找顾客。乔·吉拉德认为,干推销这一行,需要别人的帮助。乔·吉拉德的很多生意都是由"猎犬"(那些会让别人到他那里买东西的顾客)帮助的结果。乔·吉拉德的一种心得就是"买过我汽车的顾客都会帮我推销"。

5.推销产品的味道:让产品吸引顾客。每一种产品都有自己的味道,乔·吉拉德特别善于推销产品的味道。与"请勿触摸"的做法不同,乔·吉拉德在和顾客接触时总是想方设法让顾客先"闻一闻"新车的味道。他让顾客坐进驾驶室,握住方向盘,自己触摸操作一番。根据乔·吉拉德本人的经验,凡是坐进驾驶室把车开上一段距离的顾客,没有不买他的车的情况。即使当即不买,不久后也会来买。

6.诚实:推销的最佳策略。诚实,是推销的最佳策略,而且是唯一的策略。但绝对的诚实却是愚蠢的。推销容许谎言,这就是推销中的"善意谎言"原则,乔·吉拉德对此认识深刻。推销过程中有时需要说实话,一是一,二是二。说实话往往对推销员有好处，尤其是推销员所说的——顾客事后可以查证的事。乔·吉拉德善于把握诚实与奉承的关系。少许几句赞美，可以使气氛变得更愉快，没有敌意，推销也就更容易成交。

7.每月一卡：真正的销售始于售后。乔·吉拉德有一个观点："我相信推销活动真正的开始是在成交之后，而不是之前。"推销员在成交之后继续关心顾客，将会既赢得老顾客，又能吸引新顾客，使生意越做越大，客户越来越多。"成交之后仍要继续推销"，这种观念使得乔·吉拉德把成交看作推销的开始。乔·吉拉德在和自己的顾客成交之后，并不是把他们置于脑后，而是继续关心他们，并恰当地表示出来。乔·吉拉德每月要给他的1万多名顾客寄去一张贺卡。凡是在乔·吉拉德那里买过汽车的人，都收到了乔·吉拉德的贺卡，也就记住了乔·吉拉德。正因为乔·吉拉德没有忘记自己的顾客，顾客才不会忘记乔·吉拉德。

二、人员推销决策

人员推销决策是指企业根据外部环境变化进行内部资源条件设计和管理销售队伍的一系列经济过程。大体上可分为以下两种：一是战略决策，包括销售队伍的大小、区域设计和访问计划等；二是管理决策，包括对销售人员的招募、挑选、培训、委派、报酬、激励和控制等。

（一）销售队伍规模

销售人员是企业最有生产价值、花费最多的资源之一，销售队伍的规模直接影响着销售量和销售成本的变动。因此，销售队伍规模是人员推销决策中的一个重要问题。它既受市场营销组合中其他因素的制约，又影响企业的整个市场营销战略。企业设计销售队伍规模通常有三种方法：

1.销售百分比法

企业根据历史资料计算出销售队伍的各种耗费占销售额的百分比以及销售人员的平均成本，然后对未来销售额进行预测，从而确定销售人员的数量。

2.分解法

这种方法是把每一位销售人员的产出水平进行分解，再同销售预测额相对比，就可判断销售队伍的规模大小。

3.工作量法

上述两种方法比较简单，但它们都忽略了销售人员的数量与销售量之间的联系，因而实际意义不大。工作量法的具体步骤为：按年销量的大小将顾客分类；确定每类顾客所需要的访问次数；每类顾客的数量乘各自所需的访问次数就是整个地区的访问工作量；确定一个销售代表每年可进行的平均访问数；用总的年访问次数除以每个销售代表的平均年访问数即得出销售人员规模。

(二)销售工作安排

销售工作安排是指销售努力分配,即在销售队伍规模既定的条件下,销售人员如何在产品、顾客和地理区域方面分配时间和资源。

1.时间安排(顾客方面)

大多数市场的顾客都是互不相同的。因而,每位销售人员在做销售时间安排时总涉及这样三个问题:第一,在潜在顾客身上要花多少时间?第二,在现有顾客身上要花多少时间?第三,如何在现有顾客和潜在顾客之间进行合理的时间分配?对企业而言,时间安排通常表现为销售目标,且有比较明确的规定。某家企业指示其销售人员,要将80%的时间花在现有顾客身上,20%的时间花在潜在顾客身上。如果企业不这样规定比例,销售人员很可能会把所有时间用于向现有顾客推销产品,从而忽视预期顾客方面的工作。所以,企业进行人员推销决策时,必须重视销售时间的安排。

2.资源分配(产品方面)

一支销售队伍通常要推销一系列产品。所以,销售人员必须寻求一种最为经济的方式在各个产品间配置推销资源(时间)。这项决策是较为困难的。新产品的推销有时甚至要花上好几年的时间才能使销售额达到最高水平。因此,企业在决策时不能仅看到近期的销售额和利润率,而必须着眼于长远的利益,从战略角度来分配资源和时间,设计市场营销组合。

(三)销售区域设计

企业委派销售代表驻到一个地区负责产品销售,这些地区通常被称为销售区域(或地区)。区域设计是人员推销决策的重要内容之一。无论是设计新的区域系统,还是调整现有的区域构成,企业都要考虑下述条件:(1)区域要易于管理;(2)各区域的销售潜量容易估计;(3)能够严格控制推销旅途的时间;(4)对推销员来说,每个区域的工作量和销售潜量都是相等的,而且足够大。

企业要想满足这些条件,可以通过对区域单位大小和形状的确定来达到。设计区域大小主要有两种方法,即同等销售潜量法和同等工作量法,这两者各有千秋。企业按同等销售潜量法划分区域能给每个销售代表提供相同的收入机会,并有利于企业衡量销售代表的工作绩效。由于各区域间长期存在的销售额差异反映出各销售代表能力与努力程度的不同,这就促使他们互相竞争,尽最大努力工作。

(四)销售人员的挑选

企业要制定有效的措施和程序,加强对销售人员的挑选、招聘、训练、激励和评价。只有通过一系列的管理和控制活动,才能把销售人员融入其整个经营管理过程,使之为实现企业的目标而努力。企业的销售工作要想获得成功,就必须认真挑选销售人员。这不仅是因为普通销售人员和高效率销售人员在业务水平上有很大差异,而是错误用人将给企业造成巨大的浪费,一方面,如果销售人员所创造的毛利不足以抵偿其销售成本,则必然导致企业亏损;另一方面,人员流动造成的经济损失也将是企业总成本的一部分。因此,挑选高效率的销售人员成为管理决策的首要问题。

(五)销售人员的招聘与训练

企业在确定了挑选标准之后,就可着手招聘。招聘的途径和范围应尽可能广泛,以吸引更多的应聘者。企业人事部门可通过由现有销售人员引荐、利用职业介绍所、刊登广告等方式进行招聘。此后,企业要对应聘者进行评价和筛选。筛选的程序因企业而异,有的简单,有的复杂。一般可分为初步面谈、填写申请表、测验、第二次面谈、学历与经历调查、体格检查、决定录用与否、安排工作等程序。

许多企业在招聘到销售人员之后,往往不经过培训就委派他们去开展实际工作,企业仅向他们提供样品、订单簿和区域情况介绍等。之所以如此,是因为企业担心训练要支付大量费用、薪金,并会失去一些销售机会。然而,事实却表明,训练有素的销售人员所增加的销售业绩要比培训成本更大,而那些未经训练的销售人员的工作并不理想,尤其是在顾客自主意识和自由选择日益增强的今天,如果销售人员不经过系统的训练,他们很难获得与顾客的有效沟通。所以企业必须对销售人员进行培训和训练。

(六)销售人员的激励

激励在管理学中被解释为一种精神力量或状态,起加强、激发和推动作用,并指导和引导行为指向目标的实现。事实上,组织中的任何成员都需要激励,销售人员也不例外。由于工作性质、人的需要等原因,企业必须建立激励制度来促使销售人员努力工作。

1.销售定额

订立销售定额是企业的普遍做法。它们规定销售人员在一年中应销售多少数额并按产品加以确定,然后把报酬与定额完成情况挂起钩来。每个地区销售经理将地区的年度定额在各销售人员之间进行分配。

2.佣金制度

企业为了使预期的销售定额得以实现,还要采取相应的鼓励措施,如送礼、奖金、销售竞赛、旅游等。而其中最为常见的是佣金。佣金制度指企业按销售额或利润额的大小给予销售人员固定的或根据情况可调整比率的报酬。佣金制度能鼓励销售人员尽最大力量努力工作,并使消费费用与现期收益紧密相连,同时,企业还可根据不同产品、工作性质给予销售人员不同的佣金。但是佣金制度也有不少缺点,如管理费用过高、销售人员流动性强等。所以它常常与薪金制度结合起来运用。

(七)销售人员的评价

销售人员的评价是企业对销售人员工作业绩考核与评估的反馈过程。它不仅是分配报酬的依据,而且是企业调整市场营销战略、促使销售人员更好地为企业服务的基础。因此,加强对销售人员的评价在企业人员推销决策中具有重要意义。

1.要掌握和分析有关的情报资料

情报资料的最重要来源是销售报告。销售报告分为两类:一是销售人员的工作计划;二是访问报告记录。工作计划管理部门能及时了解到销售人员的未来活动安排，为企业衡量他们的计划与成就提供依据，由此可以看出销售人员计划工作与执行计划的能力。访问报告则使管理部门及时掌握销售人员以往的活动、顾客账户状况，并提供对日后的访问有用的情报。当然，情报资料的来源还有其他方面，如销售经理个人观察所得、顾客信件与抱怨、消费者调查及与其他销售人员交谈等。总之，企业管理部门应尽可能从多个方面了解销售人员的工作绩效。

2.要建立评估的指标

评估指标基本上能反映销售人员的销售绩效。主要有销售量增长情况、毛利、每天平均访问次数及每次访问的平均时间、每次访问的平均费用、每百次访问收到订单的百分比、一定时期内新顾客的增加数及失去的顾客数目、销售费用占总成本的百分比。为了科学、客观地进行评估，在评估时还应注意一些客观条件，如销售区域的潜力、区域形状的差异、地理状况、交通条件等。这些条件都会不同程度地影响销售效果。

3.实施正式评估

企业在占有了足够的资料，确立了科学的标准之后，就可以正式评估。大体上，评估有两种方式。一种方式是将各个销售人员的绩效进行比较和排序。这种比较应当建立在各区域市场的销售潜力、工作量、竞争环境、企业促销组合等大致相同的基础上，否则，就显得不太公平。同时比较的内容也应该是多方面的，销售额并不是唯一的，销售人员的销售组合、销售费用及对净利润所做的贡献也要纳入比较的范围。另一种方式是把销售人员目前的绩效同过去的绩效相比较。企业可以从产品净销售额、定额百分比、毛利、销售费用及其占总销售额的百分比、访问次数、每次平均访问成本、平均客户数、新客户数、失去的客户数等方面进行比较。这种比较方式有利于销售人员对其长期以来的销售业绩有个完整的了解，督促和鼓励他们努力改进下一步的工作。

三、人员推销的步骤及策略

人员推销一般经过七个步骤。

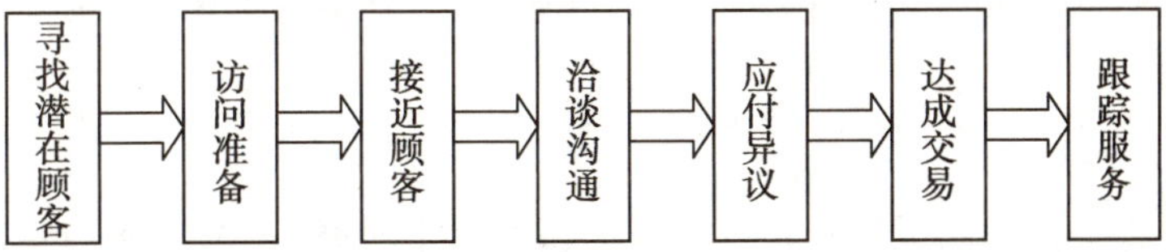

图 12.2　人员推销的步骤

1.寻找潜在顾客

寻找潜在顾客即寻找有可能成为购买者的顾客。潜在顾客是一个“MAN”，即具有购买力（Money）、购买决策权（Authority）和购买欲望（Need）的人。寻找潜在顾客的方法主要有：向现有顾客打听潜在顾客的信息；培养其他能提供潜在顾客线索的客户，如供应商、经销商等；加入潜在顾客所在的组织；从事能引起人们注意的演讲与写作活动；查找各种资料来源（工商企业名录、电话号码黄页等）；用电话或信件追踪线索；等等。

2.访问准备

在拜访潜在顾客之前，推销员必须做好必要的准备。具体包括了解顾客、了解和熟悉推销品、了解竞争者及其产品、确定推销目标、制订推销的具体方案等方面。不打无准备之仗，充分的准备是推销成功的必要前提。

3.接近顾客

接近顾客是推销员征求顾客同意接见洽谈的过程。成功接近顾客是推销成功的先决条件。推销接近要达到三个目标：给潜在顾客一个良好的印象；验证在准备阶段所得到的信息；为洽谈沟通打下基础。

4.洽谈沟通

这是推销过程的中心工作。推销员向准客户介绍商品，不能仅限于让客户了解你的商品，最重要的是要激起客户的需求，产生购买的行为。

“JEB”，简而言之，就是首先说明商品的事实状况（Just Fact），然后将这些状况中具有的性质加以解释说明（Explanation），最后再阐述它的利益（Benefit）及带给客户的利益。熟练掌握商品推销的三段论法，能让推销变得非常有说服力。养成“JEB”的商品说明习惯，能使推销事半功倍。

营销人员在向潜在顾客展示介绍商品时可采用五种策略：(1)正统法，主要强调企业的声望和经验；(2)专门知识，主要表明对产品和对方情况有深刻了解；(3)影响力，可逐步扩大自己与对方共有的特性、利益和心得体会；(4)迎合，可向对方提供个人的善意表示，以加强感情；(5)树立印象，在对方心目中建立良好的形象。

5.应付异议

推销员应随时准备应付不同意见。顾客异议表现在多个方面，如价格异议、功能异议、服务异议、购买时机异议等。有效地排除顾客异议是达成交易的必要条件。一个有经验的推销员面对顾客异议时，既要采取不蔑视、不回避、注意倾听的态度，又要灵活运用有利于排除顾客异议的各种技巧。

6.达成交易

达成交易是推销过程的成果和目的。在推销过程中，推销员要注意观察潜在顾客的各种变化。当发现对方表示有购买的意图时，要及时抓住时机，促成交易。为了达成交易，推销员可提供一些优惠条件。

7.跟踪服务

现代推销认为，成交是推销过程的开始。推销员必须做好售后的跟踪工作，如安装、退换、维修、培训及顾客访问等。对于 VIP 客户，推销员特别要注意与之建立长期的合作关系，实行关系营销。

案例衔接 12-2

卓越销售的秘诀

故事一：火车上卖盒饭的现象

大家都坐过火车，你观察过火车上的盒饭是怎么卖的吗？

火车上卖盒饭的服务员，已经来来回回走了好几趟，一遍遍地叫卖，然而大多数人都置若罔闻，还是该干什么就干什么。

但盒饭都在你毫无察觉中卖完了！

在卖盒饭的服务员眼中，所有的旅客都是买盒饭的潜在客户，只有早买和晚买的区别。

而在一遍遍的来回走动中，就是你想买时，我正好在你旁边！

评曰：

从一定意义上说我认同这种观点：没有卖不出去的产品，只有卖不出去产品的人！

市场上并不缺客户，客户在哪里，市场就在哪里，关键在于你动还是不动，这就是销售！

做卓越销售一定要有信心。

相信市场上总有需要自己产品的客户。就好像有人曾说：做销售是寻找“有缘人”的过程。

自己的产品肯定不是最好的，但相信市场上一定有刚好需要这种产品的客户。就好像火车上卖盒饭的列车员，相信火车上肯定有需要他这种价格的盒饭的旅客。

卓越销售人员的工作就是把这类客户从茫茫人海中找出来，就像是一列火车上可能有几百名甚至上千名旅客，服务员的工作就是来来回回地走，找到需要盒饭的人。

你刚好需要，我刚好在你身边！仅此而已！

怎么找到客户，第二个故事告诉您：

故事二：汽车销售冠军的一个电话能赚回多少钱

有一个汽车销售冠军，

每月打 750 个电话，

525 个会接，

420 个会听他讲，

336 个会有兴趣，

268 个会出来看，

100 个会考虑，

82 个会有意向，

61 个会洽谈，

34 个想买，

最终成交的 12 辆，

成交 12 单会让他赚到 15000 元。

他得出结论：每打一个电话会赚到 20 元。

评曰：

如果你打一个电话，或者拜访一个客户，刚一介绍完产品，这位客户就说：可盼来你了，我早就等着你们的产品了，来吧，签合同，什么时候打款？

基本上我可以断定，你遇到骗子了！

骗你什么？不骗多，就骗你一顿饭钱！

销售就是一个从量变到质变的过程。

销售就得有这种锲而不舍的坚持精神！

第三节　广告

“商品如果不做广告，就好像一位少女在黑暗中向你暗送秋波。”西方流行的这句名言充分表明了广告在营销中的独特地位。

一、广告的含义和功能

（一）广告的含义

广告是广告主以付费的方式，通过一定的媒体有计划地向公众传递有关商品、劳务和其他信息，借以影响受众的态度，进而诱发或说服其采取购买行动的一种大众传播活动。

从以上定义可以看出，广告主要具有以下特点：(1)广告是一种有计划、有目的的活动；(2)广告的主体是广告主，客体是消费者或用户；(3)广告的内容是商品或劳务的有关信息；(4)广告的手段是借助广告媒体直接或间接传递信息；(5)广告的目的是促进产品销售或树立良好的企业形象。

（二）广告的功能

在当代社会，广告既是一种重要的促销手段，又是一种重要的文化现象。广告对企业、消费者和社会都具有重要作用。

1.对企业的功能

(1)传播信息，沟通产销。广告对企业的首要功能是沟通产销关系。如果一个企业不善于做广告,就好像在黑暗中向情人暗送秋波。

(2)降低成本,促进销售。从绝对成本的角度看,广告、人员推销、营业推广、公共关系这四种促销方式中,广告的成本是最高的。但如果从相对成本的角度看,因为广告的大众化程度高,广告的成本又是比较低的。比如可口可乐,每年的巨额广告费平均分摊到每一个顾客身上只有0.3美分,但如果用人员推销成本则需60美元。据统计,在发达国家,投入1元广告费,可收回20~30元的收益。

(3)塑造形象。广告是塑造企业形象的重要手段。

2.对消费者的功能

(1)指导消费。消费者获取商品信息的来源主要有四种,即商业来源、公共来源、人际来源和个人来源。广告即是消费者最重要的商业来源。可以说,在现代社会,面对琳琅满目的商品,如果离开了广告,消费者将无所适从。

(2)刺激需求。广告的一个重要功能就是刺激消费者的购买欲望,促使消费者对商品产生强烈的购买冲动。广告刺激的需求包括初级需求(Primary Need)和选择性需求(Selective Need)。所谓初级需求,是指通过广告宣传,促使消费者产生对某类商品的需求,如对电脑、汽车等的需求;选择性需求是指通过广告宣传,促使消费者产生对特定品牌的商品的需求,如联想电脑、红旗汽车等,引导消费者认牌购买。

(3)培养消费观念。广告引导着消费潮流,促使消费者树立科学的消费观念。

3.对社会的功能

(1)美化环境,丰富生活。路牌广告、POP广告、霓虹灯广告等,优化了城市形象,使都市的夜晚变得星光灿烂,绚丽多姿。因此,广告被称为现代城市的脸。优美的广告歌曲、绚丽的广告画、精彩的广告词,也无不给人以艺术的享受。

(2)影响意识形态,改变道德观念。据调查,一个美国人从出生到18岁在电视中看到广告的时间达1800多个小时,相当于一个短期大学所用的学时。所以,广告对社会的价值观念、文化传承都具有非常重要的影响。

二、广告促销方案的制订

尽管对于广告在促销中的作用存在争论,中国的企业家对做不做广告表现得非常无奈,发出“不做广告是等死,做广告是找死”的感叹,但在市场上,中国企业对广告却始终情有独钟。这从中央电视台每年黄金时段的广告招标金额节节攀升可见一斑。

显然,市场早已走出了“酒好也怕巷子深”的时代,当代企业所要考虑的并不是要不要做广告的问题,而是如何做出精品广告,从而赢得消费者对广告的信任的问题,这需要企业进行科学的广告决策。

企业的广告决策,一般包括五个重要的步骤,简称“5M”。

(一)确定广告目标(Mission)

企业广告决策的第一步是确定广告目标。广告目标是企业通过广告活动要达到的目的,其实质就是要在特定的时间对特定的目标受众完成特定内容的信息传播,并获得目标受众的预期反应。

企业的广告目标取决于企业的整个营销目标。由于企业营销任务的多样性和复杂性,企业的广告目标也是多元化的。美国市场营销专家罗希尔·科利在《确定广告目标以衡量广告效果》一书中曾列举了52种不同的广告目标。

根据产品生命周期不同阶段中广告的作用和目标的不同,一般可以把广告的目标大致分为告知、劝说和提示三大类。

1.告知性广告(Information Advertising)

告知性广告主要用于向市场推销新产品,介绍产品的新用途和新功能,宣传产品的价格变动,推广企业新增的服务,以及新企业开张等。告知性广告的主要目标是为了促使消费者产生初级需求。

2.劝说性广告(Persuasive Advertising)

在产品进入成长期、市场竞争比较激烈的时候,消费者的需求是选择性需求。此时企业广告的主要目标是促使消费者对本企业的产品产生"偏好"。具体包括劝说顾客购买自己的产品,鼓励竞争对手的顾客转向自己,改变消费者对产品属性的认识,以及使顾客有心理准备乐于接受人员推销等。劝说性广告一般通过现身说法、权威证明、比较等手法说服消费者。

3.提示性广告(Reminder Advertising)

提示性广告是在产品的成熟期和衰退期主要使用的广告形式,其目的是提示顾客购买。比如提醒消费者购买本产品的地点,提醒人们在淡季时不要忘记该产品,提醒人们在面对众多新产品时不要忘了继续购买本产品等。

(二)制定广告预算(Money)

广告目标确定后,企业必须确定广告预算。广告预算是否合理对企业来说是一个至关重要的问题。预算太少,广告目标不能实现;预算太多,又造成浪费,有时甚至影响和决定企业的命运。

确定广告预算的方法,主要也是前述的四种方法,即量力支出法、销售额百分比法、竞争对等法和目标任务法。

1.量力支出法

尽管这种方法在市场营销学上没有正式定义,但不少企业确实一直采用。即企业确定广告预算的依据是他们所能拿得出的资金数额。也就是说,在其他市场营销活动都优先分配给经费之后,尚有剩余者再供广告之用。企业根据其财力情况来决定广告开支多少并没有错,但应看到,广告是企业的一种重要促销手段,企业做广告的根本目的在于促进销售。因此,企业做广告预算时不仅要考虑其需要花多少广告费才能完成销售指标。所以,严格说来,量力支出法在某种程度上存在着片面性。

2.销售额百分比法

销售额百分比法即企业按照销售额(销售实绩或预计销售额)或单位产品售价的一定百分比来计算和决定广告开支。这就是说,企业按照每完成100元销售额(或每卖1单位产品)需要多少广告费来计算和决定广告预算。

使用销售额百分比法来确定广告预算的主要优点是:(1)暗示广告费用将随着企业所能提供的资金量的大小而变化,这可以促使那些注重财务的高级管理人员认识到企业所有类型的费用支出都与总收入的变动有密切关系;(2)可促使企业管理人员根据单位广告成本、产品售价和销售利润之间的关系去考虑企业的经营管理问题;(3)有利于保持竞争的相对稳定,因为只要各竞争企业都默契地同意让其广告预算随着销售额的某一百分比而变动,就可以避免广告战。

使用销售额百分比法来确定广告预算的主要缺点是:(1)把销售收入当成了广告支出的"因"而不是"果",造成了因果倒置;(2)用此法确定广告预算,实际上是基于可用资金的多少,而不是基于"机会"的发现与利用,因而会失去有利的市场营销机会;(3)用此法确定广告预算,将导致广告预算随每年的销售波动而增减,从而与广告长期方案相抵触;(4)此法没能提供选择这一固定比率或成本的某一比率,而是随意确定一个比率;(5)不是根据不同的产品或不同的地区确定不同的广告预算,而是所有的广告都按同一比率分配预算,造成了不合理的平均主义。

3.竞争对等法

竞争对等法指企业比照竞争者的广告开支来决定本企业的广告开支,以保持竞争上的优势。在市场营销管理实践中,不少企业都喜欢根据竞争者的广告预算来确定自己的广告预算,造成与竞争者旗鼓相当、势均力敌的局势。如果竞争者的广告预算确定为100万元,那么本企业为了与它拉平,也将广告预算确定为100万元甚至更高。美国奈尔逊调查公司的派克汉通过对40多年的统计资料进行分析,得出结论:要确保新上市产品的销售额达到同行业平均水平,其广告预算必须相当于同行业平均水平的1.5~2倍。这一法则通常称为派克汉法则。

采用竞争对等法的前提条件是:(1)企业必须能获悉竞争者确定广告预算的可靠信息,只有这样才能随着竞争者广告预算的升降而调高或调低;(2)竞争者的广告预算能代表企业所在行业的集体智慧;(3)维持竞争均势能避免各企业之间的广告战。但是事实上,上述前提条件很难全部做到。这是由于:(1)企业没有理由相信竞争者所采用的广告预算确定方法比本企业的方法更科学;(2)各企业的广告信誉、资源、机会与目标并不一定相同,可能会相差甚多,因此某一企业的广告预算不一定值得其他企业效仿;(3)即使本企业的广告预算与竞争者势均力敌,也不一定能够稳定全行业的广告支出。

4.目标任务法

前面介绍的几种方法都是先确定一个总的广告预算,然后再将广告预算总额分配给不同的产品或地区。比较科学的程序步骤应是:(1)明确广告目标;(2)决定为达到这种目标而必须执行的工作任务;(3)估算执行这种工作任务所需的各种费用,这些费用的总和就是计划广告预算。上述确定广告预算的方法,就是目标任务法。企业在编制总的广告预算时,先要求每个经理按照下述步骤准备一份广告预算申请书:(1)尽可能详细地限定其广告目标,该目标最好能以数字表示;(2)列出为实现该目标所必须完成的工作任务;(3)估计完成这些任务所需要的全部成本。这些成本之和就是各自的经费申请额,所有经理的经费申请额即构成企业所必需的总的广告预算。

目标任务法的缺点是没有从成本的观点出发考虑某一广告目标是否值得追求这个问题。譬如,企业的广告目标是下年度将某品牌的知名度提高20%,这时所需要的广告费用也许会比实现该目标后对利润的贡献额超出许多。因此,如果企业能够先按照成本来估计各目标的贡献额(即进行成本效益分析),然后再选择最有利的目标付诸实现,则效果更佳。实际上,这种方法也就被修正为根据边际成本与边际收益的估计来确定广告预算。

企业在确定广告预算时必须充分考虑以下因素:

(1)产品生命周期。产品在投放期和成长期前期的广告预算应该一般较高,在成熟期和衰退期的广告预算一般较低。

(2)市场占有率的高低。市场占有率越高,广告预算的绝对额越高,但面向广大消费者的产品的人均广告费用却比较低;反之,市场占有率越低的产品广告预算的绝对额也较低,但人均广告费并不低。

(3)竞争的激烈程度。广告预算的多少与竞争激烈程度的强弱成正比。

(4)广告频率的高低。广告频率的高低与广告预算的多少成正比。

(5)产品的差异性。高度同质性的产品,消费者不管购买哪家企业生产的产品都一样,广告的效果不明显,广告预算低;高度差异性的产品,因为具有一定的垄断性,不做广告也会取得较好的销售效果。而具有一定的差异性但这种差异又不足以达到垄断地位的产品,因为市场竞争激烈,广告预算反而应该比较多。

(三)确定广告信息(Message)

广告的效果并不主要取决于企业投入的广告经费,关键在于广告的主题和创意。广告主题决定广告表现的内容,广告创意决定广告表现的形式和风格。只有广告内容迎合目标受众的需求,形式和风格具有独特性,广告才能引人注意,给目标受众带来美好的联想,并促进销售。

广告的信息决策一般包括三个步骤:

1.确定广告的主题

广告主题是广告所要表达的中心思想。广告主题应当显示产品的主要优点和用途以吸引消费者。对于同一类商品,可以从不同角度提炼不同的广告主题,以满足不同消费者的需要和同一消费者的不同需要。

广告信息的产生，可以通过对顾客、中间商、有关专家甚至竞争对手的调查获得创意。西方的营销专家认为消费者购买商品时期望从中获得四种不同的利益：理性的利益、感性的利益、社会的利益和自我实现的利益。产品使用者从用后效果的感受、使用中的感受和附加效用的感受等三种途径中实现这些满足。将上述四种利益和三种途径结合起来，就产生了十二种不同的广告信息，从每一广告信息中可以获得一个广告主题。在企业广告活动中，常用的广告主题主要有快乐、方便、传统、健康、"3B"（动物、小孩和美女）等。根据国外广告专家的调查结果，广告的主题主要有食欲、健康、快乐、名望、安全、经济等四十四种。

2.广告信息的评估与选择

一个好的广告只需要有一个集中的促销主题，而不必涉及太多的产品信息。"农夫山泉有点甜"，就以异常简洁的信息在受众中留下深刻的印象。如果广告信息过多、过杂，消费者往往不知所云。

广告信息的载体就是广告文案。对广告文案的评价标准有许多，但一般要符合三点要求：其一，具有吸引力。即广告信息首先要使人感兴趣，引人入胜。其二，具有独特性。即广告信息要与众不同，独具特色，而不要人云亦云。其三，具有可靠性。广告信息必须从实际出发，实事求是，而不要以偏概全，夸大其词，甚至无中生有。只有全面客观的广告传播，才能增加广告的可信度，才能持久地建立企业和产品的信誉。

3.信息的表达

广告信息的效果不仅取决于"说什么"，更在于"怎么说"，即广告信息的表达。广告表现的手段包括语言手段和非语言手段。

语言在广告中的作用是其他任何手段所不及的，因为语言可以准确、精练、完整、扼要地传达广告信息。如铁达时手表的"不在乎天长地久，只在乎曾经拥有"、统一润滑油的"多一分润滑，少一分摩擦"、中国移动通信公司的"我的地盘听我的"等，既简明扼要，又朗朗上口，都取得了意想不到的效果。

非语言就是语言以外的、可以传递信息的一切手段，主要包括构图、色彩、音响、身体语言等。进行广告表现，要做到图文并茂，善于根据不同产品的不同广告定位，把语言手段和非语言手段有机地结合起来。

任何一个广告信息都可以用不同的表现风格加以表现。例如，生活片段，表现人们在日常生活中正在满意地使用某产品；生活方式，借助广告形象强调产品如何适应人们的某种生活方式；音乐，包括背景音乐和广告歌曲；幻想，针对本产品或其用途，设计出一种幻想意境；气氛，为产品制造可以引起某种联想的氛围，给人以暗示；人格化，创造一个人物或拟人化的形象来代表或象征某产品；专门技术，表现企业在生产某产品过程中的技术和专长；科学证据，借助于科学研究成果或调查证明，表现产品的优越之处；旁证，由值得信赖的权威人士推荐或普通用户的"现身说法"，以证明产品的功能和用途。

案例衔接 12-3

世界经典广告语

雀巢咖啡:味道好极了

这是人们最熟悉的一句广告语,也是人们最喜欢的一句广告语。简单而又意味深远,朗朗上口。

M&M 巧克力:只溶在口,不溶在手

这是著名广告大师罗瑟·瑞夫斯的灵感之作,堪称经典,流传至今。它既反映了 M&M 巧克力糖衣包装的独特卖点(USP),又暗示 M&M 巧克力口味好,以至于我们不愿意使巧克力在手上停留片刻。

百事可乐:新一代的选择

在与可口可乐的竞争中,百事可乐终于找到突破口,从年轻人身上发现市场,把自己定位为新生代的可乐,邀请新生代喜欢的超级歌星作为自己的品牌代言人,终于赢得了年轻人的青睐。

大众甲壳虫汽车:想想还是小的好(Think Small)

20 世纪 60 年代的美国汽车市场是大型车的天下。伯恩巴克提出"Think Small"的主张拯救了大众的甲壳虫,运用广告的力量,改变了美国人的观念,使美国人认识到小型车的优点。

耐克:想做就做(Just Do It)

耐克通过以"Just Do It"为主题的系列广告和篮球明星乔丹的明星效应,迅速成为体育用品的第一品牌。

(四)选择广告媒体(Media)

广告表现的结果就是广告作品。广告作品只有通过恰当的广告媒体投放才能实现广告传播的目标。

广播、电视、报纸和杂志是传统的四大大众传播媒体,因特网被称为第五大大众媒体。除了大众传播媒体,还有招牌、墙体等户外媒体,车身、车站等交通媒体,信函、传单等直接媒体等众多种类。媒体计划人员在选择媒体种类时,需了解各媒体的特性。报纸的优点是弹性大、及时、对当地市场的覆盖率高、易被接受和被信任;其缺点是时效短、转阅读者多。杂志的优点是可选择适当的地区和对象、可靠且有名气、时效长、转阅读者多;其缺点是广告购买前置时间长、有些发行量是无效的。广播的优点是大量使用、可选择适当的地区和对象、成本低;其缺点是仅有音响效果、不如电视吸引人、展露瞬间即逝。电视的优点是视、听、动作紧密结合且引人注意、送达率高;其缺点是绝对成本高、展露瞬间即逝、对观众无选择性。直接邮寄的优点是沟通对象已经过选择、有灵活性、无同一媒体的广告竞争；其缺点是成本比较高、容易造成滥寄的现象。户外广告的优点是比较灵活、展露重复性强、成本低、竞争少；其缺点是不能选择对象、创造力受到局限等。

广告媒体的选择，主要依据下列因素进行：

1.广告产品的特征

一般地，生产资料方面的宣传适合选择专业性的报纸、杂志、产品说明书；而生活资料则适合选择生动形象、感染力强的电视媒体和印刷精美的彩色杂志等媒体。

2.目标市场的特征

(1)目标市场的范围。全国性市场适合选择全国性媒体，如中央电视台、《经济日报》等；区域性市场适合选择地区性媒体，如《广州日报》、广州电视台等。

(2)目标市场的地理区域。农村市场需要选择适合农民的媒体，如《南方农村报》等；城市市场则适合选择都市类媒体，如《南方都市报》等。

(3)目标市场的媒体习惯。每种媒体都有自己独特的定位，每类消费者也都有自己的媒体习惯。所以，媒体选择要有针对性。

3.广告目标

以扩大市场销售额为目的的广告应选择时效性快、表现性强、针对性强的媒体；树立形象的广告则适合选择覆盖面广、有效期长的媒体。

4.广告信息的特征

情感诉求的广告适合选择广播、电视等媒体；理性诉求的广告适合选择报纸、杂志等印刷类媒体。

5.竞争对手的媒体使用情况

一般情况下，应尽可能避免与竞争对手选择同一种媒体，特别是同种媒体的同一时段或同一版面。如果中国移动和中国联通的广告登在同一种报纸的同一版面上，或者在电视的同一时段投放，效果就可能大打折扣。

6.广告媒体的特征

各类广告媒体都有各自的广告适应性，如电视的优势是生动形象、时效性强、多手段传播，但不易保存、费用高；报纸价格便宜、易保存，但不生动；等等。选择广告媒体一定要对各类媒体的广告属性进行充分的把握。

7.国家广告法规

广告法规关于广告媒体的规定是企业产品选择广告媒体的重要依据。

案例衔接 12-4

脑白金的广告媒体策略

脑白金这个神秘的保健品，在国内市场上刮起了阵阵旋风，在短短的两三年内，就创造了十几亿元的销售奇迹。脑白金的成功靠什么呢？有效选择广告媒体是其成功因素之一。

脑白金的媒体组合策略，追求最有效的途径、最合适的时段、最优化的组合，不求全但求到位。脑白金最早以报纸媒体、小册子为主导启动市场，以终端广告相辅助。在市场启动期，脑白金基本以报纸媒体为主，选择某城市1~2家报纸，以每周1~2次的大块“新闻”软文，集中火力展开猛烈攻势，随后将10余篇的“功效”软文轮番刊登，并辅以科普资料做证。之后，随着产品渐入成长期，脑白金的媒体投放开始发生变化：报纸、电视广告成为重要的媒体组合，宣传册子成为集团购买与传播产品知识的主力媒体。脑白金在成长期和成熟期，媒体重心向电视广告转移。电视广告每天滚动播出，不断强化产品形象，广大中老年人有更多机会接触电视，接受产品信息。脑白金电视广告分为三种版本：一为专题片，二为功效片，三为送礼片。此外，户外广告也成为脑白金中后期新增长的媒体亮点。户外广告要根据各区域的市场特点，有选择地开展宣传，如车身、墙面广告与横幅。

（五）评估广告效果（Measurement）

广告的效果主要体现在三方面，即广告的传播效果、广告的促销效果和广告的社会效果。广告的传播效果是前提和基础，广告的促销效果是广告效果的核心和关键，企业的广告活动也不能忽视对社会风气和价值观念的影响。

1.广告传播效果的评估

主要评估广告是否将信息有效地传递给目标受众。这种评估活动传播前和传播后都应进行。传播前，既可采用专家意见综合法，由专家对广告作品进行评定，也可以采用消费者评判法，聘请消费者对广告作品从吸引力、易读性、认知力、感染力和号召力等方面进行评分。传播后，可再邀请一些目标消费者，向他们了解对广告的阅读率或视听率、对广告的回忆状况等。

2.广告促销效果的评估

促销效果是广告的核心效果。广告的促销效果，主要测定广告所引起的产品销售额及利润的变化状况。测定广告的促销效果，一般可以采用比较的方法。在影响销售的其他因素一定的情况下，比较广告后和广告前销售额的变化；或者其他条件基本相同的甲和乙两个地区，在甲地做广告而在乙地不做广告，然后比较销售额的差别，以此判断广告的促销效果等。

3.广告的社会效果的评估

主要评估广告的合法性以及广告对社会文化价值观念的影响。一般可以通过专家意见法和消费者评判法进行。

第四节 营业推广

一、营业推广概述

（一）营业推广的概念

营业推广是指除广告、人员推销、公共关系与宣传之外，企业在特定目标市场上，为迅速起到刺激需求的作用而采取的促销措施的总称。营业推广对在短时间内争取顾客、扩大购买具有特殊的作用，故也称为特殊推销。

（二）营业推广的作用

1.可以吸引消费者购买产品

这是营业推广的首要目的，尤其是在推出新产品或吸引新顾客方面，由于营业推广的刺激比较强，较易吸引顾客的注意力，使顾客在了解产品的基础上采取购买行为，也可能使顾客为追求某些方面的优惠而使用产品。

2.可以奖励品牌忠实者

因为营业推广的很多手段，譬如销售奖励、赠券等通常都附带价格上的让步，其直接受惠者大多是经常使用本品牌产品的顾客，从而使他们更乐于购买和使用本企业产品，以巩固企业的市场占有率。

3.可以实现企业营销目标

这是企业的最终目的。营业推广实际上是企业让利于购买者，它可以使广告宣传的效果得到有力的增强，破坏消费者对其他企业产品的品牌忠实度，从而达到本企业产品销售的目的。

（三）营业推广的特点

1.营业推广促销效果显著

在开展营业推广活动中，可选用的方式多种多样。一般说来，只要能选择合理的营业推广方式，就会很快地收到明显的增销效果，而不像广告和公共关系那样需要一个较长的时期才能见效。因此，营业推广适合于在一定时期、一定任务的短期性的促销活动中使用。

2.营业推广是一种辅助性促销方式

人员推销、广告和公关都是常规性的促销方式，而多数营业推广方式则是非正规性和非经常性的，只能是它们的补充方式。亦即，使用营业推广方式开展促销活动，虽能在短期内取得明显的效果，但它一般不能单独使用，常常配合其他促销方式使用。营业推广方式的运用能使与其配合的促销方式更好地发挥作用。

3.营业推广具有一定的局限性

采用营业推广方式促销，似乎迫使顾客产生“机会难得，时不再来”之感，进而能打破消费者需求动机的衰变和购买行为的惰性。不过，营业推广的一些做法也常使顾客认为卖者有急于抛售的意图。若频繁使用或使用不当，往往会引起顾客对产品质量、价格产生怀疑。因此，企业在开展营业推广活动时，要注意选择恰当的方式和时机。

案例衔接 12-5

可口可乐妙趣红包，吃喝玩乐在其中

可口可乐公司曾选择春节的大好时机全面出击，利用春节这一中华民族的传统节日在人们心目中的地位，通过营造一种节日喜悦的气氛，为上海的可口可乐顾客提供“新年礼物”，并展开了一次特大型多重组合营业推广活动。

顾客只要购买可口可乐公司旗下饮料至规定数量，即可获赠红包一个及贺年礼品一份。礼品包括“奇巧”巧克力、“酷极”糖果、“台丰”花生或瓜子。红包中印有幸运号码，可参加每周连环大抽奖，赢取现金压岁钱，最高为 5000 元。另外，在此红包中至少还有 7 张优惠券，涵盖吃、穿、玩、乐等多种休闲娱乐项目，如卡丁车游戏券、四驱车游戏券、游乐园门票、电影票、服装优惠券、保健品优惠券、麦当劳快餐优惠券、新年糖果优惠券等。随后，促销活动进一步举行，主题改为“吃喝玩乐送不停”，并且购买标准降低一半，兑奖凭证由收集外箱包装改为收集产品包装，礼品内容改为轻便相架、记事本或彩绘玻璃杯等，红包内优惠券由原来的至少 7 张改为 4 张，凭红包号码可以继续抽奖。

二、营业推广的影响因素

采用销售推广这一促销手段时，要特别注意不同国家或地区对销售推广活动的限制、经销商的合作态度以及当地市场的竞争程度等因素的影响。

（一）当地政府的限制

不同的国家或地区对销售推广方式在当地市场上采取不同程度的限制。有的国家规定，企业在当地市场上进行营业推广活动时要事先征得政府部门的同意；有的国家则限制企业销售推广活动的规模。如法国政府规定：禁止抽奖，免费赠送的物品不得超过消费者所购买商品价值的 5%。还有的国家对销售推广的形式进行限制，规定赠送的物品必须与推销的商品有关，诸如杯子可作为咖啡购买者的赠品，而餐具就不能作为推销洗衣机的随赠礼品。因此，在各地出现了各式各样的推广方式。有一项研究表明：在法国，最有效的销售推广方式是降价、

贸易折扣和免费样品；在巴西，最有效的方式是附送礼品；在匈牙利、荷兰和希腊，最有效的方式是贸易折扣。

（二）经销商的合作态度

同中间商合作是扩展营销规模的有效途径，但要得到当地经销商或者中间商的支持与协助，还需要做一定的促销活动。能否由经销商代为分发赠品或优惠券，由零售商来负责现场示范或者商店陈列等，对能否拓宽销售市场非常重要。

（三）市场的竞争程度

进行销售推广活动一般有两种情况：一是为了扩大市场份额；二是迫于竞争对手的压力。市场的竞争程度、竞争对手在促销方面的动向或措施，将会直接影响到企业的销售推广活动。比如，当竞争对手推出新的促销举措来吸引顾客时，企业就不能不采取相应的对策，否则就有失去顾客而丧失市场的危险。同样，企业在海外目标市场进行销售推广活动也会遭到当地竞争者的反对或阻挠，甚至通过当地商会或政府部门利用法律或法规的形式来加以禁止。例如，美国通用电气公司通过与当地企业合资的形式成功地打入日本的空调市场。其主要促销措施是以海外免费旅游度假方式来奖励推销成绩突出的经销商，并对顾客实行超值赠送彩色电视机的刺激。随后，这些举措遭到当地电器生产厂商的反对，他们利用贸易协会通过决议，禁止以海外旅游形式作为奖励措施，并做出了限制赠品最高价值的规定，以阻止推销。

三、营业推广的方式

（一）面向消费者的营业推广方式

1.赠送促销

向消费者赠送样品或试用品，赠送样品是介绍新产品最有效的方法，缺点是费用高。样品可以选择在商店或闹市区散发，或在其他产品中附送，也可以公开广告赠送，或入户派送。

2.折价券

在购买某种商品时，持券可以免付一定金额的钱。折价券可以通过广告或直邮的方式发送。

3.包装促销

以较优惠的价格提供组合包装和搭配包装的产品。

4.抽奖促销

顾客购买一定的产品之后可获得抽奖券，凭券进行抽奖获得奖品或奖金，抽奖可以有各种形式。

5.现场演示

企业派促销员在销售现场演示本企业的产品，向消费者介绍产品的特点、用途和使用方法等。

6.联合推广

企业与零售商联合促销，将一些能显示企业优势和特征的产品在商场集中陈列，边展销边销售。

7.参与促销

消费者通过参与各种促销活动，如技能竞赛、知识比赛等活动，以获取企业的奖励。

8.会议促销

各类展销会、博览会、业务洽谈会期间的各种现场产品介绍、推广和销售活动。

（二）面向中间商的营业推广方式

1.批发回扣

企业为争取批发商或零售商多购进自己的产品，在某一时期内给经销本企业产品的批发商或零售商加大回扣比例。

2.推广津贴

企业为促使中间商购进企业产品并帮助企业推销产品，可以支付给中间商一定的推广津贴。

3.销售竞赛

根据各个中间商销售本企业产品的实绩，分别给优胜者以不同的奖励，如现金奖、实物奖、免费旅游度假奖等，以起到激励的作用。

4.扶持零售商

生产商对零售商专柜的装潢予以资助，提供 POP 广告，以强化零售网络，促使销售额增加；可派遣厂方信息员或代培销售人员。生产商这样做的目的是提高中间商推销本企业产品的积极性和能力。

（三）面向内部员工的营业推广方式

主要是针对企业内部的销售人员，鼓励他们热情推销产品或处理某些老产品，或促使他们积极开拓新市场。一般可采用的方法有销售竞赛、免费提供人员培训、技术指导等形式。

四、营业推广的设计

1.确定推广目标

营业推广目标的确定，就是要明确推广的对象是谁，要达到的目的是什么。只有知道推广的对象是谁，才能有针对性地制订具体的推广方案，例如，是为达到培育忠诚度的目的，还是为达到鼓励大批量购买的目的？

2.选择推广工具

营业推广的方式方法很多，但如果使用不当，则适得其反。因此，选择合适的推广工具是取得营业推广效果的关键因素。企业一般要根据目标对象的接受习惯和产品特点、目标市场状况等来综合分析选择推广工具。

3.推广的配合安排

营业推广要与营销沟通的其他方式如广告、人员销售等整合起来,相互配合,共同使用,从而形成营销推广期间的更大声势,取得单项推广活动达不到的效果。

4.确定推广时机

营业推广的市场时机选择很重要,如季节性产品、节日产品、礼仪产品,必须在特定时间做营业推广,否则就会错过时机。

5.确定推广期限

推广期限即营业推广活动持续时间的长短。推广期限要恰当,过长,消费者的新鲜感丧失,对产品产生不信任感;过短,一些消费者则会来不及享受营业推广的实惠。

五、营业推广的控制

营业推广是一种促销效果比较显著的促销方式,但倘若使用不当,不仅达不到促销的目的,反而会影响产品销售,甚至会损害企业的形象。因此,企业在运用营业推广方式促销时,必须予以控制。

(一)选择适当的方式

我们知道,营业推广的方式很多,且各种方式都有其各自的适应性。选择好营业推广方式是促销获得成功的关键。一般说来,应结合产品的性质、不同方式的特点以及消费者的接受习惯等因素选择合适的营业推广方式。

(二)确定合理的期限

控制好营业推广的时间也是取得预期促销效果的重要一环。推广的期限,既不能过长,也不宜过短。这是因为,时间过长会使消费者感到习以为常,冲淡刺激需求的目的,甚至会使消费者产生疑问或不信任感;时间过短会使部分消费者来不及接受营业推广的好处,收不到最佳的促销效果。一般应以消费者的平均购买周期或淡、旺季间隔为依据来确定合理的推广方式。

(三)禁忌弄虚作假

营业推广的主要对象是企业的潜在顾客,因此,企业在营业推广全过程中,一定要坚决杜绝徇私舞弊的短视行为的发生。在市场竞争日益激烈的条件下,企业的商业信誉是十分重要的竞争优势,企业没有理由自毁商誉。本来营业推广这种促销方式就有贬低商品之意,如果再不严格约束企业行为,那将会使企业面临失去长期利益的巨大风险。因此,弄虚作假是营业推广中的最大禁忌。

(四)注重中后期宣传

开展营业推广活动的企业比较注重推广前期的宣传,这是非常必要的。在此还需提及的是不应忽视中后期宣传。在营业推广活动的中后期,面临的十分重要的宣传内容是营业推广中的企业兑现行为。这是消费者验证企业推广行为是否具有可信性的重要信息源。所以,令消费者感到可信的企业兑现行为,一方面有利于唤起消费者的购买欲望,另一个更重要的方面是企业可以获得口碑,增强企业良好形象。

此外,还应注意确定合理的推广预算,科学测算营业推广活动的投入产出比。

第五节 公共关系

一、公共关系的概念

公共关系(Public Relation)是指某一组织为改善与社会公众的关系,促进公众对组织的认识、理解及支持,达到树立良好组织形象、促进商品销售的目的的一系列公共活动。它的本义是社会组织、集体或个人必须与其周围的各种内部、外部公众建立良好的关系。它是一种状态,任何一个企业或个人都处于某种公共关系状态之中。它又是一种活动,当一个工商企业或个人有意识地、自觉地采取措施去改善和维持自己的公共关系状态时,就是在从事公共关系活动。作为公共关系主体长期发展战略组合的一部分,公共关系的管理职能主要表现为评估社会公众的态度,确认与公众利益相符合的个人或组织的政策与程序,拟定并执行各种行动方案,提高主体的知名度和美誉度,改善形象,争取相关公众的理解与接受。

在市场营销学体系中,公关关系是企业机构唯一一项用来建立公众信任度的工具。

二、公共关系的特征

(一)形象至上

在公众中塑造、建立和维护组织的良好形象是公共关系活动的根本目的,而这种形象既与组织的总体有关,也与公众的状态和变化趋势直接相连。这就要求组织必须有合理的经营决策机制、正确的经营理念和创新精神,并根据公众、社会的需要及其变化,及时调整和修正自己的行为,不断地改进产品和服务,以便在公众面前树立良好的形象。可以这么说,良好的形象是组织最大的财富,是组织生存和发展的出发点和归宿,企业的一切工作都是为顾客展开的,失去了社会公众的支持和理解,组织也就没有存在的必要了。

(二)沟通为本

在现代社会,社会组织与公众打交道,实际上是通过信息双向交流和沟通来实现的。正是通过这种双向交流和信息共享过程,才形成了组织与公众之间的共同利益和互动关系。这是公共关系区别于法律、道德和制度等意识形态的地方。在这里,组织和公众之间可以进行平等自愿的、充分的信息交流和反馈,没有任何强制力量,双方都可畅所欲言,因而能最大限度地降低不良的副作用。

(三)互惠互利

对于一个社会组织而言,当然应该追求自身利益的最大化,但很多组织在这一过程中却发生了迷失。有的为求得一时之利,却失去更多,有的甚至什么也没得到。造成这种现象的根本原因就在于：利益从来都是相互的，从来没有一厢情愿的利益。人际交往中人们常说“与人方便就是与己方便”，而对社会组织而言，只有在互惠互利的情况下，才能真正达到自身利益的最大化。

组织的公共关系工作之所以有成效、之所以必要，恰恰在于它能协调双方的利益，通过公共关系，可以实现双方利益的最大化，这也是具备公关意识的组织和不具备公关意识的组织的最大区别。

案例衔接 12-6

微软公司和苹果公司因竞合而双赢

微软公司销售 IBM 个人电脑上使用的视窗操作系统。视窗操作系统结合 IBM 个人电脑，最大竞争者是苹果公司的麦金托什电脑。苹果公司和微软公司多年来一直争夺市场占有率，但它们不仅是竞争者，也是伙伴，为什么呢？因为微软公司也生产用于麦金托什电脑上的文书处理和试算表软件。没有微软公司的软件，较少有人愿意购买麦金托什电脑；没有麦金托什电脑，微软公司也损失部分利润丰厚的应用软件市场。这两家公司的关系即是竞合关系——某个领域内合作，某个领域内竞争。如果微软公司和苹果公司都视对方为死敌，这样的关系便无法存在。只有双方领导人都抛弃狭隘的敌对心态，不再沉溺于毁灭竞争者的念头里，进行动机良好的竞争，甚至与竞争者合作以炒热市场，大家才能获得更丰富的利润。

（四）真实真诚

追求真实是现代公共关系工作的基本原则，自从“现代公关之父”美国人艾维·李提出讲真话的原则以来，告诉公众真相便一直是公关工作的不二信条。尤其是现代社会，信息及传媒手段空前发达，这使得任何组织都无法长期封锁消息、控制消息，以隐瞒真相，欺骗公众。正如美国前总统林肯所说，你可以在某一时刻欺骗所有人，也可以在所有时刻欺骗某些人，但你绝对不能在所有时刻欺骗所有人。真相总会被人知道。因此公共关系强调真实原则，要求公关人员实事求是地向公众提供真实信息，以取得公众的信任和理解。

（五）长远观点

公共关系是协调沟通、树立组织形象、建立互惠互利关系的过程，这个过程既包括向公众传递信息的过程，也包括影响并改变公众态度的过程，甚至还包括组织转型，如改变现有形象、塑造新的形象的过程。所有这一切，都不是一朝一夕就能完成的，必须经过长期艰苦的努力。因此，在公共关系工作中，公共关系组织和公关人员不应计较一城一池之得失，而要着眼于长远利益，只要持续不断地努力，付出总会有回报。

三、公共关系的功能

(一)树立企业信誉,建立良好的企业形象

企业的信誉是指企业在市场上的威信、影响,在消费者心目中的地位、形象、知名度。建立良好的信誉是企业经营成功的诀窍,“酒香不怕巷子深”的陈旧经营观念已不能适应竞争日益激烈的市场趋势。树立信誉首先要创名牌企业。按照公共关系学的观点,商品信誉是较低层次的,只是部分公众或消费者在多次的商品交换过程中形成的对生产者和经营者的信赖程度,它只是企业技术经营素质的综合反映。而树企业信誉、创名牌企业,不仅是企业自身发展的需要,也是现代社会对企业日益强烈的要求。这是因为企业作为社会的一个单元,既可能给社会带来新的物质文明,也可能给社会带来公害和威胁。

因此,公众对企业社会价值的评估标准发生了变化,评价范围由对产品质量和服务扩大到企业生产经营和社会活动的各个方面,这使公众舆论对企业产生更大的影响力。争取舆论支持,争取公众信任,成为企业生存发展的重要条件之一。企业良好形象和声誉是无形的宝贵财富。公共关系的根本目的是通过深入细致、持之以恒的具体工作树立组织的良好形象和信誉,以取得公众理解、支持、信任,从而有利于企业推出新产品,有利于创造“消费信心”,有利于企业筹集资金,有利于吸引、稳定人才,有利于寻找协作者,有利于协调和社区的关系,有利于政府和管理部门对企业产生信任感,最终促进组织目标的实现。

(二)搜集信息,为企业决策提供科学保证

美国管理学家西蒙说:“管理就是决策,而决策的前提正是信息。”企业每时每刻都会遇到大量的问题,市场需要产品质量、产品开发、新技术方向、竞争者动向、潜在危险、企业形象等方面的信息,这些信息不断传递给企业领导,要求领导者做出及时而有效的决策。因此,现代企业把公共关系信息的获取划入企划之中,成为企业活动不可缺少的组成部分。公共关系部门就是要利用各种渠道和网络搜集与企业发展有关的一切信息,为企业决策科学化提供强有力的保证。搜集信息包括企业战略环境信息、产品声誉信息及企业形象信息等。

(三)协调纠纷,化解企业信任危机

随着生产社会化程度不断提高,任何组织都处于复杂的关系网络之中,而且这种关系处于动态的发展之中。由于企业与公众存在着具体利益的差别,在公共关系中必然会充满各种矛盾。企业在生产经营运行过程中,也难免会有因自身的过失、错误而与消费者发生冲撞的时候。一旦发生,必然导致消费者对企业的不满,使企业面对一个充满敌意和冷漠的舆论环境。如果对这种状况缺乏正确的认识,对问题处理不当,就易产生公共关系纠纷,甚至导致严重的公共信任危机,对企业、对公众、对社会都会带来极大的危害。

事实证明,企业与公众的许多矛盾和摩擦都源于误解和不了解,缺乏信息交流是造成不了解的根本原因。通过建立良好的公共关系机制,增加企业与公众之间的相互了解,企业就有可能避免与公众的纠纷,并可通过公关手段将已经发生的信任危机所造成的组织信誉、形象损失

降到最低限度，进而因势利导，使坏事变为好事。这种功能是广告、人员推销、营业推广所不具有的。

四、公共关系的主要工具

（一）公开出版物

企业依靠各种传播材料去接近和影响其目标市场。它们包括年度报告、小册子、文章、视听材料、商业信件、杂志等。

（二）事件

企业可通过安排一些特殊事件来吸引公众对其新产品和该企业其他事件的注意。这些事件包括记者招待会、讨论会、郊游、展览会、竞赛、周年庆祝活动以及运动会和文化赞助等。

（三）新闻

发展或创造对企业和其产品或人员有利的新闻。新闻的编写要求善于构想出故事的概念，广泛开展调研活动，并撰写新闻稿。公关人员应争取宣传媒体录用新闻稿和参加记者招待会，这往往需要营销技巧和人际交往技巧。

（四）公益和赞助活动

企业可通过向某些公益事业或具有重大影响的社会活动捐赠一定的金钱，以提高企业声誉和影响力，并获取社会公众对企业的好感。

（五）形象识别媒体

在一个高速交往的社会中，企业需要努力去获得高的关注度。因此企业应努力创造一个公众能够迅速辨认的视觉形象。视觉形象可通过公司的标志、文件、小册子、招牌、名片、建筑物、制服标记等来传播。

五、公共关系的工作程序

企业公共关系活动的基本程序，包括调查、计划、实施、检测四个步骤。

（一）公共关系调查

公共关系调查是公共关系工作的一项重要内容，是开展公共关系工作的基础和起点。通过调查，能了解和掌握社会公众对企业决策与行为的意见。据此，可以基本确定企业的形象和地位，可以为企业监测环境提供判断条件，为企业制定合理决策提供科学依据等。公关调查内容广泛，主要包括企业基本状况、公众意见及社会环境三方面内容。

（二）公共关系计划

公共关系是一项长期性工作，合理的计划是公关工作持续高效的重要保证。制订公关计划，要以公关调查为前提，依据一定的原则，来确定公关工作的目标，并制订科学、合理而可行的工作方案，如具体的公关项目、公关策略等。

(三)公共关系的实施

公共关系的实施是整个公关活动的“高潮”。为确保公共关系实施的效果达到最佳,正确地选择公共关系媒介和确定公共关系的活动方式是十分必要的。公关媒介应依据公共关系工作的目标、要求、对象和传播内容以及经济条件来选择;确定公关的活动方式,应根据企业的自身特点、不同发展阶段、不同的公众对象和不同的公关任务来选择最适合、最有效的活动方式。

(四)公共关系的检测

公共关系的检测,主要依据社会公众的评价来进行。通过检测,能衡量和评估公关活动的效果,在肯定成绩的同时,发现新问题,为制定和不断调整企业的公关目标、公关策略提供重要依据,也为企业的公共关系成为有计划的持续性工作提供必要的保证。

››› 本章小结 ‹‹‹

促销组合是一种组织促销活动的策略思路,主张企业运用广告、人员推销、公关宣传、营业推广等四种基本促销方式组合成一个策略系统,使企业的全部促销活动互相配合、协调一致,最大限度地发挥整体效果,从而顺利实现企业目标。

影响促销组合的因素:促销目标、市场特点、产品性质、产品生命周期、推动策略和拉引策略及其他营销因素。

人员推销决策是指企业根据外部环境变化进行内部资源条件设计和管理销售队伍的一系列经济过程。大体上可分为以下两种:一是战略决策,包括销售队伍的大小、区域设计和访问计划等;二是管理决策,包括对销售人员的招募、挑选、培训、委派、报酬、激励和控制等。

人员推销七步骤:寻找潜在顾客,访问准备,接近顾客,洽谈沟通,应付异议,达成交易,跟踪服务。

企业的广告决策,一般包括五个重要的步骤,简称“5M”。

企业的广告策略,涉及确定广告目标,制定广告预算,确定广告信息,选择广告媒体,评估广告效果等内容。

广告媒体:报纸、杂志、广播、电视、直接邮寄、户外广告、因特网。

营业推广方式分为这些类型:面向消费者的营业推广方式;面向中间商的营业推广方式;面向内部员工的营业推广方式。

公共关系的功能:信息监测、舆论宣传、沟通协调、危机处理。

企业公共关系活动的基本程序,包括调查、计划、实施、检测四个步骤。

公共关系的主要工具:公开出版物、事件、新闻、公益和赞助活动、形象识别媒体。

实践与练习

一、单项选择题

1.促销的实质是(　　)。

A.出售商品　B.信息沟通　C.建立良好关系　D.寻找顾客

2.(　　)是一种最昂贵的促销方式。

A.广告　B.人员推销　C.公共关系　D.营业推广

3.(　　)是最古老的促销方式。

A.广告　B.人员推销　C.公共关系　D.营业推广

4.对单位价值高、性能复杂、需要做示范的产品,通常采用的促销方式为(　　)。

A.广告　B.人员推销　C.公共关系　D.营业推广

5.结构简单、标准化程度较高、价格低廉的产品通常采用(　　)促销。

A.广告　B.人员推销　C.公共关系　D.营业推广

6.在促销组合中一般处于辅助地位的促销方式是(　　)。

A.广告　B.人员推销　C.公共关系　D.营业推广

7.下列有关人员推销的描述正确的是(　　)。

A.成本低,灵活性好　B.成本高,灵活性好

C.成本低,灵活性差　D.成本高,灵活性差

8.(　　)是一种高度大众化的信息传递方式。

A.广告　B.人员推销　C.公共关系　D.营业推广

9.(　　)着眼于对消费者或中间商进行强烈刺激,以激励他们对特定产品或服务的较快或大量的购买,是短期促销的有效工具。

A.广告　B.人员推销　C.公共关系　D.营业推广

10.人员推销的缺点主要表现为(　　)。

A.灵活性差　B.单向沟通　C.选择性弱　D.费用大

11.(　　)是最常见、最简单的组织结构。

A.区域型组织　B.产品型组织　C.顾客型组织　D.综合型组织

12.促销目标在不同阶段有不同的重点,如目标为树立企业形象,提高产品知名度,促销重点应在(　　)。

A.广告　B.人员推销　C.公共关系　D.营业推广

13.(　　)是一种间接的促销方式,着眼于树立形象、沟通关系。

A.广告　B.人员推销　C.公共关系　D.营业推广

14.(　　)是诸促销方式中采用最为普遍的一种。

A.广告　　B.人员推销　　C.公共关系　　D.营业推广

15.企业为获取公众好感,表现社会责任而进行的有关维护社会公共利益的广告宣传,属于(　　)。

A.致歉广告　　B.声明广告　　C.公益广告　　D.活动广告

16.大企业在实施多角化经营战略时为避免该企业生产的多种产品都被相同的顾客买去了,企业应该建立(　　)的推销队伍组织结构。

A.区域型　　B.产品型　　C.顾客型　　D.综合型

17.(　　)原则是公共关系的基石。

A.诚实性　　B.互利性　　C.全优性　　D.全员性

18.在紧急情况下表明企业对某些事件的立场、态度的广告称为(　　)。

A.形象广告　　B.声明广告　　C.公益广告　　D.活动广告

19.一般日常生活用品,适合于选择(　　)做广告。

A.人员　　B.专业杂志　　C.电视　　D.公共关系

20.人员推销之所以长盛不衰,关键是其具有(　　)的特点与优点。

A.可替代性　　B.不可替代性　　C.长期性　　D.短期性

二、判断题

1.人员推销特别适合向分散于各地的众多目标顾客传递销售信息。(　　)

2.促销的实质是与顾客建立良好的关系。(　　)

3.若促销目标为树立企业形象,提高产品知名度,促销重点应在公共关系。(　　)

4.推动策略的目的是使中间商产生"利益分享意识",促使他们向那些打算购买但没有明确品牌偏好的消费者推荐本企业的产品。(　　)

5.信息收集不属于公共关系的职能范围。(　　)

6.顾客型组织的优点是推销人员深入掌握某类产品的专业知识和推销技术,并运用这些专业知识争取更多的顾客。(　　)

7.研究表明,在典型的销售队伍中,60%以上的销售额是由30%的优秀人员创造的。(　　)

8.广告是最古老的促销方式。(　　)

9.直接评分法属于广告沟通效果测定法中的广告后的预测方法。(　　)

10.营业推广具有形式多样化、规模大型化、应用灵活化和普及化特点,能迅速扭转销售下降的局面。(　　)

11.通过公关活动,使企业、国家、社会、公众都得到利益,是全优性原则的核心。(　　)

12.如促销目标为近期内迅速增加销量,则人员推销最易立竿见影。(　　)

三、案例分析题

王宝强捧红“奇异王果”

在2007年的果汁市场大战中，汇源推出的“奇异王果”表现得极为抢眼。“奇异王果”在全国很多地方掀起一股“绿色风暴”。

进入2007年之后，与碳酸饮料的颓势相比，果汁饮料则呈现出了极其明显的发展势头。消费者对饮料的需求也不断升级，“能解渴、口感好”已经无法满足消费者。消费者要求“不仅能解渴，还要有营养；不仅是时尚，还要更健康”。

然而，传统口味的橙、苹果、葡萄等水果饮料市场已是一片红海，各大企业推出的橙汁产品让消费者应接不暇，味道差别不明显，同质化竞争严重，赢利空间也日益狭小，而消费者日益增长的营养需求却被绝大多数厂商忽视。

中国果汁市场正处于变局的前夜，品牌的整合与产品的多样化并行推进，全面研究和开发差异化的市场及新产品正当其时。

权威调查机构央视市场研究（CTR）发布的首份《中国果汁健康消费调查报告》显示，3成的中国消费者开始意识到喝果汁补充维生素的重要性。

作为中国果汁行业的第一品牌，汇源果汁一直以来承担着培育市场的责任，2007年10月，汇源将目光瞄准了超级水果市场，开创“奇异王果”猕猴桃汁饮料，找到了属于自己的一片天地。

从国际消费时尚潮流来看，“超级水果”饮料将从传统饮料市场分得越来越多的份额。更高的营养价值和维生素含量，是超级水果的主要特点。作为典型的“超级水果”饮料，“奇异王果”的维生素C含量超多，在普通果汁的8倍以上。

用“奇异王果”项目总监的话说：“‘奇异王果’既不同于传统的果汁饮料，也不同于刚刚兴起的果粒饮料，而是一种富含维生素C营养的超级水果饮料。”

一个好产品从诞生到被市场认可，考验着每个厂商的营销智慧。为赢得2008年的大市场，“奇异王果”邀请深受全国观众喜爱的“傻根”“阿炳”“许三多”的扮演者——平民影星王宝强首次拍摄电视广告片，王宝强以普通外形而暗藏非凡特质的形象，征服了许多观众，最终获得汇源果汁的青睐，成为该款产品的形象代言人。

一时间，王宝强担当起开辟“超级水果”饮料新战场的先锋官，为“奇异王果”的新鲜上市积蓄了大量人气。邀请王宝强作为代言人，汇源大胆喊出“做自己的王”的品牌主张，对产品营销做出了独特的定位。

汇源此举可谓是神来之笔。

如果一个代言人频繁在同一行业或临近领域代言不同的品牌，这样对后者来讲其品牌形象就会大大削弱，品牌个性也就不突出，呈模糊状态，所以选择品牌代言人的首要标准就是同一品类必须是只我一家，从这一点来讲，汇源选择“傻根”没有错。“傻根”王宝强当时是一个新人，更是一颗耀眼的新星，此前他从没拍摄过任何广告片，汇源携手王宝强，有效彰显了品牌的全新形象与第一形象，这是汇源的高明之处，同时汇源这次不用女星用男星，这样也能一改果汁饮料品牌惯用女星的陈旧手法，让消费者耳目一新。

“超级水果”从理论上讲，肯定比一般普通水果更具营养、更健康，汇源聘请形象阳光、健康，内在淳朴、憨厚的“傻根”来代言“奇异王果”，这一点是比较匹配的，同时“傻根”的传奇经历也较能诠释“奇异”二字的真正内涵。

思考：

1.汇源“奇异王果”运用了哪一种促销策略？

2.汇源“奇异王果”为什么请王宝强做自己的形象代言人？

3.汇源“奇异王果”明星代言策略对其他企业有何借鉴意义？

四、思考题

1.什么是促销组合？四种促销手段的特点是什么？

2.人员推销的过程是怎样的？

3.营业推广的方式有哪些？

4.如何进行广告媒体的选择？

5.公共关系有哪些主要方式？

第五篇

市场营销的组织、执行与控制

第十三章 市场营销的组织、执行与控制

教学目标

学生通过本章学习，学会分析营销组织设计理念，能够根据企业的具体情况制订市场营销计划，掌握市场营销部门的组织形式，以及各种不同的组织形式的特征；了解市场营销计划执行过程中应注意的问题，以及市场营销控制的基本内容。

导入案例

一代“鞋王”百丽国际为何没落？

从1992年投资200万港元成立的一家小厂，到占据国内女鞋市场半壁江山的最大鞋履零售商，百丽国际鼎盛时期在中国内地的门店超过2万家，上市后市值一度超过1000亿港元。然而百丽国际的这一高速发展态势并没有得到延续，2014年百丽集团开店速度开始出现“负增长”甚至反转现象，特别是2016年6—8月，百丽集团在内地关闭了276家门店，基本上是每天关3家。一代“鞋王”为何没落？究其原因在于：

首先，百丽太过于依赖传统的百货商场渠道，而近两年百货商场客源不断减少，其业绩受冲击在所难免。国内电子商务还没有迅猛发展的时候，零售业是线下渠道为王。消费者的主要消费场所是百货商场和街边店，所以很多品牌尤其是服饰鞋帽品牌的成长路径基本是“多品牌战略+疯狂铺货的渠道控制+狂轰滥炸的品牌广告”形式。由于掌握了线下终端渠道，因此像百丽这样的品牌也掌握了充分的定价权，一双鞋子动不动上千块，也能卖得不错。而现在，电子商务的发展打破了层层的中间渠道，人们越来越追求商品的性价比，购买的渠道也越来越多样化。百丽在实体门店投入的巨额成本，已经很难转换成对等的销售额。虽然2009年

百丽分别在天猫、京东上开始了布局，还开办了“淘秀网”，实行的是“网上下单，实体店配送”的模式（也就是O2O），但此模式看起来很美好，却较难实行。比如因为没有专门为网店备货，导致了高缺货率。很多用户打算下单了，过了几个小时却发现产品下架没货了，这种体验特别不好。2011年，百丽开始走平台路线，创立了一个服装鞋帽平台“优购”，但最终却沦为了一个“尾货清仓”的角色。

其次，百丽的产品追不上消费升级的步伐。百丽的新鞋出来时，已经早过了时尚潮流，这跟它的生产供应链流程有关。百丽的生产供应链流程主要是：先是设计团队寻找灵感，敲定样鞋款式。仅此环节，就要经过各相关部门沟通和各类会议讨论，效率极低。然后召开样鞋款式的季度订货会，由各地的经销商选择款式并下订单。再把经销商的订单信息传达给生产部门，并由供应商准备生产原料和配件。最后，工厂开工，生产完成后进行配送。这一整套流程下来，往往需要一年半载，所谓的“新鞋”也早就成了“旧款”。

简要评析

百丽国际如果要持续健康发展，应该着重从两方面入手：一是重构它的内部组织，把过去传统烦冗的科层式管理，改变为更为高效的扁平化管理模式（也就是尽量压缩管理流程），甚至是自组织模式。二是尝试“大数据分析+定制”的商业模式，这也是很多传统服饰鞋帽企业转型的方向。这不仅是百丽需要思考的，也是很多传统企业和品牌需要重视的问题。

第一节　市场营销组织设计

营销计划要靠组织去实施，没有一个有效且符合市场导向要求的组织，再好的计划也只能是纸上谈兵。

一、有效市场营销组织的特征

有效市场营销组织应具有灵活性、适应性和系统性。所谓灵活性、适应性，即企业组织能够根据营销环境和营销目标、策略的变化，迅速调整自己。一般来说，越是成熟的组织，由于经验和惯性的作用，越容易丧失组织的灵活性和适应性，为此，管理学家们也设计了种种模式，试图使营销组织成为具有适应调节功能的系统。营销组织具有系统性，即企业的市场营销、研究与开发、生产、财务、人力资源管理以及市场营销所属各部门，如市场调研、广告宣传、人员推销、实体分配等都能相互配合，具有整体协调性，共同为满足顾客需要的目标而协同工作，获得整体大于部分的效果。

二、营销部门的组织结构演变

创建实用和高效的营销组织的核心问题在于从营销活动(包括战略制定和实施)的集中化和分散化之间寻求一种协调与平衡。各类公司营销部门组织形式的演变展示了这一历程。

(一)小型公司设置相对简单的销售部门

在小型公司中,由于人员很少,一般设置一名销售经理负责市场开发并管理销售队伍(如图13.1所示),而总经理本人也或多或少从事某些销售活动,尤其是对于公司的大客户。公司其他的营销职能如市场调研或广告通常采取外购方式获得。

(二)兼有某些营销职能的销售部门

当公司的市场销售规模扩大时,原有的组织形式不再适应市场需要,需要增加某些职能(如图 13.2 所示),如莱美公司增加广告管理职能,设置一名营销经理来负责广告媒体发布,而专业化程度高的广告创意和设计还多采取外购方式获得。有的公司相应地需要设置一名销售副总经理来负责销售队伍和营销经理的工作。

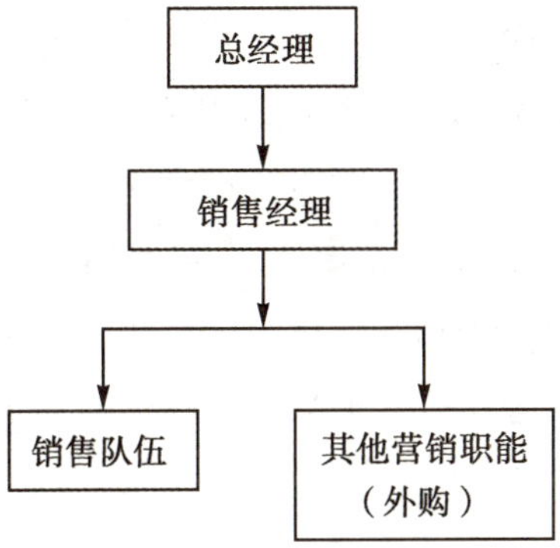

图 13.1 简单销售部门

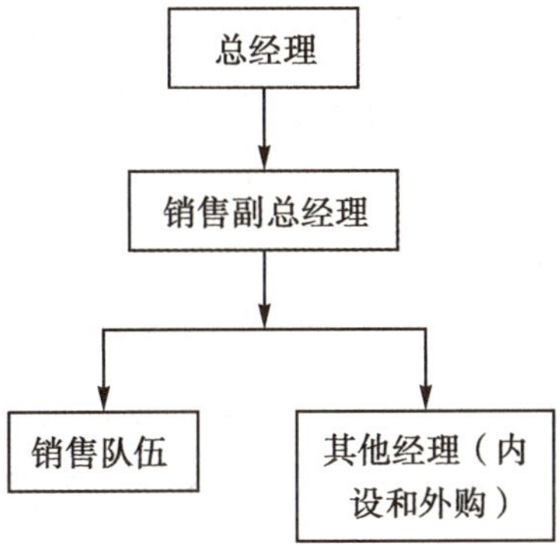

图 13.2 兼有某些营销职能的销售部门

(三)发展成独立的营销部门

随着公司业务的不断发展,必须增加市场营销更多的职能,如营销调研、广告、公共关系、顾客服务等,同时设置相应的部门经理,如销售经理、广告经理等,这些与市场营销相关的职能部门相互之间有着比较密切的配合(如图 13.3 所示)。如果这些部门缺乏协调或有明显冲突时,有必要设置一个市场营销副总经理职位,负责公司总体的营销工作。营销副总经理一方面会协调管理各职能部门的工作,另一方面也会在公司高层为营销部门争取更多的资源,如增加销售人员,提高推销员的报酬,参与新产品的开发,争取更多的广告费等。

(四)营销公司

如果公司的业务发展迅速,市场覆盖面极速扩展,或公司战略发生了很大变化时,公司会考虑将市场营销职能从其他的产品事业部里全部集中起来,成立独立的市场营销公司,负责公司全部生产线的销售工作(如图 13.4 所示)。TCL 公司最初就设立了独立于公司其他事业部的销售公司,全面负责 TCL 公司的市场营销工作。双汇公司在实行纵向一体化战略进入商业连锁零售业务时，也调整了营销组织结构，单独设立了双汇商业公司，负责全部产品线的销售工作和双汇连锁店业务的发展。

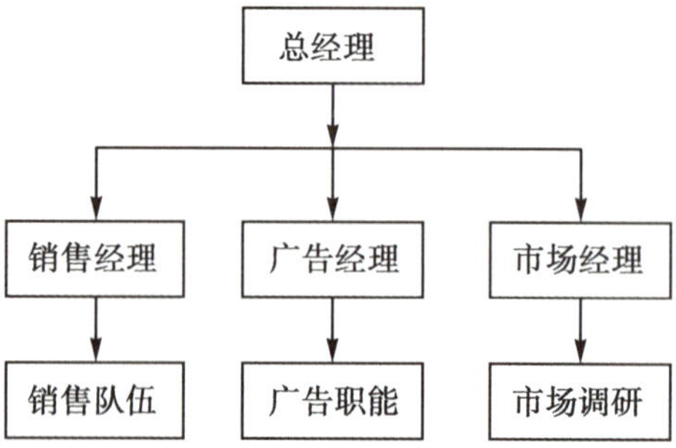

图 13.3　独立的营销部门

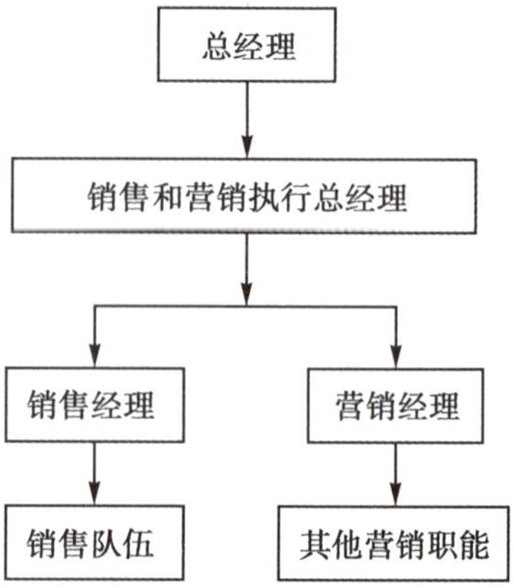

图 13.4　营销公司

需要注意的是，市场营销人员和销售人员是两种截然不同的群体，尽管市场营销人员很多来自销售人员，但还是不应将他们搞混，并不是所有销售人员都能成为市场营销人员的。事实上，在这两种职业之间有着根本的不同。从专业性而言，市场营销经理的任务是确定市场机会，准备市场营销策略并计划组织新产品进入市场，使销售活动达到预定目标；而销售人员则是负责实施新产品进入市场和进行销售活动。在这一过程中常出现两种问题：如果市场营销人员没有征求销售人员对于市场机会和整个计划的看法和见解，那么在实施过程中可能会导致事与愿违；如果在实施后市场营销人员没有收集销售人员对于此次行动计划实施的反馈信息，那么他们很难对整个计划进行有效控制。

三、市场营销部门的组织形式

为了实现企业目标，市场营销经理必须选择合适的市场营销组织。大体上，市场营销组织的类型有以下五种：

（一）职能型组织

这是最古老也最常见的市场营销组织形式。它强调市场营销各种职能如销售、广告和研究等的重要性。从图 13.5 可以看出，该组织把销售职能当成市场营销的重点，而广告、产品管理和研究职能则处于次要地位。当企业只有一种或很少几种产品，或者企业产品的市场营销方式大体相同时，按照市场营销职能设置组织结构比较有效。但是随着产品品种的增多和市场的扩大，这种组织形式就暴露出发展不平衡和难以协调的问题。既然没有一个部门能对某产品的整个市场营销活动负全部责任，那么各部门就强调各自的重要性，以便争取到更多的预算和决策权力，致使市场营销总经理无法进行协调。

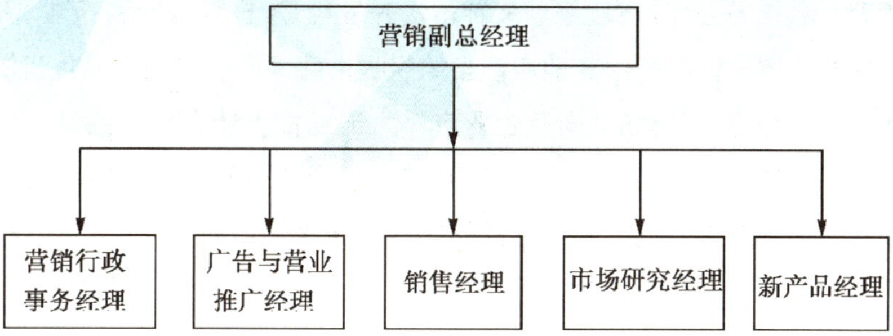

图 13.5 职能型组织

(二)产品型组织

产品型组织是指在企业内部建立产品经理组织制度,以协调职能型组织中的部门冲突。在企业所生产的各产品差异很大、产品品种太多,以致按职能设置的市场营销组织无法处理的情况下,建立产品经理组织制度是适宜的,如图 13.6 所示。其基本做法是,由一名产品市场营销经理负责,下设几个产品线经理,产品线经理之下再设几个具体产品经理去负责各个具体产品。

产品型组织形式的优点在于产品市场营销经理能够有效地协调各种市场营销职能,并对市场变化做出积极反应。同时,由于有专门的产品经理,那些较小品牌产品可能不会受到忽视。不过该组织形式也存在不少缺陷:(1)缺乏整体观念。在产品型组织中,各个产品经理相互独立,他们会为保持各自产品的利益而发生摩擦,事实上,有些产品可能面临着被收缩和淘汰的境地。(2)部门冲突。产品经理们未必能获得足够的权威,以保证他们有效地履行职责。这就要求他们得靠劝说的方法取得广告部门、销售部门、生产部门和其他部门的配合与支持。(3)多头领导。由于权责划分不清楚,下级可能会得到多方面的指令。例如,产品广告经理在制定广告战略时接受产品市场营销经理的指导,而在预算和媒体选择上则受制于广告协调者。

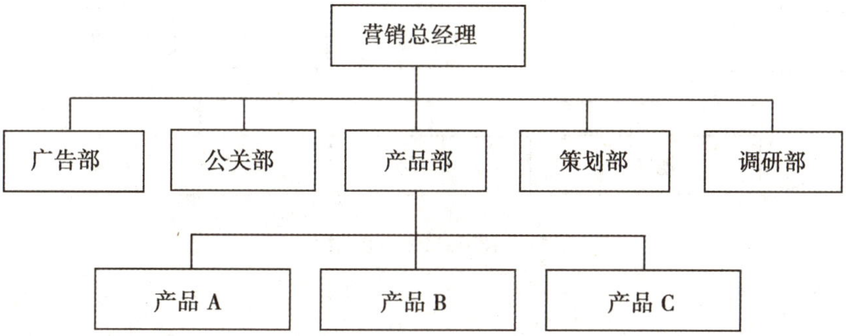

图 13.6 产品型组织

(三)市场型组织

当企业面临如下情况时,建立市场型组织是可行的:拥有单一的产品线;市场各种各样(不同偏好和消费群体);不同的分销渠道。许多企业都在按照市场系统安排其市场营销机构,使市场成为企业各部门为之服务的中心。市场型组织的基本形态如图 13.7 所示。一名市场主管经理管理几名市场经理(市场经理又称市场开发经理、市场专家和行业专家)。市场经理开展工作所需要的职能性服务由其他职能型组织提供并保证。其职责是负责制订所辖市场的长期计划和年度计划,分析市场动向及企业应该为市场提供什么新产品等。他们的工作成绩常用市场占有率的增加情况来判断,而不是看其市场现有盈利情况。市场型组织的优点在于企业的市场营销活动是按照满足各类不同顾客的需求来组织和安排的,这有利于企业加强销售和市场开拓。其缺点是存在权责不清和多头领导的矛盾,这和产品型组织类似。

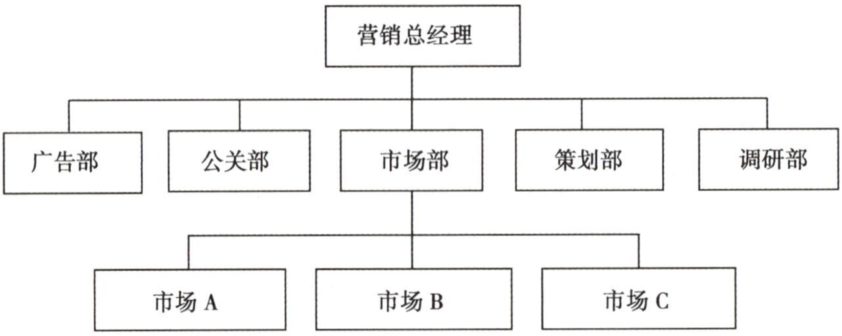

图 13.7　市场型组织

(四)地区型组织

如果一个企业的市场营销活动面向全国,那么它会按照地理区域设置其市场营销机构。该机构设置包括一名负责全国销售业务的销售经理和若干名区域销售经理、地区销售经理及地方销售经理。为了使整个市场营销活动更为有效,地区型组织通常都是与其他类型的组织结合起来使用,如图 13.8 所示。

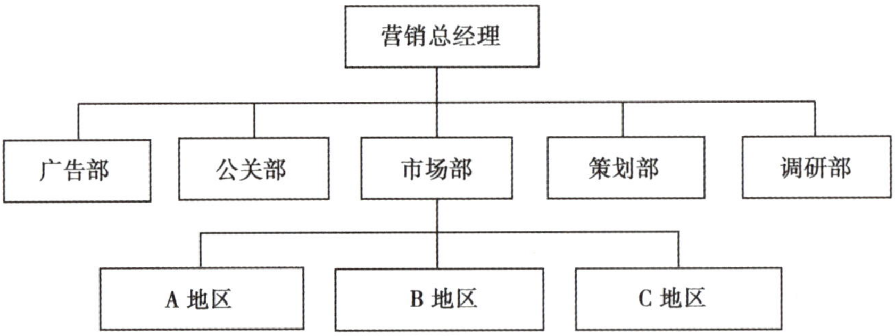

图 13.8　地区型组织

(五)矩阵型组织

矩阵型组织是职能型组织与产品型组织相结合的产物,它是在原有的按直线指挥系统为职能部门组成的垂直领导系统的基础上,又建立一种横向的领导系统,两者结合起来就组成一个矩阵(如图 13.9 所示)。在市场营销管理实践中,矩阵型组织的产生大体分两种情形:(1)企业为完成某个跨部门的一次性任务(如产品开发),就从各部门抽调人员组成由经理领导的工作组来执行该项任务,参加小组的有关人员一般受本部门和小组负责人的共同领导。任务完成后,小组撤销,其成员回到各自的岗位。这种临时性的矩阵型组织又叫小组制。(2)企业要求个人负责维持某个产品或商标的利润，把产品经理的位置从职能部门中分离出来并固定化，同时，由于经济和技术因素的影响，产品经理还要借助于各职能部门执行管理，这就构成了矩阵。矩阵型组织能加强企业各部门间的协作，能集中各种专业人员的知识技能又不增加编制，组建方便，适应性强，有利于提高工作效率。但是双重领导，过于公权化，稳定性差和管理成本较高的缺陷又多少抵消了一部分效率。

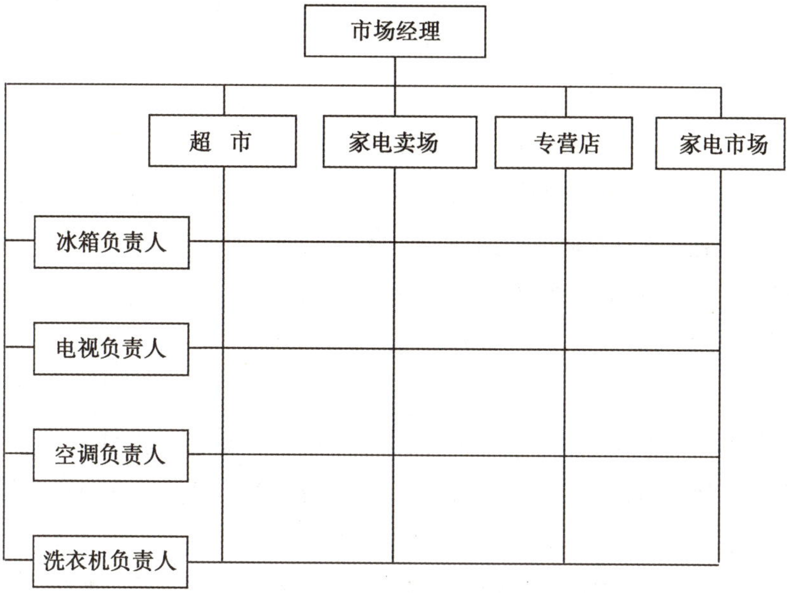

图 13.9　矩阵型组织

四、市场营销组织的设计

企业设计一个市场营销组织是营销工作顺利展开的前提。同时，随着企业自身的发展及外部环境的变化，市场营销组织又不断地调整和发展。

（一）市场营销组织设计的一般程序

市场营销组织设计的一般程序由下列几个步骤构成：

1.分析营销组织环境

任何一个市场营销组织都是在不断变化着的社会经济环境中运行的，要受这些环境因素的制约。由于外部环境是企业的不可控因素，因此，市场营销组织必须随着外部环境的变化而不断地调整、适应。外部环境包括很多复杂因素，而对市场营销组织影响最为明显的是市场状况和竞争者状况。

（1）市场状况。市场状况首先是指市场的稳定程度。市场越不稳定，市场营销组织也就越需要改变，即必须随着市场变化及时调整内部结构和资源配置方式。从产品生命周期来看，在产品生命的不同阶段，企业的市场营销战略和市场营销组织应相应地随之改变。通常在导入期，企业冒着很大的风险向市场投放产品，往往需建立临时性的组织如销售小组，以便迅速地对市场行为做出反应。在成长期,消费需求增大,利润不断上升,吸引了大批竞争者进入该市场,这时企业要建立有效的市场营销组织如市场导向型矩阵组织,确立自己强有力的竞争地位。在成熟期,消费需求稳定,利润开始下降,于是企业必须建立高效率的组织如职能性金字塔形组织,以获取最大利润。而在衰退期,产品需求减弱,此时,企业为保持原有的利润水平,需精简部分组织机构,有时也可能设立临时机构,帮助产品重新开拓市场。

(2)竞争者状况。企业要根据竞争者的数量和竞争对手的行为做出反应,就要使其市场营销组织结构不断地加以改变和调整。

2.确定组织内部活动

市场营销组织内部的活动主要有以下两种类型:

(1)职能性活动。它涉及市场营销组织的各个部门,范围相当广泛。企业在制定战略时,要确立各个职能在市场营销组织中的地位,以便开展有效的竞争。

(2)管理性活动。它涉及管理任务中的计划、协调和控制等方面。管理工作应体现极大的灵活性,能根据营销环境的变化及时调整对策。

3.建立组织职位

企业在确定了市场营销组织活动之后,还要建立组织职位,使这些组织活动有所归附。为此需要考虑三个要素,即职位类型、职位层次和职位数量,以明确各个职位的权力、责任及其在组织中的相互关系。

(1)职位类型。每个职位的设立都必须与市场营销组织的需求及其内部条件相吻合。对职位类型的划分有三种方法:一是划分为直线型和参谋型。处于直线职位的人员行使指挥权,领导、监督、指挥和管理下属人员;而处于参谋职位的人员则拥有辅助性职权,包括提供咨询和建议等。二是把职位划分为专业型和协调型。三是把职位划分为临时型和永久型。严格地说,没有任何一个职位是永久的,它只是相对于组织发展而言较为稳定而已。临时型职位主要是短时期内企业为完成某项特殊任务而设立的,如进行大规模组织调整时,就需要设立临时型职位。

(2)职位层次。职位层次是指每个职位在组织中地位的高低。比如,公共关系和销售管理的地位孰高孰低,对于不同的企业,情况就大不一样。它主要取决于职位所体现的市场营销活动与职能在企业整个市场营销战略中的重要程度。

(3)职位数量。职位数量是指企业建立组织职位的合理数量,它同职位层次密切相关。一般职位层次越高,辅助性职位数量就越多,建立组织职位时,必须以市场营销组织活动为基础。企业可以把市场营销活动分为核心活动、重要活动和附属性活动三种。核心活动是企业市场营销战略的重点,首先要根据核心活动来确定相应的职位,而其他的职位则围绕这一职位依其重要程度逐次排定。

职位的权力和责任的规定,主要体现在工作说明书上。工作说明书包括职位的名称、主要职能、职责、职权和此职位与组织中其他职位的关系,以及与外界的关系等项。如果企业决定设立新的职位,有关部门主管就应会同人事专家拟定关于该职位的工作说明书,以便于对应聘人员进行考核和挑选。

4.设计组织结构

组织结构的设计和组织职位密切相关。企业如果采用矩阵型组织,就要建立大量的协调性职位;如果采用金字塔形组织,则要求有相应的职能性职位。因此,设计组织结构的首要问题,是使各个职位与所要建立的组织结构相适应。从这个意义上来讲,对组织结构的分析要注重外部环境因素并强调组织的有效性。

5.人员配备

企业配备组织人员时必须为每个职位制定详细的工作说明书,从受教育程度、工作经验、个性特征及身体状况等方面进行全面考查。而对重组组织来讲,还必须重新考核现有员工的水平,以确定他们在重组组织中的职位。

6.组织评价与调整

市场营销组织需要调整的原因主要有以下几点:

(1)外部环境的变化。这包括经济周期的变化、法律法规和财政政策、产品系列或销售方法的改变等。

(2)组织主管人员的变动。新的主管人员试图通过改组来体现其管理思想和管理方法。

(3)现存组织结构有缺陷。当存在着管理宽度过大或层次太多、信息沟通困难或部门协调不够、决策缓慢等问题时,新的主管人员试图通过改组来解决上述问题。

企业市场营销组织的设计和发展大体要遵循以上六个步骤,这六个步骤相互联系、相互作用,形成一个动态有序的过程。为了保持市场营销组织的生机和活力,市场营销经理就要根据这一过程进行有效决策。

(二)市场营销组织设计的原则

1.整体协调性原则

协调是管理的主要职能之一。设置市场营销机构需要遵循整体协调和主导性原则,主要内容包括:

(1)设置的市场营销机构,能够对企业与外部环境,尤其是市场、顾客之间关系的协调发挥积极作用。满足市场的需要,创造满意的顾客,是企业最为基本的宗旨和责任。比竞争者更好地完成这一任务,是组建市场营销部门的基本目的。

(2)设置的市场营销机构,能够与企业内部的其他机构相互协调,并能协调各个部门之间的关系。市场营销部门通过识别、确认和评估市场需求,选择和决定企业能够最好地为之服务的市场或顾客群体,进而引导企业的财务、研发、生产等活动。无论是生产管理、研究与开发管理还是财务管理、人力资源管理,都应当服从于市场营销,成为市场营销的支持性职能;市场营销则是企业管理和经营中的主导性职能。

(3)市场营销部门内部的人员机构及层次设置也要相互协调,以充分发挥市场营销机构自身的整体效应。只有做到从自身内部到企业内部,再到企业外部的协调一致,市场营销机构的设计才能说是成功的。

总之,市场营销部门应当做到在面对市场、顾客时,能够代表企业;面对企业内部各个部门、全体员工时,又能代表市场;同时,自身内部又具有相互适应的弹性机构,组成一个有机的系统。

2.管理跨度与管理层次适当原则

管理跨度是一个"横向"的概念;管理层次是一个"纵向"的概念,是指一个组织属下不同的等级数目。管理职能、范围不变,一般来说,管理跨度与管理层次是互为反比关系的:管理的跨度越大,层次越少;反之,跨度越小,则管理层次越多。

应当指出的是,市场营销组织管理跨度及管理层次的设置,不是一成不变的,机构本身应当具有一定的弹性。企业需要根据变化着的内部与外部情况,及时调整市场营销部门的组织结构,以适应发展的需要。应当记住,组织形式和管理机构只是手段,不是目的。

3.有效性原则

效率是衡量一个组织水平的重要标准。在企业内部,各个部门的效率表现在:能在必要的时间里,完成规定的各项任务;能以最少的工作量换取最大的成果;能很好地吸取过去的经验教训,并在业务上不断有所创新;能维持机构内部的协调,而且及时适应外部环境、条件的变化。

体现有效性,实现工作的高效率,必须具备一些基本条件:一是市场营销部门要有与完成自身任务相一致的权利,并且责、权、利相结合。二是市场营销组织要有畅通的内部沟通和外部信息渠道。三是善于用人,各司其职。各级市场营销管理人员,应当善于发现下属的优点,发挥每一个人的专长。为了保证效率,要制定规章制度,包括奖惩调用。

案例衔接 13-1

业绩不佳,郎酒集团将老郎酒事业部整体并入红花郎

一向低调的郎酒集团突起波澜,在官网上发布消息称,决定将老郎酒事业部整体并入红花郎事业部。

此轮调整完成后,郎酒销售公司由下辖六个事业部缩减为五个事业部,即红花郎事业部、小郎酒事业部、郎牌特曲事业部、新郎酒事业部和郎牌原浆事业部,分别对应着各自的核心产品。其中,红花郎事业部拥有员工1500余人。

对于整合原因,郎酒集团表示,2016年上半年,红花郎产品量价齐升,郎牌郎酒2016年恢复上市以来,已成为市场中档酱酒的代表产品。因此,公司决定整合红花郎事业部和老郎酒事业部酱酒精英销售队伍,统筹协调酱酒发展资源,聚合力量推动郎酒酱香产品向中高端集中发展。

对此，有业内人士认为，老郎酒事业部砍掉老郎酒1898和老郎酒1956后，全力发展郎牌郎哥和郎牌郎酒，但前者是新产品，需要经历一段时间的培育期，后者则是老产品重新面向市场，都暂时无法担起核心产品的重任。因此取消老郎酒事业部，将其并入红花郎事业部，以深度布局酱香酒市场。业内也有猜测，以此看来，未来郎酒集团有可能将小郎酒和新郎酒进行合并，以深度配合郎酒集团的"一树三花"战略，树立酱香、浓香、兼香三大板块产品市场。

温和酒业总经理肖竹青指出，两个事业部在产品的价格体系方面有重叠，合并后利于更好地控制费用，提高利润保证。

第二节　营销计划的执行与控制

基于营销计划的管理过程包括营销计划的制订、实施、评价及控制。其中涉及公司内部许多职能部门和公司外部的一些组织，必然导致大量的协作和互动。成功地实施营销计划需要营销管理者协调各种职能，达成广泛一致的意见，并协同起来完成营销计划的目标。

一、营销计划的执行

企业的市场营销管理过程是企业市场营销的计划、组织、执行和控制的过程，是企业根据外部环境变化，结合自身资源特点，不断地制定、调整和修正营销战略，以实现营销目标的管理活动。市场营销计划是企业市场营销活动的基础，而市场营销计划的成功实施离不开有效的市场营销组织，市场营销控制则是市场营销活动能够按照计划实现的重要保证。

（一）市场营销计划的概念

市场营销计划是企业指导、协调市场营销活动的主要依据。市场营销计划是在对企业市场营销环境进行调研分析的基础上，按年度制定的企业和各业务单位的营销目标及实现这一目标所采取的策略、措施和步骤的明确规定和详细说明。

"市场营销计划"是一个统称。从特定层面来看，它一般可以分为品牌计划、产品类别市场营销计划、新产品计划、细分市场计划、区域市场计划、客户计划等。

市场营销计划与企业的战略规划之间的区别在于：市场营销计划属于企业的职能计划之一，是企业整体战略规划在营销领域的具体化；而企业战略规划仅仅是企划工作的始点，它引导制订更周密、更完整的计划以完成组织的目标。

案例衔接 13-2

某移动运营商的一次失败的促销活动

某移动运营商为了留住老客户，并增加新入网客户，除进行大规模的广告宣传外，拟按在网时间长短给老客户以相应的手机购买补贴，同时赠送一个包含话费的手机号码。

该活动由营销中心宣传室主任临时指定几个人组成一个活动小组。当天天气不好，早上下小雨，中午台风大作，大雨倾盆，现场混乱不堪。不巧的是现场带去的 SIM 卡与所放号码不对应，已经办理完手续的一大批顾客无法开机。于是，工作人员通过现场喇叭请求顾客到指定位置更换 SIM 卡。此时，指挥声、抱怨声、怒骂声、风雨声、喇叭声，声声刺耳。

活动负责人决定取消第二天的活动，在现场放了一块告示牌，上面胡乱地写了要顾客到指定的营业厅办理的通知。而第二天天气却开始好转，很多顾客远道而来，看到这样的通知，再加上第一、第二档次的优惠已经推完，需要顾客降低档次来享受优惠，顾客感觉承诺不能兑现，非常气愤。

该活动支出宣传费、场地费、手机补贴总共 120 多万元，发展用户 1000 人，但平均每个用户每月贡献的业务收入（APRU）严重低于现有的总体平均水平。

（二）市场营销计划的作用

市场营销计划是指导和协调市场营销活动的主要工具，是企业市场营销活动顺利进行并取得良好经济效益的前提。企业必须为每一次的市场营销活动精心地准备计划，并分析、预见实施中可能出现的各种问题，设置防范措施，这样才能使企业的市场营销活动取得预期的效果。

市场营销计划的作用主要表现在以下三点：

第一，市场营销计划是企业对未来市场营销活动的规划和行动策略，有利于企业对整个营销活动的有效控制。

第二，市场营销计划可以减少企业市场营销活动的盲目性，使企业有明确的营销目标，并且使企业能够明确地知道应该通过何种营销手段来达到该营销目标。

第三，科学合理的市场营销计划可以使企业更好地协调各部门、各环节的关系，使各部门的行动保持一致，从而促使企业营销目标的实现。

（三）市场营销计划的内容

市场营销计划的内容主要包括以下八个部分：内容概要、当前营销状况、风险与机会、确定市场营销目标、营销战略、营销行动方案、营销预算及营销控制。

1.内容概要

内容概要是针对主要营销目标和措施所做的简短摘要,体现该计划的主要内容。

2.当前营销状况

这部分内容主要提供产品目前营销状况的背景资料,包括市场、产品、竞争、分销和营销环境状况的分析。

(1)市场状况分析。要列举出有关目标市场规模和相关成长性数据及顾客的需求状况等。

(2)产品状况分析。列出企业产品组合中每一个品种最近几年的销售价格、市场占有率、成本、费用和利润率等方面的数据。

(3)竞争状况分析。企业在根据自身优势制定营销战略时,应该考虑竞争者的优势与劣势,从而找到企业自身的竞争优势。因此,竞争状况的分析是要识别出企业的主要竞争者,并列出竞争者的规模、目标、市场份额、产品质量、价格、营销战略和其他有关特征,从而了解竞争者的意图、行为,判断竞争者的变化趋势。

(4)分销状况分析。这一部分需要描述公司产品所选择的分销渠道的类型和在各种分销渠道上的销售数量。

(5)营销环境状况分析。营销活动不是发生在真空里,而是发生在一个充满大量不可控因素的环境中,这些因素包括法律法规、社会状况、经济条件、技术因素和竞争因素等。市场营销的一个重要工作就是发现并利用市场机会,而市场机会来自营销环境的变化。成功的营销者能够意识到环境的变化,并且能决定如何利用这些变化。营销环境状况的分析主要是对营销环境的状况和主要发展趋势做出简要的评价。

3.风险与机会

在这项分析中,必须把对企业机会与威胁的分析与对企业优势与劣势分析结合起来进行,这样才能使这项分析真正为企业带来赢利的机会,规避可能遇到的风险。一个市场机会能否成为企业的营销机会,关键在于这个机会是否与企业在目标和资源方面的优势相匹配,如果企业在这方面具备优势,那么就应当充分发掘和利用这个市场机会。因此,在市场营销计划中要对市场机会和风险进行科学、详细的预测、分析和判断。

(1)要进行机会/威胁分析,通过对外部环境变化趋势的分析,识别出有利于企业发展的市场机会及可能影响企业经营,甚至危及企业生存的主要环境威胁。

(2)要进行优势/劣势分析,即通过对内部经营环境和条件的分析,明确本企业相对于竞争者所具备的战略优势和劣势。

(3)要对企业所面临的市场机会、环境威胁,企业所具备的优势与劣势等要素进行综合分析,将良好的市场机会与企业优势相结合,同时要努力防范和化解因环境威胁和企业劣势带来的市场风险。

4.确定市场营销目标

营销目标是企业制定营销战略和营销计划所实现的目标。确定企业的市场营销目标，是市场营销计划的核心内容。营销目标必须是明确的，而不是模糊的；营销目标必须是一种在执行中可以测量的行动，而不是难以控制的变量；营销目标必须是可以行动的方案，而不是一个空洞的想法；营销目标必须是现实的，不切实际的目标在开始行动之前就注定会失败；营销目标必须考虑到时间因素，也就是必须考虑开始的时间和结束的时间；营销目标还要具备一定的开拓性。

营销目标可以由以下指标构成，如销售收入、销售增长率、销售额、品牌知名度、分销范围等。

5.营销战略

为了实现营销目标，企业必须制定营销战略和行动计划，营销战略包括目标市场选择和市场定位战略、营销组合战略、营销预算战略等。

(1)目标市场选择和市场定位战略是指明确企业的目标市场，即企业准备服务于哪个或哪几个细分市场，如何进行市场定位，确定何种市场形象。

(2)营销组合战略即企业在目标市场上所采取的具体的营销策略，包括产品策略、价格策略、渠道策略和促销策略。产品策略包括提出新增产品项目构想，确定各产品项目在质量、款式等方面的具体要求，决定研究开发费用等；价格策略是指企业要如何确定产品的价格；渠道策略主要是确定分销渠道的安排及费用预算；促销策略包括选择促销手段，确定促销组合及促销费用等。

(3)营销预算战略要详细说明为执行各种营销战略所必需的营销预算费用，并且要以科学的方法确定恰当的费用水平。

6.营销行动方案

为了有效实施市场营销计划，市场营销部门及有关人员需要制订详细的行动方案。因此，这部分内容是对各种营销战略的具体实施制订详细的行动方案。即阐述将做什么，何时开始，何时完成，由谁来做，成本是多少。

为落实营销战略，需要制订出可实际操作的具体计划和行动方案，方案必须明确市场营销计划中的关键性环节、措施和任务，并将任务和责任分配到个人或团队，对于每个营销战略要素，应具体决定由何人、在何时何地、花多少费用、采用何种方法及实施步骤、负责完成哪些具体工作。方案还应包含具体的时间表，即每一行动的确切时间。整个行动计划可用列表的形式加以说明。

7.营销预算

一定的市场营销组合决策需要一定的营销费用开支，而且总的营销费用支出还要合理地在市场营销组合的各种手段间进行预算分配，企业总的营销费用预算一般是基于预期销售额的一定比率确定的。最后，公司要分析为达到一定的销售额或市场份额所必须要做的工作及计算完成这些工作的费用，以便确定营销费用总开支，并将营销费用在各职能部门或各营销手段之间进行分配。

事实上，对市场营销计划的营销预算部分就是要列出一张实质性的预期损益表，在收益的一方面要说明预计的销售和平均价格，在支出的一方面要说明生产成本、分销成本和营销费用。收入和支出的差额即是预期利润。企业的各业务单位做出营销预算后要送上级主管审批，经批准后，该项预算就是材料采购、生产调度、劳动人事及各项营销活动的依据。

8.营销控制

营销计划的最后一部分是对计划的检查和控制，目的是监督计划的进程。一般地，计划的定期营销控制工作，即对各个战略业务单位的业绩定期考核目标和预算是按月份或季度分别制定的。凡未完成计划的部门，其主管人员必须说明原因，并提出改进措施，以争取实现预期的目标；从而使组成整个营销计划的各个部门的各项工作得到有效的控制，保证整个计划能井然有序、卓有成效地付诸实施。

拥有营销计划并不能保证一定成功，在市场营销计划的实施中，会出现一些这样或那样的问题，以至于好的市场营销战略、战术不能带来期望的业绩。

营销计划中常见的问题主要表现在以下七个方面：

(1)市场营销计划中缺乏足够的现状分析。现状分析是一个完整计划的基础，缺乏本企业和竞争者的重要信息会导致战略计划的短视。这就要求企业平时就做好有关信息的收集整理工作，而不是到制订战略计划时才临时抱佛脚。

(2)营销目标不现实。企业最高管理层不能根据其主观愿望来规定目标水平，而应当根据对市场机会和资源条件的调查研究和分析来规定适当的目标水平。低估或高估企业的目标，都不会给企业带来满意的结果。

(3)市场营销计划中没有足够的细节分析。企业的目标也许制定得很好，但战略及其实现步骤如果不完善、不具体同样也是不够的。企业的战略计划应分层次、具体化、数量化，说明什么任务、何时和由何人来实施计划，这样便于企业的最高管理层对管理计划的执行和过程进行控制。

(4)市场营销计划因循守旧，维持现状。企业的营销计划如果每年都一样，也将不会给企业的发展带来好的结果。企业自身在发生变化，市场环境在发生变化，竞争对手的实力与结构也在发生变化，因此，企业的市场营销计划必须根据市场环境的变化不断地调整。

(5)缺乏具体、明确的行动方案，计划没有被实施。如果企业的营销管理者制订了一个好的计划后，却从来不采取任何行动来实施它，其结果只能是形同虚设。

(6)竞争者有出乎意料的行动。竞争者有力竞争的标志是他们能够根据其自身特点灵活而又果断地采取行动。企业决不能低估竞争对手，应该留有足够的余地来调整企业的战略计划和预算。

(7)没有评估战略计划进程。调节战略计划的唯一途径是评估各阶段应该做什么和不应该做什么，以便发现问题并及时解决。

制订一个市场营销计划，往往要经过对背景或营销现状的描述，进行SWOT分析（态势分析法），拟定营销计划的目的和目标，确定实现目的、目标的战略，并且制定一套在战略指导下有机整合的营销组合策略，围绕该计划制订一个详细的、有可行性的行动方案，以及计划和方案的实施控制等几个步骤。以下是一个常用市场营销计划书纲要。

案例衔接 13-3

常用市场营销计划书纲要

一、标题

一个代表主题的词或者一句话，然后以实际内容为副标题。

二、概论

阐述计划的内容梗概。

三、指导思想

阐述计划编写的理念和数据依据。

四、本文注释

对一切需要特别说明的引用或者内容提前解释（特别是在报告的读者缺乏专业知识时）。

五、中心思想

确立本计划的核心内容。

六、竞争者分析

1.环境

阐述和分析目标市场的环境状况。

2.对手

详细阐述竞争对手的状况（数据越充分越好，并且对数据进行分类）。

3.消费市场

阐述和分析目标市场的状况和客户特点。

4.自身

本公司的竞争力分析（有必要预先访谈领导，把握其意图）。

5.结论

对上述分析进行总结。

七、市场定位

根据分析结论进行市场定位。

八、策略定位

根据市场定位分别对市场、产品、价格、渠道、宣传等方面进行基本策略定位。

九、营销策略

1.市场策略

2.产品策略

3.渠道策略

4.价格策略

5.服务策略

6.协同策略

十、策略实施

分别对策略项目做出实施计划及预算、总预算。

十一、执行目标

对策略的组织执行和控制方案进行描述。

十二、备注

根据本公司情况,列出不可控、不可估因素等。

(四)营销计划的执行

营销计划的执行或实施是指将营销计划转化为任务部署和行动的过程,并保证任务的完成,以实现营销计划所确定的目标。设计再精巧或再有创意的营销计划,如果得不到有效实施,那也是无济于事的。这也是近几年来“执行力”受到理论界和企业界普遍关注的根本原因。

有关研究证实,有两组因素对营销战略的实施产生影响:一是结构因素,如公司的营销职能、控制系统和政策方针等。二是执行因素,如营销经理的谈判能力、资源分配和建立非正式组织的安排等。因此,一个高效率的执行过程应该明确要实施的活动、谁负责实施、实施的时间和所需的预算及实施过程如何实现。显然,寻求一位合适的执行者是至关重要的。

在营销计划实施过程中,执行者还必须关注以下四个方面的问题:一是时机的把握。市场的发展过程和变化的状态是有规律的,违背这一规律强行实施很难取得好的效果。把联通CDMA(扩频多址数字式通信技术)移动通信服务定位于高端客户无疑是建空中楼阁的奢望。万燕公司的失败也因为时机,而爱多则将时机把握得恰到好处并善用广告策略。二是营销物流问题。远在内蒙古的伊利公司和蒙牛公司苦于当地市场需求无法吸纳其庞大的产量,而不得不向全国市场拓展。如果没有利乐包这种保质期长的包装,要想实现战略目标是根本不可能的。海尔在国外建厂所考虑的因素之一就是电冰箱的运输及成本问题。三是广告等营销沟通的有效性。“送礼就送脑白金”之所以有效就在于其沟通目标设在了激发购买行为上,而非一般的知晓或劝说阶段。四是成本。这是需要特别关注的。许多商家宣称“买100送100”,若果真全部如此,不附加诸多条件,将必然导致亏损。

二、营销计划的控制

营销战略很少一成不变,随着市场环境的变化,营销战略和营销组合也要灵活变化。

(一)营销战略的变化根源

营销战略变化有多种诱因。下面主要讨论市场演进、市场重新定义和营销渠道的变化。

1.市场演进

市场演进源于对产品基本需求的变化和技术创新。例如,食品安全意识的提高导致了顾客对双汇冷鲜肉的需求增长,推动了双汇连锁零售战略的成功实施。技术创新和新技术的普及会促使市场演进和营销策略发生变化,如全球移动通信系统(GSM)的普及及短信服务的发展,为厂商提供了能够定制信息和定向传播的低成本媒体。电话的普及、因特网的发展和电子邮件的普遍使用、短信的普及使得邮政失去了传统信函业务的顾客基础,因此企业必须去寻找新的业务。

2.市场重新定义

市场重新定义来自顾客对于产品要求的变化和竞争者的促进作用。例如,向工商企业推销财务管理软件的销售人员会发现,客户所需要的不仅仅是一套计算机系统和财务管理软件,而是需要一套行之有效的解决方案,包括长期的售后服务和软件升级。向大学推销教材的出版公司会发现,不仅要编辑出版高水准和适用的教材,还要考虑如何让具有选择权的教师知晓和试用,并提供相应的教辅材料,即做好一系列服务,这样生意就自然会源源不断。许多企业在重新定义的市场中赢得了竞争优势。

3.营销渠道的变化

营销渠道的变化,主要是由于零售商不断扩大经营的产品组合,或由产品线专门化的零售商的崛起而引发的。例如,一些便利店增加了粮食类、蔬菜类和冷藏保鲜类产品线,使得产品组合更丰富,迎合了购买者一次购齐的便利购买要求。同时,一些专业化的商店通过连锁或加盟而迅速成长并扩大规模,如国美电器、苏宁云商集团等。这种趋势使许多制造商重新评估渠道关系和产品及服务的潜在销售商。我国大型家电厂商曾经避免受制于国美电器等家电产品零售商,而不愿与之打交道。现在,随着国美电器、苏宁云商集团等的发展,它们占据了家电产品越来越高的市场份额,大型家电制造商纷纷介入其家电产品专业化销售渠道。注意到这种趋势的企业从变化中得到了利益。

(二)营销战略控制和经营控制

营销控制过程是要实现对环境变化的战略性适应和对效率要求的经营性适应的机制。营销控制包括两类相辅相成的活动:一是战略控制,它与“做正确的事”有关。战略控制的核心问题是通过企业显性或隐性的目的、目标、战略和应付环境变化及竞争活动的能力来评估组织的方向,确定组织能力和目标的适应性以及环境的机会和威胁。二是经营控制,它与“正确地做事”有关。经营控制的核心问题是评估组织营销活动的实施效果。其假定是,企业战略的方向是正确的，只是组织实现特定目标的能力需要加强。

必须把握战略控制和经营控制两者的区别。正如“计划执行不好就像不好的计划一样，容易产生不良的后果”，虽然不良后果最终都是一样的，企业将面临销售额下降、市场份额下降，但两种情况下的控制措施却截然不同。着眼于经营控制的措施，重点强调营销努力或识别提高效率的途径；着眼于战略控制的措施，则强调提高组织的有效性以寻求机会或减轻环境的威胁。对战略控制和经营控制的选择错误，可能会导致严重的后果。例如，企业若是追加更多的资金投入设计错误的营销战略中，只会导致成本的进一步增加和利润的大幅度下降。

››› 本章小结 ‹‹‹

市场营销计划是企业市场营销活动的基础，而市场营销计划的成功实施离不开有效的市场营销组织。市场营销控制则是市场营销活动能够按照计划实现的重要保证。

为适应公司战略的要求及组织变革的必要性，需要为公司设计高效率的营销组织。职能型组织、产品型组织、市场型组织、地区型组织、矩阵型组织分别适合特定的公司和战略。

市场营销计划是企业指导、协调市场营销活动的主要依据。市场营销计划是在对企业市场营销环境进行调研分析的基础上，按年度制定的企业和各业务单位对营销目标及实现这一目标所采取的策略、措施和步骤的明确规定和详细说明。

“执行力”是当今管理界十分关注的热点问题之一。好的计划需要好的执行者，同时也需要对营销控制的良好把握。

实践与练习

一、单项选择题

1.企业的市场营销组织随着经营思想的发展和企业自身的成长，大体经历了(　　)典型形式。

A.六种　　B.四种　　C.五种　　D.七种

2.现代市场营销企业要建立(　　)型组织，使企业所有的管理人员乃至每一位员工在这一组织框架内通过信息共享，使企业所有部门和每一个人的工作都围绕“为顾客服务”来展开，市场营销不仅是一个部门的职能，而且是整个企业的经营哲学。

A.产品管理　　B.职能　　C.产品/市场　　D.市场导向

3.市场营销管理必须依托于一定的(　　)进行。

A.财务部门　　B.人事部门　　C.主管部门　　D.营销组织

4.制订、实施市场营销计划，评估和控制市场营销活动，是(　　)的重要任务。

A.市场主管部门　B.市场营销组织　C.广告部门　D.销售部门

5.“组织”就人而言,是指按一定的宗旨和系统建立的(　　)。

A.集体　B.计划　C.任务　D.部门

6.设置(　　),能够对企业与外部环境,尤其是与市场、顾客之间关系的协调,发挥积极作用。

A.市场营销机构　B.市场营销职能

C.市场营销企业　D.市场营销控制

7.设置市场营销机构需要遵循的第一个原则是整体协调和(　　)原则。

A.主导性　B.整体性　C.完整性　D.可靠性

8.满足市场的需要,创造满意的顾客,是企业最为基本的(　　)。

A.组织形式　B.宗旨和责任　C.职能　D.营销观念

9.(　　)是最常见的市场营销组织形式。

A.职能型组织　B.产品型组织　C.地区型组织　D.管理型组织

10.市场营销计划的提要部分是整个市场营销计划的(　　)所在。

A.任务　B.精神　C.标题　D.目录

11.市场营销是企业管理和经营中的(　　)。

A.主导性职能　B.辅助性职能

C.被动性职能　D.社会分配职能

12.市场营销组织管理跨度及管理层次的设置,不是一成不变的,机构本身应当具有一定的(　　)。

A.弹性　B.灵活性　C.随机性　D.选择性

13.(　　)是指一个组织在一定时间内可以完成的工作量。

A.效果　B.效率　C.能力　D.百分率

14.销售差距分析主要用来衡量造成(　　)的不同因素的影响程度。

A.销售差距　B.市场营销　C.营业总额　D.销售数量

15.年度计划控制要确保企业在达到(　　)指标时,市场营销费用没有超支。

A.分配计划　B.生产计划　C.长期计划　D.销售计划

16.战略控制的目的,是确保企业的目标、政策、战略和措施与(　　)相适应。

A.市场营销环境　B.市场营销计划

C.推销计划　D.管理人员任期

二、判断题

1.通常情况下管理跨度过大,超出领导者能够管辖的限度,就会造成整个机构内部的不协调、不平衡。(　　)

2.一般来说,管理跨度与管理层次互为正比关系。(　　)

3.通常情况下如果管理层次过少,容易造成信息失真与传递速度过慢。(　　)

4.最佳的机构是既能完成工作任务,组织形式又最为复杂的机构。(　　)

5.生产多种产品或拥有多个品牌的企业,通常设置市场管理型组织。(　　)

6.市场营销组织常常只是一个机构或科室。(　　)

7.制订和附列应急计划,目的是事先考虑可能出现的重大危机和可能产生的各种困难。(　　)

8.市场营销组织设置不应该都按一种模式设置市场营销机构。(　　)

9.在市场营销计划的实施过程中,组织结构起着决定性作用。(　　)

10.企业实行计划的过程中,新旧战略、计划之间的差异越小,实施中可能遇到的阻力也就越大。(　　)

三、案例分析题

i到位:一个移动系统的"中国式管理"样本

转型时期的焦虑,正成为一种普遍状态,蔓延于传统企业管理层。无论产品系统还是营销系统,都被急速变化的市场搞得措手不及。

新兴竞争者随时可能出现;自有产品更新速度无法满足市场需求;品牌传播起不到既定的作用;公司整体目标常常难以实现;团队因缺乏斗志而效率低下,并导致市场更加低迷……

传统组织的"群体陷阱"

传统企业组织和商业生态正在被移动互联网浪潮大规模地重构。效率、连接、敏捷、智能、快速演进成为新兴企业的关键词。

不得不承认一个事实:传统组织的基本特征是信息不对称,这就会导致组织内部人员的目标不一致,从而让组织的整体效率低于一个人或少数人的效率,这就是通常所说的"群体陷阱"。

这种低效率不是因为组织内个体无能,而是因为缺乏一套方法论来实现组织内部人员实时在线、组织虚拟化、信息对称、目标一致,甚至文化一致的系列目标。

一旦有一套机制能够解决这些问题,新兴组织中就会产生无限"智能"。

以组织效率为目标,重新构建适应市场的"智能化"管理系统,正是王汉超创立i到位的初衷。他希望自己所服务的企业中,每个系统、每个个体都能真正把自己的工作"做到位"。他强调"到位率"。

移动时代的到位率和传统时代的到岗率既相同又相异。比如,员工到单位打卡,是到岗,但要工作有效率,就得"到位"。又比如,销售人员拜访客户,拜访质量越高,成交量可能就越大。而拜访质量取决于你与对方沟通的细节。

用王汉超的话说,不到位的移动,是无效的移动,是"盲动"。

从"人到位"看系统到位

传统企业的互联网转型，最大难题就是人的效率问题，考核方法、管理文化、人才培养，都在一个等级森严的组织架构下实施，大多数时候，信息传播速度缓慢，且严重依赖少数几个人的决策。

那么如何实现人的到位管理？

答案是通过一个入口，全面连接平台与企业管理系统，倒推组织调整。

实现"人到位"的最优入口，就是 ABM 系统，即基础行为管理系统，因为这一系统人们日常使用最多，也最能为所有层级所接受。今天的移动设备，完全可以满足 ABM 系统的延伸需求，管理者在出差、开会等条件下也能随时随地办公。

移动下的 ABM 系统如何能让人更加到位呢？

那就是不断扩充应用场景，实现及时有效沟通。

关于这一点，做集成系统的 W 老板，接触最早，也最有发言权。他那拥有百人团队的企业，正是通过 ABM 系统"黏"上了 i 到位。

接触 i 到位之前，W 老板已经将市面上能够见到的移动办公系统通通研究一遍。在他看来，移动管理作为未来的必然趋势，除了基础办公，还需要不断引入其他功能。而目前这些系统在很多方面与他的管理思想有出入，难以匹配，在使用舒适度上，也有所欠缺。他更希望有一个系统可以融入自己的管理思想，毕竟没有人比他更了解公司的真正状态……

就这样，多层次提供自定义管理程序的 i 到位进入了 W 老板的视野，在与众多移动管理系统比对之后，他发现，这个以 ABM 作为入口的管理系统，不只能够让他投入管理思想，更能通过互联网思维调整他现有的公司管理状态，实现新人与老人之间的快速融合，使人人成为"发动机"。

按照当时的要求，i 到位产品能满足 W 老板大约 80%的管理系统需求，这个比例已经是同行业里相对来说比较高的。但王汉超仍然承诺，双方管理思想共享，然后通过不断的产品升级迭代来完善产品，慢慢实现 W 老板管理融合的目标。

打磨产品，尤其是与服务同步进行的互联网产品，是非常痛苦的过程，正如小米电视负责人王川所说，做极致产品，就是要把自己逼疯。

W 老板提供核心需求，i 到位匹配产品定位，一个一个功能区进行认真测试。

单就一个考勤，就有大量的问题需要解决。哪些部门可实行弹性工作制？需要什么样的考核标准？哪些部门实行标准化考核？什么情况下用量考核？什么情况下以质考核？量与质由谁来判断和把握？把握标准是什么？弹性工作的加班时间如何设计？集团与分公司考勤机制需要有何种差异？

这些传统上以"人"来权衡的指标，一旦纳入系统管理，需要完全拆开分解，并以数字化的方式传递给每一个完全不同的使用者。

仅仅与 ABM 相关的系统，就会集合考勤、计划、客户、项目等各种各样的产品交互、设计界面,甚至每个个体的使用习惯。即便在一个单一的系统中,要想实现对既定客户的精确掌握,对员工合理摆放的良好引导,也需要处理大量的细节问题。

从2013年到2016年,W老板与i到位之间形成的,已经不再是简单的客户关系,而是一种紧密的合作。i到位为W老板提供了大量从ABM到组织,到商品,甚至到渠道管理层面的多种信息系统服务,而W老板则通过分享管理心得,将企业管理系统烙上自己的思想痕迹,成功获得了专属的移动管理系统。

移动着的"中国式管理"

这套移动管理系统,与传统企业以往所谓的"大而全"完全不同,双方共同研发、共享数据、注入各自的管理思想,将刚柔并济的"中国式管理"思想凸显出来。

在中国,许多企业管理都处在需要进一步优化的阶段,制度和流程都在不断探索和验证的过程中,管理的柔性问题非常突出。

事实上,再完美的流程也不能解决所有问题。跨国公司善于把重复的、经常性的事情上升到制度,是为了让制度得到不变形的执行。但很多情况下,中国多数企业在进行管理时需要在固有流程上加入人的因素,重视柔性管理。因为不管流程怎样,整个过程就是人怎么办事的过程。

王汉超的i到位系统,似乎更符合中国人对管理的期待。有流程,有自定义,能用自己的思想管理自己的企业;既有刚性标准也能灵活变通,能有效管理到每个个体素质差别巨大的岗位;有技术,有艺术,有妥协……这个系统更像是中国企业管理系统的直接映射。

话说回来,想用一个移动互联网工具从各个角度去解决管理问题,本身就不是一件容易的事,但这绝对是i到位未来的核心竞争能力。

思考:

根据案例提供的有关资料,分析i到位系统的成功之处。

四、思考题

1.市场营销部门的组织形式有哪些?

2.简述矩阵型组织的优、缺点。

3.试述市场营销组织设计的一般程序。

4.简述市场营销计划的内容。

参考文献

[1]加利·阿姆斯特朗,菲利普·科特勒.营销学导论(第7版)[M].何志毅,译.北京:中国人民大学出版社,2006.

[2]菲利普·科特勒,加利·阿姆斯特朗.市场营销原理(第11版)[M].郭国庆,钱明辉,陈栋,译.北京:清华大学出版社,2007.

[3]菲利普·科特勒,加利·阿姆斯特朗.市场营销原理(第9版)[M].赵平,王霞,译.北京:清华大学出版社,2003.

[4]菲利普·科特勒.营销管理(第11版)[M].梅清豪,译.上海:上海人民出版社,2003.

[5]迈克尔·波特.竞争优势[M].陈小悦,译.北京:华夏出版社,2005.

[6]威廉姆·G.齐克芒德,迈克尔·达米科.有效的市场营销:创造竞争优势[M].桑蕾,黄翠玲,译.北京:机械工业出版社,2003.

[7]柯惠新,丁力宏.市场调查与分析[M].北京:中国统计出版社,2000.

[8]郭国庆.市场营销学通论(第4版)[M].北京:中国人民大学出版社,2011.

[9]顾春梅.新编市场营销学[M].杭州:浙江工商大学出版社,2009.

[10]吕化周.市场营销学教程[M].北京:立信会计出版社,2004.

[11]李先国.市场营销学[M].大连:东北财经大学出版社,2011.

[12]孙国辉,王生辉.市场调查与预测(第3版)[M].北京:中国财政经济出版社,2011.

[13]孟韬.市场营销策划(第3版)[M].大连:东北财经大学出版社,2014.

[14]曲建忠.市场营销学[M].北京:机械工业出版社,2002.

[15]吴健安,聂元昆.市场营销学(第5版)[M].北京:高等教育出版社,2014.

[16]吴涛.市场营销学[M].北京:清华大学出版社,2011.

[17]吴涛.市场营销管理[M].北京:中国发展出版社,2005.

[18]易正伟,张洪满,张首杰.市场营销(第3版)[M].大连:大连理工大学出版社,2006.

[19] 严宗光.市场营销学——理论、案例与实务[M].北京:科学出版社,2011.
[20] 西野浩辉,野村尚义.现场营销演示技巧:助你提升营销实战能力[M].王英,译.北京:科学出版社,2007.
[21] 朱雪芹,李丰威.市场营销学[M].郑州:河南科学技术出版社,2010.
[22] 张文贤,高伟富.高级市场营销学[M].北京:立信会计出版社,2000.
[23] 周立华.市场营销学[M].北京:清华大学出版社/北京交通大学出版社,2010.
[24] 王振林.市场营销原理与实务[M].哈尔滨:哈尔滨工程大学出版社,2011.
[25] 刘子安.中国市场营销[M].北京:对外经济贸易大学出版社,2006.